CodeIgniter와 Bootstrap을 이용한 PHP 프레임워크 실무 따라하기

윤형태 • 강미경 지음

공감북스

머리말

컴퓨터의 발전은 하루가 다르게 발전하고 있다. 얼마 전에 신제품이 나오는 가 싶으면, 얼마 되지 않아 새로운 컴퓨터 모델이 나오는 실정이다. 소프트웨어도 하드웨어 못지않게 급속도로 발전하고 있다. 또한 1G급 초고속망은 물론이고, 고속 무선통신망까지 우리의 일상 구석구석 스며들어 wifi를 이용하여 인터넷을 어디서든지 마음대로 사용하고 있다. 이러한 변화는 우리의 경제생활 패턴도 변화시켰으며, 전자상거래 및 업무관리의 전산화를 가져왔다. 많은 사람들이 인터넷 온라인시장을 이용하여 물건들을 구매하고 있으며, 많은 사람들이 회사나 기관에서 컴퓨터를 이용하여 업무 및 각종 서비스를 처리하고 있다. 이러한 인터넷을 이용한 전자상거래 및 전산 업무서비스는 일상생활이 되었다. 이미 초등학교부터 전자상거래 구축의 기초라 할 수 있는 홈페이지 제작에 대한 기본 교육과 언어에 대한 교육을 하고 있으며, 다양한 전산분야를 배울 수 있도록 하고 있다. 그러나 전자상거래와 전산업무서비스와 같은 FrontEnd & BackEnd 작업들은 Html만으로는 만들 수가 없다. Html은 물론이고, Javascript, Database, Web Server, CGI 언어, 그래픽 등 다양한 분야의 전문적인 지식들이 필요하며, 최근에는 모바일을 위한 서비스를 위해 Bootstrap, Framework, JQuery 등 다양한 신기술이 나왔고 이미 활용중이다. 앞으로 이러한 지식들을 토대로 실무적인 작업을 해야 한다. 국내 대형 서점을 가보면, 관련된 다양한 책들을 볼 수 있다. 특히 그중 누구나 쉽게 접근할 수 있는 CGI언어인 PHP는 다양한 서적이 있지만, PHP전용 Framework에 관한 실무책은 많지 않은 실정이다. 따라서 필자는 PHP Framework을 이용하는 방법을 배우기 원하는 사람들을 위해 실무적인 내용을 빠르게 배울 수 있는 교재의 필요성을 느꼈다. 이 책은 초보자를 위한 책이 아니다. 앞서 언급했듯이 이 책은 이미 전산분야에 대하여 어느 정도 공부를 한 사람들이 FrontEnd & BackEnd에 대한 제작 과정을 경험하고 배울 수 있도록 구성된 책이다. 이 책에서 나오는 모든 화면과 테크닉은 독자가 만들려는 전산업무의 웹서비스 프로그램의 기본모델과 방향을 제시해주리라 생각되며, 이를 원하는 사람들에게 좋은 지침서가 되었으면 한다. 이 책이 나오기까지 도움을 준 많은 분들에게 감사함을 전한다.

윤형태, 강미경

차 례

Chapter 01

Codeigniter 시작

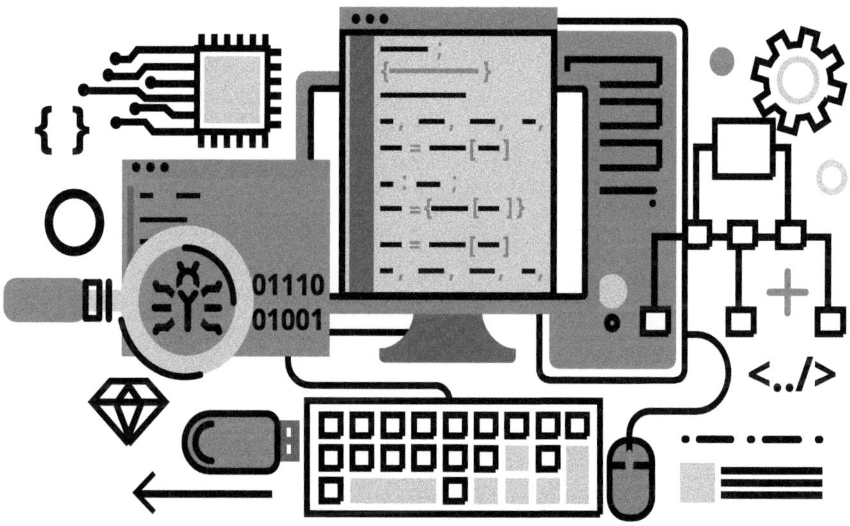

1.1 책 구성에 대하여

1.1.1 시작에 앞서

책 특징

먼저 이 책을 진행하기 전에 이 책의 구성과 주요 특징에 대해 설명하도록 하겠다.

① **실무위주 교재** : 이 책의 첫 번째 특징은 실무위주의 교재라는 점이다. 이론적인 내용보다는 웹서버 환경에서 Codeigniter와 Bootstrap을 이용하여 간단한 구조의 미니 판매관리 프로그램을 만드는 모든 과정을 소개한 책이다. 이 과정에서 Codeigniter의 MVC 프로그램 작성법, Datetimepicker 컨트롤 응용법, Excel파일 저장하기, Graph 그리기, Thumbnail Image 만들기, 사진 전시장과 같은 다양한 응용법등을 배울 수 있다. 이 책을 따라하면 자연스럽게 이런 내용을 익힐 수 있도록 구성되어 있다.

② **대학 실무교재로 활용** : 이 책은 Codeigniter, Bootstrap 등에 관한 모든 이론과 내용을 깊숙이 다른 전문적인 책은 아니다. 그렇지만 짧은 시간을 공부하여 이런 분야의 실무적인 프로그램에 빠르게 응용을 원한다면, 많은 도움을 줄 수 있다. 따라서 이 분야의 전문가보다는 웹을 공부하는 학생들을 위한 실무교재로 쓴 책이다.

③ **PHP 소스 최소화** : 이 책은 대학 교재로 활용하기 위하여 작성된 책으로서, 학생들이 스스로 이해하여 문제를 해결해갈 수 있도록 프로그램의 소스를 최소화하였다. 대신에 프로그램 작성에 필요한 기본 프로그램과 이론을 제공하여 나머지 프로그램을 작성할 수 있도록 구성하였다. 모든 프로그램이 없는 점, 독자들에게는 죄송하다는 말을 드리고 싶다. 하다보면 막히는 부분이 있겠지만, 이 책은 학생들이 스스로 문제를 해결할 수 있는 힘을 키우는데 목적이 있다. 따라서 모든 프로그램을 제공하지 못하는 점 죄송하게 생각한다.

④ **PHP 개발환경 (Window)** : 웹서버 컴퓨터가 없는 독자를 위하여 최신 Window용 Apache, PHP, MariaDB, phpMyAdmin을 자신의 PC에 설치하는 과정을 자세히 소개하여 실제 Linux서버 환경에서의 작업과 동일한 경험을 할 수 있도록 구성하였다.

⑤ **Bootstrap을 이용한 화면 디자인 실습** : 판매관리에 필요한 화면은 Bootstrap 홈페이

지에서 제공하는 Bootstrap 소스를 이용하여 화면 디자인하는 과정을 공부할 수 있도록 구성하였다.

⑥ **작업지시서 구조** : 이 책의 각 장은 실험실습 책처럼 작업지시서와 같은 구조로 구성되어 있다. 판매관리 프로그램을 만드는 전체 과정이 단계별로 진행이 되며, 각 과정은 1) 실습목표, 2) 실습이론, 3) 실습순서 형식으로 진행되도록 구성되어 있다.

⑦ **초보자용 책이 아님** : 이 책은 처음 프로그램을 배우는 사람을 위한 책이 아니다. HTML, Javascript, jquery, CSS, PHP, SQL, 그리고 데이터베이스와 웹서버 개념 등을 어느 정도 배운 프로그래머를 위한 실습교재다.

이 책의 특징들에 대해 이해하였다면, 이제는 각 장에서 어떤 내용들을 배우고 작업하는지 알아보겠다.

제1장 : APM 설치

1장은 Codeigniter를 PC에서 사용하기 위하여 윈도우용 Apache Web Server, PHP, MariaDB, phpMyAdmin을 설치하는 방법에 대해 소개한다.

① **Apache 2.4 설치** : 최신버전의 윈도우용 Apache Web Server를 다운받아 설치하는 방법에 대해 설명한다.

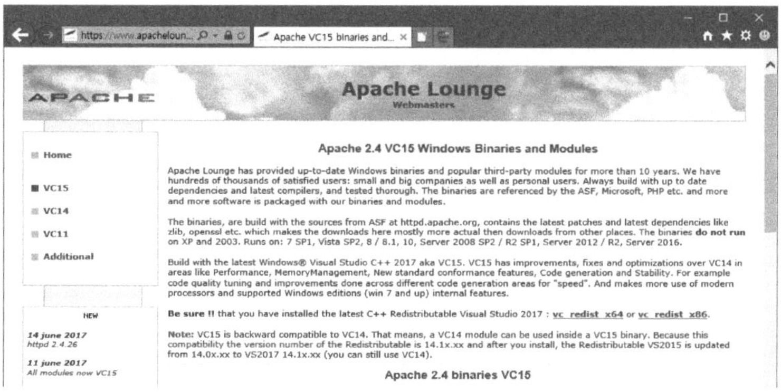

② **PHP 7 설치** : 최신버전의 윈도우용 PHP 7을 다운받아 설치하는 방법에 대해 설명한다.

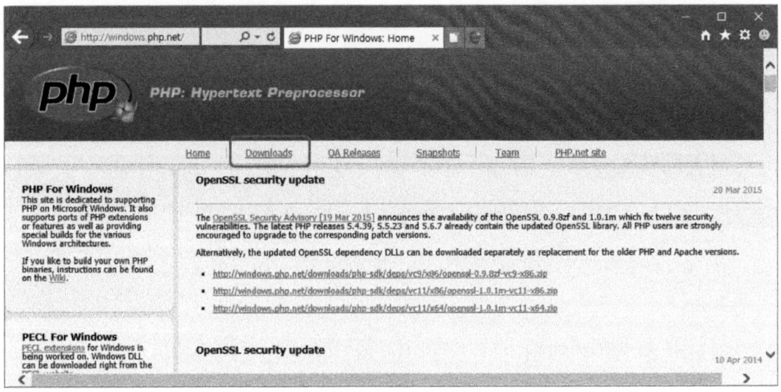

③ **MariaDB 설치** : MySQL 대신에 최신버전의 윈도우용 MariaDB를 다운받아 설치하는 방법에 대해 설명한다.

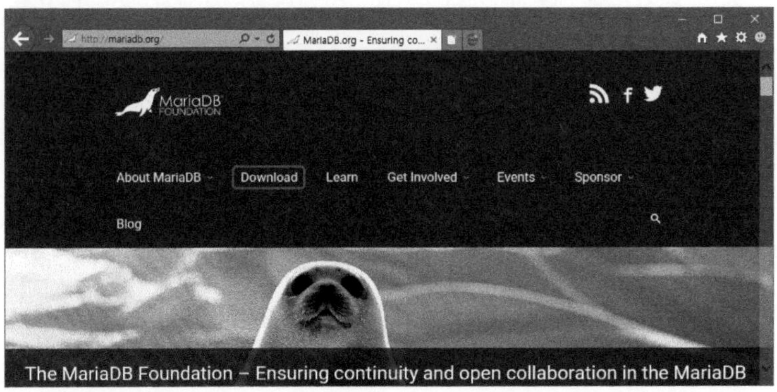

④ **phpmyadmin 설치** : 최신버전의 phpmyadmin을 다운받아 설치하는 방법에 대해 설명한다.

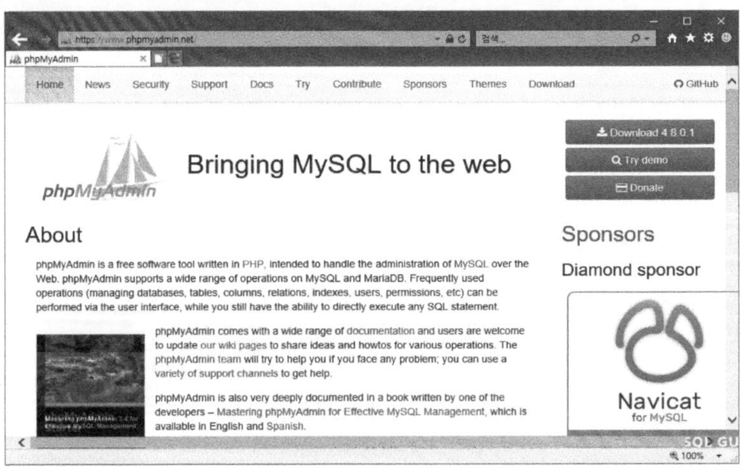

www.phpmyadmin.net

제2장 : 판매관리

2장에서는 판매관리에 대한 분석, 데이터베이스 설계, 화면에 대해 소개하고, MariaDB에서 phpmyadmin을 이용하여 판매관리를 위한 sale 데이터베이스, 사용자 정보를 저장하는 member 테이블을 만든다. 그리고 테스트용 사용자 데이터를 import하는 방법에 대해 설명한다.

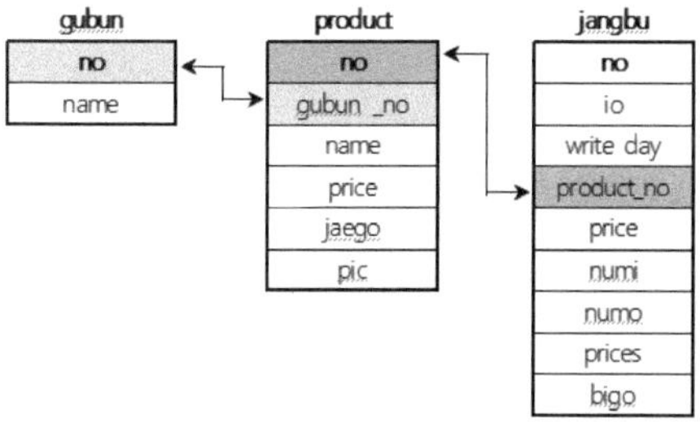

제3장 : Bootstrap 디자인

3장은, Bootstrap과 jquery를 다운받아 설치하고, 사용자 관리를 할 수 있는 화면을 디자인한다.

사용자 목록화면(member_list.html)

사용자수정화면(member_row.html)

제4장 : 사용자 만들기

4장은 Codeigniter를 다운받아 설치하고 환경설정을 한다. 그리고 Codeigniter를 이용하여 사용자의 목록정보, 추가, 수정, 삭제를 할 수 있는 기본 프로그램을 만든다.

사용자 목록

사용자 수정

제5장 : 기초작업

5장은 판매관리에서 기초정보가 되는 구분과 제품 테이블을 만들고 관리할 수 있는 화면들을 만든다. 제품에서는 구분 입력방식을 콤보박스를 이용하는 방법, 제품 사진의 업로드 및 표시하는 방법에 대해 설명한다.

구분 목록

구분 수정

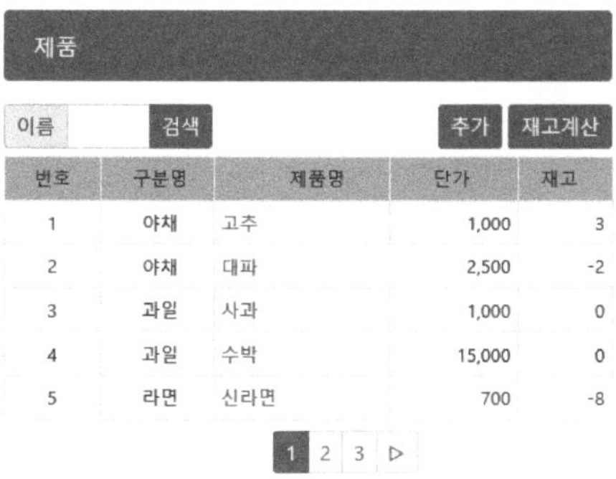

제품 목록

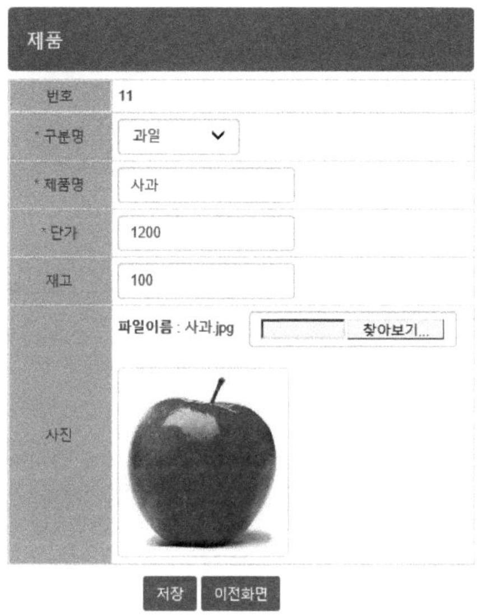

제품 수정

제6장 : 장부

6장은 날짜별로 제품의 매입, 매출정보를 관리할 수 있는 매입장과 매출장을 만든다. 날짜 처리는 datetimepicker 컨트롤을 이용하는 방법을 알아본다. 그리고 매입장에서 제품 입력은 콤보박스를 이용하고, 매출장에서는 팝업창을 이용하여 제품을 입력하는 방법을 이용한다.

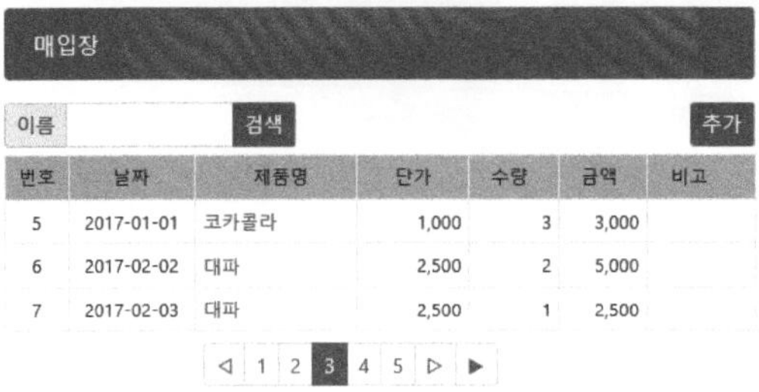

매입장 목록

매입장 수정(콤보박스)

매출장 목록

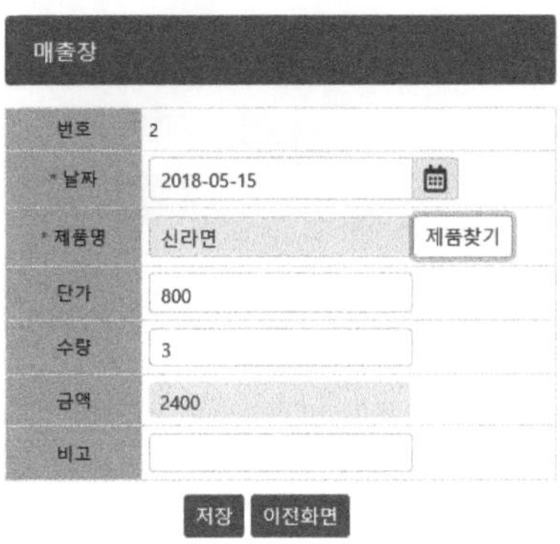

매출장 수정(팝업검색창)

제7장 : 기간별 작업

8장은 검색조건을 시작 날짜와 끝 날자, 그리고 특정 제품이름을 이용하여 복합 검색하는 방법에 대해 설명한다.

기간별 매출입현황

날짜 2017-08-20 - 2017-09-20 제품명 전체

날짜	제품명	단가	매입수량	매출수량	금액	비고
2017-08-21	고추	1,000	3		3,000	
2017-08-22	대파	2,500	2		5,000	
2017-08-22	대파	2,500	1		2,500	
2017-08-26	하이트맥주	1,200			0	
2017-08-27	신라면	700		3	2,100	

1 2 ▷

제8장 : 통계

8장은 베스트 판매 제품, 월별제품별 판매현황을 알 수 있는 Crosstab 화면, 그래프를 그리는 방법 등 다양한 통계화면을 만드는 방법을 소개한다.

BEST 제품

날짜 2017-08-20 - 2017-09-20

제품명	총 판매수량
대파	23
하이트맥주	19
신라면	9
고추	5

Best 제품 판매 순위

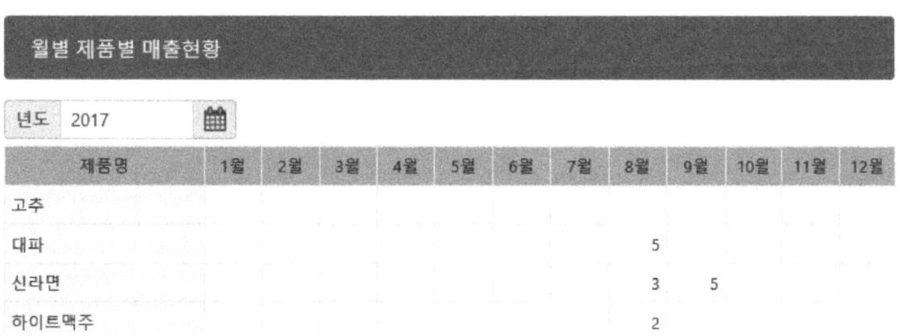

월별 제품별 매출현황

년도 2017

제품명	1월	2월	3월	4월	5월	6월	7월	8월	9월	10월	11월	12월
고추												
대파								5				
신라면								3	5			
하이트맥주								2				

월별 제품별 판매 실적(Crosstab)

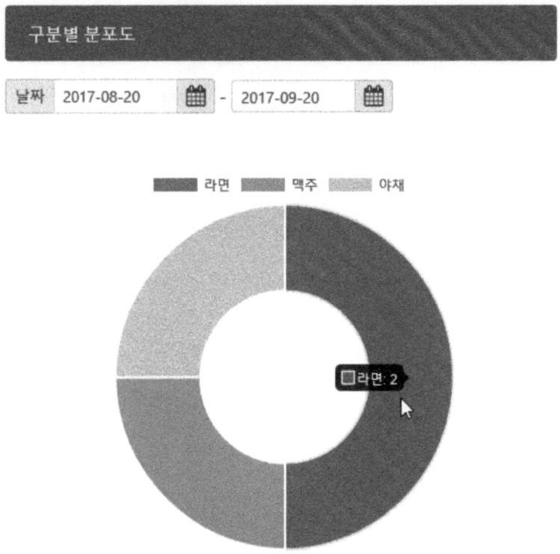

구분별 분포도 그래프

제9장 : 인증 및 재고계산

9장은 Bootstrap에서 modal로 로그인창을 표시하여 인증 처리하는 방법을 소개하고, 관리자와 일반 사용자인 경우, 사용할 수 있는 프로그램을 제한하는 방법에 대해서도 알아본다. 그리고 여러 SQL문을 이용하여 수동 재고계산을 하는 방법도 소개한다.

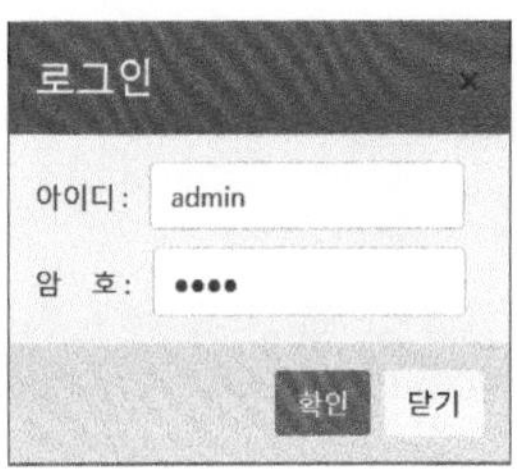

로그인 창

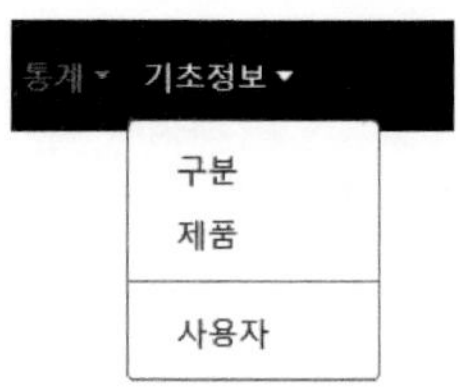

관리자메뉴

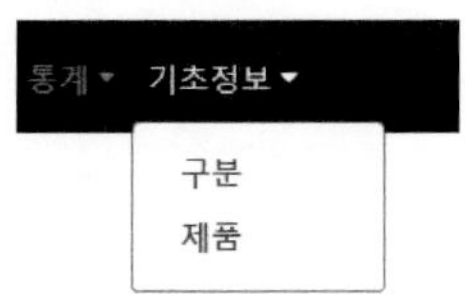

직원메뉴

제10장 : 그 밖의 Tips

10장에서는 화면에 표시되는 내용을 엑셀파일로 저장하는 방법을 소개한다.

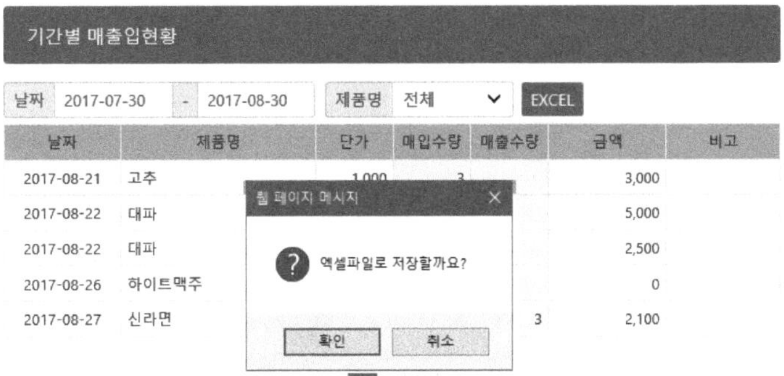

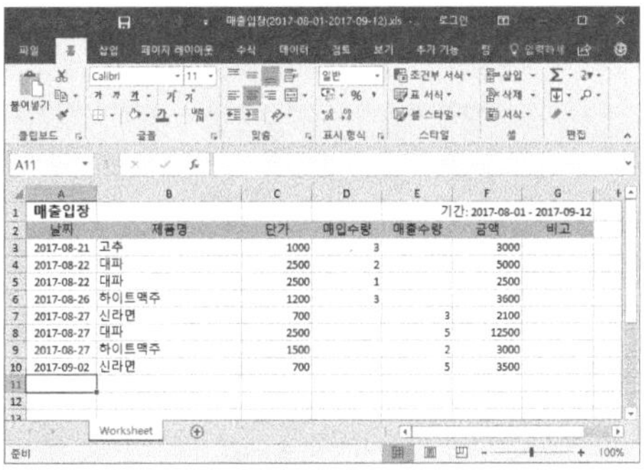

그리고 Bootstrap을 이용하여 이미지를 스크롤시키는 방법도 소개하며,

Bootstrap을 이용하여 이미지를 앨범처럼 전시하는 방법과 사진을 업로드하면 자동으로 thumbnail 이미지를 만드는 방법도 소개한다.

그리고 마지막으로 Ajax를 이용하여 자료를 추가, 삭제하는 방법을 설명하겠다.

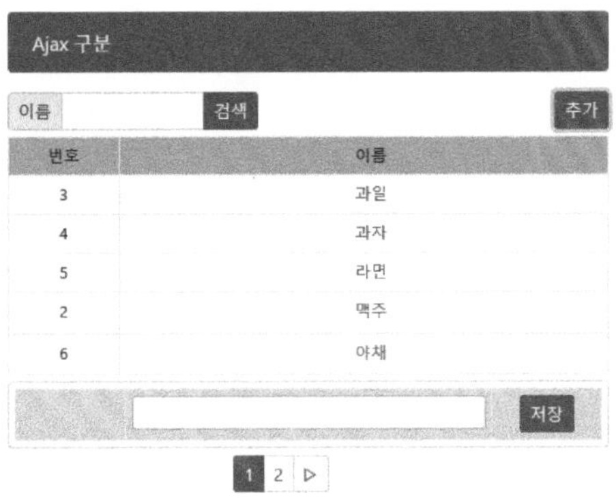

1.2 Window용 APM

1.2.1 APM 개발환경

웹서버를 이용한 응용프로그램을 만들기 위해서는 먼저 어떤 컴퓨터 환경에서 만들 것인지 결정해야 한다. 결정해야 할 사항은 다음과 같이 운영체제와 해당 운영체제에서 사용할 수 있는 데이터베이스 프로그램, 그리고 개발언어 및 도구일 것이다.

1) 운영체제 (Unix, Linux, Window Server, …)
2) 데이터베이스 (MySQL, MariaDB, MS-SQL, Oracle, …)
3) 개발언어 (PHP, ASP, JSP, JAVA, …)

사실 개발자입장에서는 개발환경이 달라도 프로그래밍을 하는 과정과 내용은 거의 동일하다. 달라지는 점은 앞서 설명한 개발언어나 데이터베이스에 따라 프로그램이 달라진다는 점일 것이다. 그러나 개발비용을 부담할 회사입장에서는 이야기가 달라질 수 있다. 회사입장에서는 적은 비용에 문제를 해결하기를 원할 것이고, 이 경우 리눅스 운영체제와 프로그램 환경이 적합할 것이다. Linux 운영체제에서 가장 많이 사용하고 있는 데이터베이스와 개발언어중 하나는 아마 MySQL(혹은 MariaDB)과 PHP 일 것이다. 이전에는 MySQL과 PHP 언어는 Linux에서만 사용이 가능했었다. 따라서 공부를 하는 입장에서는 실제로 Linux 서버나 VMWare를 이용해야 하므로, 많은 불편함이 있었다. 그러나 최근에는 윈도우 버전이 출시되면서 이러한 문제는 해결되어 MySQL과 PHP를 공부하고자 하는 사람에게 매우 편리해졌다. 따라서 이 책에서는 Linux서버가 없어도 실습이 가능하도록 윈도우 환경에서 Apache, PHP, MariaDB를 설치하도록 하겠다.

1.2.2 Apache Web Server 설치

실습목적

책 부록에 있는 Apache Web Server 프로그램이나 최신 버전을 다운받아 자신의 PC에 설치하여라.

실습이론

1 **Window용 Apache Web Server** : 앞서 언급했지만 MySQL 데이터베이스와 PHP 언어는 Linux 환경에서만 사용할 수 있었던 소프트웨어였었다. 그러나 최근에는 Linux 서버의 Linux용 Apache Web Server가 윈도우용으로 제공되면서 양쪽 운영체제에서 모두 사용할 수 있게 되었다. 더불어 윈도우용 MySQL과 PHP가 나옴으로서, 이제는 윈도우에서도 Linux환경에서와 마찬가지로 모든 작업이 가능하게 되었다. 이 3가지 소프트웨어 Apache Web Server와 MySQL 데이터베이스, PHP 언어를 APM(Apache, PHP, Mysql)이라 하며, 최근에는 이 APM 프로그램을 초보자도 쉽게 설치할 수 있는 여러 프로그램이 나오고 있다. 따라서 독자는 자신이 원하는 최신 버

전의 소프트웨어를 다운받아 설치하거나 책 부록에 있는 프로그램을 다운 받아 설치하길 바란다. 이 프로그램들은 기능제한이나 사용제한이 없는 무료 프로그램으로 누구나 사용할 수 있다. 이 책에서는 모든 프로그램을 64비트 버전과 문자인코딩은 UTF-8을 기준으로 설치하였다. 설치할 때 주의할 점은 계속해서 새 버전의 프로그램이 나오므로, 이 책의 설치방법과 다를 수 있다는 점이다.

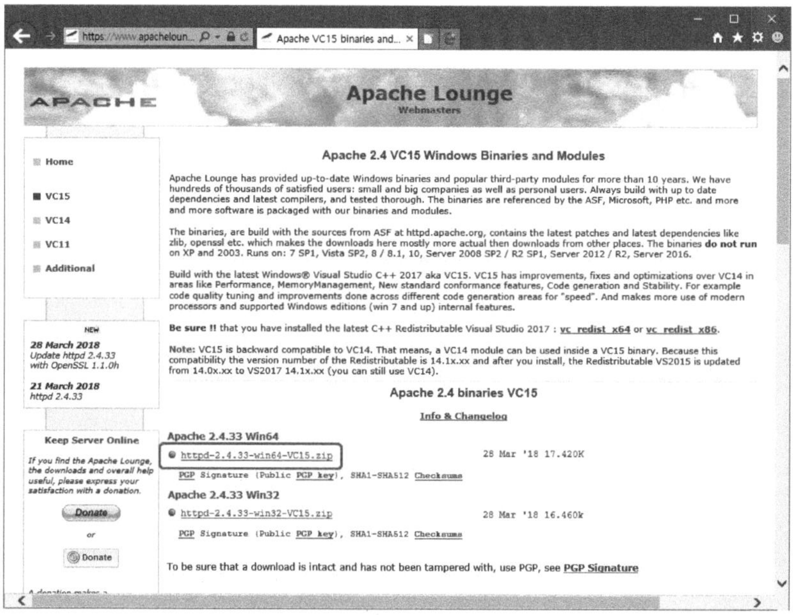

www.apachelounge.com

2 **Linux용 Apache Web Server** : Linux용 Apache Web Server는 보통 Fedora Core, 우분투, 데비안, CentOS, 민트와 같은 Linux 운영체제를 컴퓨터에 설치하면 자동으로 Apache Web Server 프로그램도 설치된다. 따라서 원한다면 직접 프로그램을 구하여 설치를 해보길 바란다. 보다 자세한 내용은 다른 Linux 전문서적들을 참고하길 바란다.

STEP 01 Apache 설치하기

① **c:₩에 Apache 압축풀기** : 부록에 있는 httpd-2.4.33-Win64-VC5.zip을 "c:₩"에 복사를 한 후, 압축을 푼다.

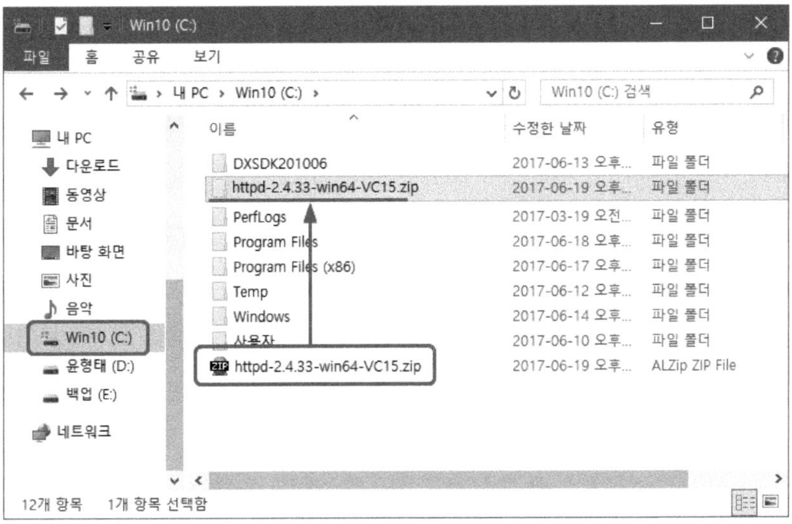

② **폴더이름 "APM"으로 변경** : 압축을 푼 폴더이름 httpd-2.4.33-win64-VC15를 "APM"으로 변경한다.

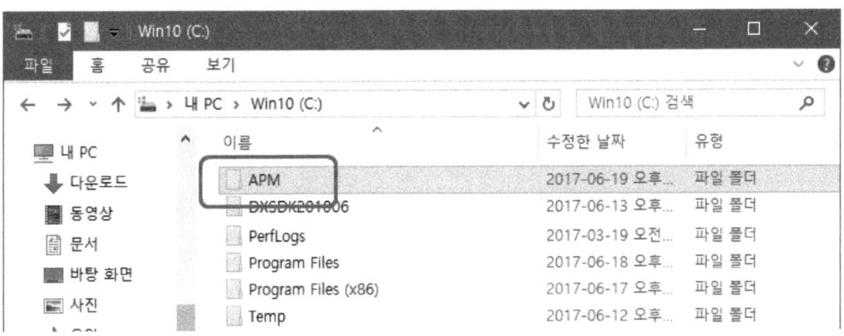

STEP 02 httpd 설정하기

① **httpd.conf 수정** : "c:₩APM₩Apache24₩conf"폴더에 있는 "httpd.conf" 파일을 편집한다. httpd.conf 파일은 웹서버 환경설정 파일이다.

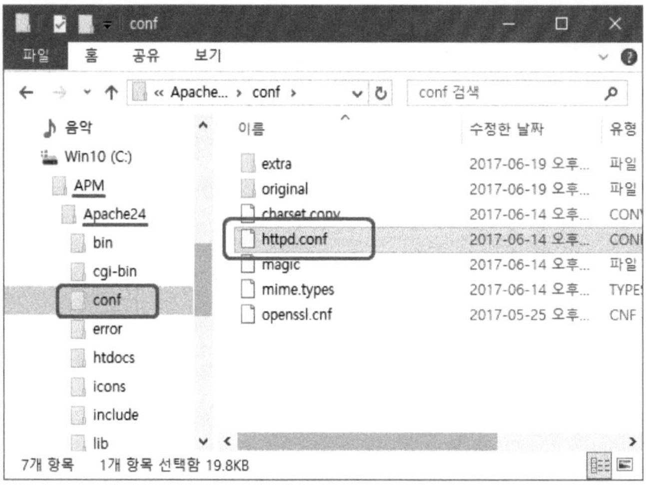

② **ServerRoot 수정** : ServerRoot를 압축을 푼 폴더로 변경한다.

1	ServerRoot	c:/APM/Apache24

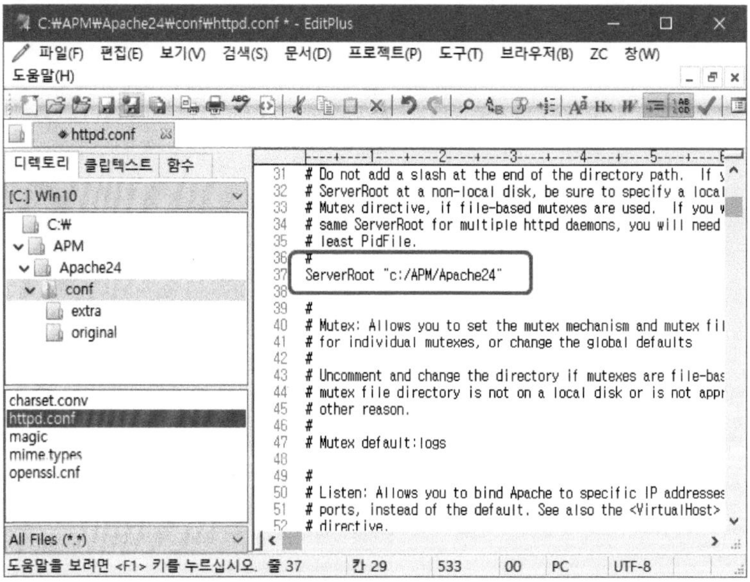

③ **ServerName과 DocumentRoot 수정하기** : ServerName 앞에 있는 "#"을 제거한다. 그리고 "htdocs" 폴더는 웹서버의 홈페이지가 되는 폴더다. 따라서 DocumentRoot와 Directory 폴더위치를 다음과 같이 수정한다.

1	ServerName	localhost:80
2	DocumentRoot Directory 위치	c:/APM/Apache24/htdocs c:/APM/Apache24/htdocs

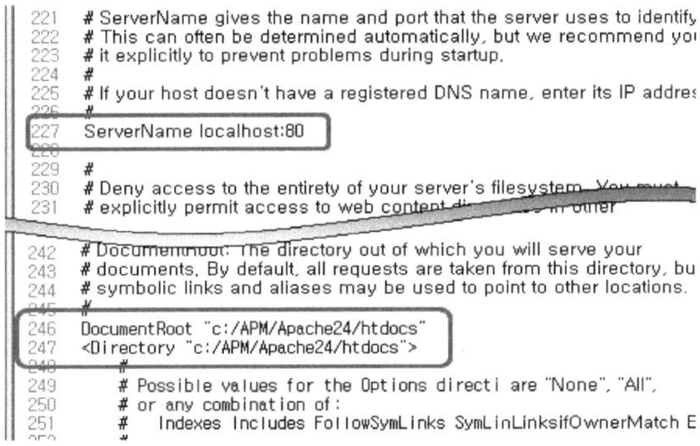

STEP 03 httpd 설치 및 구동하기

① **명령 프롬프트 실행** : 다음 그림과 같이 "명령프롬프트"를 반드시 "관리자권한으로 실행"메뉴로 실행한다.

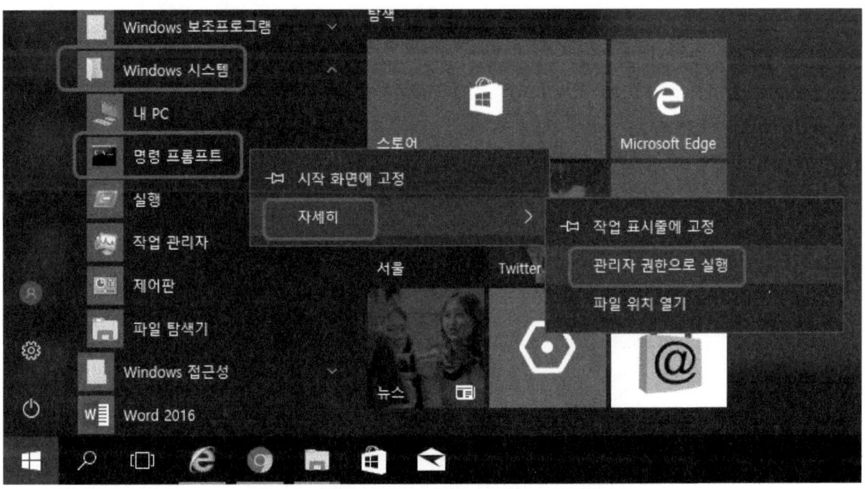

명령프롬프트를 권리자권한으로 실행.

② **서버 설치 및 시작** : 실행파일이 있는 bin 폴더로 경로를 변경한 후, Web Server를 설치 및 시작한다.

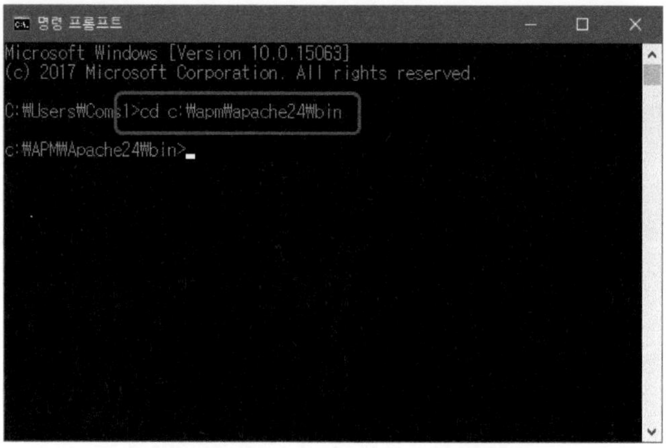

경로변경 : cd c:₩apm₩apache24₩bin

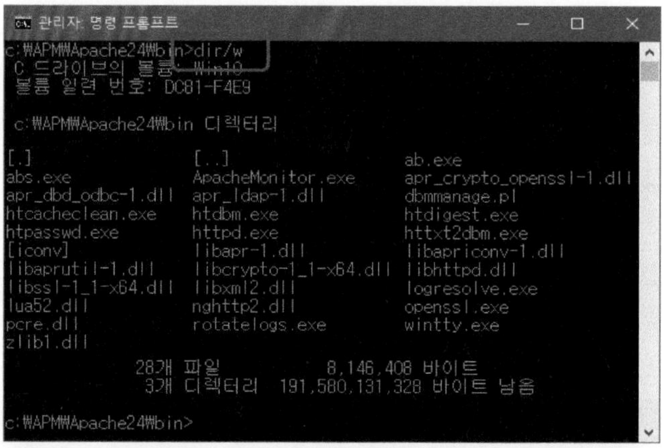

파일목록 확인 : dir/w

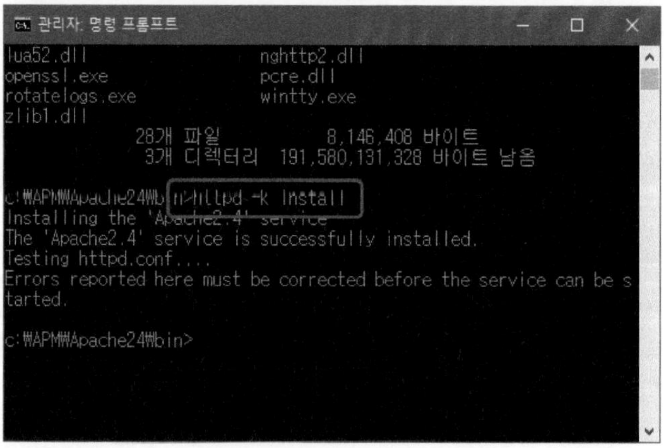

서버설치 : httpd -k install

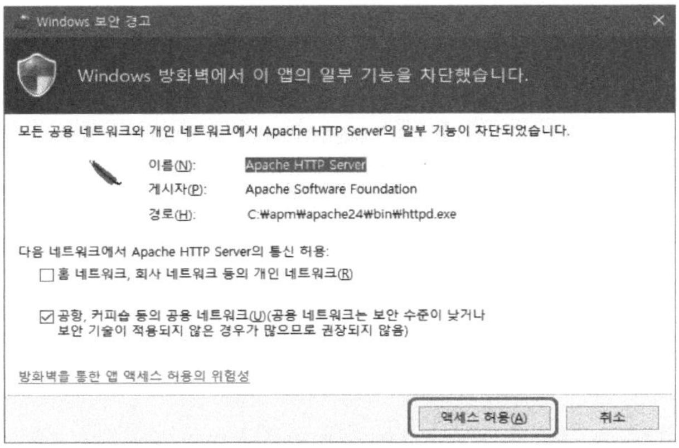

"억세스 허용" 버튼 클릭

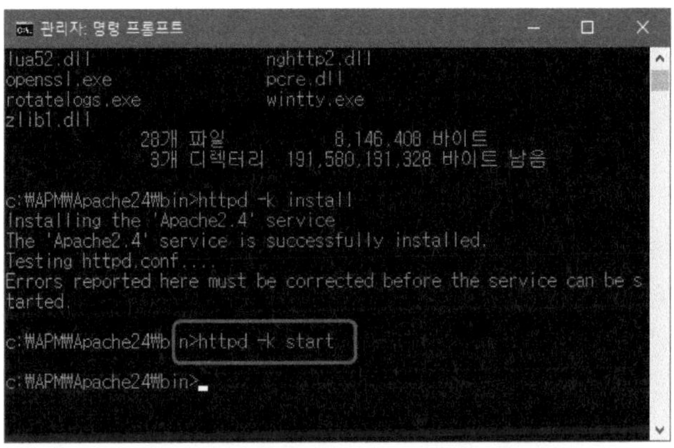

서버 시작 : httpd -k start

③ **서버 테스트** : 웹브라우저의 URL에 "localhost"나 "127.0.0.1"을 입력하여 서버동작을 확인한다.

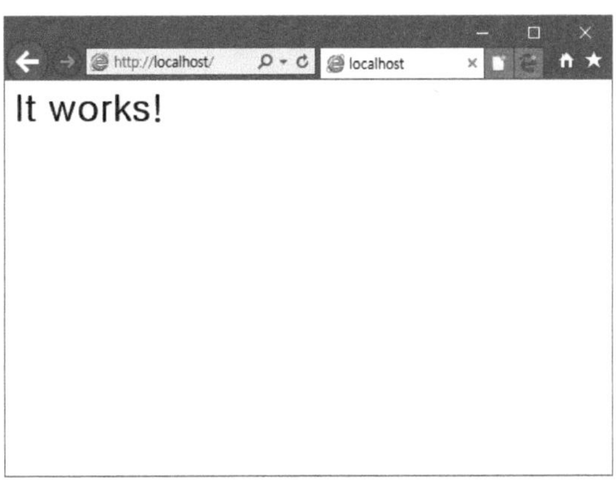

localhost 입력

Apache Web Server의 홈페이지 주소 및 폴더
홈페이지 폴더 : c:₩APM₩Apache24₩htdocs
홈페이지 주소 : http://127.0.0.1 혹은 http://localhost

1.2.3 PHP 설치

실습목적

책 부록에 있는 PHP 프로그램을 자신의 PC에 설치하여라.

실습이론

1 **Window용 PHP** : 최근 PHP 언어는 5.6x 버전에서 버전 7.x로 버전업하면서 빠른 속도와 많은 변화를 하였으며, 윈도우에서도 사용할 수 있도록 제공되고 있다. 부록 파일에서 제공하는 PHP 프로그램을 이용하거나, 최신 버전의 PHP 프로그램을 원한다면, windows.php.net 에서 다운받아 설치하길 바란다.

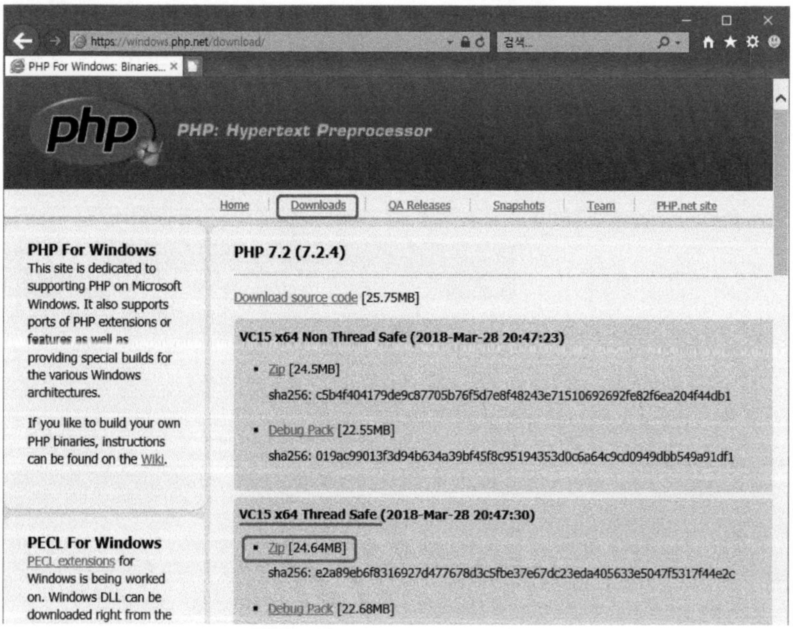

http://windows.php.net/download

STEP 01 PHP 설치하기

① **php프로그램 압축풀기** : 부록에 있는 php-7.2.4-Win32-VC15-x64.zip 파일을 c:₩APM 폴더에 복사를 한 후, 압축을 푼다.

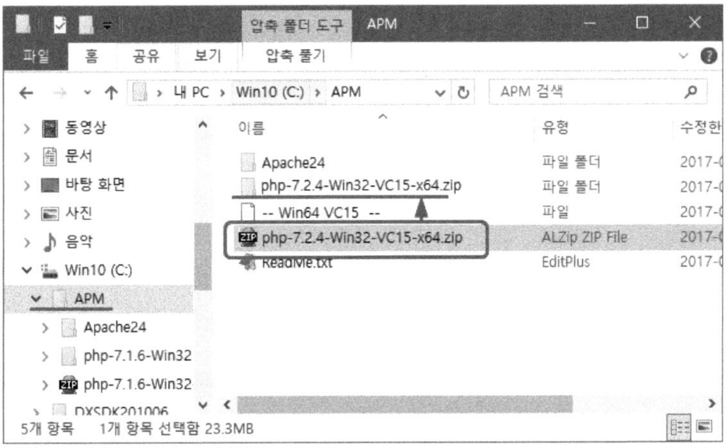

압축풀기 : APM폴더에 압축을 푼다.

② **폴더이름 "PHP7"로 변경** : 압축을 푼 폴더이름을 "PHP7"로 변경한다.

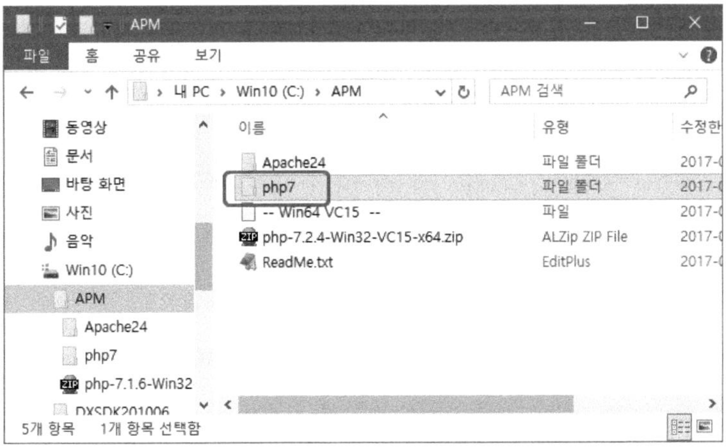

STEP 02 PHP 설정하기

① **php.ini 만들기** : php.ini-production 파일을 복사하여 php.ini 파일을 만든다.

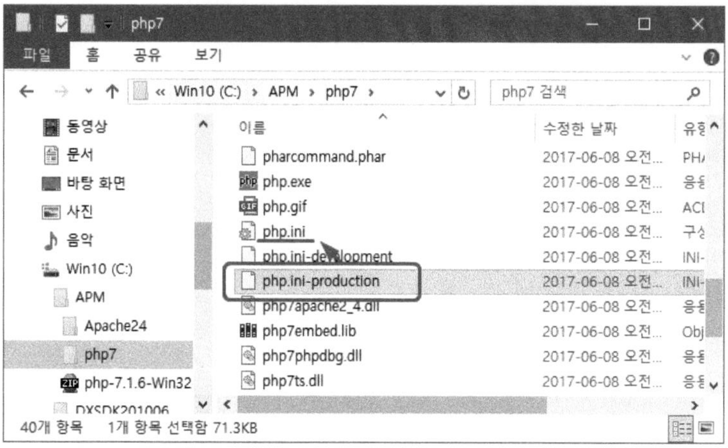

② **short_open_tag 속성 변경** : php.ini 설정 내용 중 short_open_tag 값을 "On"으로 수정한다. 이 옵션은 "<?php" 대신에 "<?"로 짧게 사용하게 해준다.

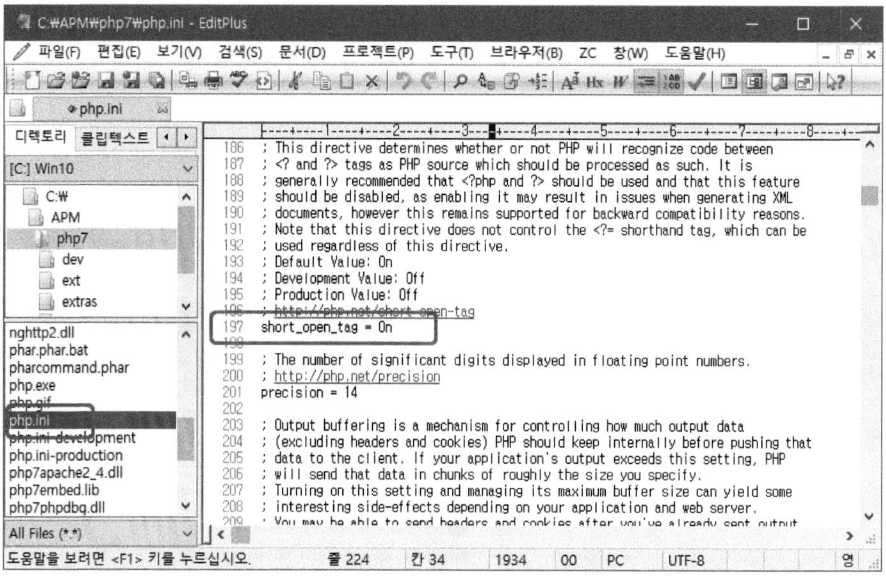

③ **extension_dir 속성 변경** : extension_dir 속성을 다음과 같이 수정한다.

1	extension_dir	c:/APM/PHP7/ext

```
; http://php.net/doc-root
doc_root =

; The directory under which PHP opens the script using /~username used only
; if nonempty.
; http://php.net/user-dir
user_dir =

; Directory in which the loadable extensions (modules) reside.
; http://php.net/extension-dir
extension_dir = "c:/apm/php7/ext"
; On windows:
; extension_dir = "ext"

; Directory where the temporary files should be placed.
; Defaults to the system default (see sys_get_temp_dir)
; sys_temp_dir = "/tmp"

; Whether or not to enable the dl() function.  The dl() function does NOT work
; properly in multithreaded servers, such as IIS or Zeus, and is automatically
; disabled on them.
; http://php.net/enable-dl
enable_dl = Off
```

④ **post_max_size와 upload_max_filesize 변경** : post 전송방식과 파일 업로드할 때 전송할 수 있는 파일의 최대크기를 200M로 수정한다. 더 큰 파일을 취급하려면 더 큰 값으로 수정하면 된다.

1	post_max_size	200M
2	upload_max_filesize	200M

```
; http://php.net/enable-post-data-reading
;enable_post_data_reading = Off

; Maximum size of POST data that PHP will accept.
; Its value may be 0 to disable the limit. It is ignored if POST data reading
; is disabled through enable_post_data_reading.
; http://php.net/post-max-size
post_max_size = 200M

; Automatically add files before PHP document.
; http://php.net/auto-prepend-file
auto_prepend_file =

; Automatically add files after PHP document.
...
; http://
file_uploads = On

; Temporary directory for HTTP uploaded files (will use system default if not
; specified).
; http://php.net/upload-tmp-dir
;upload_tmp_dir = /temp

; Maximum allowed size for uploaded files.
; http://php.net/upload-max-filesize
upload_max_filesize = 200M

; Maximum number of files that can be uploaded via a single request
max_file_uploads = 20
```

STEP 03 Httpd 설정 수정하기

① **httpd.conf 수정1** : c:₩APM₩Apache24폴더에 있는 httpd.conf 파일에서 다음과 같이 Directory Index에 "index.php"를 추가한다. Directory Index는 폴더이름만 쳐도 자동으로 실행되는 파일명을 등록하는 곳이다.

1	Directory Index	DirectoryIndex index.html **index.php**

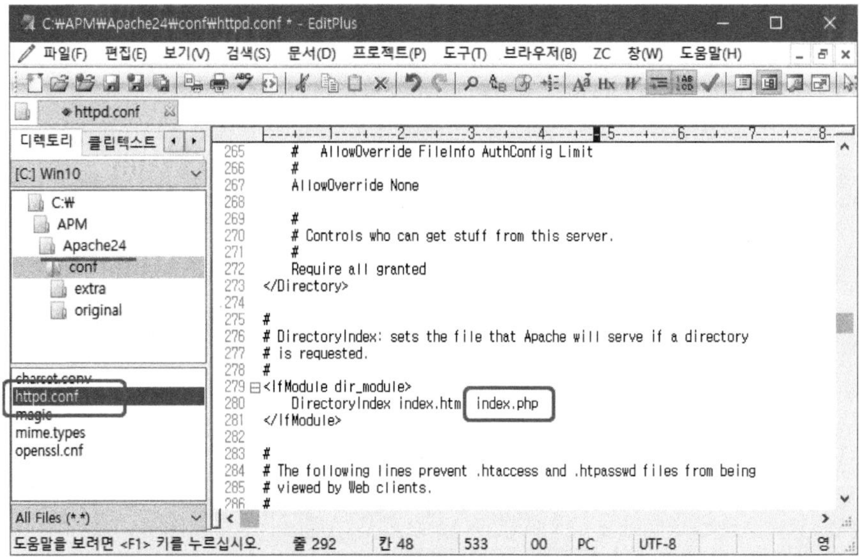

② **httpd.conf 수정2** : httpd.conf 파일 맨 뒤에 다음과 같은 내용을 추가한다.

```
… … …
PHPIniDir "c:/APM/PHP7"
LoadModule php7_module "c:/APM/PHP7/php7apache2_4.dll"
AddType application/x-httpd-php .html .php
AddHandler application/x-httpd-php .php
```

```
#
# Note: The following must must be present to support
#       starting without SSL on platforms with no /dev/random equivalent
#       but a statically compiled-in mod_ssl.
#
<IfModule ssl_module>
SSLRandomSeed startup builtin
SSLRandomSeed connect builtin
</IfModule>

PHPIniDir "c:/apm/php7"
LoadModule php7_module "c:/apm/php7/php7apache2_4.dll"
AddType application/x-httpd-php .html .php
AddHandler application/x-httpd-php .php
```

③ **Apache 재실행** : 아래 그림처럼 관리자권한으로 "명령 프롬프트"를 실행한 후, 경로를 "c:₩apm₩apache24₩bin"으로 변경한다. 그리고 Apache를 재실행한다.

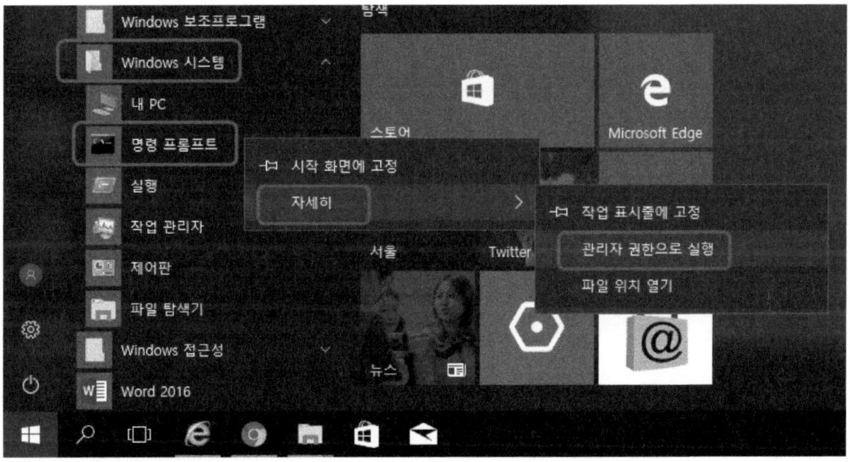

1	경로변경	cd c:/apm/apache24/bin
2	Apache재실행	httpd -k restart

STEP 04 PHP 테스트하기

① **test.php 만들기 :** c:₩apm₩apache24₩hdocs 폴더에 "새로 작성" 메뉴를 이용하여 test.php 파일을 생성한다.

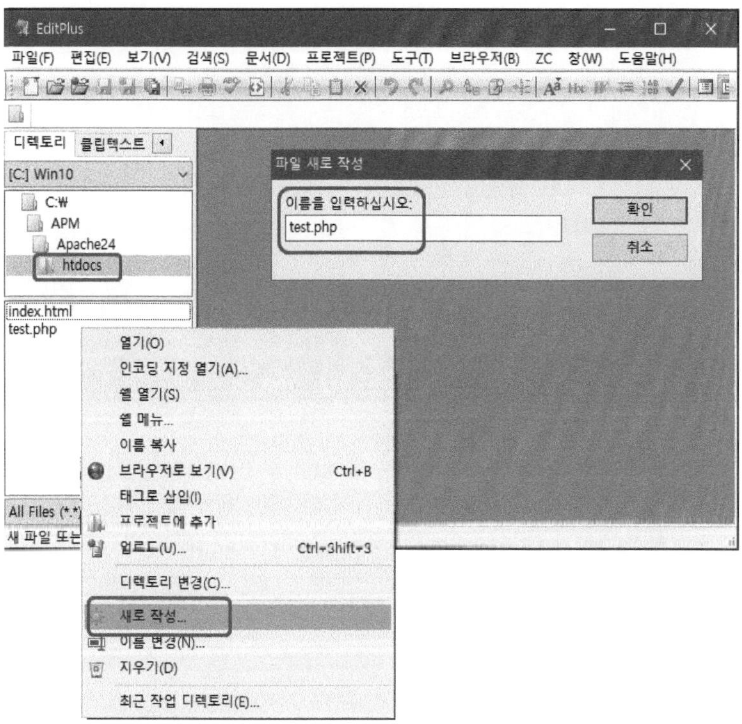

② **test.php 만들기 :** php 설치정보를 알 수 있는 phpinfo함수를 호출하는 프로그램을 입력한다.

```
<?
    phpinfo();
?>
```

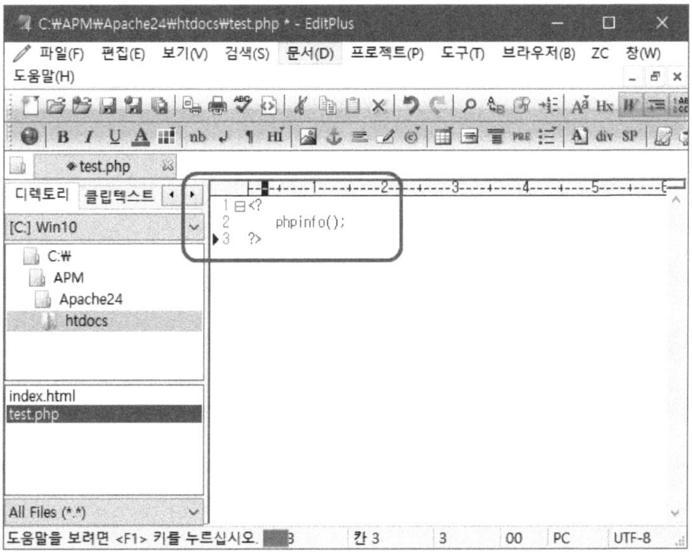

③ **결과확인** : 웹브라우저에서 실행하여 결과를 확인한다.

1	URL	localhost/test.php

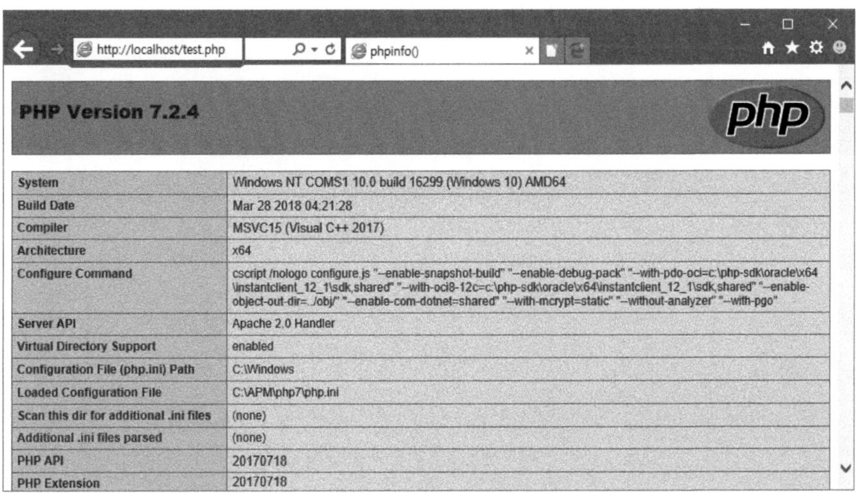

1.2.4 MariaDB 설치

실습목적

책 부록에 있는 데이터베이스 서버 프로그램인 MariaDB 를 자신의 PC에 설치하여라.

실습이론

[1] **Window용 MariaDB** : Linux에서 가장 많이 사용하는 데이터베이스 프로그램 중 하나는 아마 MySQL일 것이다. 그러나 최근에는 MySQL 개발자가 다시 새로운 데이터베이스 프로그램 MariaDB를 출시하면서 많은 사람들이 이용하고 있으며, 이 책에서도 MySQL 대신에 MariaDB를 이용하겠다. MariaDB는 MySQL 프로그램과 거의 같은 프로그램이므로 사용법도 거의 동일하다. MariaDB도 Linux뿐만 아니라 윈도우에서도 사용할 수 있도록 제공되고 있다. 이미 부록 파일에서 제공하는 MariaDB 프로그램을 이용하여 설치를 하면 된다. 만약 최신 버전의 MariaDB 프로그램을 원한다면, mariadb.org 에서 다운받아 설치하길 바란다.

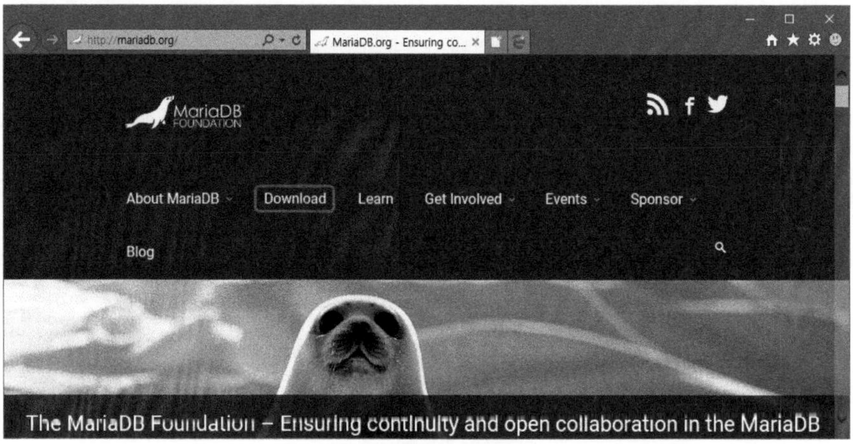

http://mariadb.org

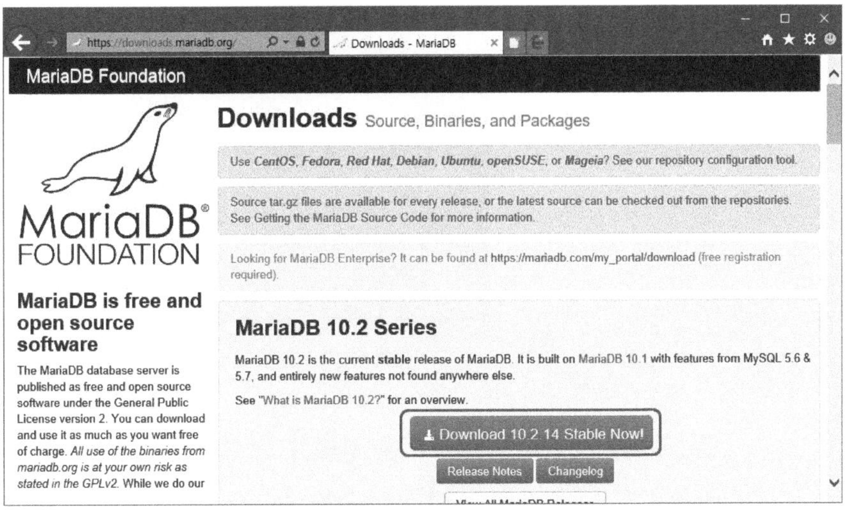

안정화 버전 Download 버튼 클릭

64비트 *.msi 파일 다운받기

STEP 01 MariaDB 설치하기

① **MariaDB 프로그램 실행하기** : 부록에 있는 mariadb-10.2.14-winx64.msi 파일을 더블클릭하여 실행한다.

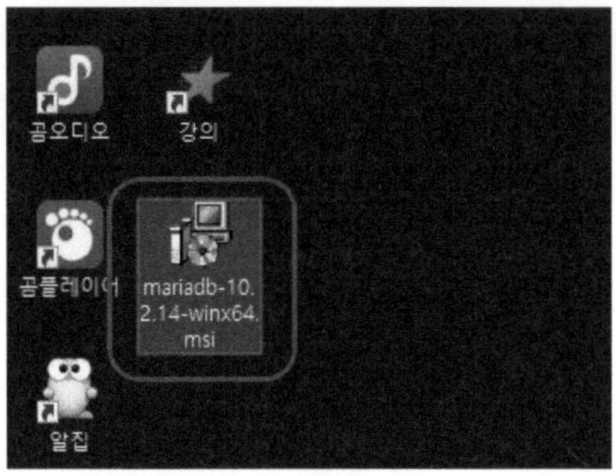

실행하기 : 더블클릭하여 실행.

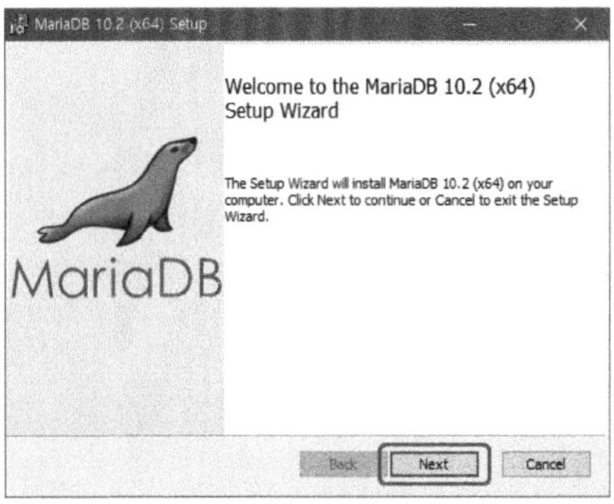

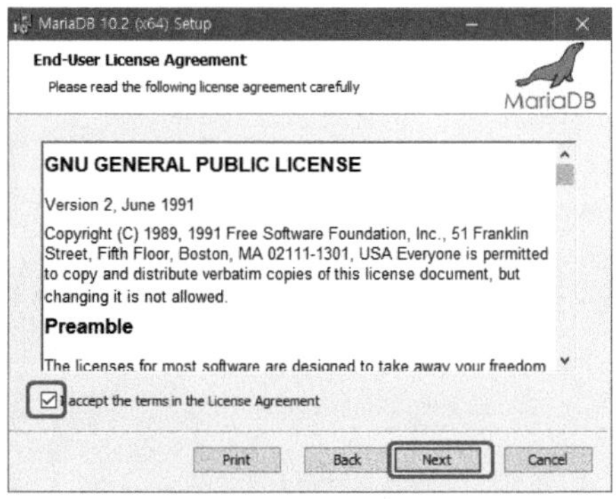

[Next]버튼 클릭

체크 후, [Next]버튼 클릭

② **설치폴더 지정하기** : [Browse]버튼을 클릭한 후, 저장할 폴더위치를 "c:₩APM₩MariaDB10"으로 지정한다.

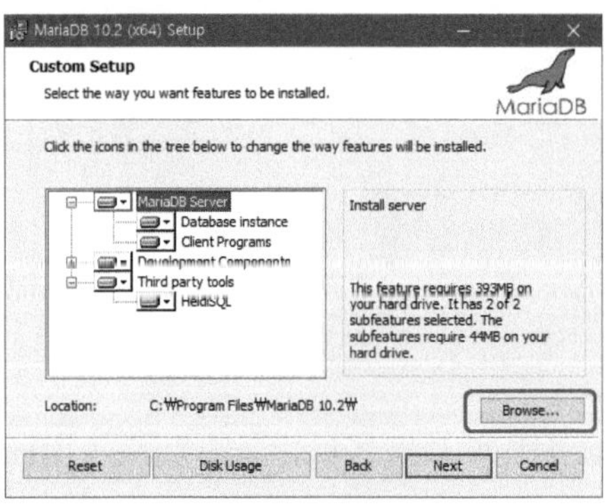

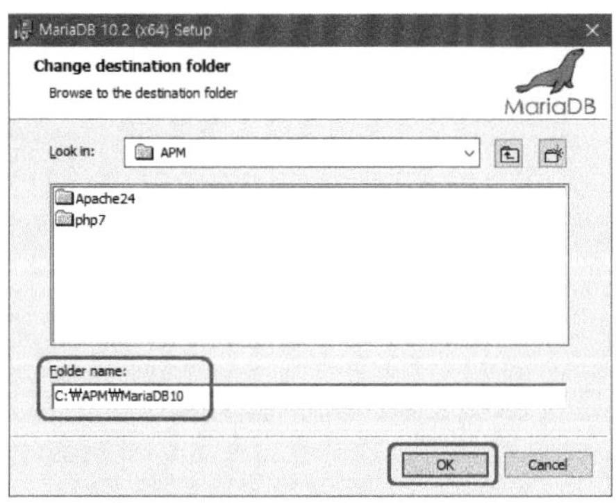

[Browse]버튼 클릭

"c:₩APM₩MariaDB10" 입력

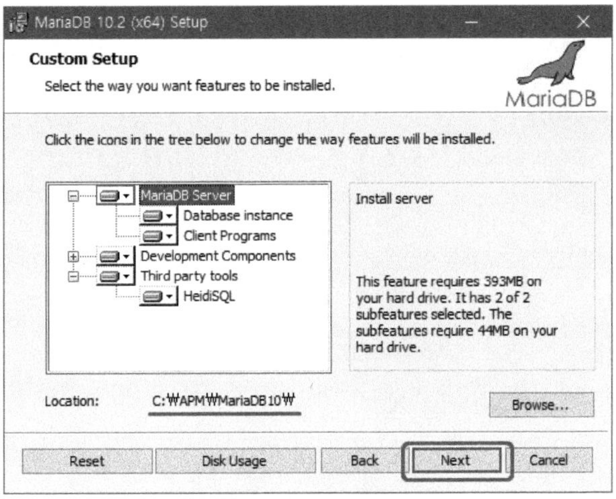

[Next]버튼 클릭

③ **root 암호 및 문자셋 지정하기** : root 암호를 "1234"로 지정하고, 문자셋을 "UTF8"이 되도록 체크한다.

1	New root password	1234
2	confirm	1234
3	use UTF8 as default server's character set	☑

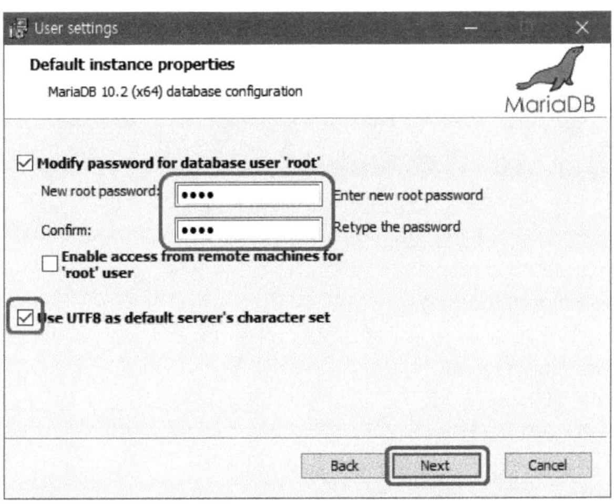

암호 "1234" 입력, UTF8 체크 한 후, [Next]버튼 클릭

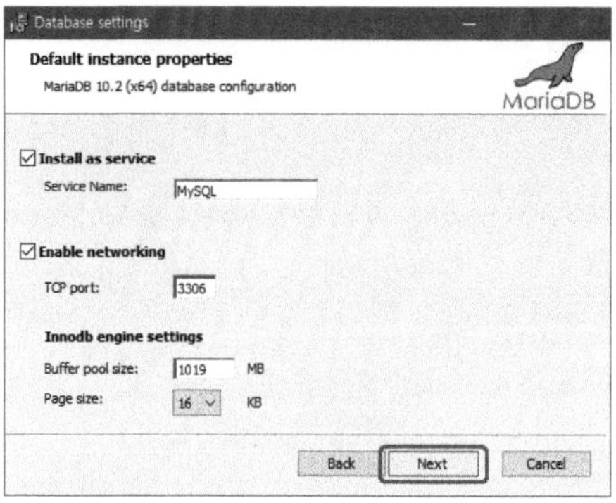

[Next]버튼 클릭

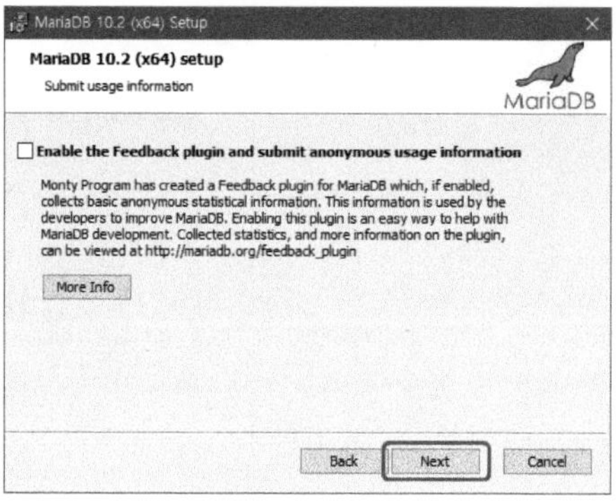

[Next]버튼 클릭

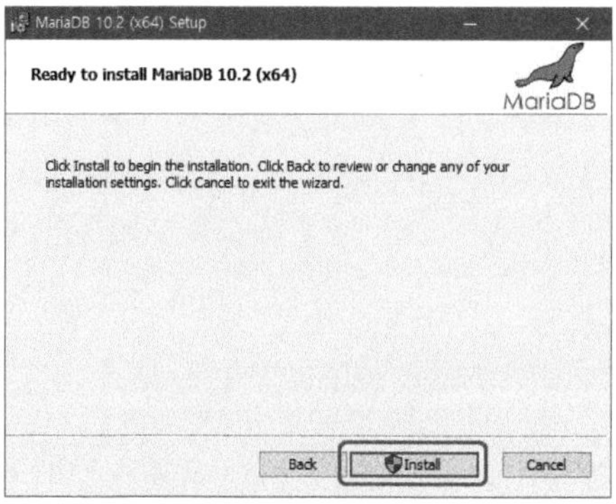

[Install]버튼 클릭

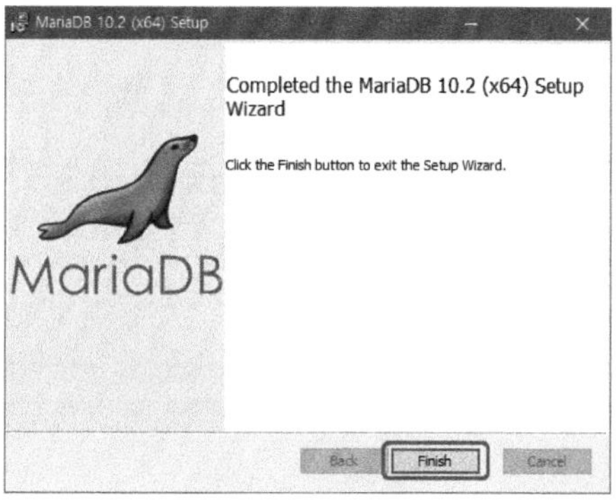

[Finish]버튼 클릭

STEP 02 MariaDB 설정하기

① **php.ini 수정하기 :** C:₩APM₩PHP7 폴더에 있는 "php.ini"파일을 열고 다음과 같이 3줄의 첫 글자 ";" 를 삭제한다.

```
... ... ...
;extension=ldap
extension=mbstring.
;extension=exif      ; Must be after mbstring as it depends on it
extension=mysqli
;extension=oci8_12c  ; Use with Oracle Database 12c Instant Client
;extension=openssl
;extension=pdo_firebird
extension=pdo_mysql.dll
;extension=pdo_oci
... ... ...
```

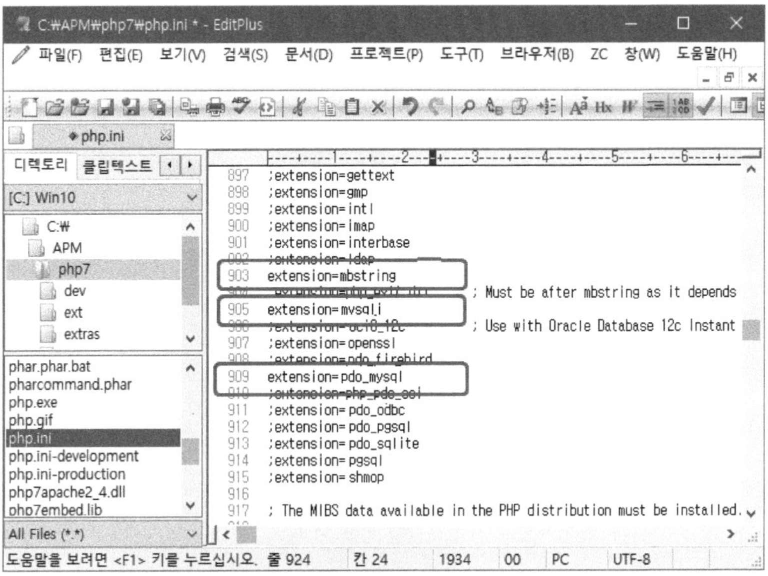

② **httpd 재시작** : 아래 그림과 같이 명령 프롬프트를 이용하여 Apache 프로그램을 재시작 한다.

1	경로변경	cd c:/apm/apache24/bin
2	Apache 재시작	httpd -k restart

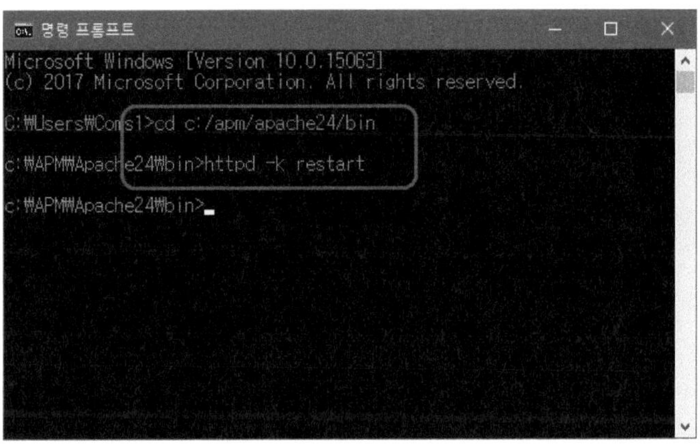

STEP 03 MariaDB 실행하기

① **HeidSQL 실행하기** : 바탕화면에 있는 HeidSQL 아이콘을 더블클릭하여 실행한다.

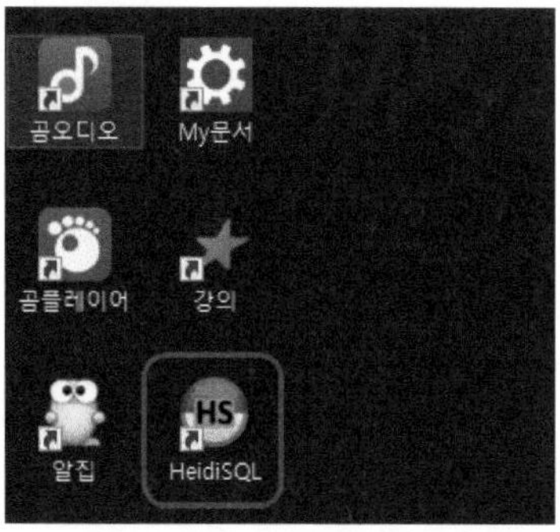

② **HeidSQL 실행하기** : [신규] 버튼을 클릭하여 세션이름을 "MariaDB"로 변경한다. 그리고 root 암호로 설치할 때 등록한 암호 "1234"를 입력한 후, [열기]버튼을 클릭하여 데이터베이스에 접속한다.

1	세션이름	MariaDB
2	암호	1234

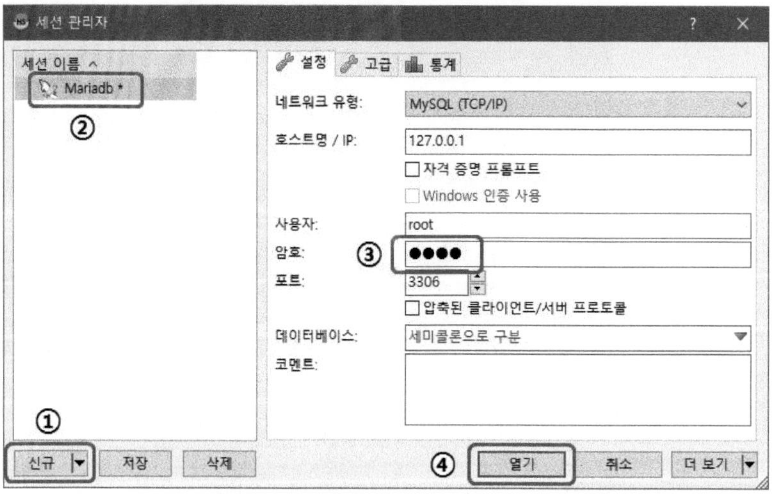

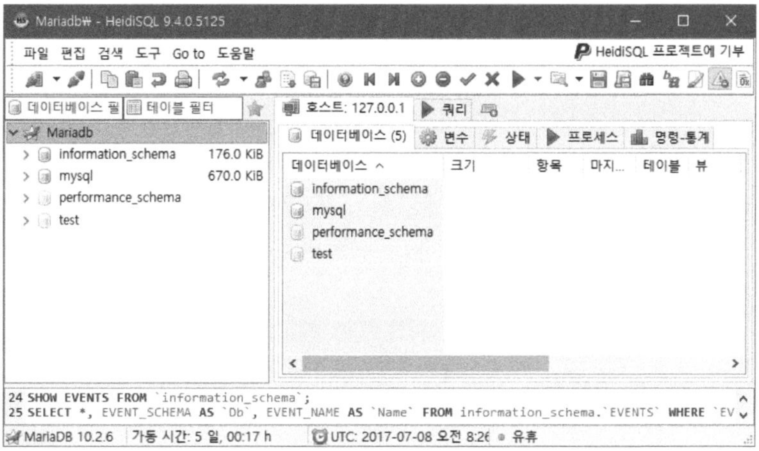

1.2.5 phpMyAdmin 설치

실습목적

책 부록에 있는 데이터베이스 관리 유틸리티인 phpMyAdmin을 PC에 설치하여라.

실습이론

1 **phpMyAdmin** : MariaDB를 이용하여 데이터베이스나 테이블을 만들려면, 아래 그림과 같이 명령프롬프트(도스)창이나 원격접속 프로그램을 이용하여 command방식의 작업을 해야 한다. 이러한 command방식의 MariaDB 작업은 복잡하고 번거롭다.

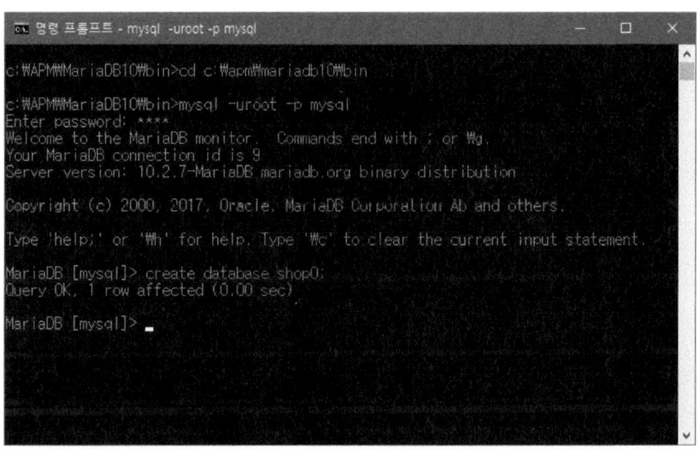

MariaDB 작업화면

그러나 MariaDB에서 제공하는 HeidiSQL 프로그램이나 php로 만들어진 phpMyAdmin 프로그램을 이용하면 MariaDB에 관련된 작업을 아주 쉽게 할 수 있다. HeidiSQL프로그램은 작업할 컴퓨터에 먼저 설치를 해야 사용할 수 있지만, 웹브라우저를 이용해 사용하는 phpMyAdmin은 서버에 이미 설치되어 있으므로, 어디서든지 프로그램을 바로 사용할 수 있다. 따라서 여기서는 HeidiSQL보다는 phpMyAdmin프로그램을 이용하도록 하겠다. 최신의 phpMyAdmin 프로그램은 www.phpmyadmin.net 사이트에서 다운 받을 수 있다.

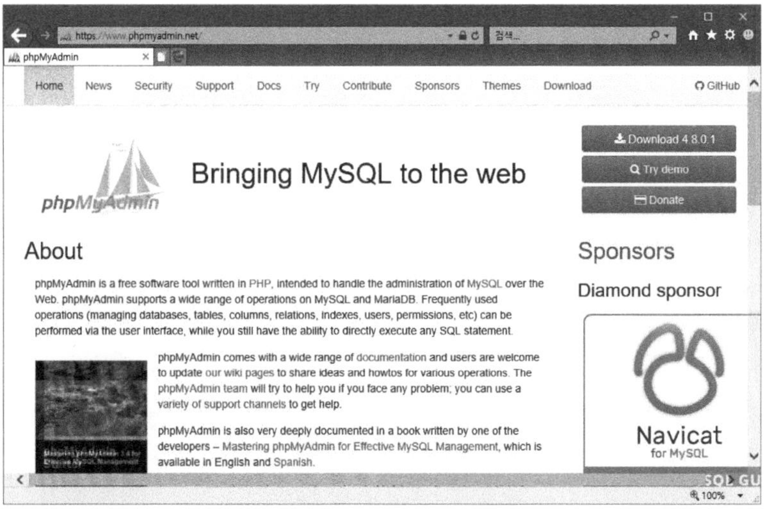

www.phpmyadmin.net

STEP 01 phpMyAdmin 설치하기

① **phpMyAdmin 압축풀기** : 부록에 있는 phpMyAdmin-4.8.0.1-all-languages.zip 프로그램을 바탕화면에 압축을 푼다. 그리고 폴더 이름을 phpmyadmin으로 변경한다.

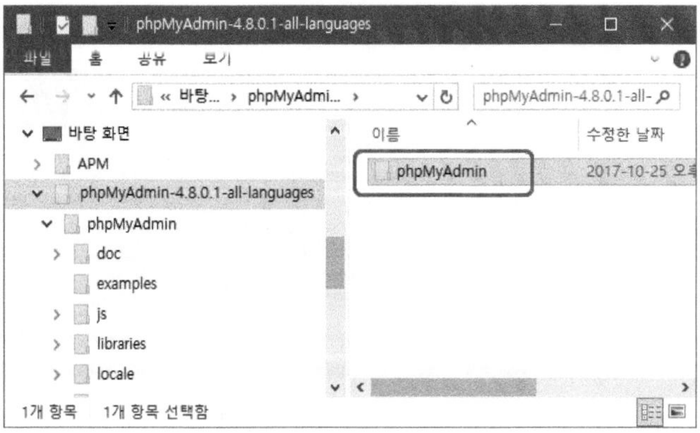

② **복사하기** : phpmyadmin폴더를 c:₩APM₩Apache24₩htdocs 폴더에 그림과 같이 복사를 한다.

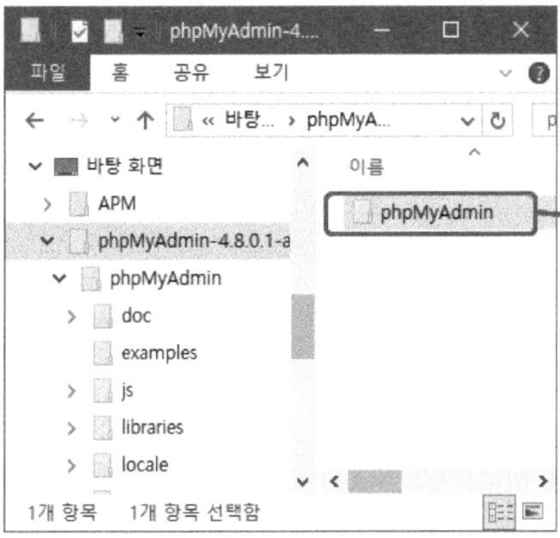

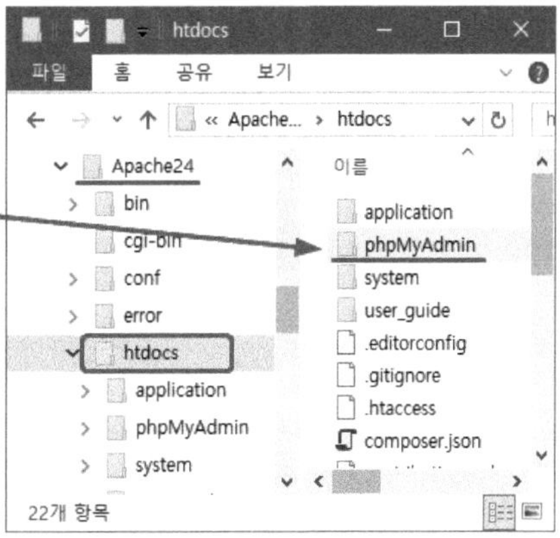

③ **config.inc.php 만들기** : phpmyadmin폴더안에 있는 config.sample.inc.php를 복사하여 config.inc.php로 이름을 변경한다.

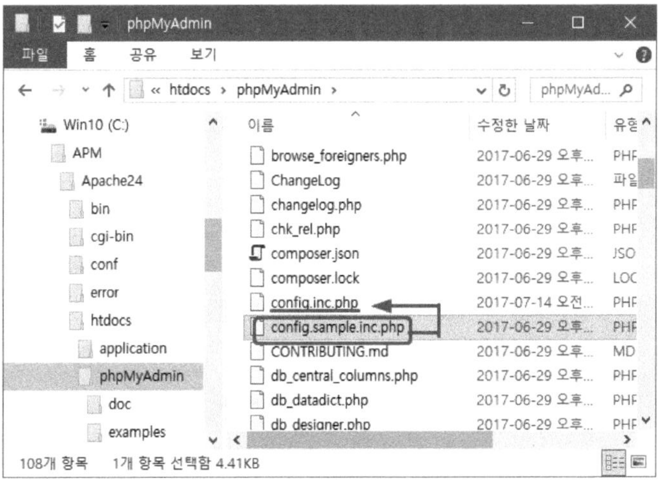

④ **config.inc.php 수정하기** : 내용중 $cfg["blowfish_secret"]값을 수정한다. 값은 임의의 어떤 값을 입력해도 관계없다. 여기서는 "abcdefg12345"를 입력하였다.

```
... ... ...
$cfg['blowfish_secret'] = 'abcdefg12345';
... ... ...
```

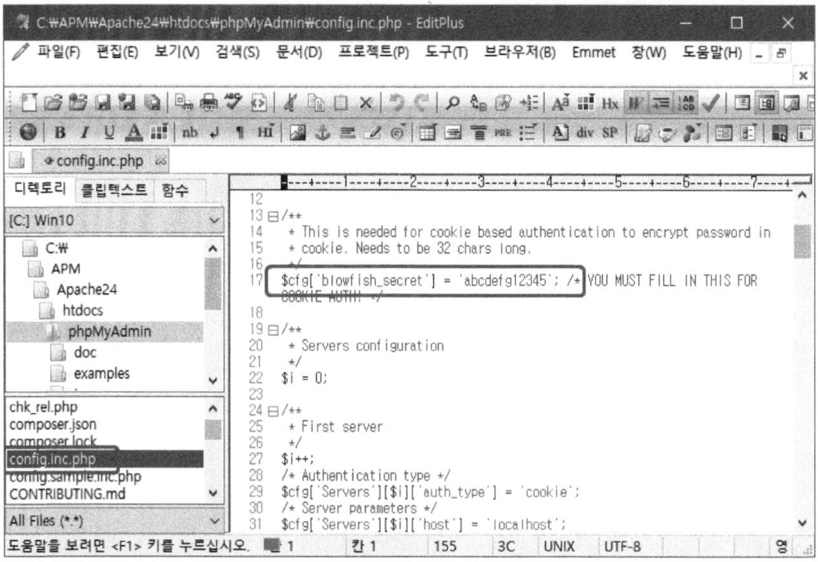

⑤ **phpMyAdmin 프로그램 실행하기** : 웹브라우저에서 다음 URL을 입력한다. phpMyAdmin 로그인 화면이 나오면 ,아이디는 "root", 암호는 "1234"를 입력하여 로그인하여 phpMyAdmin과 Mariadb가 잘 동작하는지 확인한다.

1	URL	http://localhost/phpmyadmin			
2	사용자명	root	3	암호	1234

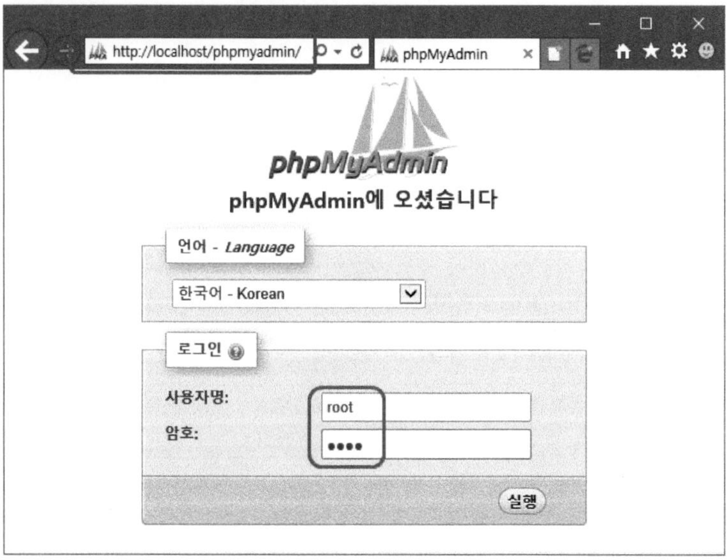

Chapter 02

판매관리

2.1 판매관리

2.1.1 판매관리 분석

프로그램 작업을 시작하기 전에, 먼저 우리가 만들 판매관리 프로그램의 내용에 대하여 알아보자. 원래 판매관리 프로그램은 매우 복잡한 구조의 프로그램이지만, 여기서는 가급적 간단한 구조의 미니 판매관리 프로그램으로 만들 생각이며, 이를 통하여 Codeigniter 사용법에 대하여 알아볼 생각이다.

일반적으로 상점에서 취급하는 중요 장부는 아래 그림과 같이 크게 물건을 구입하는 매입장과 판매를 기록하는 매출장으로 생각할 수 있다.

매 출 장

2018년 1월1일

제품명	단가	수량	금액	비고
제품1	1,000	1	1,000	A사
제품2	1,500	2	3,000	
제품1	1,000	4	4,000	B사
제품3	10,000	3	30,000	
…	…	…	…	
합계			38,000	

매 입 장

2018년 1월1일

제품명	단가	수량	금액	비고
제품1	900	5	4,500	
제품4	1,000	10	15,000	B사
제품1	900	8	7,200	외상
…	…	…	…	
합계			26,700	

우리의 목적이 이 장부를 컴퓨터로 전산처리를 하는 것이 목적이라고 한다면, 개발자는 먼저 프로그램에 어떠한 기능이 필요한지, 어떤 파일 구조로 데이터를 저장하면 좋을지, 또 어떠한 화면양식과 메뉴를 갖는 것이 좋은지 설계를 해야 할 것이다.

판매관리 테이블의 관계형 구조 설계

위의 장부를 보면서 먼저 생각해야 할 것은 어떤 데이터들을 어떻게 저장할 것인지를 생각하는 일이다. 장부의 내용을 보면, 각 장부는 매입장과 매출장으로, 그리고 날짜별로 나누어져 있으며, 상세 내용은 제품명, 단가, 수량, 금액, 비고로 되어 있는 것을 알 수 있다.

이러한 구조에서 특정날짜나 기간별로 검색을 하거나 통계처리 등을 하려면, 다음 그림과 같이 하나의 통합된 구조로 되어 있어야 편리할 것이다. 따라서 각 날짜별 장부는 따로 있는 것보다 날짜 칼럼을 열로 추가하여 통합하는 것이 자료처리하기에 편리하다.

매 출 장

날짜	제품명	단가	수량	금액	비고
2002-01-01	제품1	1,000	1	1,000	A사
2002-01-01	제품2	1,500	2	3,000	
2002-01-01	제품1	1,000	4	4,000	B사
2002-01-01	제품3	10,000	3	30,000	
2002-01-02	제품1	1,000	5	5,000	
2002-01-02	제품4	1,500	10	15,000	B사
2002-01-02	제품1	1,000	8	8,000	외상
...	...	...	...	...	

매 입 장

날짜	제품명	단가	수량	금액	비고
2002-01-01	제품1	900	1	900	A사
2002-01-01	제품2	1,300	2	2,600	
2002-01-01	제품1	900	4	3,600	B사
2002-01-01	제품3	9,000	3	27,000	어음결제
2002-01-02	제품1	900	5	4,500	
2002-01-02	제품4	1,500	10	15,000	B사
2002-01-02	제품1	900	8	7,200	외상
...	...	...	...	...	

그리고 이 매입장과 매출장을 각기 다른 테이블로 구성하여 각각 저장하는 것이 좋을지, 아니면 통합해서 하나의 테이블로 저장하는 것이 좋을지 결정해야 한다. 매입장과 매출장을 각각 다른 테이블로 구성하는 경우는 다음 그림과 같이 매출장을 위한 매출테이블, 매입정보를 위한 매입테이블을 따로 만들면 된다. 이 경우 매입장과 매출장에 관련된 윈도우나 프로그램은 거의 동일한 구조를 갖게 되어 프로그램 작업이 용이해지나, 두 정보를 동시에 처리하는 화면을 만드는 것은 어려울 수 있다.

매출 테이블
날짜
제품명
단가
수량
금액
비고

매입 테이블
날짜
제품명
단가
수량
금액
비고

매입, 매출 테이블을 각각 만드는 구조

반면에 다음 그림과 같이 매출인지 매입인지를 표시하는 구분 칼럼을 추가하면, 매출, 매입 정보를 하나의 테이블로 통합할 수 있다. 두 개의 테이블을 각각 이용하는 경우에 비해 프로그램이 다소 복잡해질 수 있지만, 양쪽 정보를 동시에 볼 수 있다. 또한 다양한 정보 검색화면을 만들 수 있는 장점을 가지고 있다.

매입,매출장

구분	날짜	제품명	단가	수량	금액	비고
매출	06-01-01	제품1	1,000	1	1,000	A사
매출	06-01-01	제품2	1,500	2	3,000	
매입	06-01-01	제품1	9000	4	3,600	B사
매입	06-01-01	제품2	1,300	3	3,900	
매출	06-01-02	제품1	1,000	5	5,000	
매입	06-01-02	제품4	1,200	1	1,200	B사
매출	06-01-02	제품1	1,000	8	8,000	외상
…	…	…	…	…	…	

통합된 매입, 매출 테이블

통합 테이블
구분
날짜
제품명
단가
수량
금액
비고

통합 구조

그리고 위의 테이블을 약간 변형하여 다음 표와 같이 수량을 매입수량, 매출수량으로 분리하여 저장하는 구조를 사용할 생각이다. 이와 같이 변형한 이유는 매입과 매출의 수량 칼럼을 하나의 칼럼에 저장하면, 한 화면에서 매입, 매출에 관련된 다양한 정보를 동시에 볼 수 없으며, 제품의 재고계산이 어려워지기 때문이다. 이런 처리를 위해서는 다음 그림과 같이 수량이 하나로 있는 것보다는 공간 낭비가 되겠지만, 매입수량, 매출수량과 같이 분리하여 저장하는 것이 더 효율적이다.

매입,매출장

구분	날짜	제품명	매입수량	매출수량	단가	금액	비고
매출	06-01-01	제품1		1	1,000	1,000	…
매출	06-01-01	제품2		2	1,500	3,000	
매입	06-01-01	제품1	4		9000	3,600	…
매입	06-01-01	제품2	3		1,300	3,900	
매출	06-01-02	제품1		5	1,000	5,000	
매입	06-01-02	제품4	1		1,200	1,200	…
매출	06-01-02	제품1		8	1,000	8,000	…
…	…	…	…	…	…	…	

통합 테이블

구분
날짜
제품명
매입수량
매출수량
단가
금액
비고

통합 구조

마지막으로 테이블 구조를 마무리하기 전에 한 가지 더 생각해 볼 것이 있다. 위의 표를 보면 유한한 개수의 값이 반복적으로 들어가는 부분이 있는데, 바로 구분과 제품명이다. 제품명 칼럼의 경우 그대로 이용한다면 다음과 같은 문제가 생길 수 있다.

1) 제품명 칼럼을 위하여 문자 자료형 30자 길이를 지정하였다면 레코드 당 30 Byte의 공간을 차지하게 된다.
2) 제품명을 입력할 때 일일이 입력을 해야 하며, 글자를 잘못 입력한다면 전혀 다른 제품으로 처리가 된다.(예: "제품1"과 "제 품 1"은 다른 자료이다.)
3) 제품명을 입력할 때 자동으로 제품에 대한 단가 입력처리가 어렵다.

이러한 문제를 해결하기 위해서, 다음 그림과 같이 장부테이블과 제품테이블을 떼어놓고 생각해 보자.

제품테이블

제품번호	제품명	단가
1	제품1	900
2	제품2	1,300
3	제품3	900
4	제품4	1,500
…	…	…

장부테이블

구분	날짜	제품번호	매입수량	매출수량	단가	금액	비고
1	06-01-01	1		1	1,000	1,000	…
1	06-01-01	2		2	1,500	3,000	…
0	06-01-01	1	4		900	3,600	
0	06-01-01	3	3		900	2,700	…
1	06-01-02	1		5	1,000	5,000	…
0	06-01-02	4	3		1,500	4,500	
1	06-01-02	1		8	1,000	8,000	…
…	…	…	…	…	…	…	…

관계 설정

구분 : 매입=0, 매출=1

1) **제품명**: 위의 그림처럼 장부테이블에 제품명을 입력하는 것이 아니라 제품번호를 입력한다. 그리고 제품번호에 해당하는 제품명은 제품테이블에서 구할 수 있다. 따라서 장부테이블의 제품명은 제품번호를 저장하므로, 문자열 30 바이트가 아닌 정수형 4 바이트만 있으면 된다. 레코드 당 26 바이트를 절약할 수 있다. 26 바이트가 크지 않다고 생각할지는 모르지만 몇 달, 몇 년 자료를 생각해 본다면 매우 큰 공간이 될 것이다. 저장 공간 절약을 더 고려한다면 장부테이블의 단가는 제품테이블의 단가에 있으므로 장부테이블에서 생략할 수 있다. 그러나 실제로 물건을 판매할 때 실제 판매가격이 단가와 다를 수 있다. 따라서 장부테이블에 단가 필드는 그대로 두는 것도 좋을 것이다.
2) **구분**: 구분은 매출, 매입 두 가지 값만 있으므로 매입은 0, 매출은 1과 같이 숫자로 저장하면 저장 공간을 줄일 수 있으며, 정수형이 문자형보다 검색속도가 빠르므로 더 효과적이다.

이렇게 서로 다른 테이블의 정보를 서로 공유할 수 있게 해 주는 데이터베이스를 **관계형 데이터베이스**(Relational Database)라고 한다. 현재 사용하고 있는 대부분의 데이터베이스 프로그램들은 관계형을 지원하고 있으므로, 반드시 관계형 개념과 구조를 이용하여 데이터베이스를 설계하는 방법에 대하여 잘 알아야 한다. 관계형 데이터베이스를 이용하는 경우에는 다음과 같은 장점이 있다

관계형 데이터베이스의 장점
1) 저장할 칼럼 크기가 작아지므로, 하드디스크 공간을 절약할 수 있다. 2) 테이블 크기가 작아지므로, 데이터 입출력 및 검색 속도가 빨라진다. 3) 자료 입력할 때, 콤보박스나 목록박스를 이용할 수 있어 입력 실수를 막아준다. 4) 모든 테이블 구조가 단순해지며 업무구조 분석 및 수정이 쉬워진다.

계속하여 작업을 진행하기 전에 관계형 테이블을 설계할 때, 관계를 맺는 두 테이블 간의 관계 종류에 대하여 먼저 알아보자. 관계종류는 크게 "일대일", "일대다" 혹은"다대일"이 있으며, "다 대 다"의 관계는 없다. 어느 쪽이 일 쪽인지, 다 쪽인지는 아래와 같이 구분하면 된다.

"일대일" 관계와 "일대다" 관계
두 테이블의 관계를 맺는 관계형식은 크게 일대일, 일대다와 같은 두 가지가 있다. 위에서 설명한 장부테이블인 경우는 일대다의 관계다. 이것을 구분하는 방법은 아주 쉽다. 예를 들어 제품테이블에서 "제품1"이라는 단어는 딱 한 번 나올 것이다. 그러나 장부테이블에서 제품1은 여러 번 매출이나 매입을 하므로, 여러 번 나올 것이다. 따라서 제품테이블은 "일"이 될 것이고 장부테이블은 "다"가 될 것이다.

"일대일"과 "일대다"를 먼저 설명하는 이유는 관계를 맺는 두 테이블의 칼럼을 선택할 때 아무 칼럼이나 연결하면 안 되기 때문이다. 따라서 관계를 맺을 때 주의할 사항에 대하여 먼저 알아야 할 것이다.

관계형 맺을 때 주의 사항

1) 관계는 두 개의 테이블 간의 칼럼을 연결하여 맺어야 한다.
2) 두 테이블 중 한쪽 테이블의 칼럼은 반드시 Primary Key여야 한다.
3) 관계를 맺는 두 칼럼은 반드시 자료형이 같아야 한다.

판매관리인 경우 제품과 장부테이블의 관계는 "일대다"의 관계가 될 것이고, "일"쪽이 되는 제품테이블의 제품번호 필드는 반드시 기본키(Primary Key)로 설정해야 한다. 그리고 제품테이블의 번호 필드 자료형과 장부테이블의 제품_번호 필드 자료형은 반드시 같아야 한다.

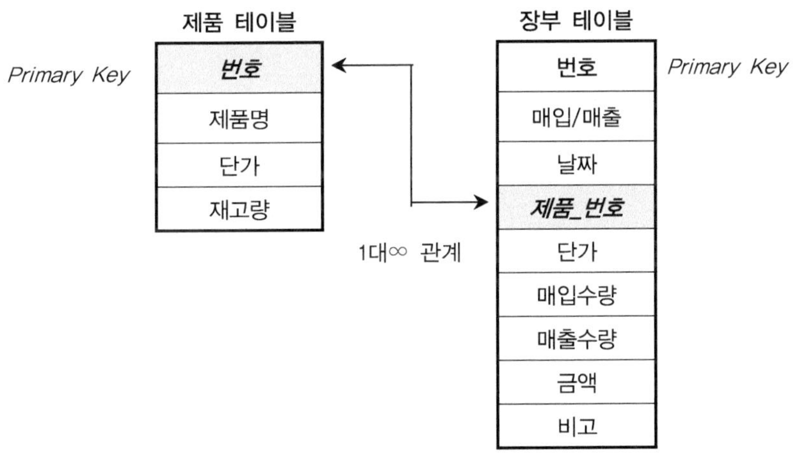

그리고 제품 종류에 따라 제품을 구분하기 위하여, 아래 그림과 같이 구분 테이블을 작성하여 제품과 관계를 맺는다.

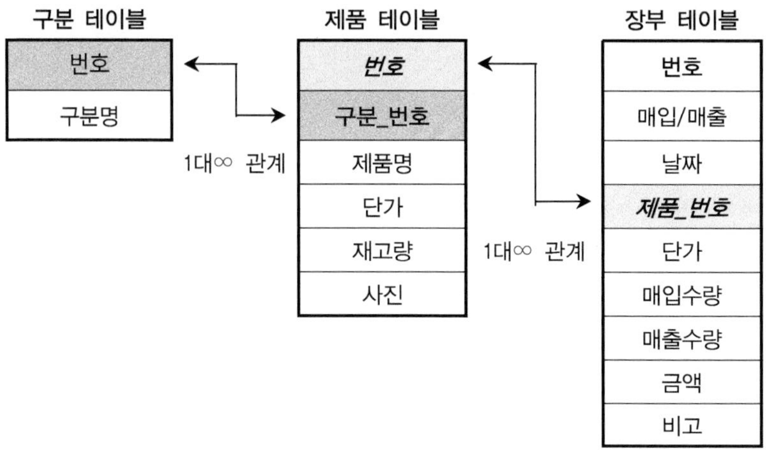

이제 판매관리 프로그램에서 사용할 테이블이 결정되었다. 구분, 제품, 장부테이블 3 개를 이용할 것이며, 이 3개의 테이블은 제품번호와 구분번호를 이용하여 관계를 맺도록 설계하였다. 그밖에 제품의 재고량을 파악하기 위하여 제품테이블에 재고량 jaego 필드를 추가하였다. 그리고 제품사진을 표시하기 위하여 사진이름을 저장하는 pic 필드도 추가하였다. 최종 필드는 다음과 같으며, 필드이름과 테이블이름은 한글을 이용할 수 있지만, 다음과 같은 영문이름을 사용하도록 하겠다.

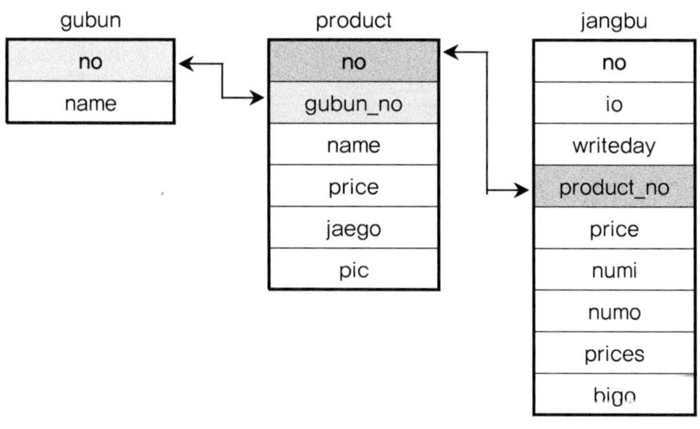

판매관리 테이블들의 구조

앞에서 이미 구분, 제품, 장부테이블에 어떤 내용이 필요한지 알아보았으니, 이제 구체적인 테이블 구조에 대해 알아보자. 먼저 gubun 테이블구조는 다음과 같이 구분명만 갖도록 단순하게 만들었다.

	필드	종류	NULL	추가	(키본키)
번호	no	int	☐	auto_increment	◉
구분명	name	varchar(20)	☑		

gubun 테이블 구조

1) **no** : 구분의 번호는 일일이 사용자가 입력하는 것보다는 자동으로 입력되는 것이 편리하다. 자동으로 값이 1 증가하는 일련번호는 정수형(int)에 auto_increment 옵션을 지정하면 된다.
2) **Primary Key** : 관계형을 설정하기 위해서는 반드시 테이블 내에 Primary Key 칼럼이 있어야 한다. 그리고 Primary Key 칼럼은 반드시 Null이 No(☐)이어야 하며, 유일한 값만 있어야 한다. gubun 테이블의 no필드를 Primary Key로 사용하겠다.

제품 테이블의 구조는 다음과 같다.

	필드	종류	NULL	추가	(키본키)
번호	no	int	☐	auto_increment	◉
구분_번호	gubun_no	int	☑		
제품명	name	varchar(30)	☑		
단가	price	int	☑		
재고량	jaego	int	☑		
사진	pic	varchar(255)	☑		

product 테이블 구조

1) **no** : product의 no필드 역시 일련번호를 이용하는 것이 편리하며, 기본키이므로, null을 No로 지정해야 한다.
2) **gubun_no** : 구분정보를 표시하는 필드이며, gubun 테이블의 no필드와 관계를 맺는 필드이다. 따라서 필드이름을 gubun_no(테이블이름_필드이름)으로 지정하였으며, 같은 자료형이 되도록 int를 지정하였다.
2) **name** : 가변길이 문자열 저장방식의 varchar형으로 크기는 30을 지정하였다.
4) **price** : 단가는 통화형이므로, 우리나라 화폐단위는 정수형이므로, int와 bigint형을 사용해야 한다. 만약 입력할 최대 금액이 약 21억 이상인 경우는 8 바이트 bigint형을 이용해야 한다.
5) **jaego** : 제품의 재고량을 저장하는 필드이다.
6) **pic** : 제품 사진의 파일이름을 저장하는 필드이다.

다음은 jangbu 테이블의 구조이다.

	필드	종류	NULL	인덱스	(키본키)
번호	no	int	☐	auto_increment	◉
구분	gubun_no	tinyint	V		
날짜	writeday	date	V		
제품_번호	product_no	int	V		
단가	price	int	V		
매입수량	numi	int	V		
매출수량	numo	int	V		
금액	prices	int	V		
비고	bigo	varchar(20)	V		

jangbu 테이블 구조

1) **no** : jangbu 테이블인 경우는 테이블을 대표하면서 유일한 값으로 되어 있는 필드가 없어, Primary Key로 설정할 만한 필드가 없다. 이런 경우는 Primary Key로 설정할 문서번호와 같은 필드를 추가해야 하며, 여기서는 자동으로 값이 증가되는 일련번호형의 no 필드를 추가하기 위하여 default값을 auto_increment로 지정하였다.
2) **gubun_no** : 이 칼럼은 매입인 경우 0, 매출인 경우 1로 표시하기로 했으므로, bit형이나 tinyint로 지정하면 된다. 여기서는 tinyint를 이용하였다.
3) **writeday** : 날짜자료를 처리하기 위하여 date형으로 지정한다.
4) **product_no** : 이 필드는 제품명 필드이지만 product 테이블과 관계를 맺어야 하므로 제품의 번호가 저장되어야 한다. 따라서 product 테이블에서 제품의 번호를 int형으로 지정하였으므로, 관계를 맺을 이 필드 역시 동일한 자료형인 int형이 되어야 한다. 필드이름을 product_no와 같이 밑줄을 삽입한 이유는 product 테이블의 no 필드와 관계를 맺는다는 의미이다.
5) **price, numi, numo, prices** : 이 필드들은 숫자 자료로서 모두 int형을 지정하였다. 만약 price, prices 필드에서 입력할 수 있는 최대값이 약 21억이 넘는 경우에는 8바이트 bigint로 지정해야 한다.

2.1.2 판매관리 화면 및 메뉴

판매관리 화면과 메뉴

테이블 구조가 결정이 되었으므로, 이제 사용자화면과 메뉴를 설계해 보자. 화면과 메뉴를 설계하려면, 먼저 판매관리 프로그램에서 필요한 기능에 대하여 알아야 할 것이다. 일반적으로 관리 프로그램에는 입력, 조회, 통계처리, 출력기능이 있어야 한다. 다양한 기능의 프로그램을 만들 수 있겠지만, 여기서는 다음과 같은 기능을 만들어 보겠다.

1) **입력기능**:
   - 제품의 종류를 나타내는 구분관리 기능.
   - 제품 정보와 사진을 관리할 수 있는 제품관리 기능.
   - 날짜별로 매입, 매출정보(제품명, 단가, 수량, 비고)를 관리할 수 있는 기능.
   - 사용자 정보를 관리할 수 있는 기능.

2) **조회기능**:
   - 기간별이나 제품으로 매입, 매출을 검색할 수 있는 기능.
   - 제품의 재고현황을 조회할 수 있는 기능.

3) **통계기능**:
   - 기간내 가장 많이 팔린 제품정보를 조회할 수 있는 기능
   - 월별 제품별 판매실적을 조회할 수 있는 기능.
   - 구분별 판매실적을 차트로 보여줄 수 있는 기능.

4) **기타**:
   - 사용자 로그인할 수 있는 기능.
   - 제품사진을 앨범처럼 표시하는 기능.
   - Ajax를 이용한 구분관리 기능.

이러한 기능들을 위한 판매관리 프로그램의 메뉴 구조는 다음과 같이 풀다운메뉴로 구성하였다.

매입	매출	기간조회	통계	기초정보	사진	Ajax	로그인
			Best제품	구분			
			월별제품별현황	제품			
			종류별분포도	사용자			

판매관리 메뉴

다음 그림은 앞으로 만들 판매관리 화면 중에 메인화면이며,

메인화면

다음 그림들은 직원과 관리자 정보를 관리할 수 있는 화면들이다.

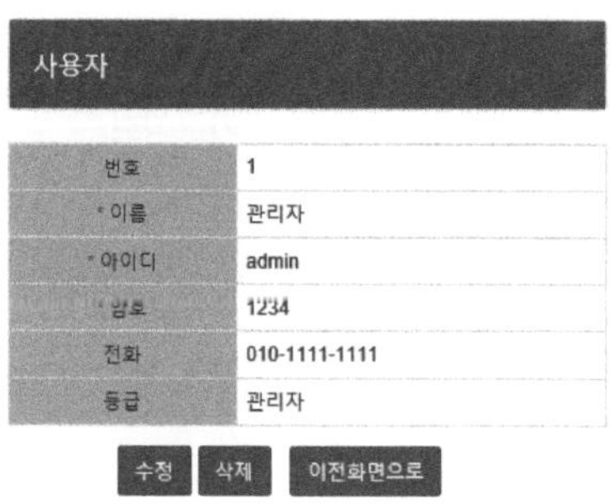

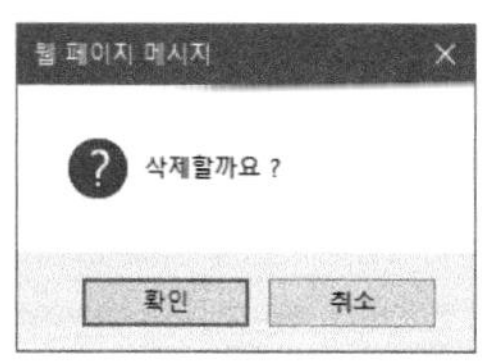

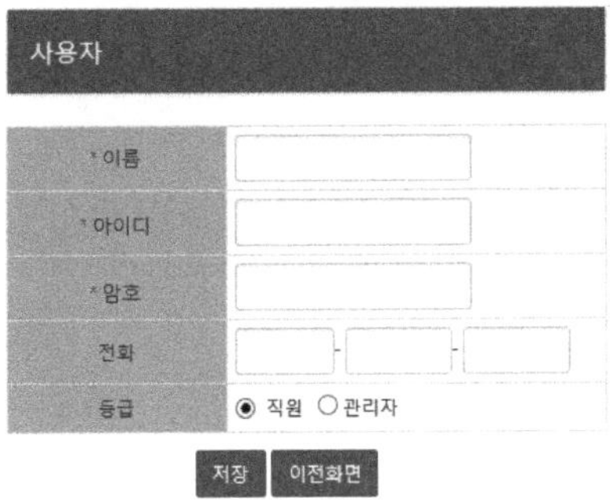

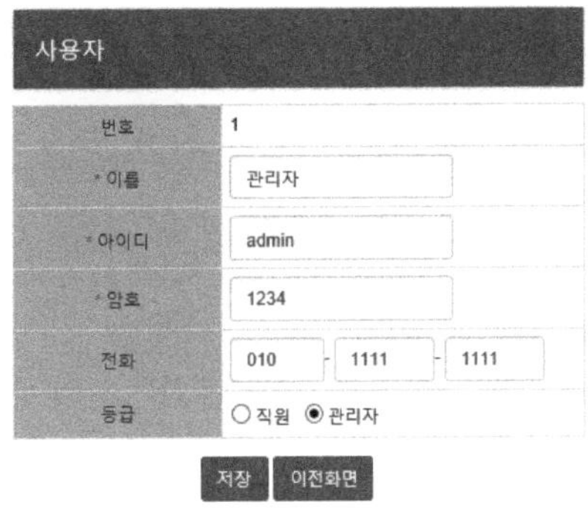

다음 그림은 판매관리의 기초정보인 구분관리 화면들이다.

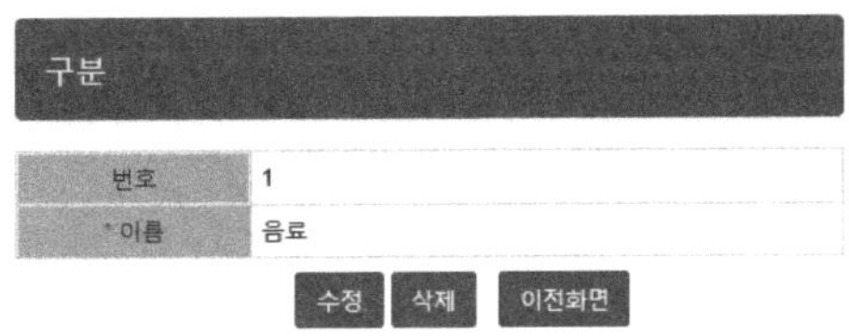

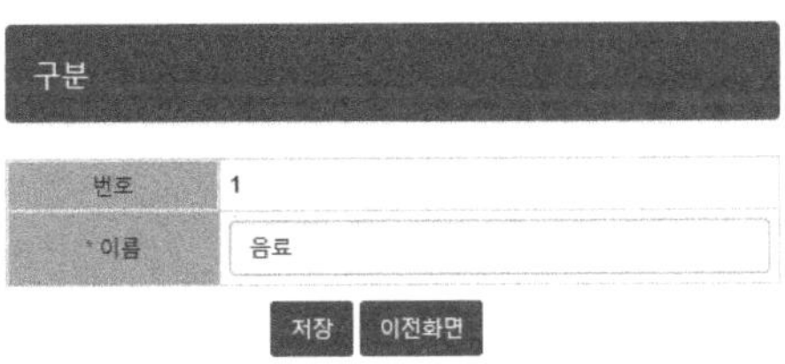

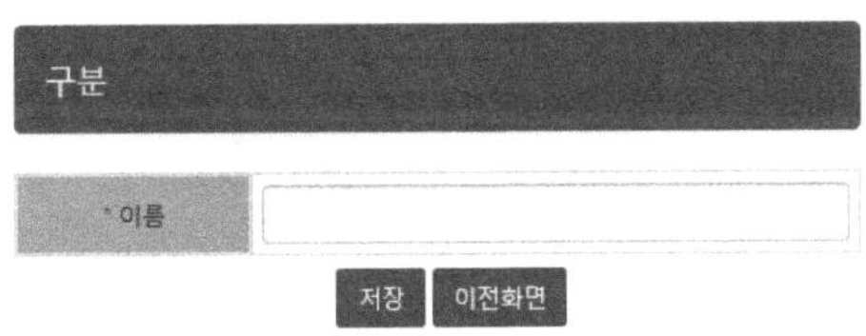

다음 그림은 제품사진을 포함한 제품관리 화면들로서, 이 화면에서 Codeigniter를 이용해 파일을 업로드하는 화면들이다.

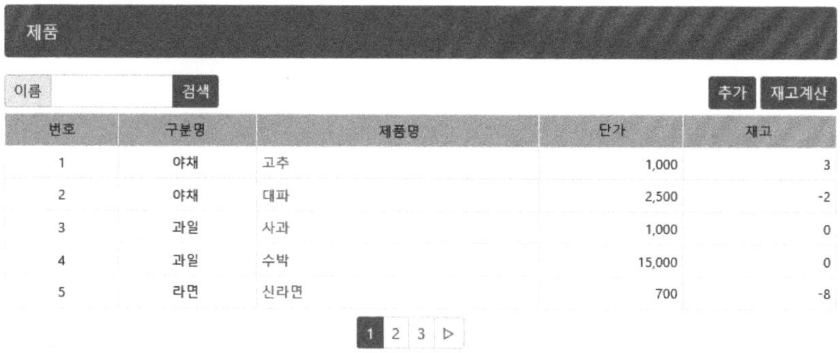

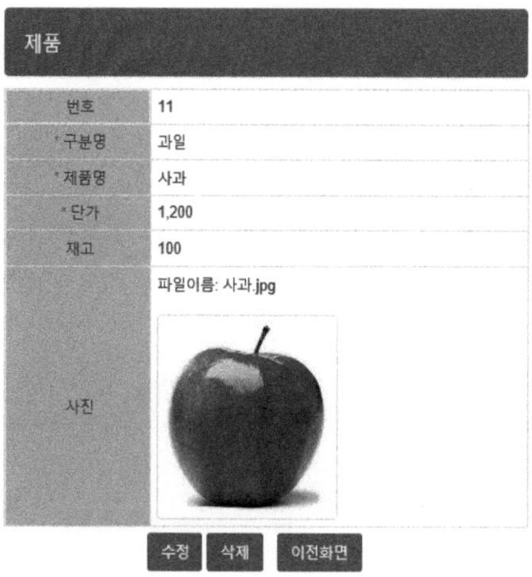

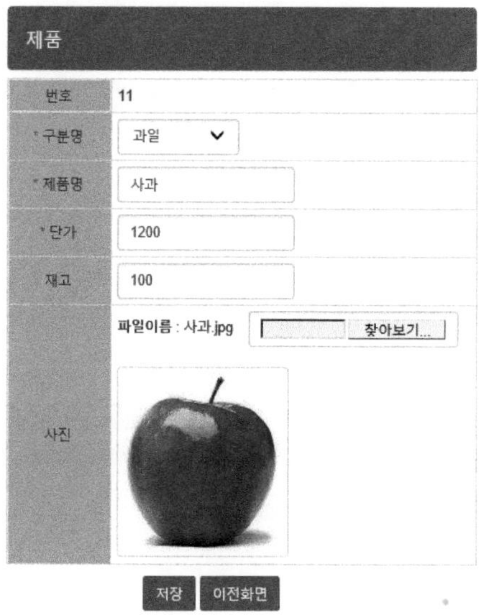

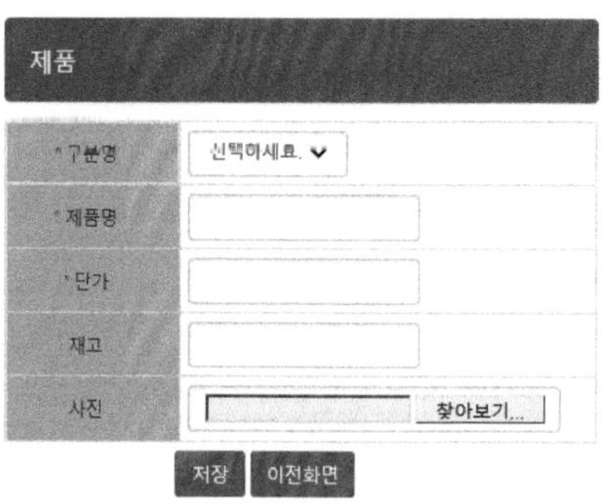

다음 그림은 날짜별로 관리하는 매입장 화면들로서, 콤보박스로 제품정보를 선택하며, 자동으로 금액을 계산 처리하도록 만들겠다.

다음 그림은 매출장 화면으로서, 매입장과 달리 제품정보 입력을 콤보박스가 아닌 제품선택 팝업창을 이용하여 처리하도록 만들겠다.

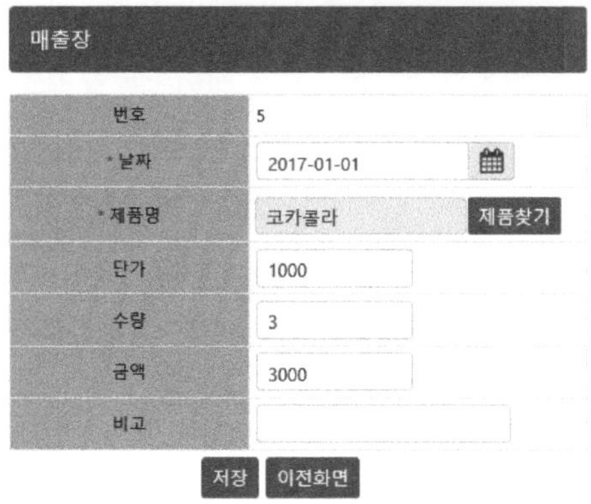

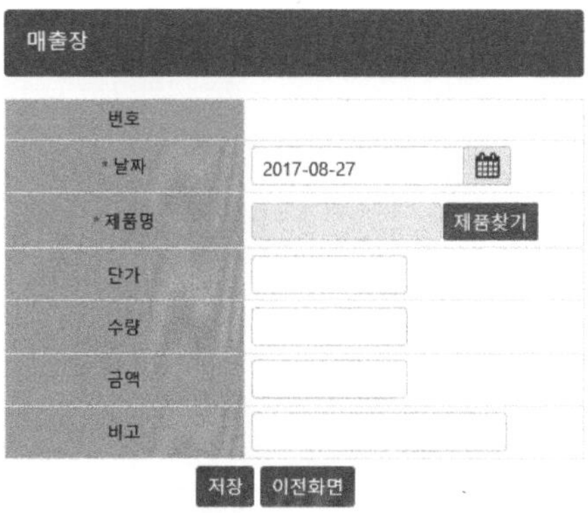

다음 그림은 기간과 제품명으로 조회할 수 있는 기간조회 화면으로서, 제품은 특정제품이나 제품 전체로 조회할 수 있도록 만들겠다.

다음 그림은 첫 번째 통계화면으로서, 주어진 기간 동안 가장 많이 팔린 제품을 조회하는 BEST제품 조회 화면이다.

BEST 제품

날짜 2017-08-20 - 2017-09-20

제품명	총 판매수량
대파	23
하이트맥주	19
신라면	9
고추	5

두 번째 통계화면은 제품별 월별 판매현황을 년별로 조회할 수 있는 화면이다.

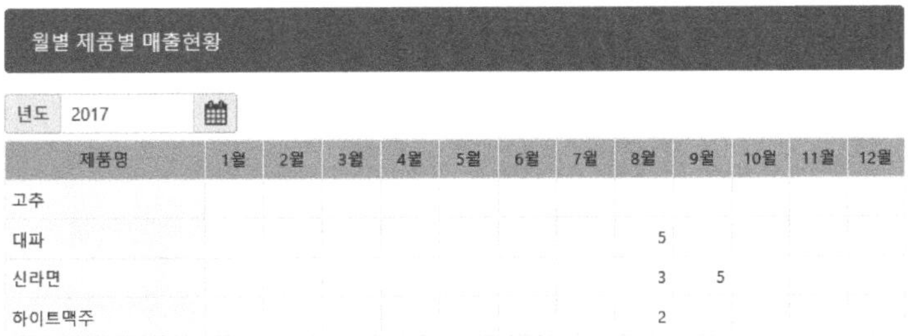

월별 제품별 매출현황

년도 2017

제품명	1월	2월	3월	4월	5월	6월	7월	8월	9월	10월	11월	12월
고추												
대파								5				
신라면								3	5			
하이트맥주								2				

세 번째 통계화면은 주어진 기간 동안 구분별 판매현황을 도너츠형 그래프로 조회할 수 있는 화면이다.

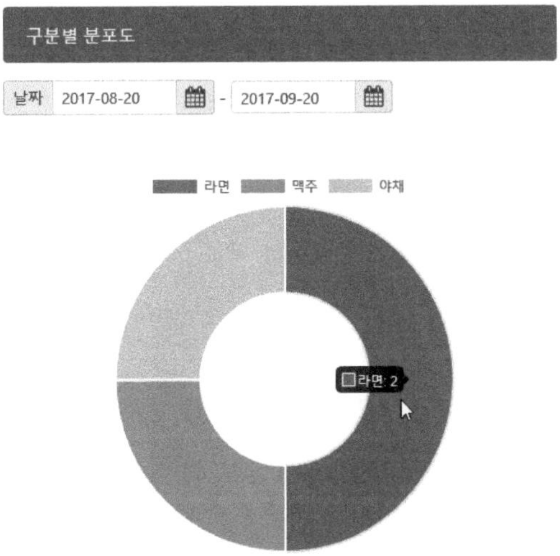

그 밖에 다음 화면은 사용자의 로그인 처리를 Bootstrap의 modal을 이용하여 처리하는 화면이며,

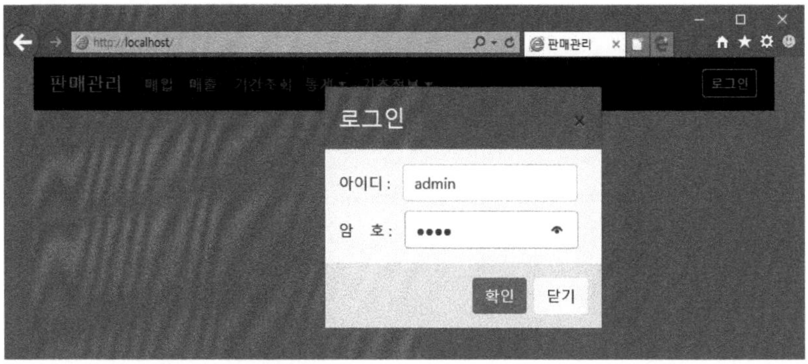

사용자가 관리자인지, 일반 사용자인지에 따라 사용할 수 있는 메뉴를 제한하도록 만들겠다.

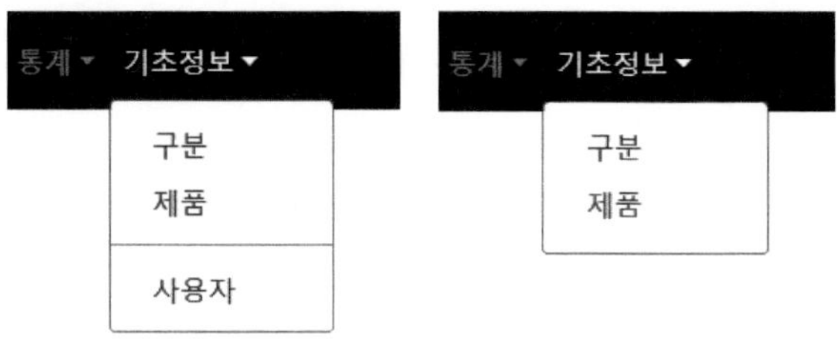

관리자 로그인한 경우 직원이 로그인한 경우

다음 그림은 Bootstrap의 Carousel 기능을 이용하여 자동으로 메인 이미지가 이동하는 애니메이션이 되도록 만들겠다.

또한 제품사진들을 다음 그림과 같이 2차원 구조로 표시되는 앨범처럼 만들겠고, 이미지를 클릭했을 때는 확대이미지를 볼 수 있는 팝업창이 표시되도록 만들겠다.

마지막으로 Ajax원리를 이해하기위하여 구분관리 화면을 Ajax로 동작하도록 만들어 보겠다.

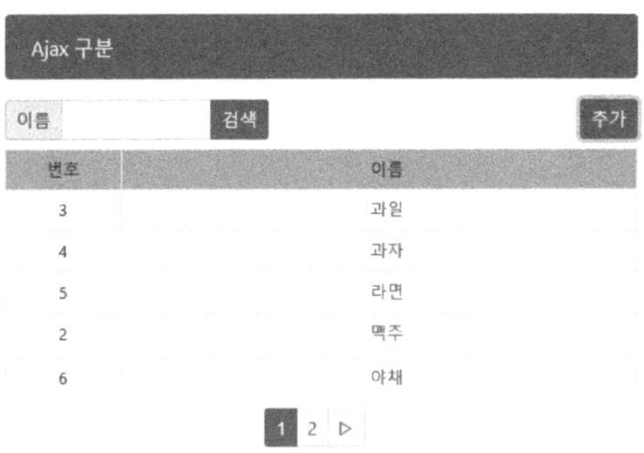

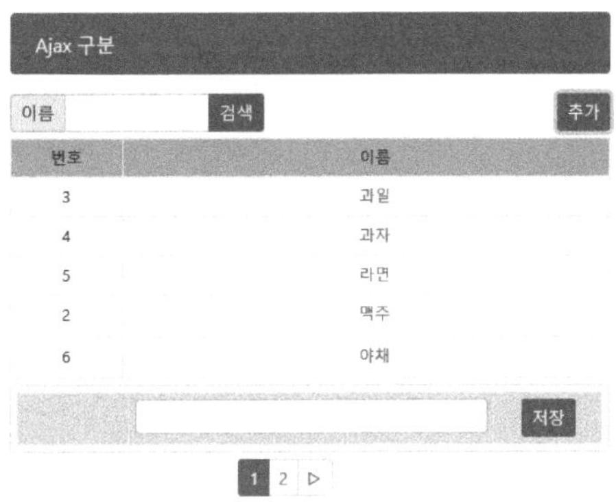

2.2 데이터베이스 만들기

2.2.1 Sale 데이터베이스 만들기

실습목적

MariaDB에 판매관리 Sale 데이터베이스와 sale 사용자계정을 만들어라.

실습이론

1. **Sale Database** : phpMyAdmin을 이용하여 Sale 데이터베이스와 이 데이터베이스를 접속할 수 있는 사용자 sale을 등록하여라.

STEP 01 Sale 데이터베이스와 계정 만들기

① **phpMyAdmin 프로그램 실행하기** : 웹브라우저에서 다음 URL을 입력한다. phpMyAdmin 로그인 화면이 나오면 ,아이디는 "root", 암호는 "1234"를 입력하여 로그인한다.

1	URL	http://localhost/phpmyadmin			
2	사용자명	root	3	암호	1234

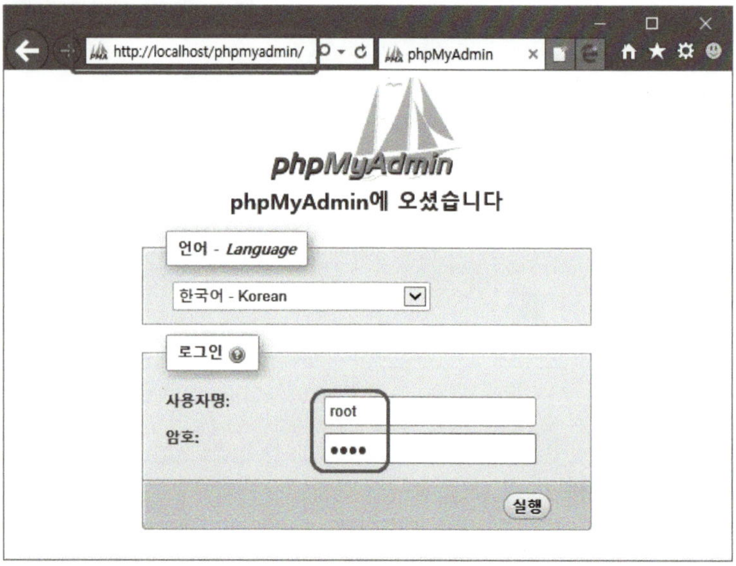

② **데이터베이스 만들기:** [데이터베이스]탭을 선택한다. 새 데이터베이스 이름 입력란에 "sale"을 입력한 후, [만들기]버튼을 클릭한다.

1	새 데이터베이스 이름	sale

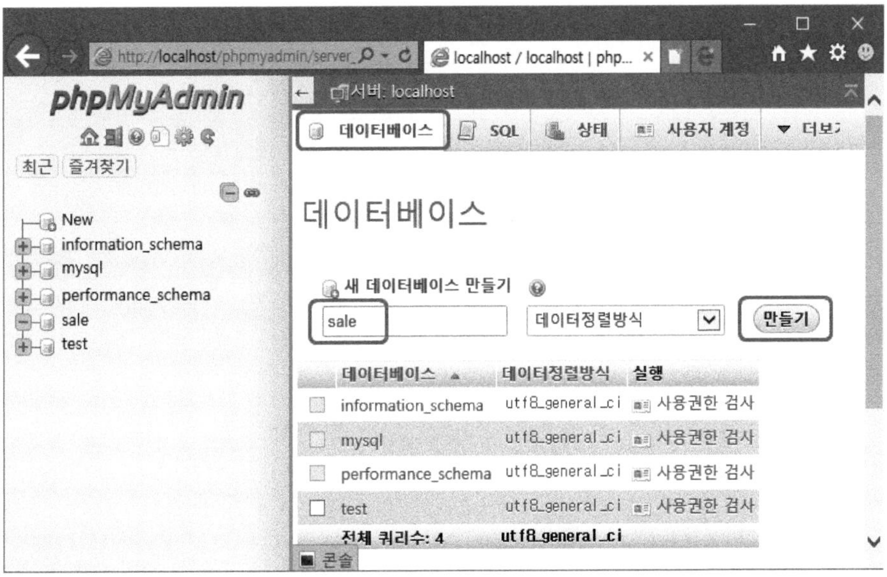

③ **사용자 계정 만들기:** [사용자 계정]탭을 선택한 후, 그림과 같이 "사용자 추가"를 클릭한다.

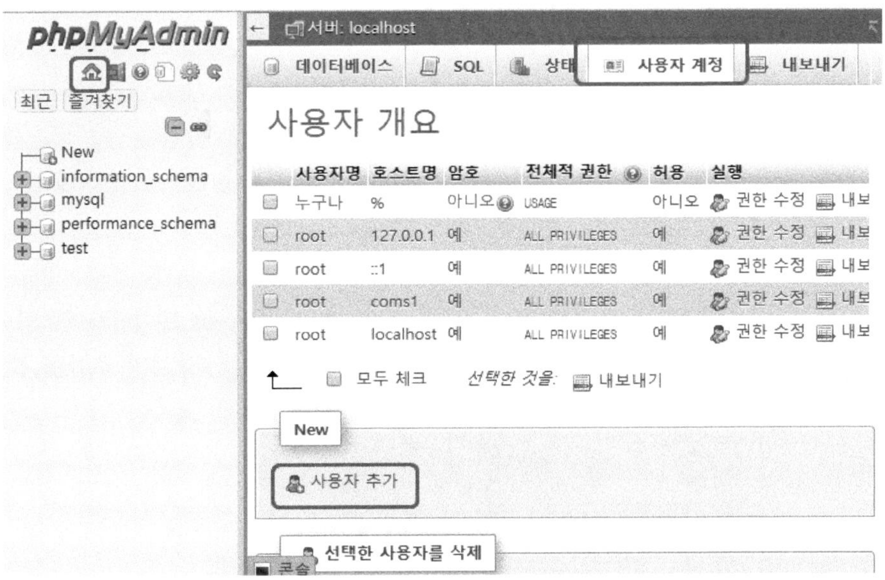

③ **사용자 계정 추가하기:** 사용자 계정의 정보를 다음과 같이 입력한 후, [실행]버튼을 클릭한다.

1	사용자명	sale	3	암호	1234
2	호스트명	%	4	재입력	1234
5	동명의 데이터베이스를 생성하고 모든 권한을 부여				☑

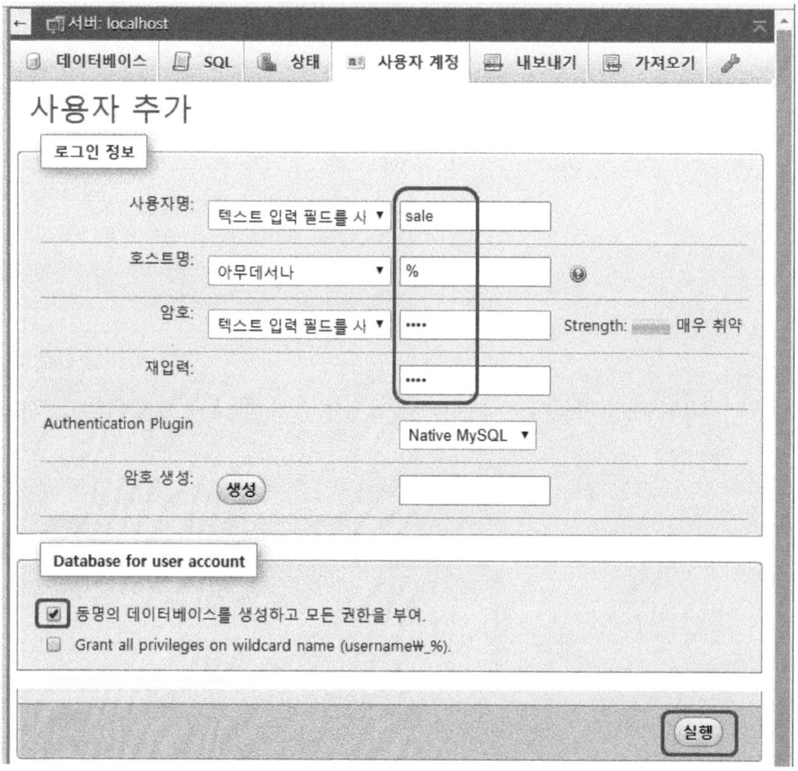

다음 그림은 sale 사용자 계정을 추가했을 때, mysql 데이터베이스의 db 테이블에 sale 데이터베이스를 sale 사용자가 소유하고 있다는 정보가 추가된 결과 화면이다.

그리고 아래 그림은 user테이블에 사용자 sale 계정이 추가된 결과화면이다.

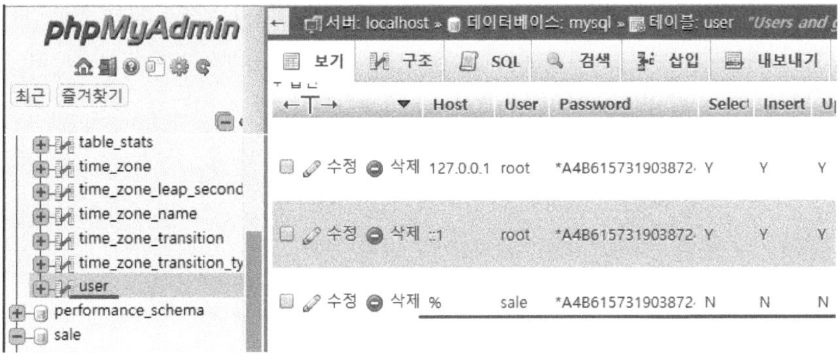

2.2.2 member 테이블 만들기

실습목적

판매관리에 필요한 member 테이블들을 만들고 실습에 필요한 자료를 import한다.

실습이론

1 **member 테이블** : 회원관리를 위하여 제일 먼저 해야 할 작업은 member 테이블을 데이터베이스 sale에 만드는 일이다. member 테이블 구조는 아래 표와 같이 비교적 간단한 구조가 되도록 만들었다.

		필드명	자료형	비고
1	번호	no	int	auto_increment, 기본키
2	아이디	uid	varchar(20)	
3	암호	pwd	varchar(20)	
4	이름	name	varchar(20)	
5	전화	tel	varchar(11)	
6	등급	rank	tinyint	직원=0, 관리자=1

1) **no** : 기본키(primary key)로서, 자동으로 번호가 입력되는 옵션 auto_increment를 선택하였다.
2) **tel** : 전화 필드인 경우 숫자로 된 자료이지만, 02와 같은 지역번호 때문에 반드시 문자형으로 지정해야 하며, 길이는 "000-0000-0000"형식에서 "-"기호를 뺀 11로 지정했다. 만약 "-"기호까지 저장하려면 길이를 13으로 지정해야 한다.
3) **rank** : 프로그램의 작업편리를 위해 일반 고객, 직원, 관리자 정보를 member 테이블에 같이 등록하고 rank필드로 사용권한을 주도록 구성하였다. 가장 작은 정수형인 1바이트 tiny integer로 지정했다. 그리고 직원은 0, 관리자는 1로 사용하도록 하겠다.

STEP 01 member 테이블 만들기

① **member 테이블 만들기** : 아래 그림과 같이 "sale"을 클릭한 후, [구조]탭을 선택한다. 그리고 테이블 이름에 "member", 필드개수가 6이므로, 칼럼수에 "6"을 입력한다. 그리고 [실행]버튼을 클릭한다.

1	이름	member	2	칼럼수	6

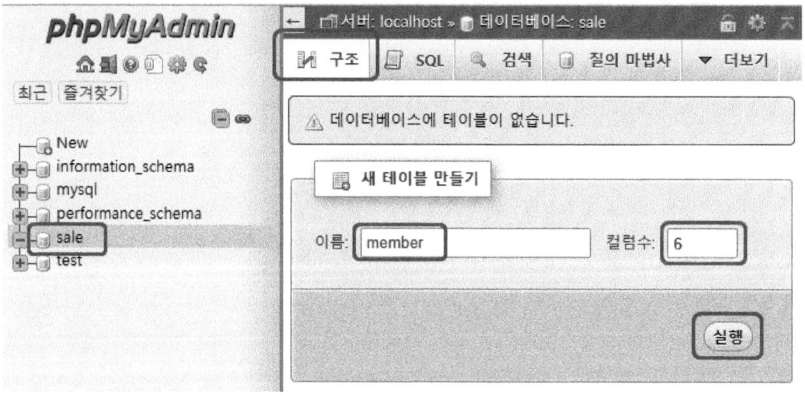

② **no 필드 입력** : 첫줄에 no 필드를 다음 표와 같이 입력한다. "인덱스"나 "A_I"를 입력할 때 [인덱스 추가]창이 열리면 [실행]버튼을 클릭한다.

	이름	종류	NULL	인덱스	A_I
번호	no	int	☐	PRIMARY	☑

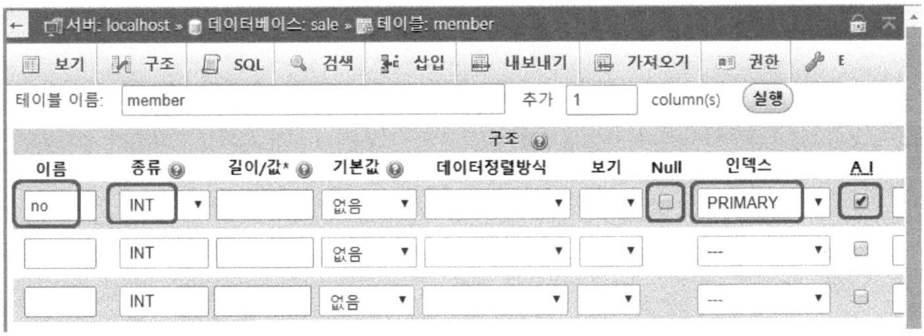

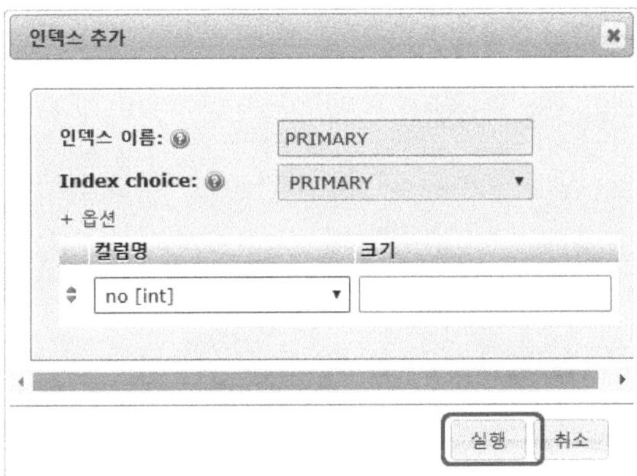

③ **나머지 필드 입력하기** : 나머지 uid, pwd, name, tel, rank를 입력한 후, [저장]버튼을 클릭하여 테이블을 저장한다. 아이디, 암호, 이름은 필수 입력사항이므로 Null을 체크하지 않는다.

	필드	종류	NULL
아이디	uid	varchar(20)	☐
암호	pwd	varchar(20)	☐
이름	name	varchar(20)	☐
전화	tel	varchar(11)	☑
등급	rank	tinyint	☑

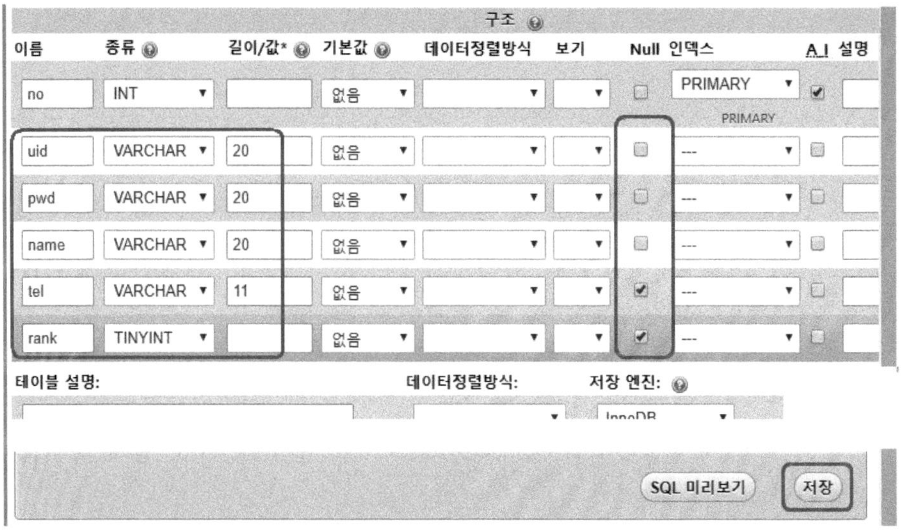

STEP 02 member자료 가져오기

① **Import 하기** : 아래 그림과 같이 "member" 테이블이 선택한 후, [가져오기]탭을 선택한다. 그리고 [찾아보기]버튼을 클릭한다.

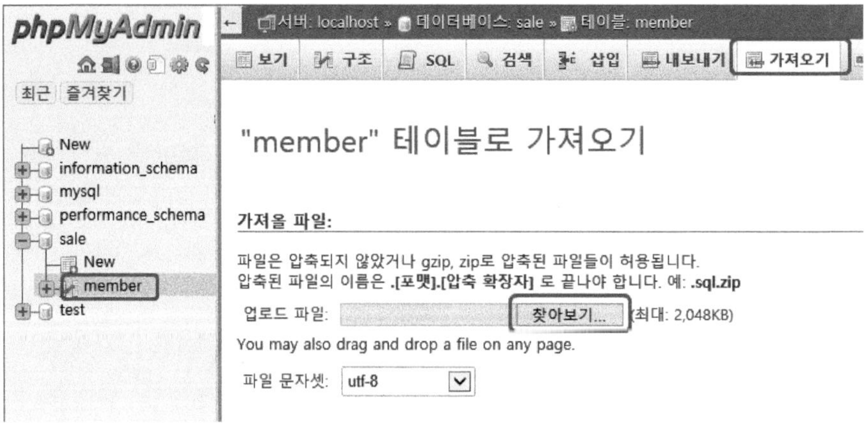

② **member_data.txt 파일 읽어오기** : 부록파일에 있는 "member_data.txt"파일을 선택한다.

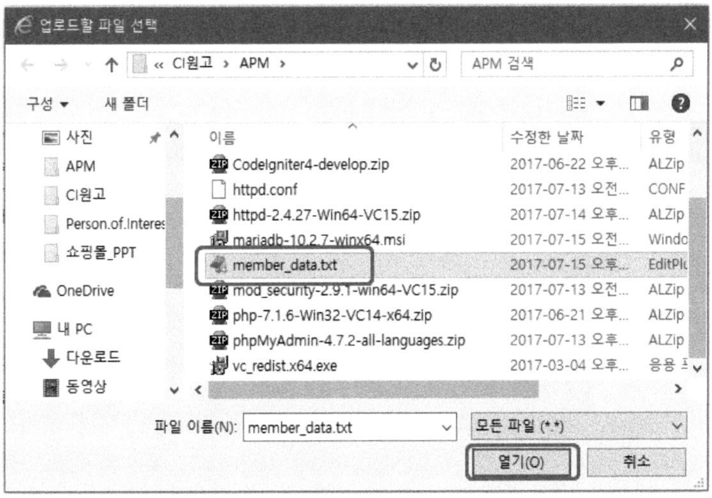

③ **CSV 파일형식 지정하기** : 아래 그림처럼 읽기방식을 CSV 파일 형식을 지정한 후, [실행]버튼을 클릭한다.

1	형식	CSV	2	열구분자	₩t

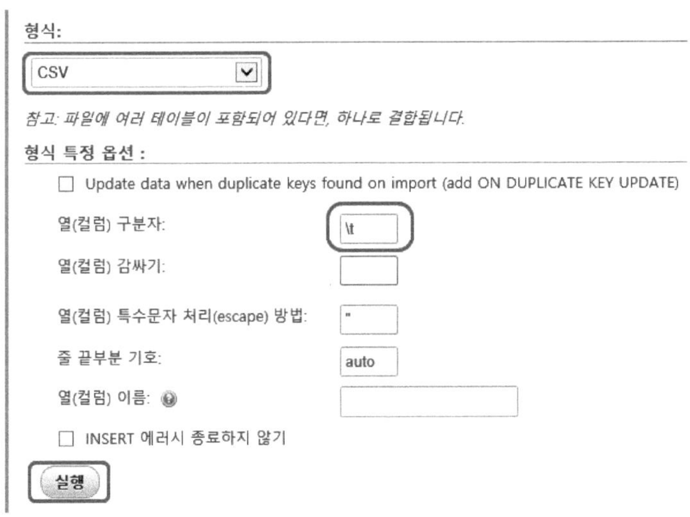

가져오기 결과화면

Chapter 08

Bootstrap 디자인

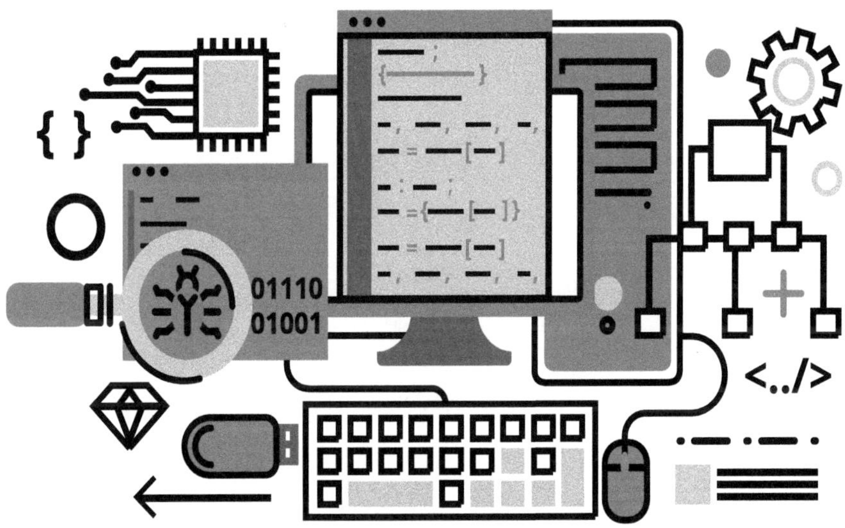

3.1 Bootstrap과 Jquery 설치

Bootstrap은 웹 사이트나 웹 응용 프로그램을 작성하기 위해 사용하는 무료 소프트웨어로서, 동적인 웹 사이트 및 웹 응용 개발을 위한 Front & Back End Framework이다. 웹 페이지에서 사용되는 입력 창, 버튼, 내비게이션 및 기타 구성요소, 각종 레이아웃 등 모든 요소를 내장하고 있기 때문에 Bootstrap의 CSS와 자바스크립트, 관련 이미지만 있으면 대부분의 웹 페이지를 손쉽게 제작할 수 있도록 도와주는 프로그램이다. 이 책의 판매관리 프로그램의 디자인은 Bootstrap을 이용할 생각이며, 이 절에서 Bootstrap으로 사용자관리 화면을 디자인하는 방법에 대해 알아보겠다.

실습목적

Bootstrap과 Jquery를 다운받아 자신의 PC에 설치한다.

실습이론

1 **Bootstrap 다운받기** : Bootstrap은 다음 사이트에서 최신버전의 프로그램을 다운 받을 수 있다. 최근에는 Bootstrap 4버전을 다운 받을 수 있다.

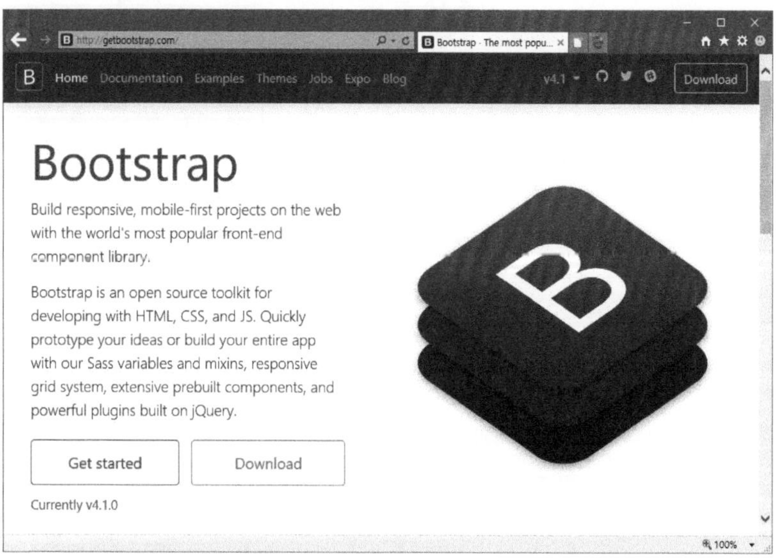

getbootstrap.com

2 **Jquery 다운받기** : Bootstrap을 사용하기 위해서는 jquery 프로그램이 필요하다. jquery 프로그램은 다음 사이트에서 최신의 버전을 다운 받을 수 있다.

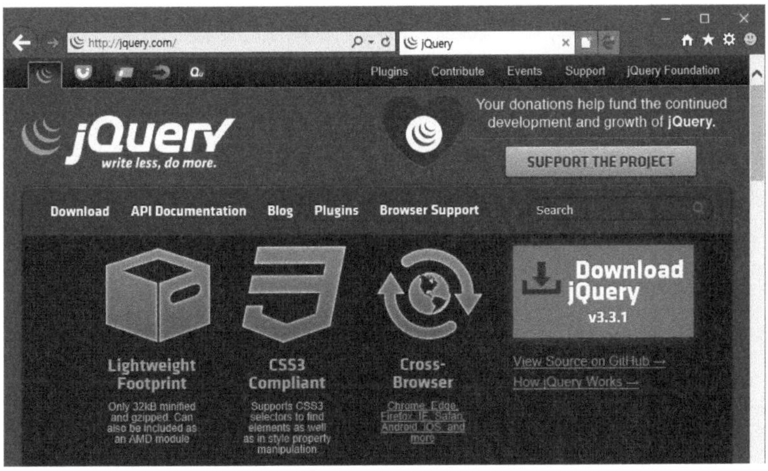

jquery.com

3 **my 폴더 만들기** : 앞으로 사용할 Bootstrap, Jquery와 같은 다양한 라이브러리를 사용하기 편리하도록 미리 홈디렉토리(hdocs)에 설치를 할 필요가 있다. 여기서는 아래와 같이 hdocs폴더 아래에 my 폴더를 만들어 필요한 파일들을 복사하여 사용하겠다.

```
/  ───► my ─┬──► css (*.css)
(hdocs)     └──► js (*.js)
```

STEP 01 Bootstrap 설치하기

① **Bootstrap 설치하기** : 아래 그림과 같이 getbootstrap.com에서 Bootstrap 파일인 "Bootstrap-4.1.1.zip"파일을 다운 받아 압축을 푼다.

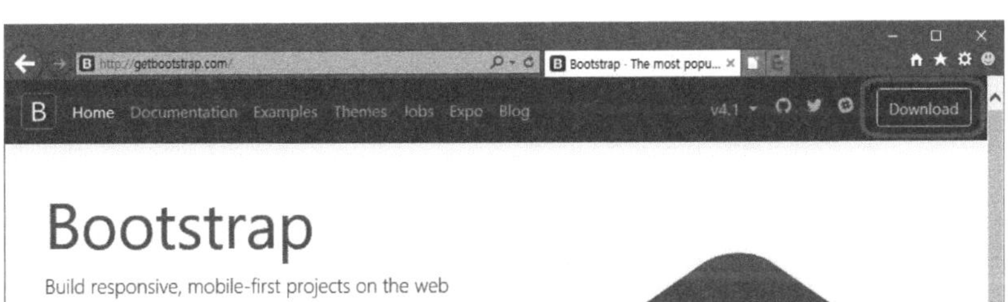

② **my 폴더 만들기** : 아래 그림과 같이 c:₩APM₩Apache24₩hdocs 폴더 밑에 "my" 폴더를 만든다.

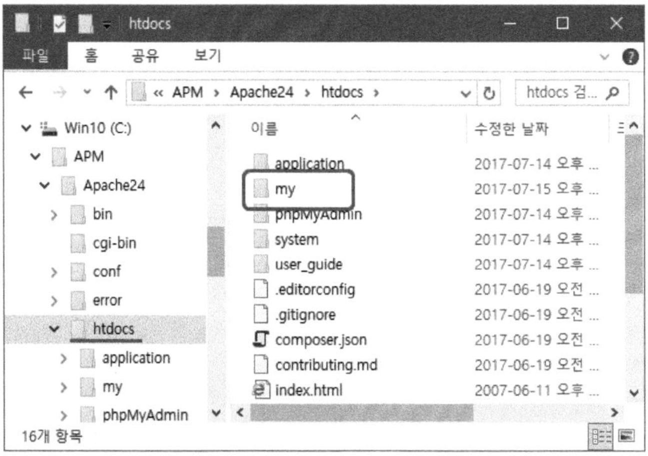

③ **Bootstrap 복사하기** : 압축을 푼 Bootstrap 폴더에서 css, js 폴더의 모든 파일들을 my 폴더에 복사를 한다.

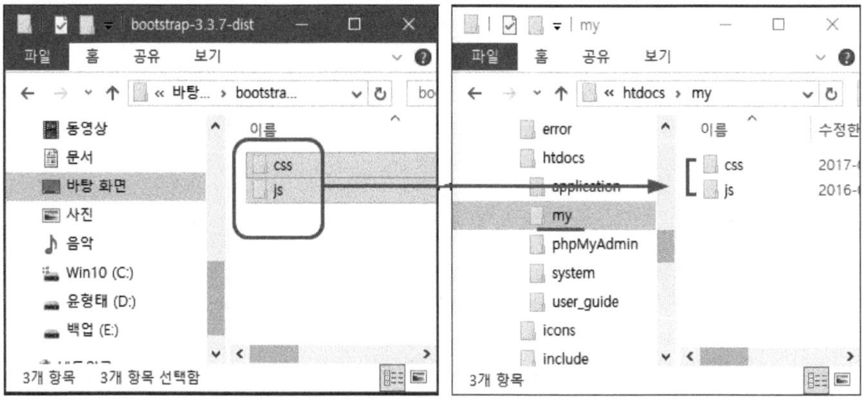

④ **popper.min.js 복사하기** : 압축을 푼 Bootstrap-4.1.1₩asset₩js₩vendor 폴더에 있는 "popper.min.js"파일을 c:₩APM₩Apache24₩htdocs₩my₩js 폴더에 복사를 한다.

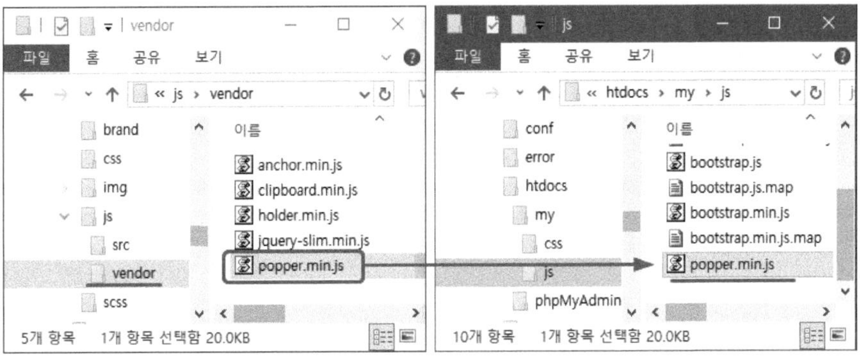

STEP 02 jquery 설치하기

① **jquery 다운받기** : 아래 그림과 같이 jquery.com/download 에서 “jquery-3.3.1.min.js” 파일을 다운받는다. 다운 받는 시기에 따라 버전은 다를 수 있다.

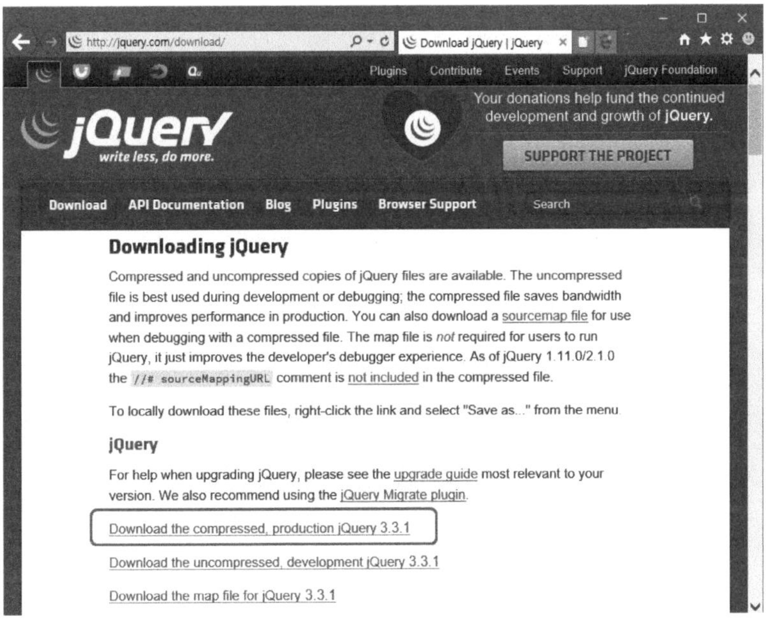

② **jquery 복사하기** : jquery.com에서 다운받은 jquery-3.3.1.min.js 파일을 아래 그림과 같이 c:₩APM₩Apache24₩htdocs₩my₩js 폴더에 복사를 한다.

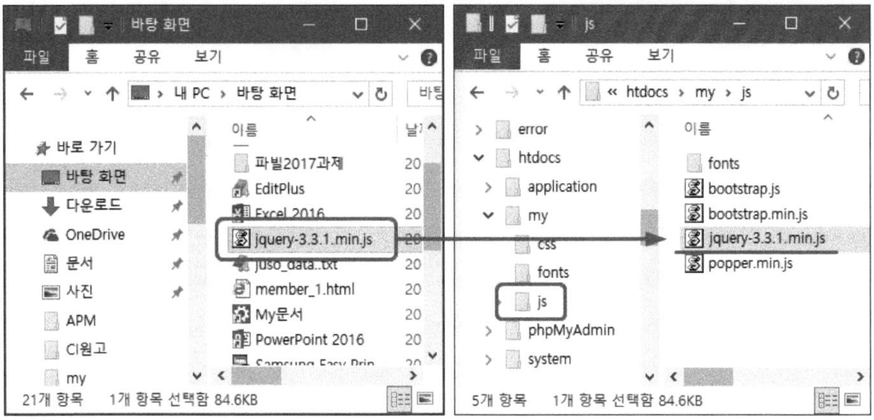

3.2 member_list.html 만들기

3.2.1 기본화면

실습목적

Bootstrap을 이용하여 다음그림과 같이 사용자 목록을 표시하는 사용자 html 소스를 만들어라.

실습이론

[1] **Bootstrap 기본 Template** : Bootstrap 홈페이지에는 Bootstrap에 이용되는 예제 소스를 쉽게 가져다 쓸 수 있다. 예를 들어 Bootstrap 기본 소스는 아래 그림과 같이 “Getting started”를 선택한 후, 화면 오른쪽에서 “Starter template”를 클릭하면, Bootstrap 기본 소스가 나온다. 이 소스를 드래그하여 복사하거나 [Copy]버튼을 이용하여 복사한 후, 자신의 프로그램에 이용하면 된다.

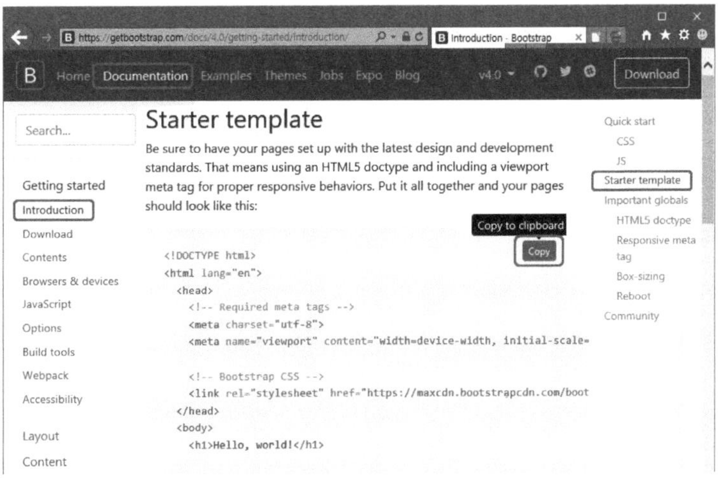

[2] **파일 경로명** : Bootstrap이나 jquery 파일은 my폴더 밑의 css, js폴더(my/css, my/js)에 있으므로, 파일을 연결할 때 경로명을 다음과 같이 지정해야 한다.

```
〈link  href="/my/css/bootstrap.min.css" rel="stylesheet"〉
〈script src="/my/js/jquery-3.3.1.min.js"〉〈/script〉
〈script src="/my/js/popper.min.js"〉〈/script〉
〈script src="/my/js/bootstrap.min.js"〉〈/script〉
```

[3] **container 클래스** : PC나 모바일 장치의 가로길이에 따라 화면에 표시되는 구성요소들이 동적으로 표시되기 위해서는 Bootstrap에서 제공하는 영역 안에 구성요소들이 있어야 한다. 이 영역을 설정하는 방법은 다음과 같이 설정한다. container는 고정된 가로폭을 갖는 반응형 디자인을 하는 경우 사용하며, container-fluid는 화면 가로폭을 모두 이용하는 경우 사용한다.

〈div class="**container**"〉
　html 소스
〈div〉

〈div class="**container-fluid**"〉
　html 소스
〈/div〉

STEP 01 기본소스 만들기

① **member_list.html 만들기** : 아래그림과 같이 편집기를 이용하여 htdocs폴더에 “member_list.html”파일을 새로 만든다.

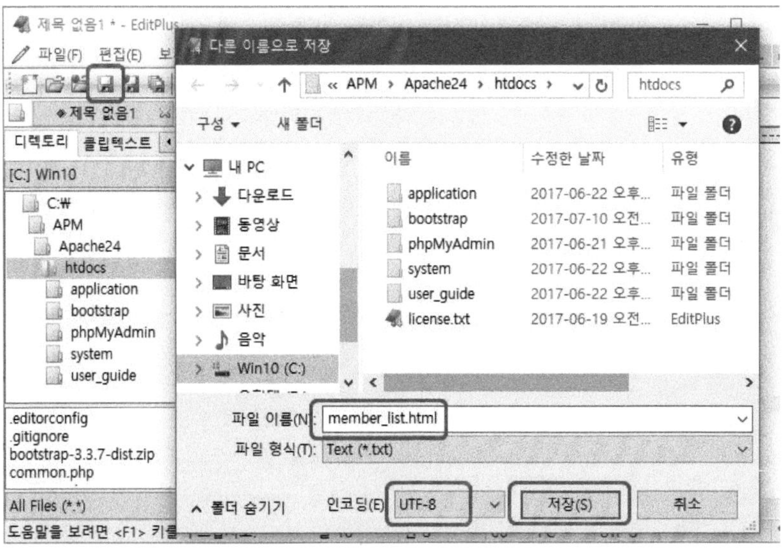

② **기본프로그램 작성하기** : Bootstrap 사이트의 소스를 복사하여 입력하거나, 직접 입력하여 기본 프로그램을 작성한다.

```
<!DOCTYPE html>
<html lang="kr">
<head>
   <meta charset="utf-8">
   <meta name="viewport" content="width=device-width, initial-scale=1, shrink-to-fit=no">
      <title>판매관리</title>
      <link  href="/my/css/bootstrap.min.css" rel="stylesheet">
   <script src="/my/js/jquery-3.3.1.min.js"></script>
      <script src="/my/js/popper.min.js"></script>
      <script src="/my/js/bootstrap.min.js"></script>
</head>
<body>
   <div class="container">
      <h1>안녕하세요!</h1>
   </div>
</body>
</html>
```

```
<!DOCTYPE html>
<html lang="kr">
<head>
  <meta charset="utf-8">
  <meta name="viewport" content="width=device-width, initial-scale=1,
shrink-to-fit=no">
  <title>판매관리</title>
  <link  href="/my/css/bootstrap.min.css" rel="stylesheet">
  <script src="/my/js/jquery-3.3.1.min.js"></script>
  <script src="/my/js/popper.min.js"></script>
  <script src="/my/js/bootstrap.min.js"></script>
</head>
<body>
  <div class="container">
    <h1>안녕하세요!</h1>
  </div>
</body>
</html>
```

③ **실행하기** : 웹브라우저를 실행하여 결과를 확인한다.

http://localhost/member_list.html

3.2.2 풀다운메뉴

실습목적

Bootstrap의 Navbar 클래스를 이용하여 다음 그림과 같은 판매관리 풀다운 메뉴를 만든다.

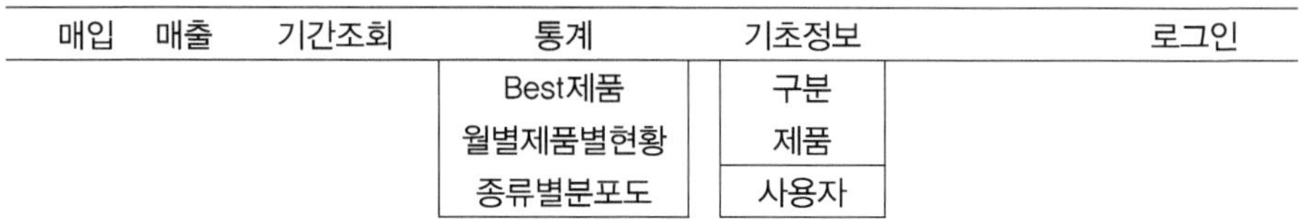

판매관리 메뉴

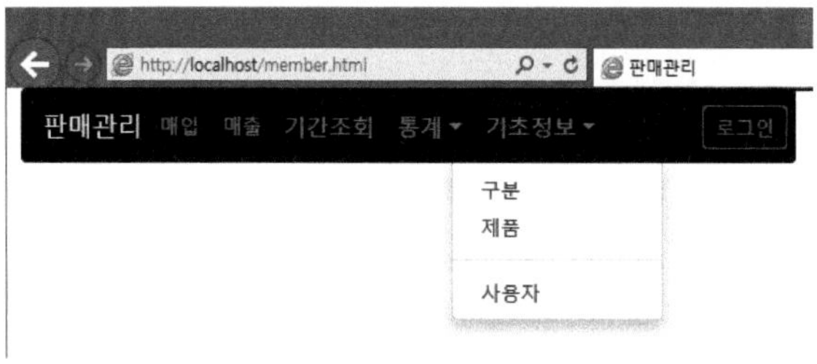

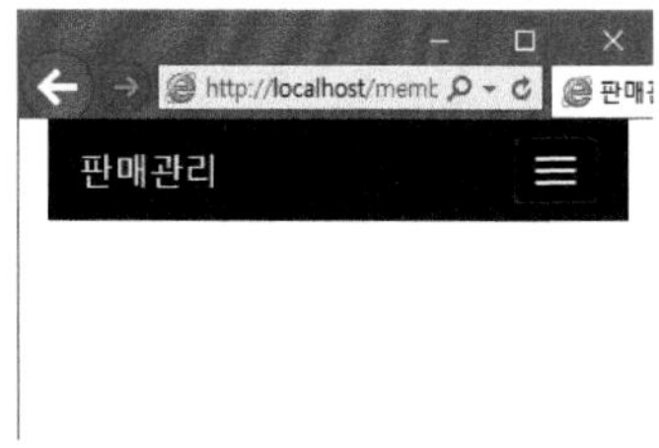

실습이론

1 **Navbar** : Bootstrap에는 풀다운메뉴를 손쉽게 만들어주는 Navbar 기능이 있다. 이 기능은 아래 그림과 같이 "Components"의 "Navbar"에서 프로그램의 소스를 복사하여 만들면 쉽게 만들 수 있다.

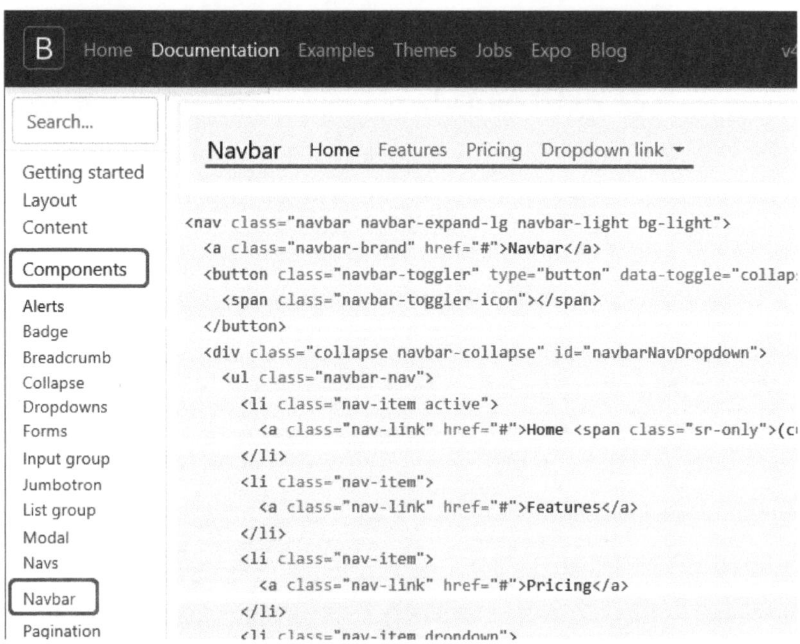

2 **Navbar 소스** : Navbar의 내용을 보면 제목부인 "제목 부분"과 "메뉴 부분"에 원하는 내용을 입력하면 된다.

```
<nav class="navbar navbar-expand-lg navbar-dark bg-dark">
  <a class="navbar-brand" href="#">제목부분</a>
    <button class="navbar-toggler" type="button" data-toggle="collapse"
data-target="#navbarNavDropdown" aria-controls="navbarNavDropdown"
aria-expanded="false" aria-label="Toggle navigation">
    <span class="navbar-toggler-icon"></span>
    </button>
    <div class="collapse navbar-collapse" id="navbarNavDropdown">
      <ul class="navbar-nav mr-auto">
      ...
      메뉴 부분
      ...
    </ul>
  </div>
</nav>
```

기본 풀다운 메뉴의 배경색은 옅은 회색이며 글자색은 검정색이다. 만약에 배경색과 글자색을 반전시키고 싶으면 첫줄의 light대신에 dark로 수정하면 된다.

```
<nav class="navbar navbar-expand-lg navbar-dark bg-dark">
```

그리고 mr-auto는 메뉴들의 배치를 좌우 양 끝에 맞추어 배치되도록 정렬한다.

mr-auto 적용한 경우

3 **단순 메뉴 Link** : 단순 메뉴를 이용하는 경우 다음과 같이 nav-item과 nav-link 사용할 수 있다.

```
<li class="nav-item">
  <a class="nav-link" href="#">메뉴이름</a>
</li>
```

③ **콤보박스 메뉴 Dropdown** : 콤보박스 메뉴인 경우는 다음과 같이 사용할 수 있다.

```
<li class="nav-item dropdown">
  <a class="nav-link dropdown-toggle" href="#" id="navbarDropdownMenuLink"
data-toggle="dropdown" aria-haspopup="true" aria-expanded="false">메뉴이름</a>
  <div class="dropdown-menu" aria-labelledby="navbarDropdownMenuLink">
    <a class="dropdown-item" href="#">하위메뉴1</a>
    <a class="dropdown-item" href="#">하위메뉴2</a>
    <a class="dropdown-item" href="#">하위메뉴3</a>
  </div>
</li>
```

메뉴와 메뉴 사이에 줄을 삽입하는 경우에는 dropdown-divider 삽입하면 된다.

```
<div class="dropdown-divider"></div>
```

STEP 01 기본소스 만들기

① **메뉴 만들기** : "안녕하세요!" 대신에 아래 표와 같은 풀다운 메뉴가 나오도록 메뉴를 작성한다.

매입	매출	기간조회	통계	기초정보	로그인
			Best제품	구분	
			월별제품별현황	제품	
			종류별분포도	사용자	

판매관리 메뉴

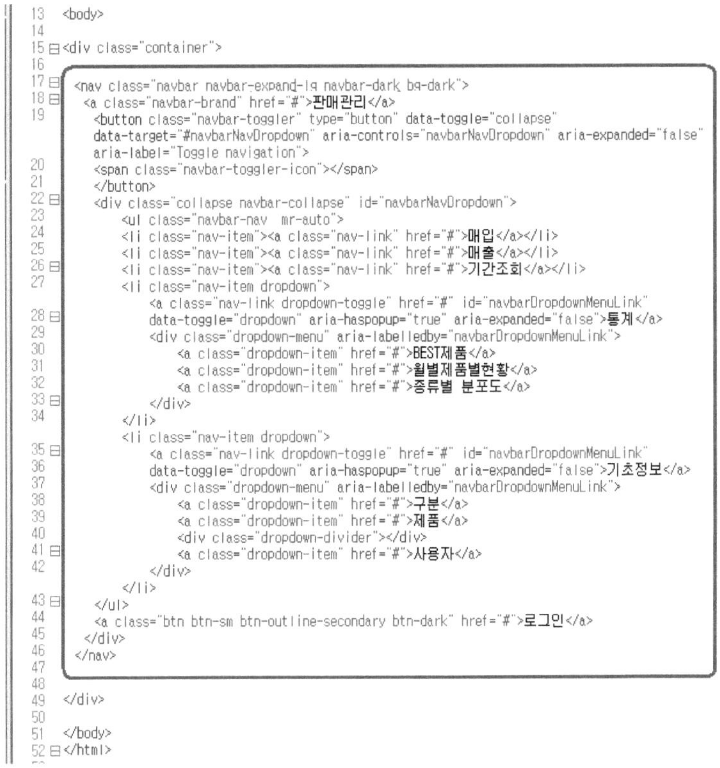

```
<body>

<div class="container">

 <nav class="navbar navbar-expand-lg navbar-dark bg-dark">
  <a class="navbar-brand" href="#">판매관리</a>
   <button class="navbar-toggler" type="button" data-toggle="collapse"
   data-target="#navbarNavDropdown" aria-controls="navbarNavDropdown" aria-expanded="false"
   aria-label="Toggle navigation">
   <span class="navbar-toggler-icon"></span>
   </button>
   <div class="collapse navbar-collapse" id="navbarNavDropdown">
      <ul class="navbar-nav  mr-auto">
      <li class="nav-item"><a class="nav-link" href="#">매입</a></li>
      <li class="nav-item"><a class="nav-link" href="#">매출</a></li>
      <li class="nav-item"><a class="nav-link" href="#">기간조회</a></li>
      <li class="nav-item dropdown">
         <a class="nav-link dropdown-toggle" href="#" id="navbarDropdownMenuLink"
         data-toggle="dropdown" aria-haspopup="true" aria-expanded="false">통계</a>
         <div class="dropdown-menu" aria-labelledby="navbarDropdownMenuLink">
            <a class="dropdown-item" href="#">BEST제품</a>
            <a class="dropdown-item" href="#">월별제품별현황</a>
            <a class="dropdown-item" href="#">종류별 분포도</a>
         </div>
      </li>
      <li class="nav-item dropdown">
         <a class="nav-link dropdown-toggle" href="#" id="navbarDropdownMenuLink"
         data-toggle="dropdown" aria-haspopup="true" aria-expanded="false">기초정보</a>
         <div class="dropdown-menu" aria-labelledby="navbarDropdownMenuLink">
            <a class="dropdown-item" href="#">구분</a>
            <a class="dropdown-item" href="#">제품</a>
            <div class="dropdown-divider"></div>
            <a class="dropdown-item" href="#">사용자</a>
         </div>
      </li>
   </ul>
   <a class="btn btn-sm btn-outline-secondary btn-dark" href="#">로그인</a>
  </div>
 </nav>

</div>

</body>
</html>
```

```
… … …
<body>
<div class="container">

<nav class="navbar navbar-expand-lg navbar-dark bg-dark">
  <a class="navbar-brand" href="#">판매관리</a>
  <button class="navbar-toggler" type="button" data-toggle="collapse"
  data-target="#navbarNavDropdown" aria-controls="navbarNavDropdown"
  aria-expanded="false" aria-label="Toggle navigation">
    <span class="navbar-toggler-icon"></span>
  </button>
  <div class="collapse navbar-collapse" id="navbarNavDropdown">
    <ul class="navbar-nav  mr-auto">
      <li class="nav-item"><a class="nav-link" href="#">매입</a></li>
      <li class="nav-item"><a class="nav-link" href="#">매출</a></li>
      <li class="nav-item"><a class="nav-link" href="#">기간조회</a></li>
      <li class="nav-item dropdown">
      <a class="nav-link dropdown-toggle" href="#"
        id="navbarDropdownMenuLink" data-toggle="dropdown"
         aria-haspopup="true" aria-expanded="false">통계</a>
      <div class="dropdown-menu" aria-labelledby="navbarDropdownMenuLink">
```

```
            <a class="dropdown-item" href="#">BEST제품</a>
            <a class="dropdown-item" href="#">월별제품별현황</a>
            <a class="dropdown-item" href="#">종류별 분포도</a>
          </div>
        </li>
        <li class="nav-item dropdown">
          <a class="nav-link dropdown-toggle" href="#"
            id="navbarDropdownMenuLink" data-toggle="dropdown"
            aria-haspopup="true" aria-expanded="false">기초정보</a>
            <div class="dropdown-menu"
              aria-labelledby="navbarDropdownMenuLink">
              <a class="dropdown-item" href="#">구분</a>
              <a class="dropdown-item" href="#">제품</a>
              <div class="dropdown-divider"></div>
              <a class="dropdown-item" href="#">사용자</a>
            </div>
          </li>
        </ul>
        <a class="btn btn-sm btn-outline-secondary btn-dark" href="#">로그인</a>
      </div>
    </nav>

    </div>
    </body>
    </html>
```

③ **실행하기** : 웹브라우저에서 실행하여 결과를 확인한다.

3.2.3 my.css 스타일

실습목적

프로그램 전체에 적용할 나만의 CSS 파일인 my.css를 만든다.

실습이론

1 **my.css** : Bootstrap에서 제공하는 css 파일이외에도 사이트에 적용할 나만의 글꼴, 글꼴크기, 정렬, margin 등 스타일을 정의할 css 파일이 필요하다. 여기서는 최소한의 스타일만 지정할 생각이며, 다음과 같이 table과 margin, 색상에 대해서만 지정하겠다.

```
① table { font-size:10pt; text-align:center; vertical-align:middle; }
② .mymargin5 { margin:5px 0px 5px 0px; }
③ .mycolor1 { background-color:steelblue; color:white; }
④ .mycolor2 { background-color:lightsteelblue; }
```

① **table** : 테이블내에서 사용할 글꼴크기를 10pt, 그리고 셀 안의 세로와 가로 정렬 방식을 가운데 정렬로 지정한다는 의미.

② **mymargin5** : 개체의 top, left, bottom, right marign을 (5, 0, 5, 0)으로 주어, 위, 아래 여백만 5px 씩 준다는 의미. 개체간의 세로사이간격이 딱 붙지 않도록 여백줄 때, 이용.

③ **mycolor1** : 버튼과 제목표시줄 배경색과 글자색.

④ **mycolor2** : 테이블의 칼럼제목부 색상.

그밖에 독자가 필요한 스타일이 있다면, 더 지정하여 사용하길 바란다.

STEP 01 my.css 만들기

① **my.css 만들기** : c:₩APM₩Apache24₩my₩css 폴더에 my.css 파일을 새로 만들어 다음과 같이 입력한다.

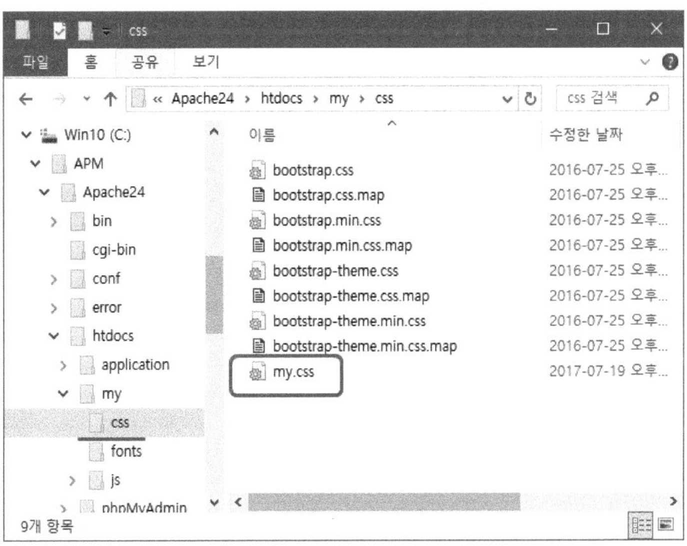

```
table { font-size:10pt; text-align:center; vertical-align:middle; }
.mymargin5 { margin:5px 0px 5px 0px; }
.mycolor1 { background-color:steelblue; color:white; }
.mycolor2 { background-color:lightsteelblue; }
```

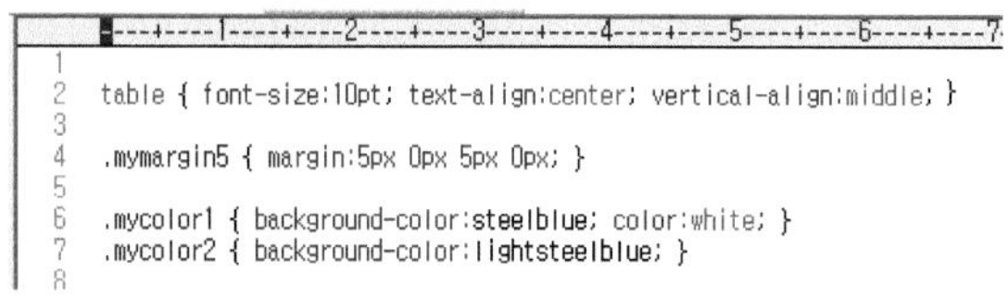

② **member.html 수정** : member.html파일을 읽어 다음과 같이 수정한다.

```
... ... ...
   <meta name="viewport" content="width=device-width, initial-scale=1,
shrink-to-fit=no">
   <title>판매관리</title>
   <link  href="/my/css/bootstrap.min.css" rel="stylesheet">
   <link  href="/my/css/my.css" rel="stylesheet">
   <script src="/my/js/jquery-3.3.1.min.js"></script>
   <script src="/my/js/popper.min.js"></script>
   <script src="/my/js/bootstrap.min.js"></script>
</head>
... ... ...
```

3.2.4 제목 표시줄

실습목적

Bootstrap의 alert를 이용하여 다음 그림과 같이 "사용자"라는 제목표시줄을 만든다.

실습이론

1 Alert : 화면내용을 표시하는 제목줄은 Component ➜ Alert를 이용하면 손쉽게 만들 수 있다. 다른 배경색을 원한다면 alert-primary, alert-secondary, alert-success, alert-danger, alert-warning, alert-info, alert-light, alert-dark를 이용할 수 있다. 그밖에 utility ➜ colors 클래스의 bg-primary, bg-secondary, bg-success, bg-danger, bg-warning, bg-info, bg-light, bg-dark도 이용할 수 있다.

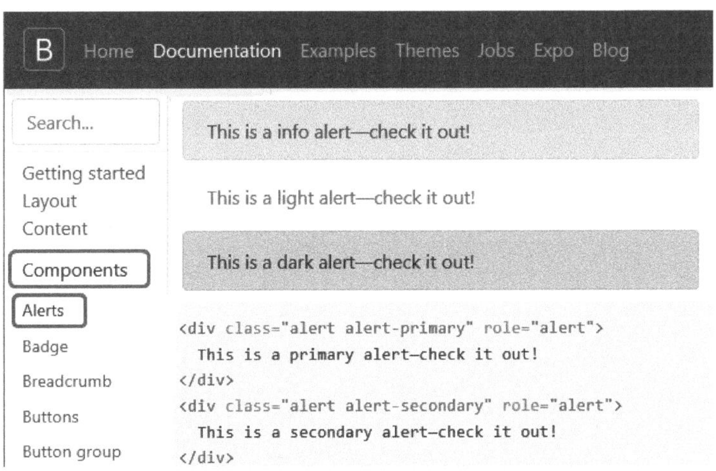

여기서는 my.css에 정의한 mycolor1을 이용하겠다.

```
<div class="alert mycolor1" role="alert">제목</div>
```

STEP 01 제목표시줄 만들기

① **Alert 프로그램 입력** : 아래 프로그램을 풀다운메뉴 소스 다음에 입력한다.

```
... ... ...
        </div>
    </nav>

    <br>
    <div class="alert mycolor1" role="alert">사용자</div>

</div>

</body>
</html>
```

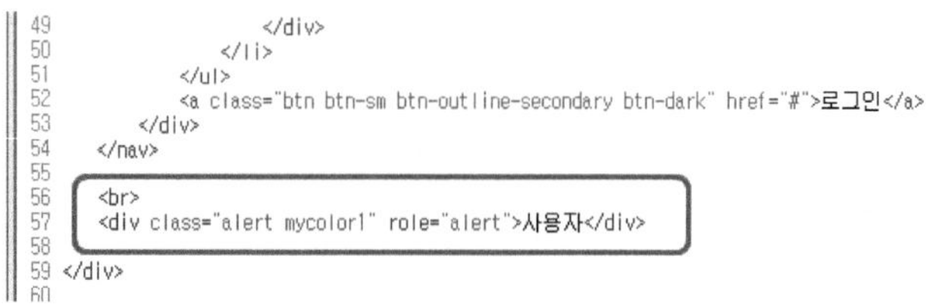

② **실행하기** : 웹브라우저를 실행하여 결과를 확인한다.

3.2.5 사용자목록

실습목적

Bootstrap의 table을 이용하여 다음 그림과 같이 사용자 목록 화면 디자인을 만든다.

실습이론

1 table-bordered : 경계선이 있는 table은 Contents ➜ Table ➜ Bordered table을 이용하여 만들 수 있다.

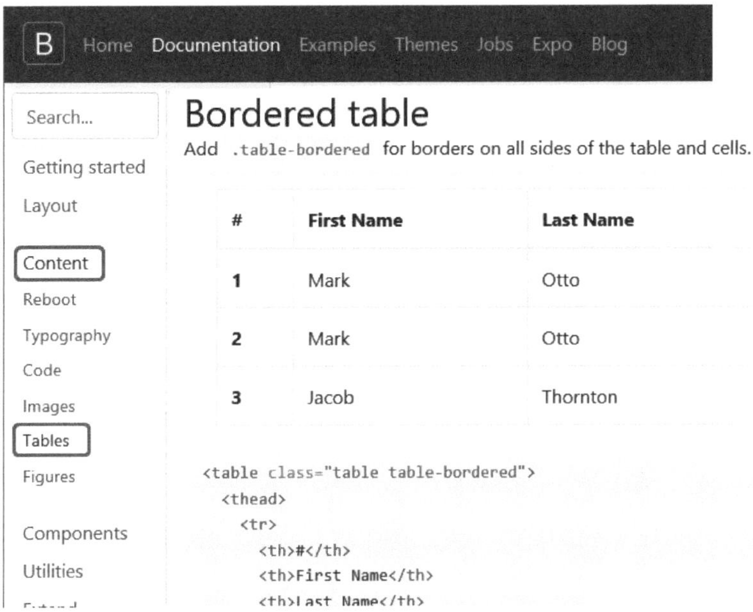

2 table-sm : 테이블의 글자크기를 작게, 행 세로길이를 딱 맞게 표시할 때 사용하는 클래스이다.

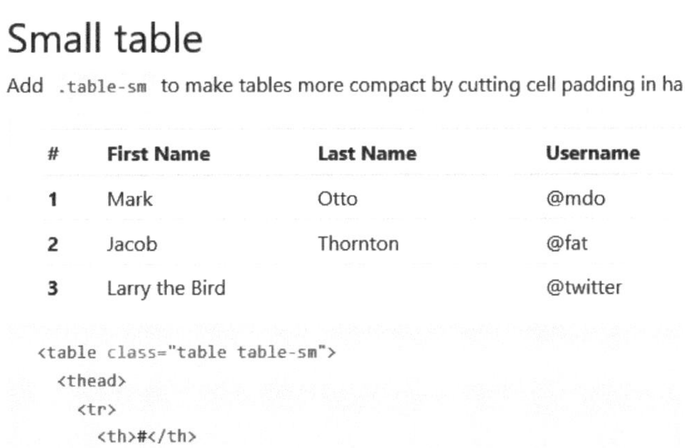

번호	아이디	암호
1	admin	1234
2	id2	1234

table-sm 안한 경우

번호	아이디	암호
1	admin	1234
2	id2	1234

table-sm 한 경우

3 **칼럼제목부 색상과 테이블 margin** : 테이블의 칼럼 제목부 배경색상은 my.css에 선언한 mycolor2, margin은 mymargin5를 이용한다.

```
<table class="table table-sm table-bordered mymargin5">
    <tr class="mycolor2">
      <td width="10%">번호</td>
      <td width="20%">이름</td>
```

STEP 01 목록 화면 만들기

① **사용자 목록 프로그램 입력** : 아래 프로그램을 입력한다.

```
<table class="table table-bordered table-sm mymargin5">
  <tr class="mycolor2">
    <td width="10%">번호</td>
    <td width="20%">아이디</td>
    <td width="20%">암호</td>
    <td width="20%">이름</td>
    <td width="20%">전화</td>
    <td width="10%">등급</td>
  </tr>
  <tr>
    <td>1</td>
    <td>admin</td>
    <td>1234</td>
    <td>관리자</td>
    <td>010-1111-1111</td>
    <td>관리자</td>
  </tr>
  <tr>
    <td>2</td>
    <td>id1</td>
```

```
        <td>1234</td>
        <td>홍길동</td>
        <td>010-2222-2222</td>
        <td>직원</td>
    </tr>
</table>
```

```
      <br>
      <div class="alert mycolor1" role="alert">사용자</div>

      <table class="table table-sm table-bordered mymargin5">
          <tr class="mycolor2">
              <td width="10%">번호</td>
              <td width="20%">이름</td>
              <td width="20%">아이디</td>
              <td width="20%">암호</td>
              <td width="20%">전화</td>
              <td width="10%">등급</td>
          </tr>
          <tr>
              <td>1</td>
              <td><a href="#"> 관리자</a></td>
              <td>admin</td>
              <td>1234</td>
              <td>010-1111-1111</td>
              <td>관리자</td>
          </tr>
          <tr>
              <td>2</td>
              <td><a href="#">홍길동</a></td>
              <td>id1</td>
              <td>1234</td>
              <td>010-2222-2222</td>
              <td>직원</td>
          </tr>
      </table>

  </div>

  </body>
</html>
```

② **실행하기** : 웹브라우저를 실행하여 결과를 확인한다.

3.2.6 검색 및 추가버튼

실습목적

Bootstrap의 input group과 btn을 이용하여 이름 검색 입력란과 추가버튼이 있는 화면 디자인을 만든다.

번호	이름	아이디	암호	전화	등급
1	관리자	admin	1234	010-1111-1111	관리자
2	홍길동	id2	1234	010-2222-2222	직원

실습이론

1 **Grid System** : Bootstrap의 Grid System은 PC, 모바일 장치의 화면 크기에 관계없이 화면에 표시할 자료들을 자동으로 위치를 재조정할 수 있도록 구역을 설정하는 시스템을 말한다. 마치 행과 열을 갖는 투명 경계선이 있는 데, 화면크기에 따라 테이블내의 자료나 컨트롤이 재배치되도록 하는 것이라고 생각하면 된다. 보다 자세한 내용은 Layout ➜ Grid를 참조하길 바란다.

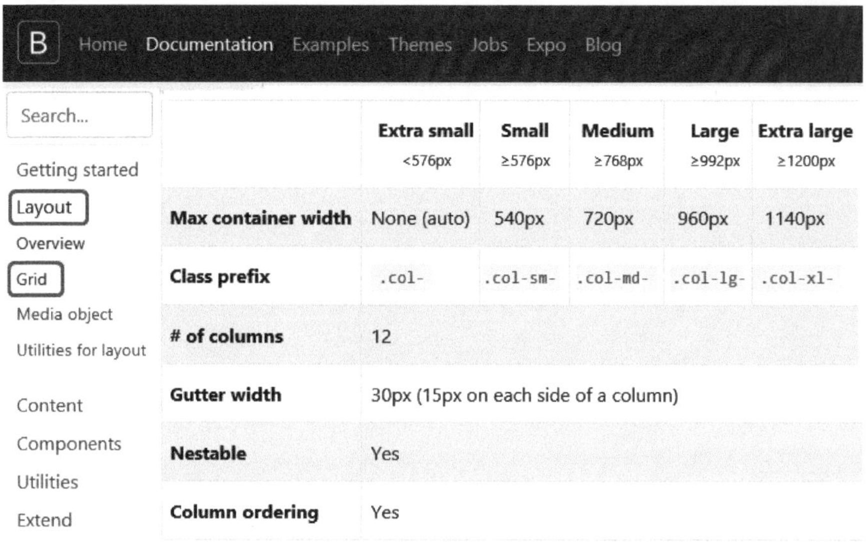

	Extra small <576px	Small ≥576px	Medium ≥768px	Large ≥992px	Extra large ≥1200px
Max container width	None (auto)	540px	720px	960px	1140px
Class prefix	.col-	.col-sm-	.col-md-	.col-lg-	.col-xl-
# of columns	12				
Gutter width	30px (15px on each side of a column)				
Nestable	Yes				
Column ordering	Yes				

Grid System은 1 행(row)을 12개의 열(column)로 나누어 사용자가 원하는 열로 재조합하여 사용할 수 있다. 이때 아래 그림처럼 반드시 class="row"를 이용하여 행(row)에 대한 정의를 먼저 하고 열을 지정해야 한다. 또한 기기의 화면 크기에 따라 열의 너비를 자동으로 조정할 수 있도록 col, col-, col-sm-, col-md-, col-lg-, col-xl- 중 하나를 또한 여러 개를 동시에 지정할 수 있다.

```
<div class="row">
  <div class="col-? col-sm-? …">
    열에 대한 정의
  </div>
  …
</div>
```

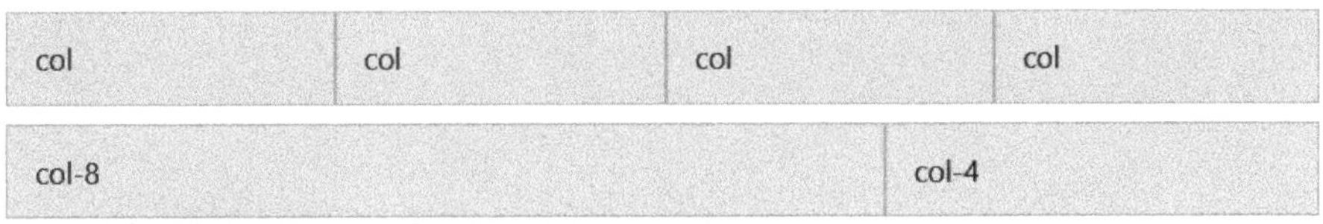


```
<div class="row">
  <div class="col">col</div>
  <div class="col">col</div>
  <div class="col">col</div>
  <div class="col">col</div>
</div>
<div class="row">
  <div class="col-8">col-8</div>
  <div class="col-4">col-4</div>
</div>
```

여기서는 col을 기준으로 행(row)을 이름검색부분(col-3)과 추가버튼(col-9) 부분으로 나누고, 검색부분은 왼쪽정렬, 추가버튼은 오른쪽 정렬이 되도록 지정하였다. 검색부분 칼럼개수를 3으로 한 이유는 컬럼 개수값이 클수록 입력란 가로길이가 더 길어져 보기가 싫기 때문이다.

```
<div class="row">
  <div class="col-3" align="left">
    이름검색부분
  </div>
  <div class="col-9" align="right">
    추가버튼
  </div>
</div>
```

[2] **input-group** : Bootstrap의 Component ➜ Input group ➜ Basic example을 클릭하면 다음 그림과 같은 입력란과 사용글꼴크기를 지정하는 소스를 볼 수 있다. input-group-prepend 클래스는 맨 앞에 삽입할 내용을 지정할 때 사용하며, 글자를 삽입하는 경우 input-group-text를 이용해야한다. 여기서는 "@" 대신에 "이름"으로

변경하고, 글꼴은 가장 작은 input-group-sm을 이용하도록 수정하였다. 그리고 입력란과 같은 <input> tag 컨트롤을 삽입하는 경우는 form-control 클래스를 지정해야 한다.

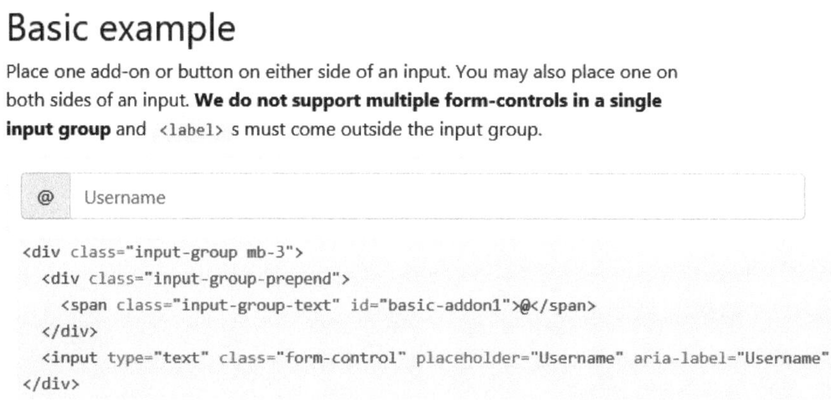

Basic example

Place one add-on or button on either side of an input. You may also place one on both sides of an input. **We do not support multiple form-controls in a single input group** and `<label>` s must come outside the input group.

@ Username

```
<div class="input-group mb-3">
  <div class="input-group-prepend">
    <span class="input-group-text" id="basic-addon1">@</span>
  </div>
  <input type="text" class="form-control" placeholder="Username" aria-label="Username"
</div>
```

따라서 다음 그림처럼 작은 글꼴의 입력란 text1을 만들려면 다음 같이 코딩하면 된다.

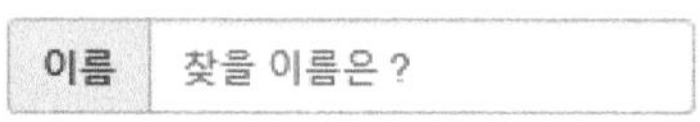


```
<div class="input-group  input-group-sm">
  <div class="input-group-prepend">
    <span class="input-group-text">이름</span>
  </div>
  <input type="text" name="text1" class="form-control">
</div>
```

3 **input-group-btn과 btn** : 그림처럼 입력란 text1 뒤에 검색 버튼을 추가하기 위해서는 "input-group-append" 클래스와 <button> tag를 이용하여 같은 그룹으로 포함시켜야 한다.

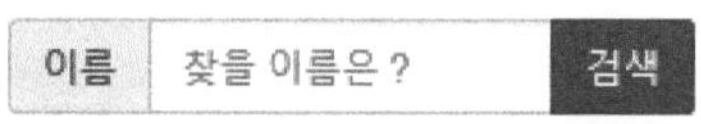

Button addons

Buttons in input groups must wrapped in a `.input-group-btn` for proper alignment and sizing. This is required due to default browser styles that cannot be overridden.

Recipient's username | Button

```
<div class="input-group mb-3">
  <input type="text" class="form-control" placeholder="Recipient's username" aria-label
  <div class="input-group-append">
    <button class="btn btn-outline-secondary" type="button">Button</button>
  </div>
</div>
```

그리고 버튼의 배경색 변경은 my.css의 mycolor1을 이용하였다. 최종적인 소스는 다음과 같다.

```
<div class="input-group  input-group-sm">
  <div class="input-group-prepend">
    <span class="input-group-text">이름</span>
  </div>
  <input type="text" name="text1" class="form-control">
  <div class="input-group-append">
   <button class="btn btn-primary" type="button">검색</button>
  </div>
</div>
```

4 **추가버튼** : 추가버튼은 <button> tag를 이용하여 만들 수 있지만, 다음과 같이 <a> tag에 "btn btn-primary"를 이용하여 만들 수 있다. btn-sm 은 버튼크기와 버튼내의 글자크기를 input-group-sm과 동일하게 맞추기 위하여 지정하였다.

`<a href="#" class="btn btn-sm mycolor1">추가</a>`	추가

5 **<form> tag** : 검색버튼을 클릭한 경우, 검색처리를 하려면, 검색란과 추가버튼은 모두 <form> tag 처리를 해야 한다.

```
<form name="form1" action="" method="post">
  <div class="row">
    <div class="col-3" align="left">
      이름검색 부분
    </div>
    <div class="col-9" align="right">
      추가버튼 부분
    </div>
  </div>
</form>
```

STEP 01 검색 및 추가버튼 만들기

① **프로그램 입력** : 다음 프로그램을 제목표시줄과 테이블 소스 사이에 입력한다.

```
... ... ...
<br>
<div class="alert mycolor1" role="alert">사용자</div>

<form name="form1" action="" method="post">
<div class="row">
  <div class="col-3" align="left">
    <div class="input-group input-group-sm">
      <div class="input-group-prepend">
        <span class="input-group-text">이름</span>
      </div>
      <input type="text" name="text1" value="" class="form-control">
      <span class="input-group-append">
        <button class="btn mycolor1" type="button">검색</button>
      </span>
    </div>
  </div>
  <div class="col-9" align="right">
    <a href="#" class="btn btn-sm mycolor1">추가</a>
  </div>
</div>
</form>

<table class="table table-sm table-bordered mymargin5">
  <tr class="mycolor2">
    <td width="10%">번호</td>
... ... ...
```

```
<br>
<div class="alert mycolor1" role="alert">사용자</div>

<form name="form1" action="" method="post">
<div class="row">
  <div class="col-3" align="left">
    <div class="input-group input-group-sm">
      <div class="input-group-prepend">
        <span class="input-group-text">이름</span>
      </div>
      <input type="text" name="text1" value="" class="form-control" >
      <div class="input-group-append">
        <button class="btn mycolor1" type="button" >검색</button>
      </div>
    </div>
  </div>
  <div class="col-9" align="right">
    <a href="#" class="btn btn-sm mycolor1">추가</a>
  </div>
</div>
</form>

<table class="table table-sm table-bordered mymargin5">
   <tr class="mycolor2">
      <td width="10%">번호</td>
      <td width="20%">이름</td>
```

② **실행하기** : 실행하여 결과를 확인한다.

3.2.7 페이지 번호

실습목적

Bootstrap의 pagination을 이용하여 목록 밑에 페이지 번호를 만들어라.

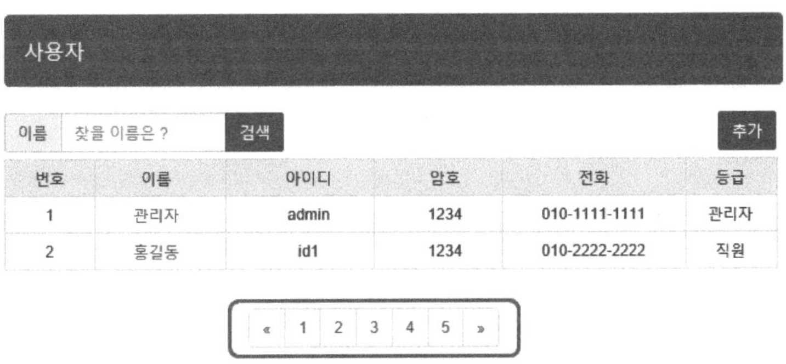

실습이론

[1] **pagination** : Bootstrap의 pagination은 목록 밑에 페이지번호 표시와 이동을 할 수 있는 디자인을 제공하며, Component ➜ Pagination에 있다.

Working with icons

Looking to use an icon or symbol in place of text for some pagination links? Be sure to provide proper screen reader support with `aria` attributes and the `.sr-only` utility.

« 1 2 3 »

```
<nav aria-label="Page navigation example">
  <ul class="pagination">
    <li class="page-item">
      <a class="page-link" href="#" aria-label="Previous">
        <span aria-hidden="true">&laquo;</span>
        <span class="sr-only">Previous</span>
      </a>
    </li>
    <li class="page-item"><a class="page-link" href="#">1</a></li>
    <li class="page-item"><a class="page-link" href="#">2</a></li>
    <li class="page-item"><a class="page-link" href="#">3</a></li>
    <li class="page-item">
      <a class="page-link" href="#" aria-label="Next">
        <span aria-hidden="true">&raquo;</span>
        <span class="sr-only">Next</span>
      </a>
    </li>
  </ul>
</nav>
```

이 페이지표시를 가운데 정렬하기 위해서는 justify-content-center를, 글자크기를 줄이기 위해서는 pagination-sm을 지정하면 된다. 그리고 mymargin5를 지정하여 상하 margin도 지정한다. 그리고 현재페이지는 active를 이용하여 표시하며, 이전페이지(«), 다음페이지(»)기호는 ◁, ▷로 변경하였다. 프로그램을 입력할 때, ◁, ▷기호는 한글 “ㅁ”자에서 한자 키를 누르면 입력할 수 있다.

```
〈nav aria-label="page navigation example"〉
  〈ul class="pagination pagination-sm justify-content-center mymargin5"〉

    〈span aria-hidden="true"〉◁〈/span〉
    … … …
    〈li class="page-item"〉〈a class="page-link active" href="#"〉2〈/a〉〈/li〉
    … … …
    〈span aria-hidden="true"〉▷〈/span〉
    … … …
  〈/ul〉
〈/nav〉
```

STEP 01 페이지번호 만들기

① **프로그램 입력** : 테이블 관련 코딩 뒤에 페이지관련 프로그램을 입력한다.

```
... ... ...
        <td>010-2222-2222</td>
        <td>직원</td>
      </tr>
   </table>

<div align="center">
   <nav aria-label="Page navigation example">
      <ul class="pagination pagination-sm justify-content-center mymargin5">
         <li class="page-item">
            <a class="page-link" href="#" aria-label="Previous">
               <span aria-hidden="true">◁</span>
               <span class="sr-only">Previous</span>
            </a>
         </li>
         <li class="page-item"><a class="page-link mycolor1" href="#">1</a></li>
         <li class="page-item"><a class="page-link active" href="#">2</a></li>
         <li class="page-item"><a class="page-link" href="#">3</a></li>
         <li class="page-item"><a class="page-link" href="#">4</a></li>
         <li class="page-item"><a class="page-link" href="#">5</a></li>
         <li class="page-item">
            <a class="page-link" href="#" aria-label="Next">
               <span aria-hidden="true">▷</span>
               <span class="sr-only">Next</span>
            </a>
         </li>
      </ul>
   </nav>
</div>

</div>
</body>
</html>
```

```
                <td>id1</td>
                <td>1234</td>
                <td>010-2222-2222</td>
                <td>직원</td>
            </tr>
        </table>

        <nav aria-label="Page navigation example">
            <ul class="pagination pagination-sm justify-content-center mymargin5">
                <li class="page-item">
                    <a class="page-link" href="#" aria-label="Previous">
                        <span aria-hidden="true">◁</span>
                        <span class="sr-only">Previous</span>
                    </a>
                </li>
                <li class="page-item"><a class="page-link mycolor1" href="#">1</a></li>
                <li class="page-item"><a class="page-link active" href="#">2</a></li>
                <li class="page-item"><a class="page-link" href="#">3</a></li>
                <li class="page-item"><a class="page-link" href="#">4</a></li>
                <li class="page-item"><a class="page-link" href="#">5</a></li>
                <li class="page-item">
                    <a class="page-link" href="#" aria-label="Next">
                        <span aria-hidden="true">▷</span>
                        <span class="sr-only">Next</span>
                    </a>
                </li>
            </ul>
        </nav>

    </div>

    </body>
    </html>
```

② **실행하기** : 실행하여 결과를 확인한다.

3.2.8 이벤트 프로그램

실습목적

검색버튼을 클릭하거나 입력란에서 엔터키를 친 경우, 이름검색이 되도록 자바스크립트 프로그램을 작성하라.

실습이론

1 **find_text()** : 입력한 text1값을 가지고 자료를 검색할 수 있도록 submit 하는 사용자 자바스크립트 함수이다. 〈form〉 tag의 action에는 submit하는 문서이름을 지정한다.

```
<script>
  function find_text()
  {
    form1.action="#";
    form1.submit();
  }
</script>
```

2 **엔터키 처리** : text1 입력란에서 엔터키를 쳤을 때 form을 submit 시키기 위하여 다음과 같이 프로그램 해야 한다. <input> tag의 onKeydown 이벤트에서 누른 키의 값이 Enter(13)이면, find_text() 함수를 호출하도록 프로그램을 작성하면 된다.

```
<input type="text" name="text1" value="" class="form-control"
    onKeydown="if (event.keyCode == 13) { find_text(); }" >
```

3 **검색 버튼 처리** : 버튼의 onClick 이벤트에도 find_text() 함수를 호출하도록 프로그램을 작성한다.

```
<button class="btn btn-sm mycolor1" type="button" onClick="find_text();">
  검색
</button>
```

STEP 01 이벤트 프로그램하기

① **이벤트 프로그램** : 다음과 같이 자바스크립트 프로그램을 입력한다.

```
...  ...  ...
      <font size="3">사용자</font>
   </div>
</div>

<script>
   function find_text()
   {
      form1.action="#";
      form1.submit();
   }
</script>

<form name="form1" action="" method="post">
<div class="row">
   <div class="col-3" align="left">
      <div class="input-group input-group-sm">
         <div class="input-group-prepend">
```

```
            <span class="input-group-text">이름</span>
          </div>
          <input type="text" name="text1" value="" class="form-control"
             onKeydown="if (event.keyCode == 13) { find_text(); }" >
          <div class="input-group-append">
            <button class="btn mycolor1" type="button"
               onClick="find_text();">검색</button>
           </div>
      </div>
  </div>
...   ...   ...
```

② **실행하기** : 실행하여 결과를 확인한다.

3.3 member_row.html

다음 그림은 사용자정보를 보고(view), 추가(add)하고, 수정(edit)하는 화면이다. 화면을 보면 알겠지만 데이터 표시만 차이가 있지 같은 구조의 화면이다. 따라서 가장 복잡한 수정화면을 기준으로 기준화면 member_row.html을 만들어 사용하도록 하겠다.

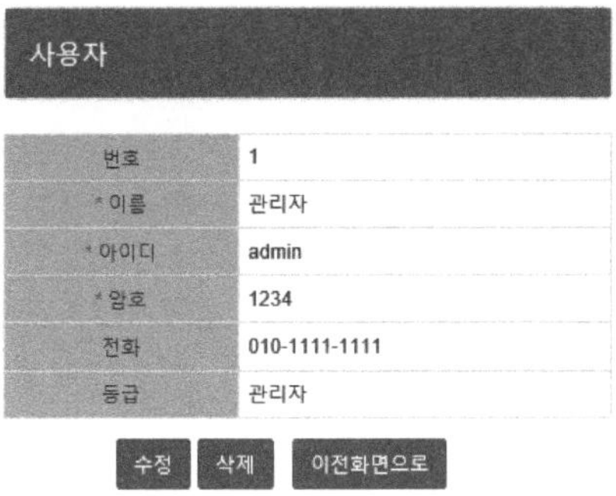

보기화면(member_view.html)

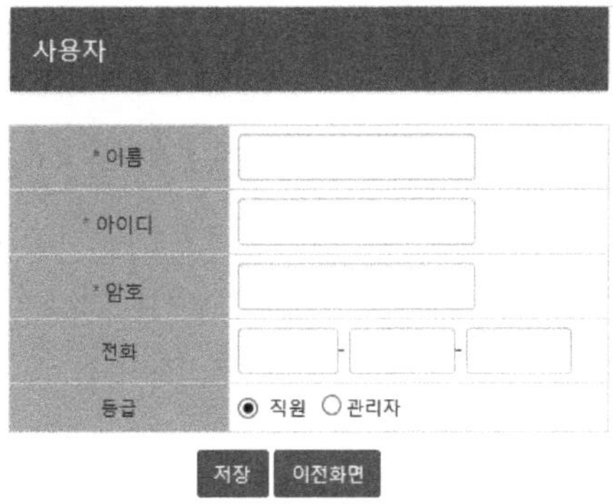

추가화면(member_add.html)

수정화면(member_edit.html)

실습목적

Bootstrap을 이용하여 다음과 같이 화면 하단에는 수정, 삭제, 저장, 이전화면버튼 4개가 있는 회원정보를 수정할 수 있는 member_row.html을 만들어라.

실습이론

1 **단일폼 화면** : 한사람의 자료를 표시하는 기본 <table> tag는 다음과 같다.

```
<form name="form1" method="post" action="">

<table class="table table-bordered table-sm mymargin5">
  <tr>
    <td width="20%" class="mycolor2" style="vertical-align:middle">번호</td>
    <td width="80%" align="left">1</td>
  </tr>
  <tr>
    <td width="20%" class="info" style="vertical-align:middle">
      <font color="red">*</font> 이름
    </td>
    <td width="80%" align="left">
        <div class="form-inline">
          <input type="컨트롤종류" name="필드이름" … >
        </div>
    </td>
  </tr>
  … … …
</table>

div align="center">"
  <input type="button" value="버튼이름" class="btn btn-sm hmycolor1">
  … … …
</div>

</form>
```

제목부는 전체 너비의 20%, 바탕색은 mycolor2, 세로는 가운데정렬이 되도록 style="vertical-align:middle"로 재지정하였다. 재지정한 이유는 my.css에서 세로 정렬을 지정했지만, 다른 class 때문에 제대로 동작하지 않기 때문이다. 그리고 필수 입력항목인 경우에는 빨간색 "*" 표시를 하도록 지정하였으며, "아이디, 암호, 이름" 항목은 필수입력이다. 자료부는 너비를 80%이고, 왼쪽 정렬로 지정하였다.

	너비	배경색	가로정렬	세로정렬
제목부	20%	mycolor2		style="vertical-align:middle"
자료부	80%		align="left"	

2 **아이디, 암호, 이름 필드** : 아이디(uid)와 암호(pwd), 이름(name)은 input type을 “text”로 지정하여 최대 입력 길이 20으로 만든다. 그리고 모든 컨트롤들은 form-control 클래스를 지정해야 하며, 작은 글꼴을 사용하는 경우는 form-control-sm 클래스를 지정한다.

```
〈input type="text" name="필드이름" size="20" maxlength="20" value="" class="form
-control form-control-sm"〉
```

3 **전화** : 전화는 지역번호, 국, 번호와 같이 3영역으로 되어 있다. 따라서 각 text 컨트롤 이름은 tel1, tel2, tel3으로 하였으며, 길이는 3, 4, 4가 되어야 한다. 핸드폰정보인 경우에는 tel1의 초기값인 value를 “010”으로 지정해도 좋다.

```
〈input type="text" name="tel1" size="3" maxlength="3" value=""
   class="form-control form-control-sm"〉-
〈input type="text" name="tel2" size="4" maxlength="4" value=""
   class="form-control form-control-sm"〉-
〈input type="text" name="tel3" size="4" maxlength="4" value=""
   class="form-control form-control-sm"〉
```

4 **등급** : 등급은 관리자인지 직원인지를 표시하는 자료이므로, 옵션단추를 이용하여 직원은 0, 관리자는 1이 되도록 표현하였다. Bootstrap에서 옵션컨트롤을 표시하는 경우에는 option 클래스를 이용해야 한다.

```
〈input type="radio" name="rank" value="0"〉 직원  
〈input type="radio" name="rank" value="1" checked〉 관리자
```

5 **form-inline** : form-inline 클래스는 한 줄에 여러 컨트롤을 붙여서 표시하라는 의미이다. 만약 이 클래스를 사용하지 않으면, 전화번호인 경우 그림처럼 여러 줄에 꽉 차게 표시된다.

```
〈div class="form-inline"〉
  〈input type="컨트롤종류"name="필드이름" … 〉
〈/div〉
```

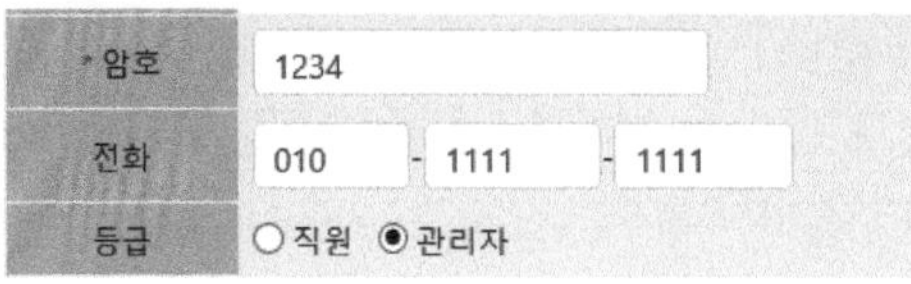

form-inline 한 경우

form-inline 안한 경우

6 **수정, 삭제, 저장, 이전화면 버튼** : 수정버튼은 〈a〉 tag를 이용하여 단순히 수정화면으로 이동처리만 하면 된다. 삭제버튼은 "삭제할까요?"라고 묻는 창 처리를 하며, "예"를 선택하는 경우만 삭제되도록 이벤트프로그램을 해야 한다.

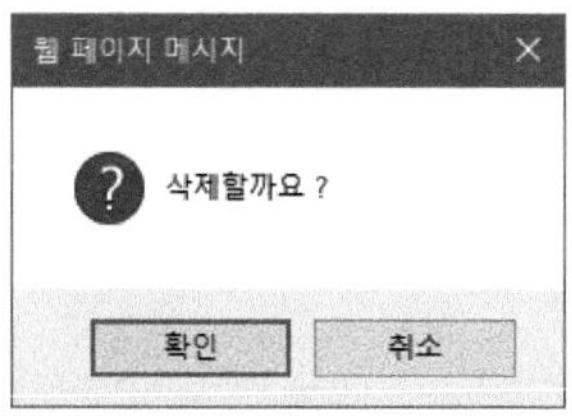

"저장"버튼은 〈form〉 tag 정보를 다음 문서에게 전달하기 위하여 type을 submit로 지정하였다. "이전화면으로"버튼은 이전화면으로 이동하기 위하여 Click 이벤트에 "history.back()"이라고 작성한다. 이 4개의 "수정, 삭제, 저장, 이전화면으로"버튼은 화면 정중앙에 위치하도록 align을 center로 지정하였다.

```
<div align="center">
  <a href="#" class="btn btn-sm mycolor1"">수정</a>
  <a href="#" class="btn btn-sm mycolor1""
     onClick="return confirm('삭제할까요 ?');">삭제</a>  
  <input type="submit" value="저장" class="btn btn-sm mycolor1">  
  <input type="button" value="이전화면으로" class="btn btn-sm mycolor1"
      onclick="history.back();">
</div>
```

STEP 01 이벤트프로그램하기

① **복사하기** : member_list.html을 복사하여 "member_row.html"이라는 새 이름으로 저장한다. 그리고 검색, 테이블, 페이지번호 프로그램 부분을 삭제한다.

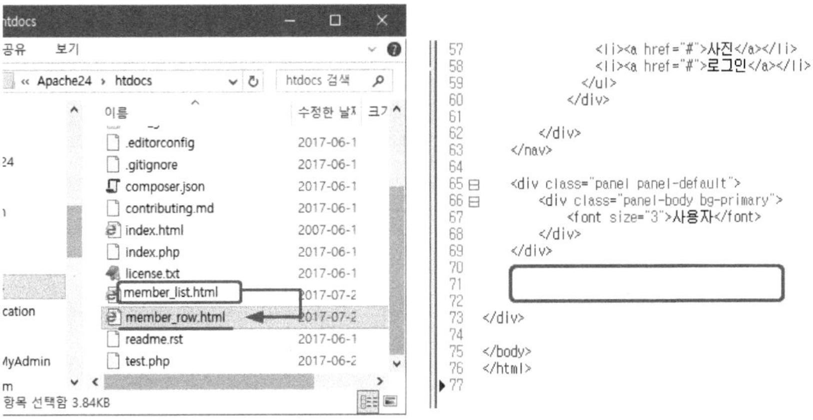


```
… … …
  <div class="panel panel-default">
    <div class="panel-body bg-primary">
      <font size="3">사용자</font>
    </div>
  </div>
 이 부분을 삭제한다.
</div>
</body>
</html>
```

② **프로그램 하기** : 삭제한 부분에 단일폼 형식의 자료 표시 프로그램과 수정, 삭제, 저장, 이전화면 버튼 프로그램을 작성한다.

```
… … …
<form name="form1" method="post" action="">

<table class="table table-sm table-bordered mymargin5">
  <tr>
    <td width="20%" class="mycolor2" style="vertical-align:middle">번호</td>
    <td width="80%" align="left">1</td>
  </tr>
  <tr>
    <td width="20%" class="mycolor2" style="vertical-align:middle"><font color="red">*</font>
이름</td>
    <td width="80%" align="left">
      <div class="form-inline">
        <input type="text" name="name" size="20" maxlength="20" value="관리자"
class="form-control form-control-sm">
      </div>
```

```
    </td>
  </tr>
  <tr>
    <td width="20%" class="mycolor2" style="vertical-align:middle"><font
color="red">*</font> 아이디</td>
    <td width="80%" align="left">
      <div class="form-inline">
        <input type="text" name="uid" size="20" maxlength="20" value="admin"
class="form-control form-control-sm">
      </div>
    </td>
  </tr>
  <tr>
    <td width="20%" class="mycolor2" style="vertical-align:middle"><font
color="red">*</font> 암호</td>
    <td width="80%" align="left">
      <div class="form-inline">
        <input type="text" name="pwd" size="20" maxlength="20" value="1234"
class="form-control form-control-sm">
      </div>
    </td>
  </tr>
  <tr>
    <td width="20%" class="mycolor2" style="vertical-align:middle">전화</td>
    <td width="80%" align="left">
      <div class="form-inline">
        <input type="text" name="tel1" size="3" maxlength="3" value="010"
class="form-control form-control-sm">-
        <input type="text" name="tel2" size="4" maxlength="4" value="1111"
class="form-control form-control-sm">-
        <input type="text" name="tel3" size="4" maxlength="4" value="1111"
class="form-control form-control-sm">
      </div>
    </td>
  </tr>
  <tr>
    <td width="20%" class="mycolor2" style="vertical-align:middle">등급</td>
    <td width="80%" align="left">
      <div class="form-inline">
        <input type="radio" name="rank" value="0"> 직원  
        <input type="radio" name="rank" value="1" checked> 관리자
      </div>
    </td>
  </tr>
</table>

<div align="center">
```

```
    <a href="#" class="btn btn-sm mycolor1">수정</a>
    <a href="#" class="btn btn-sm mycolor1" onClick="return confirm('삭제할까요 ?');"
>삭제</a>  
    <input type="submit" value="저장" class="btn btn-sm mycolor1"> 
    <input type="button" value="이전화면" class="btn btn-sm mycolor1"
onclick="history.back();">
</div>
</form>
…  …  …
```

```
<br>
<div class="alert mycolor1" role="alert">사용자</div>

<form name="form1" method="post" action="">

<table class="table table-sm table-bordered mymargin5">
  <tr>
    <td width="20%" class="mycolor2" style="vertical-align:middle">번호</td>
    <td width="80%" align="left">1</td>
  </tr>
  <tr>
    <td width="20%" class="mycolor2" style="vertical-align:middle"><font color="red">*</font> 이름</td>
    <td width="80%" align="left">
      <div class="form-inline">
        <input type="text" name="name" size="20" maxlength="20" value="관리자" class="form-control form-control-sm">
      </div>
    </td>
  </tr>
  <tr>
    <td width="20%" class="mycolor2" style="vertical-align:middle"><font color="red">*</font> 아이디</td>
    <td width="80%" align="left">
      <div class="form-inline">
        <input type="text" name="uid" size="20" maxlength="20" value="admin" class="form-control form-control-sm">
      </div>
    </td>
  </tr>
  <tr>
    <td width="20%" class="mycolor2" style="vertical-align:middle"><font color="red">*</font> 암호</td>
    <td width="80%" align="left">
        <div class="form-inline">
          <input type="text" name="pwd" size="20" maxlength="20" value="1234" class="form-control form-control-sm">
        </div>
    </td>
  </tr>
  <tr>
    <td width="20%" class="mycolor2" style="vertical-align:middle">전화</div></td>
    <td width="80%" align="left">
      <div class="form-inline">
        <input type="text" name="tel1" size="3" maxlength="3" value="010" class="form-control form-control-sm">-
        <input type="text" name="tel2" size="4" maxlength="4" value="1111" class="form-control form-control-sm">-
        <input type="text" name="tel3" size="4" maxlength="4" value="1111" class="form-control form-control-sm">
      </div>
    </td>
  </tr>
  <tr>
      <td width="20%" class="mycolor2" style="vertical-align:middle">등급</td>
      <td width="80%" align="left">
          <div class="form-inline">
              <input type="radio" name="rank" value="0"> 직원  
              <input type="radio" name="rank" value="1" checked> 관리자
          </div>
      </td>
  </tr>
</table>

<div align="center">
    <a href="#" class="btn btn-sm mycolor1">수정</a>
    <a href="#" class="btn btn-sm mycolor1" onClick="return confirm('삭제할까요 ?');" >삭제</a>  
    <input type="submit" value="저장" class="btn btn-sm mycolor1"> 
    <input type="button" value="이전화면" class="btn btn-sm mycolor1" onclick="history.back();">
</div>

</form>

</div>

</body>
</html>
```

③ **실행하기** : 실행하여 결과를 확인한다.

Chapter 04

Codeigniter

4.1 Codeigniter

4.1.1 판매관리 분석

1) **Framework** : Codeigniter를 설명하기 전에 먼저 Framework이라는 말을 이해 할 필요가 있다. Framework은 말 그대로 소프트웨어개발을 위한 "뼈대"를 의미한다. 예를 들어 급여관리 프로그램을 만든다고 하자. 이 경우 우리는 인사관리, 월별급여, 년말정산, 세금처리 등 급여관리 자체에 대한 프로그램을 만들기도 하지만, 그 프로그램을 만들 때 기본적으로 필요한 보안문제, 페이지처리, 폼과 데이터의 검증, FTP 기능, 파일업로드, 이미지처리, 데이터암호화와 같은 프로그램들도 필요하다. 개발자가 이 모든 것을 다 만들면서 급여프로그램을 만든다면 엄청난 시간과 노력이 필요할 것이다. 설사 개발을 한다고 해도 다른 사람은 해당 프로그램을 이어서 개발하거나 유지보수하기가 어려울 것이다.

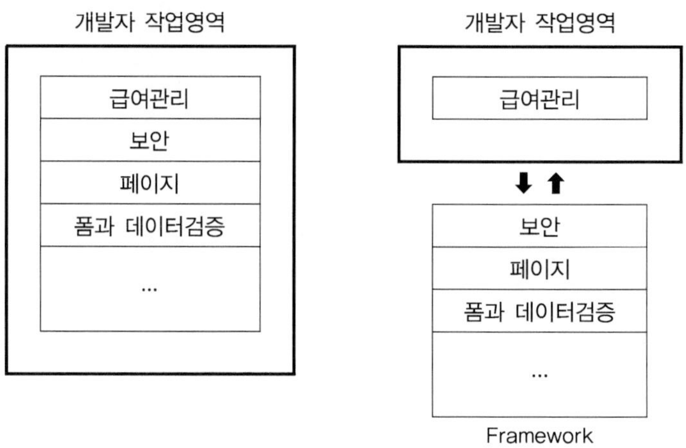

그러나 앞서 말한 기본 공통부분의 개발환경을 제공하는 뼈대 소프트웨어가 있어 그 위에 급여관리 프로그램만 개발한다면, 개발자는 짧은 시간에 적은 노력으로 쉽게 작업할 수 있을 것이다. 그리고 다른 사람이 이 기본 뼈대만 안다면, 쉽게 이어받아 개발하거나 유지보수를 할 수 있다. 이러한 프로그램 개발에 필요한 공통 프로그램을 Software Framework이라 한다. Framework은 개발 환경이나 언어에 따라 여러 가지가 있으며, 그중 가장 많이 알려져 있는 Web Application Framework는 Java의 Spring, .NET Framework 등 다양한 Framework이 있다. PHP인 경우에도 Codeigniter, Laravel,

Symfony 등 다양한 Framework이 있으며, 국내에서는 Codeigniter가 가장 먼저 정착해 사용되고 있다.

2) **MVC 프로그래밍** : 웹프로그래밍의 기본이 되는 HTML은 화면디자인만 제공하므로, 일반 언어와 같은 프로그램 기능을 제공하지 않는다. 그래서 Javascript언어를 이용해 HTML에서 부족한 다양한 기능을 구현한다. 그러나 HTML도 Javascript도 서버와 데이터베이스와의 통신은 할 수 없으며, 이를 구현하기 위해서는 PHP, ASP, JSP와 같은 CGI언어들을 이용해야한다. 이런 언어를 이용한 프로그램 작업은 HTML에 중간 중간 해당 언어의 프로그램을 삽입하는 방식이다. 이 방식은 디자인과 코딩이 분리가 되지 않아 디자인변경 및 유지보수가 어려우며, 모듈화가 되지 않아 여러 사람의 협력 작업을 어렵게 만든다. 이 문제를 해결하는 방법은 기존의 프로그래밍 방식에서 벗어나 화면과 코딩, 그리고 데이터베이스처리 등으로 작업영역을 분리하여 처리하는 것이다. 이런 코딩방식을 MVC 프로그래밍이라 한다. M(model)은 데이터베이스와 관련된 작업을 담당하고, V(view)는 Model에서 얻은 자료들을 표시하는 화면에 관련된 영역이다. 그리고 C(Control)은 Model과 View사이에서 데이터를 제어하고 전체 시스템의 흐름을 제어하는 역할을 한다.

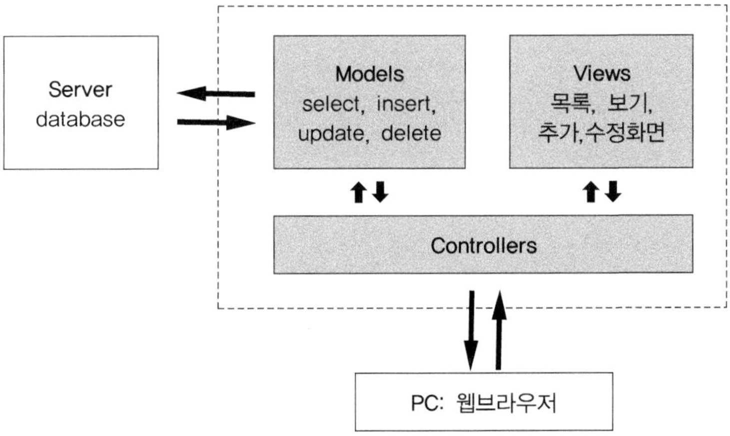

이와 같이 화면과 코딩을 분리하고, 각 부분을 정형화된 모듈 프로그램화함으로서 기존의 문제를 해결할 수 있다. Codeigniter는 MVC방식을 지향하며, 그밖에 보안, 페이지, 데이터검증과 같은 다양한 기능을 기본 제공함으로서 개발자의 생산성과 일관성을 제공한다.

3) **Codeigniter** : 필자가 생각하기에 다른 PHP Framework에 비해 Codeigniter의 장점은 설치와 설정이 아주 쉽고, 생산성, 속도 및 성능이 매우 좋다는 점이다. 최근 국제적으로 Laravel이 강세이지만, 국내에서는 오래전부터 Codeigniter를 사용하고 한국어 자료 및 포럼이 많이 활성화되어 있다. 단점으로는 Composer기능이 Codeignietr 3버전에서는 없어 대형 시스템개발에는 다소 부적할 수 있으나, 곧 있으면 나올 4버전부터 지원한다고 한다. 사실 대형시스템이 아니라면, 무거운 도구보다는 빠르게 쉽게 개발할 수 있는 도구가 더 효과적일 수 있다고 생각한다. 또한 도구란 개발내용, 개발환경, 그리고 사용자가 얼마나 도구에 익숙하냐에 따라 느끼는 정도가 매우 다르므로, 어느 Framework이 더 좋은지는 독자들이 경험해보길 바란다.

이제 Codeigniter에 대해 공부를 시작해보자.

4.1.2 Codeigniter 설치

실습목적

책 부록에 있는 Codeigniter 프로그램을 자신의 PC에 설치하여라.

실습이론

1 **Codeigniter** : PHP 전용 Web Framework인 Codeigniter의 설치는 아주 쉽다. 단순히 Codeigniter 프로그램을 다운 받아 원하는 위치에 압축을 풀면 끝이다. 그리고 자신의 시스템에 따라 약간의 환경설정만 해주면 된다. 따라서 우리는 부록 파일의 Codeigniter 프로그램을 자신의 홈페이지 폴더인 htdocs에 압축을 풀면 된다. 만약 최신 버전의 Codeigniter 프로그램을 원한다면, Codeigniter.com에서 다운받아 설치하길 바란다.

https://Codeigniter.com

STEP 01 Codeigniter 설치하기

① **Codeigniter 프로그램 복사하기** : 부록에 있는 Codeigniter-3.1.8.zip 파일을 압축을 푼다. 그리고 아래그림과 같이 "C:₩APM₩Apache24₩htdocs" 폴더에 복사를 한다.

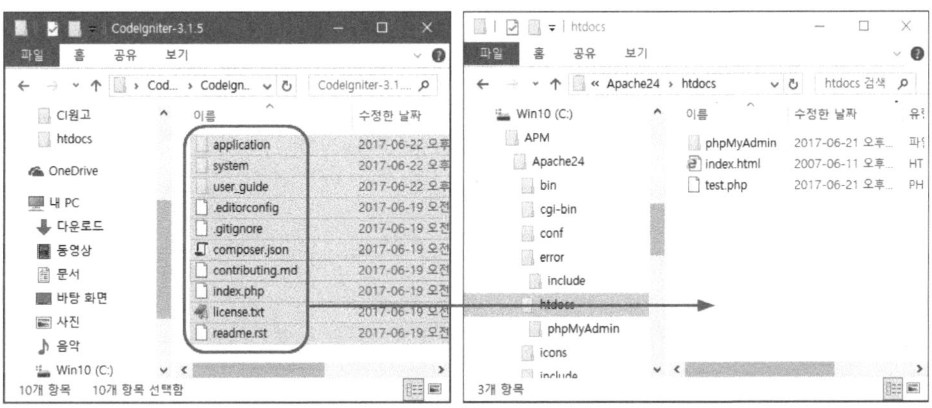

C:₩APM₩Apache24₩hdocs폴더에 복사를 한다.

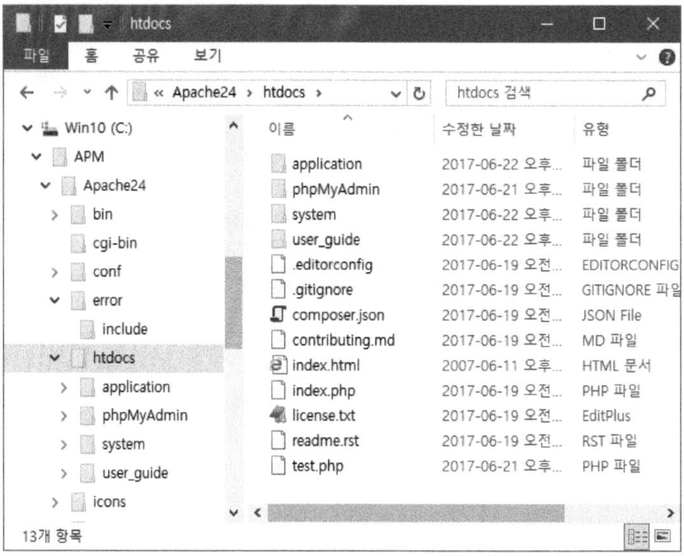

codeignitter가 설치된 htdocs 폴더

② **index.html 삭제하기** : index.php가 제일 먼저 실행되도록 htdocs 폴더에 있는 index.html을 삭제한다.

③ **Codeigniter 테스트하기** : 웹브라우저에 "localhost"를 입력하여 아래 그림과 같이 나오면 정상적인 설치가 완료된 것이다.

1	URL	localhost

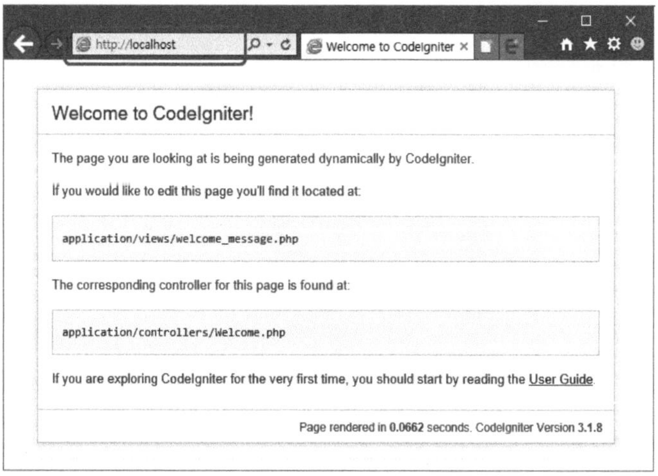

4.1.3 Codeigniter 환경설정

실습목적

설치한 Codeigniter에 sale 데이터베이스를 사용할 수 있도록 환경설정을 한다.

실습이론

1 **Codeigniter** : Codeigniter의 폴더 구조는 다음과 같이 Codeigniter 시스템파일이 있는 system 폴더, 사용자영역인 application 폴더, 매뉴얼인 user-guide 폴더로 나누어져 있다. 주로 개발자는 application폴더에 있는 config폴더에서 사용하는 데이터베이스 관련 환경설정을 하고, 사용자 MVC 프로그램은 models(M), views(V), controllers(C) 폴더에서 프로그램 한다. 그리고 필요에 따라 system폴더에 있는 Codeigniter 시스템 파일들을 수정하여 사용하기도 한다.

```
\ ─┬─ application  ─┬─ config       → 데이터베이스 등 환경설정 파일,
   │   (사용자)     │   models       → M : SQL 관련 파일
   │                │   views        → V : 화면 파일
   │                │   controllers  → C : 컨트롤러 파일
   │                └─ cache, core, helper, libraries, logs, third_party 폴더
   │
   ├─ system       ─┬─ core         → Codeigniter 중요 파일
   │   (시스템)     │   database     → 데이터베이스 관련 파일
   │                │   fonts        → 글꼴
   │                │   helper       → 날짜, url 등 helper 정의 파일
   │                │   language     → 나라별 메시지 정의 파일
   │                └─ libraries    → 암호, 업로드, Zip 등 각종 라이브러리 파일
   │
   └─ user_guide  → Codeigniter 매뉴얼, 예제
```

2 **환경설정** : Codeigniter에서 나라별 언어, 데이터베이스 등 각종 환경 설정은 application → config 폴더에 있는 파일들에서 할 수 있다. config.php에서는 나라별언어와 사용할 데이터베이스와 계정 등록을 한다. autoload.php에서는 처음에 자동으로 실행되어야 할 library, helper 등을 등록한다. 그리고 제일 먼저 실행할 파일 등록은 route.php에서 할 수 있다. 자세한 내용은 다음 실습과정에서 실제로 하면서 알아보도록 하겠다.

STEP 01 Codeigniter 설치하기

① **사용언어 korean 설정하기** : Codeigniter에서 사용할 언어를 한글로 지정하기 위하여 C:₩APM₩Apache24₩htdocs₩application₩config 폴더에 있는 "config.php" 파일을 열어 "korean"으로 수정한 후, 저장한다.

```
$config['language'] = 'korean'
```

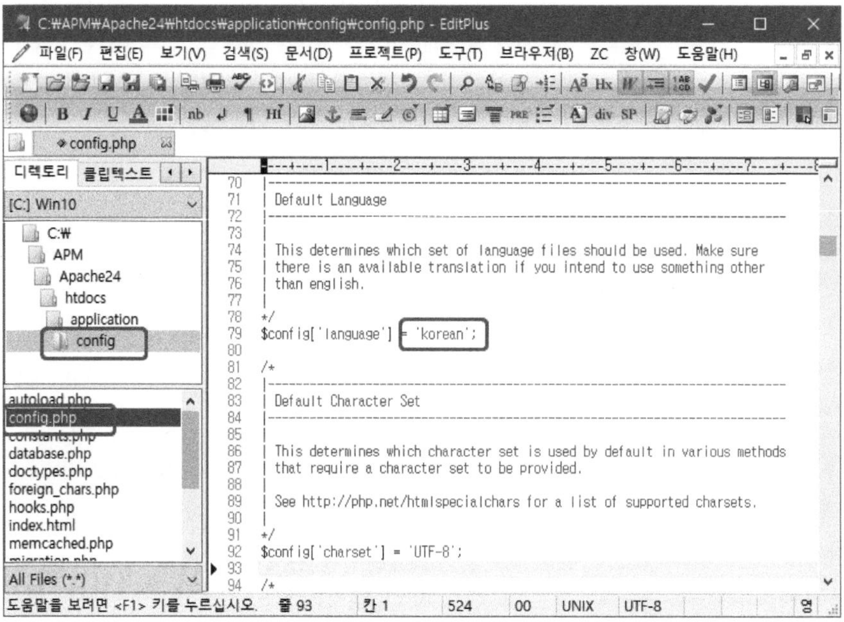

② **korean 폴더 만들기** : C:₩APM₩Apache24₩htdocs₩system폴더에 있는 english폴더 전체를 복사하여 "korean"이라는 새 폴더를 만든다.

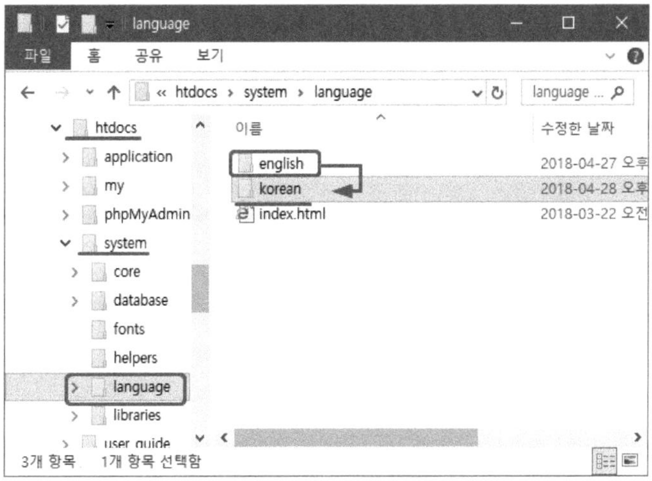

과정 ①에서 korean으로 언어를 지정하였으므로, 반드시 system폴더에 korean 폴더가 있어야 한다. 이 폴더에는 Codeigniter에서 사용되는 라이브러리의 환경변수나 에러메시지에 관련된 파일이 있다. 영어로 되어있는 이 파일을 한글로 수정하면 해당 라이브러리에서 한글로 표시할 수 있다. 다음 그림은 입력값에 대한 에러메시지 처리하는 form_validation라이브러리에서 나오는 경고메시지를 한글로 변경한 예이다. {field}는 테이블의 필드이름이 나오므로 그대로 사용해야 한다.

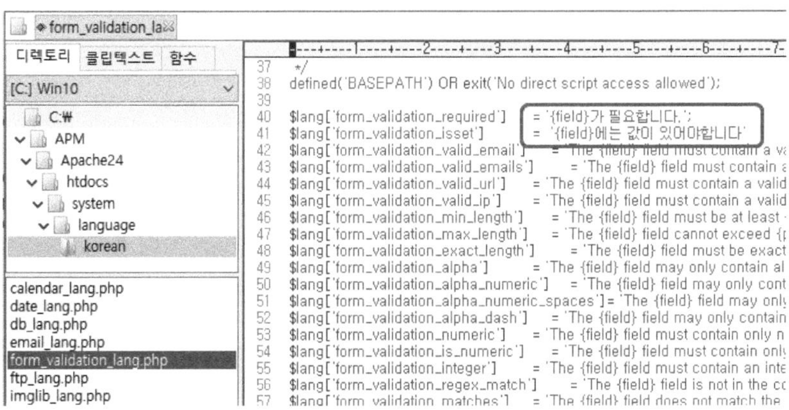

form_validation 라이브러리 경고메시지를 한글로 변경한 예.

③ **database sale 등록하기** : config 폴더에 있는 database.php 파일을 열어 앞에서 만든 sale 데이터베이스의 이름, 사용자계정, 암호를 등록한다.

1	hostname	localhost	2	username	sale
3	password	1234	4	database	sale

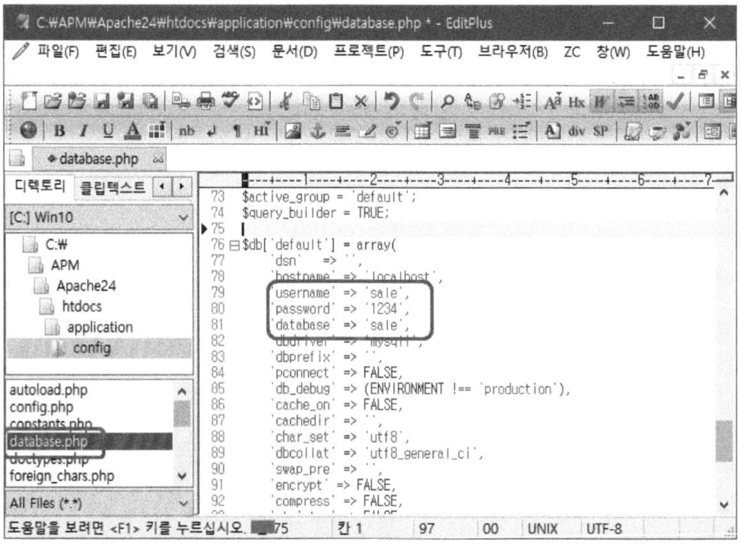

4.1.4 Main 화면 만들기

실습목적

웹브라우저에 http://localhost 라고 입력할 때 다음 그림과 같은 메인화면이 나오도록 main.php 를 만들어라.

Main 화면

실습이론

1 **화면 분할** : 앞에서 만든 memebr.html 디자인을 보면 1) 메인메뉴 부분, 2) 사용자관리 부분, 그리고 3) 하단부분과 같이 크게 3 영역으로 나눌 수 있다 (하단부분은 아무것도 없지만, 보통 홈페이지 하단에 회사정보 등을 위하여 영역을 따로 설정한다).

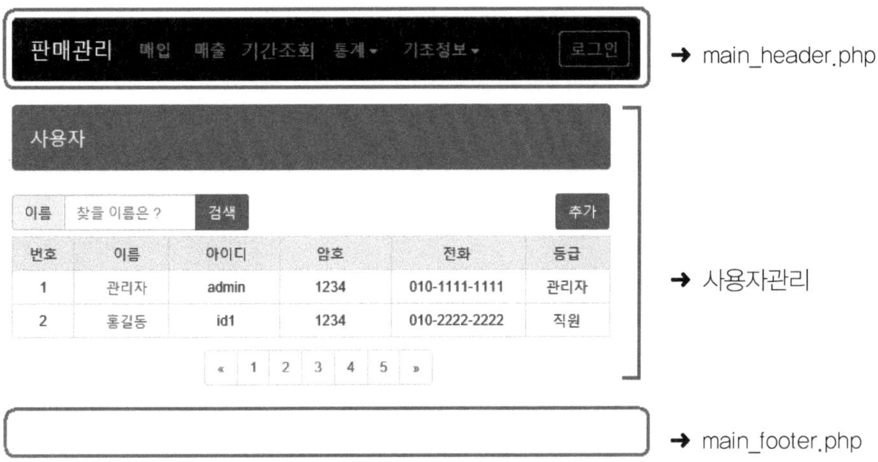

사용자관리 부분은 표시하는 내용에 따라 계속 바뀌는 부분이다. 그러나 메뉴부분과 하단부분은 고정이므로, 모든 화면에 동일한 PHP 프로그램을 한다는 것은 비효율적이다. 따라서 메뉴부분과 하단부분을 따로 main_header.php와 main_footer.php로 저장하고 필요할 때 호출하면 편리할 것이다.

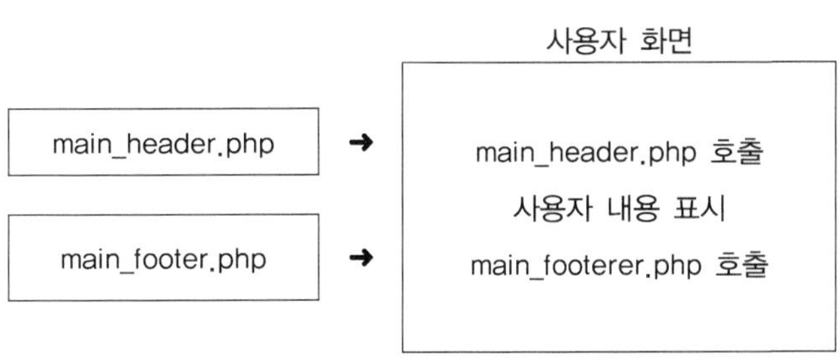

2 **Codeigniter 시작화면 설정** : 앞에서 Codeigniter 설치를 테스트할 때 "Welcome to Codeigniter!" 라는 화면이 나왔다. 이는 controllers 폴더에 있는 Welcome.php를 제일 먼저 시작하도록 config폴더의 routes.php에 welcome이라고 등록되어 있기 때문이다.

config 폴더		controllers 폴더		view 폴더
routes.php		Welcome.php		welcome_message.php
welcome	↗	welcome_message	↗	welcome! 메시지

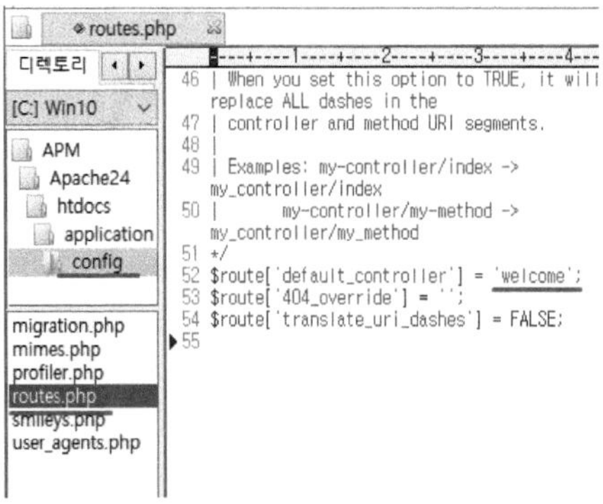

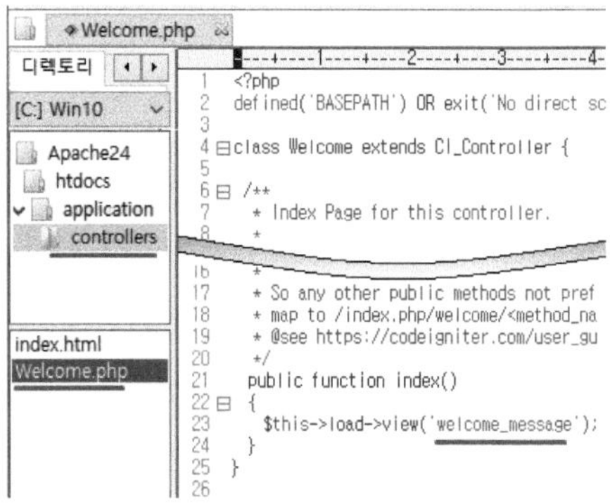

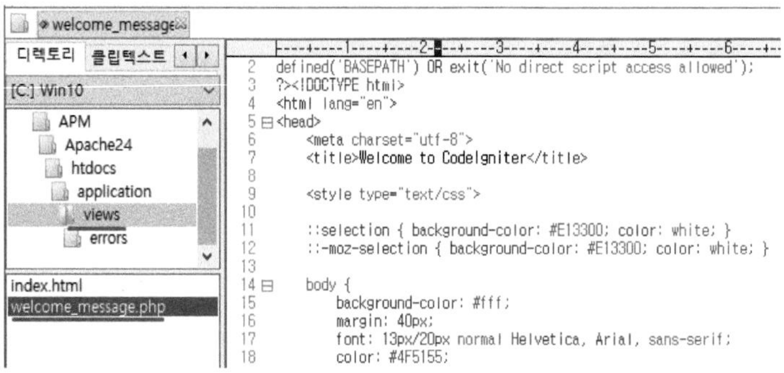

따라서 default_controller의 welcome을 "main"으로 등록하면 controller폴더에 Main.php가 실행되게 된다. 파일이름의 첫 글자는 반드시 대문자래야 한다.

3 **Main.php** : 앞에서 설명했지만 Codeigniter의 MVC에서는 controllers폴더의 프로그램이 model폴더와 view폴더의 프로그램을 조정한다. 따라서 main_header.php와 main_footer.php가 view폴더에 있다면, controllers폴더의 Main.php 프로그램에서 호출해야한다.

config 폴더		controllers 폴더		view 폴더
routes.php		Main.php		main_header.php main_footer.php
main	↗	main_header 호출 main_footer 호출	→	

다음 프로그램은 Controllers폴더에 만들 Main.php 프로그램 내용이다.

1) Main은 클래스로 선언되어 있어 첫 글자가 반드시 대문자이며, 저장할 파일이름 Main.php 첫 글자도 대문자로 해야 한다.
2) 클래스에서 가장 먼저 실행되는 함수는 index()이다.
3) 따라서 view('파일이름')함수를 이용하여 view폴더에 있는 main_header.php와 main_footer.php를 호출하도록 프로그램을 작성한다.

```
<?
  class Main extends CI_Controller {               → 클래스이름 첫글자는 대문자

      public function index()                      → 제일 먼저 실행되는 함수
      {
          $this->load->view("main_header");        → view폴더의 main_header.php와
          $this->load->view("main_footer");        → main_footer.php 호출
      }
  }
?>
```

STEP 01 main_header와 main_footer 만들기

① **member_header.php 만들기 :** member.html을 읽어 메뉴하단부분을 모두 삭제한다. 그리고 새이름으로 메뉴를 이용하여 member_header.php 로 저장한다.

```
… … …
        </li>
        <li class="nav-item"><a class="nav-link" href="#">사진</a></li>
        <li class="nav-item"><a class="nav-link" href="#">로그인</a></li>
      </ul>
    </div>
</nav>

하단부분 내용 모두 삭제
```

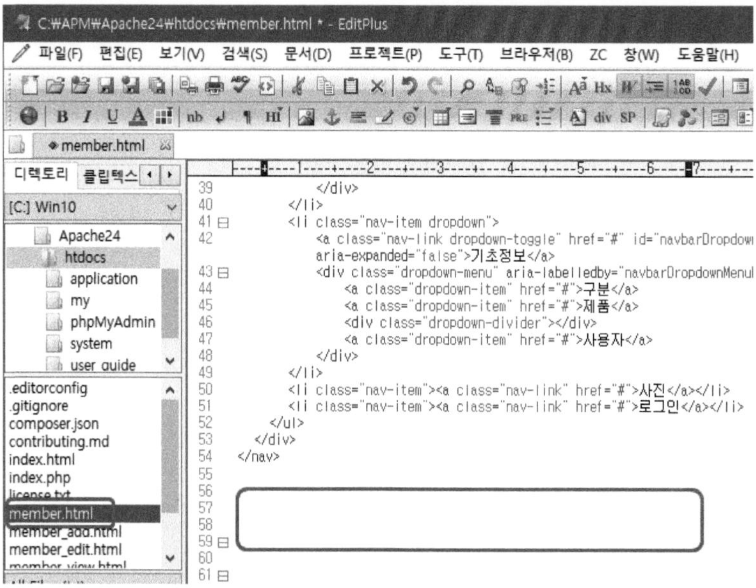

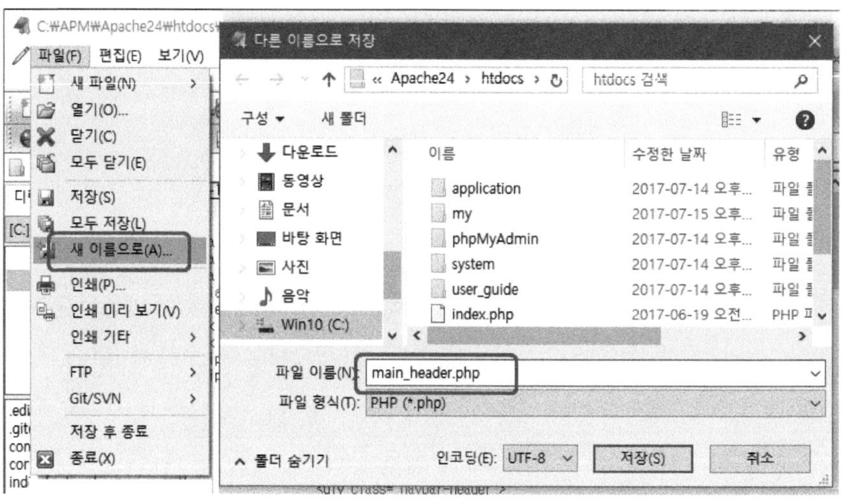

main_header.php로 저장

② **member_footer.php 만들기 :** member.html을 읽어 그림처럼 하단부분 3줄만 남기고 모두 삭제한다. 그리고 "새 이름으로" 메뉴를 이용하여 member_footer.php 로 저장한다.

```
상단부분 내용 모두 삭제

</div>
</body>
</html>
```

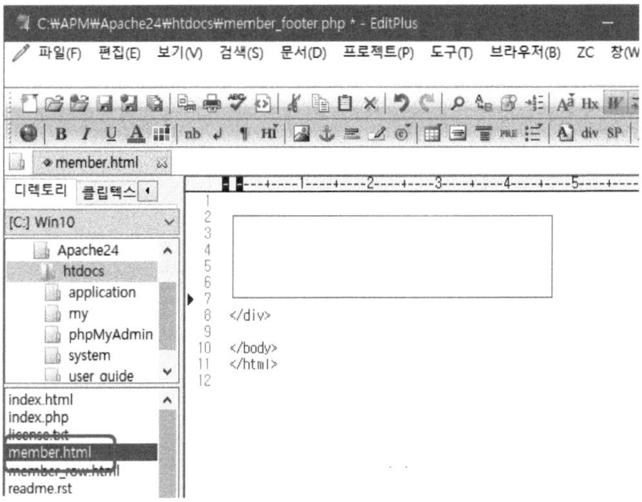

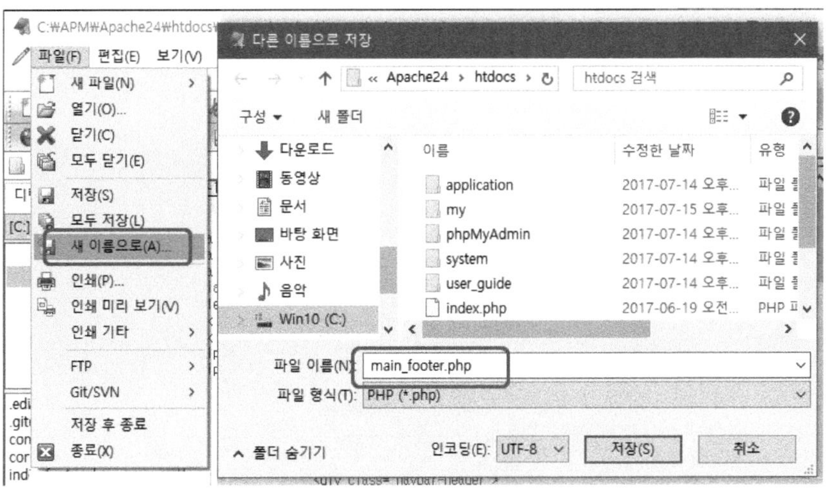

main_footer.php로 저장

③ **view폴더로 복사하기** : 방금 만든 member_header.php와 member_footer.php를 view폴더로 복사한다.

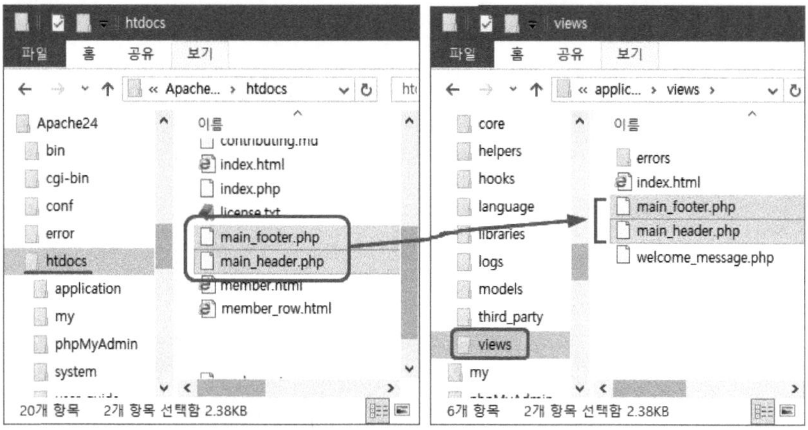

STEP 02 Main.php 만들기

① **Main.php 만들기** : controllers폴더에 Main.php를 새로 만들어 저장한다. 이때 저장할 파일이름은 반드시 첫 글자가 반드시 대문자여야 한다.

```
<?
  class Main extends CI_Controller {

     public function index()
     {
        $this->load->view("main_header");
        $this->load->view("main_footer");
     }
  }
?>
```

② **실행하기** : 실행하여 결과를 확인한다.

4.2 사용자 목록보기

실습목적

member 테이블의 사용자 정보를 표시할 수 있는 사용자 목록 화면을 만들어라.

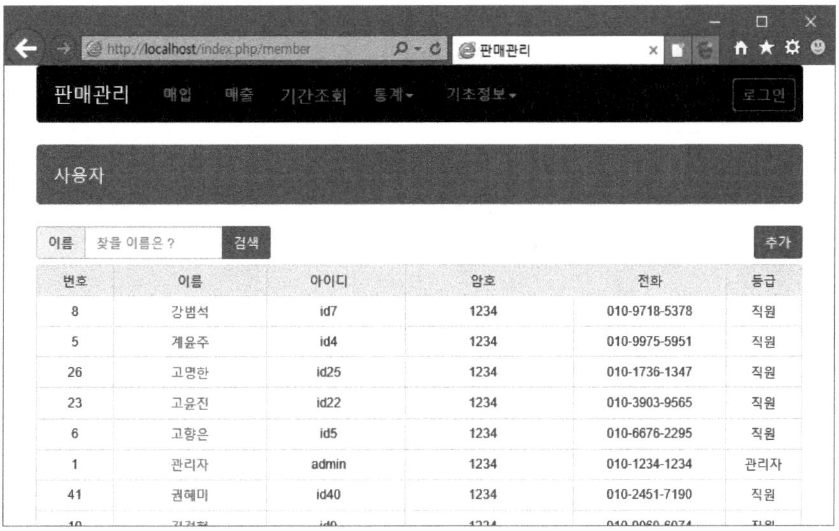

실습이론

1 **사용자목록 MVC 구조** : 사용자의 목록을 보여주는 MVC 파일 구조와 처리과정은 다음과 같다.

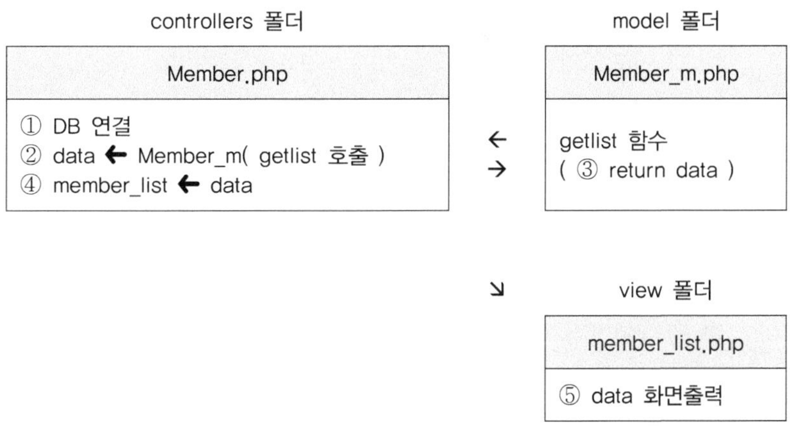

2 **controller폴더의 Member.php** : 먼저 controllers 폴더의 Member.php 프로그램에 대해 알아보자.

```
<?
  class Member extends CI_Controller {                → Member클래스 선언

     function __construct()                           → 클래스생성할 때 초기설정
     {
        parent::__construct();
        $this->load->database();                      → 데이터베이스 연결
        $this->load->model("member_m");               → 모델 Member_m 연결
     }

     public function index()                          → 제일 먼저 실행되는 함수
     {
        $this->lists();                               → list 함수 호출
     }

     public function lists()
     {
        $data["list"] = $this->member_m->getlist();   → 목록읽기

        $this->load->view("main_header");             → 상단출력(메뉴)
        $this->load->view("member_list",$data);       → member_list에 자료전달
        $this->load->view("main_footer");             → 하단 출력
     }
  }
?>
```

클래스이름(Member)은 파일이름(Member.php)과 같아야 하며 첫 글자는 반드시 대문자래야 한다. __construct함수는 클래스가 생성될 때 실행되는 함수로서, 주로 프로그램사용을 위한 초기설정에 관련된 내용을 작성한다. 여기서는 데이터베이스를 연결하고 model파일로 models폴더의 Model_m.php를 등록한다.
클래스에서 가장 먼저 실행되는 함수는 index함수이며, 여기서는 lists함수를 호출하고 있다. lists함수는 Member_m의 getlist함수를 호출하여 사용자 목록 정보를 data배열에 저장한다. 이 값들은 member_list.php 에 전달되어 화면에 자료를 출력시킨다.

3 **Models폴더의 Member_m.php** : model에서는 SQL문을 실행하여 자료를 가공하는 역할을 한다. 여기서는 getlist함수에서 member테이블의 자료를 구해 controller의 Member에게 넘겨주는 역할을 한다.

```
<?
  class Member_m extends CI_Model                    → 모델 클래스 선언
  {
     public function getlist()
     {
        $sql="select * from member order by name";   → select문 정의
        return $this->db->query($sql)->result();     → 쿼리실행, 결과 리턴
     }
  }
?>
```

모델 클래스이름(Member_m)은 파일이름(Member_m.php)과 같아야 하며, 첫 글자는 반드시 대문자래야 한다. getlist함수는 select문을 실행하여 그 결과(result)를 리턴한다.

4 **views폴더의 member_list.php** : 컨트롤러 Member.php에서 받은 자료 $data를 화면에 출력시킨다.

```
...   ...   ...
      <td width="20%">전화</td>
      <td width="20%">아이디</td>
      <td width="20%">암호</td>
      <td width="10%">등급</td>
   </tr>
<?
   foreach ($list as $row)          → 연관배열 list를 row를 통해 출력한다.
   {
      $no=$row->no;                                   → 사용자번호
      $tel1 = trim(substr($row->tel,0,3));            → 전화 지역번호 추출
      $tel2 = trim(substr($row->tel,3,4));            → 전화 국번호 추출
      $tel3 = trim(substr($row->tel,7,4));            → 전화 번호 추출
      $tel = $tel1 . "-" . $tel2 . "-" . $tel3;       → 합치기
      $rank = $row->rank==0 ? '직원' : '관리자';       → 0->직원, 1->관리자
?>
        <tr>
           <td><?=$no ?></td>
           <td><a href="#"><?=$row->name ?></a></td>
           <td><?=$tel ?></td>
           <td><?=$row->uid ?></td>
           <td><?=$row->pwd ?></td>
           <td><?=$rank ?></td>
        </tr>
<?
```

```
    }
?>
</table>
    ... ... ...
```

Member.php에서 $data["list"]로 값을 사용자 전체정보를 받았다. 따라서 이 값들을 한 레코드(row)씩 접근을 하려면 foreach(list as row)를 통해 알 수 있다. 각 값들은 "$row-> 연관키"를 통해 접근할 수 있다. 따라서 연관키 값은 필드이름과 같게 지었으므로, "$row-> 필드이름"과 같이 사용하면 된다.

전화번호 tel 필드인 경우는 지역(3), 국(4), 번호(4)인 "01011112222" 형식으로 저장되어 있다. 따라서 이 값을 "010-1111-2222" 형식으로 출력하려면, 전화번호에서 지역, 국, 번호에 해당하는 부분 문자열을 추출할 수 있어야 한다. 그리고 추출된 문자열들은 문자열 연결연산자(.)를 이용하여 다시 합쳐야 한다. substr함수는 지정한 위치에서 길이만큼 문자열을 추출하는 함수이며, trim함수는 문자열 양쪽 여백을 제거하는 함수이다.

0	1	2	3	4	5	6	7	8	9	10
0	0	0	0	0	0	0	0	0	0	0
지역(3)			국(4)				번호(4)			

```
$tel1=trim(substr($row->tel,0,3));        → 0번 위치에서 3자리 문자열 추출
$tel2=trim(substr($row->tel,3,4));        → 3번 위치에서 4자리
$tel3=trim(substr($row->tel,7,4));        → 7번 위치에서 4자리
$tel=$tel1 . "-" . $tel2 . "-" . $tel3;   → 추출된 문자열 합치기
```

등급 rank 필드는 정수로서, 직원은 0, 관리자는 1로 사용하기로 하였다. 만약 $row->rank를 이용하여 값을 출력한다면, 0과 1로 표시가 된다. 따라서 글자로 출력하려면 ? 조건연산자를 이용하여 문자열로 바꾼 후, $rank를 출력하면 된다.

```
$rank = $row->rank==0 ? "직원" : "관리자" ;
```

5 **Member_header.php에 사용자 메뉴 연결하기** : 마지막으로 main_header의 사용자 메뉴를 클릭할 때, controller폴더의 Member.php를 연결하면 된다. 그러나 Codeigniter는 index.php를 제일 먼저 실행되고, 이 파일을 통해 다른 프로그램을 호출한다. 따라서 컨트롤러 member.php를 실행하려면 <a> tag에 **"/index.php/member"**

라고 지정해야 한다. 여기서 member는 Member.php의 Member 클래스를 의미한다.

```
… … …
<li class="nav-item dropdown">
  <a class="nav-link dropdown-toggle" href="#" id="navbarDropdownMenuLink"
data-toggle="dropdown" aria-haspopup="true" aria-expanded="false">기초정보</a>
  <div class="dropdown-menu" aria-labelledby="navbarDropdownMenuLink">
    <a class="dropdown-item" href="#">구분</a>
    <a class="dropdown-item" href="#">제품</a>
    <div class="dropdown-divider"></div>
    <a class="dropdown-item" href="/index.php/member">사용자</a>
  </div>
</li>
<li class="nav-item"><a class="nav-link" href="#">사진</a></li>
… … …
```

STEP 01 사용자 목록 화면 만들기

① **Member.php** : Controllers폴더에 Member.php 파일을 새로 만들고 다음 프로그램을 입력한다.

```
<?
  class Member extends CI_Controller {

     function __construct()
     {
        parent::__construct();
        $this->load->database();
        $this->load->model("member_m");
     }

     public function index()
     {
        $this->lists();
     }

     public function lists()
     {
        $data["list"] = $this->member_m->getlist();
```

```
            $this->load->view("main_header");
            $this->load->view("member_list",$data);
            $this->load->view("main_footer");
        }
    }
?>
```

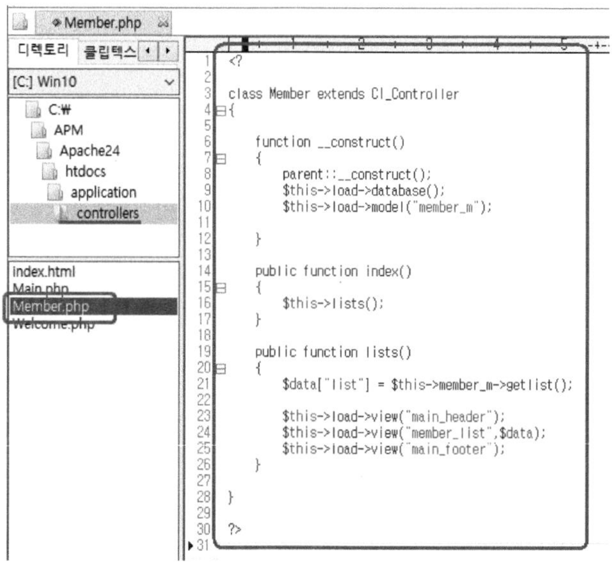

② **Member_m.php** : Models폴더에 Member_m.php 파일을 새로 만들고 다음 프로그램을 입력한다.

```
<?
  class Member_m extends CI_Model
  {
     public function getlist()
     {
        $sql="select * from member order by name";
        return $this->db->query($sql)->result();
     }
  }
?>
```

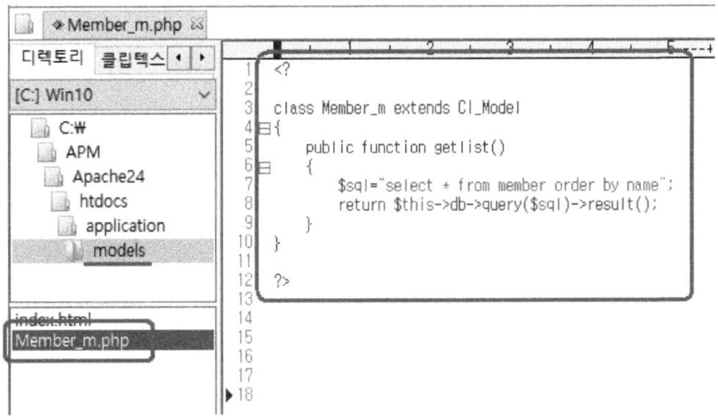

③ **views폴더의 member_list.php 수정** : 다음 프로그램이 되도록 수정한다.

```
... ... ...
    <td width="20%">암호</td>
    <td width="10%">등급</td>
  </tr>
<?
  foreach ($list as $row)
  {
    $no=$row->no;
    $tel1 = trim(substr($row->tel,0,3));
    $tel2 = trim(substr($row->tel,3,4));
    $tel3 = trim(substr($row->tel,7,4));
    $tel = $tel1 . "-" . $tel2 . "-" . $tel3;
    $rank = $row->rank==0 ? '직원' : '관리자';
?>
  <tr>
    <td><?=$no ?></td>
    <td><a href="#"><?=$row->name ?></a></td>
    <td><?=$tel ?></td>
    <td><?=$row->uid ?></td>
    <td><?=$row->pwd ?></td>
    <td><?=$rank ?></td>
  </tr>
<?
  }
?>
</table>
  ... ... ...
```

④ **views폴더의 main_header.php에 메뉴 연결하기** : Member.php 를 실행하기 위하여 사용자 메뉴의 〈a〉 tag href를 "/index.php/member"로 수정한다.

```
… … …
    <a class="dropdown-item" href="#">구분</a>
    <a class="dropdown-item" href="#">제품</a>
    <div class="dropdown-divider"></div>
    <a class="dropdown-item" href="/index.php/member">사용자</a>
  </div>
</li>
<li class="nav-item"><a class="nav-link" href="#">사진</a></li>
… … …
```

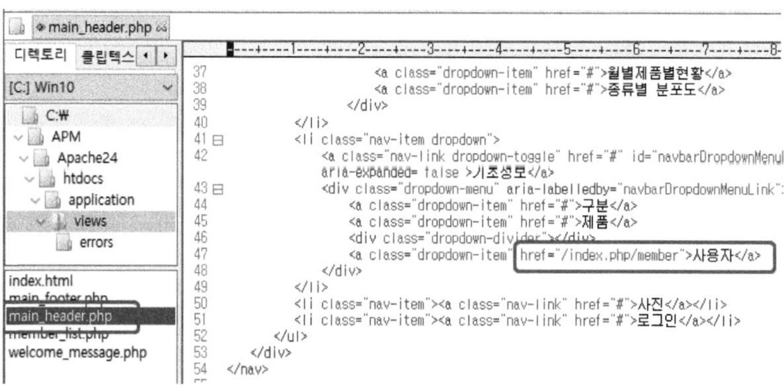

⑤ **실행하기** : 실행하여 결과를 확인한다.

4.3 index.php 생략하기

Codeigniter에서는 모든 URI를 지정할 때 다음과 같은 형식으로 사용한다. 이 경우, 매번 처음에 index.php를 사용해야하는데, 불편하므로 index.php를 생략할 수 있도록 설정해보자.

```
/ index.php / 클래스이름 / 함수이름 / 변수명1 / 값1 / 변수명2 / 값2 / …
```

실습목적

URI에서 index.php를 생략할 수 있도록 환경설정해라.

실습이론

1 **index.php 제거하기** : 경로명에서 index.php를 없애기 위해서는 다음 4단계 과정의 설정을 수정해야 한다.

1) httpd.conf에서 rewrite_module 모듈라이브러리를 사용하도록 설정.
2) httpd.conf에서 / 폴더의 AllowOverride를 All로 변경.
3) Codeingniter의 config.php에서 base_url를 "/"로 수정.
4) Codeingniter의 config.php에서 index_page 내용중 index.php 삭제.

이렇게 수정을 하면, 앞으로 경로명 앞에 붙이는 "/index.php/member"에서 index.php를 생략하여 "/member"로 사용할 수 있다.

STEP 01 httpd.conf 수정하기

① **httpd.conf 수정하기** : c:₩APM₩Apache24₩conf 폴더의 httpd.conf에서 rewrite_module 모듈라이브러리를 사용하기 위해 맨 앞에 있는 코멘트 "#"을 삭제한다.

```
LoadModule rewrite_module modules/mod_rewrite.so
```

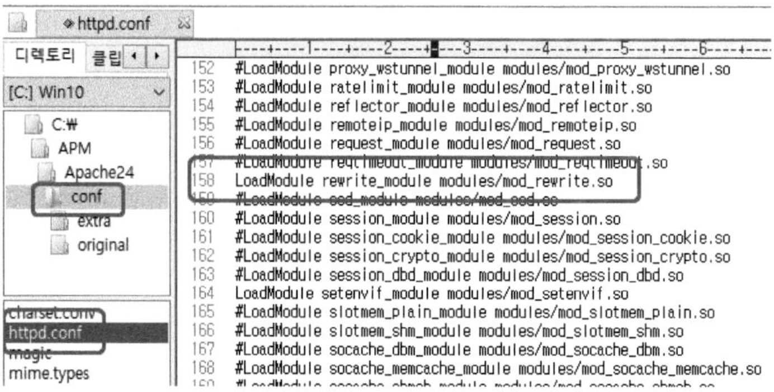

② **/ Direcory 권한 수정** : 홈페이지가 있는 / 폴더 사용권한 설정부분에서 AllowOverride를 None에서 All로 수정한다.

```
〈Directory "c:/APM/Apache24/htdocs"〉
    Options Indexes FollowSymLinks
    AllowOverride All
    Require all granted
〈/Directory〉
```

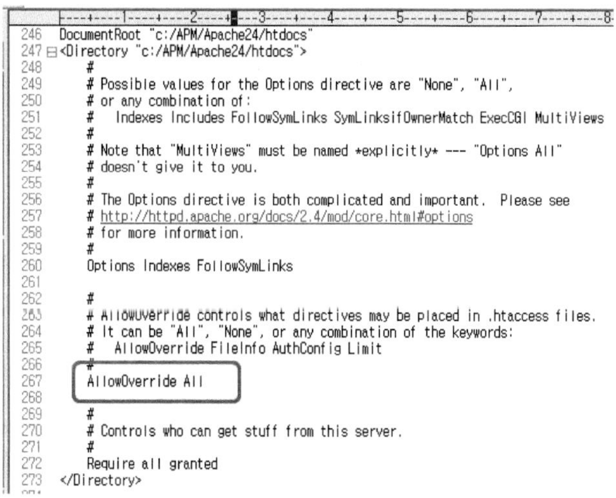

③ **httpd 재실행하기** : 다음 그림과 같이 "명령프롬프트"를 반드시 관리자권한으로 실행한다. 그리고 경로를 "c:₩APM₩Apache24₩bin"으로 변경한 후, Apache를 재실행한다.

```
cd c:/apm/apache24/bin
httpd -k restart
```

STEP 02 Codeigniter 설정 수정하기

① **config.php 수정하기** : Codeigniter의 application/config 폴더에 있는 config.php에서 다음과 같이 수정해야 한다.

```
$config['base_url'] = '/';

$config['index_page'] = '';
```

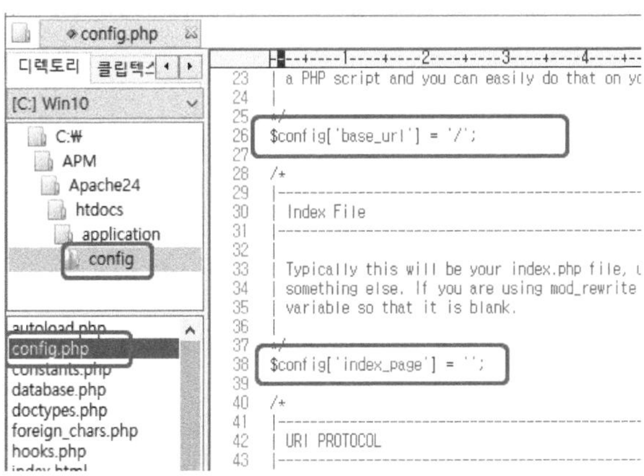

② **.htaccess 만들기** : htdocs폴더에 ".htaccess"라는 이름의 파일을 새로 만들고 다음 내용을 입력한다.

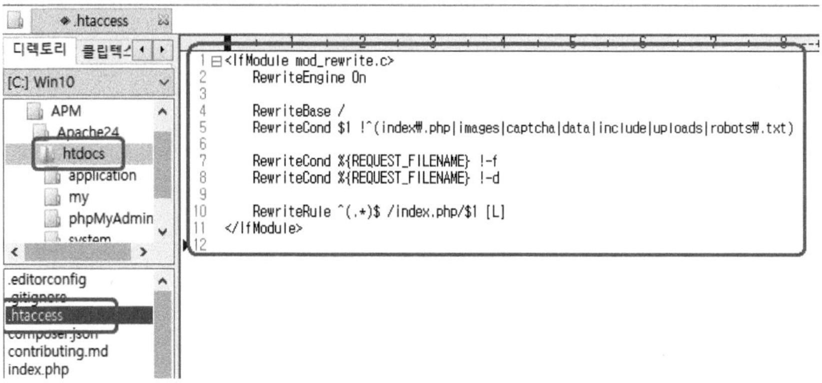

```
<IfModule mod_rewrite.c>
 RewriteEngine On

 RewriteBase /
 RewriteCond $1 !^(index₩.php|images|captcha|data|include|uploads|robots₩.txt)

 RewriteCond %{REQUEST_FILENAME} !-f
 RewriteCond %{REQUEST_FILENAME} !-d

 RewriteRule ^(.*)$ /index.php/$1 [L]
</IfModule>
```

STEP 03 메뉴 수정하기

① **main_header.php 수정하기 :** 사용자 메뉴의 〈a〉 tag의 "/index.php/member"를 "/member"로 수정한다.

```
... ... ...
    <a class="dropdown-item" href="#">구문</a>
    <a class="dropdown-item" href="#">제품</a>
    <div class="dropdown-divider"></div>
    <a class="dropdown-item" href="/member">사용자</a>
  </div>
</li>
<li class="nav-item"><a class="nav-link" href="#">사진</a></li>
... ... ...
```

```
        <li class="nav-item dropdown">
            <a class="nav-link dropdown-toggle" href="#" id="navbarDropdownMenul
            aria-expanded="false">기초정보</a>
            <div class="dropdown-menu" aria-labelledby="navbarDropdownMenuLink":
                <a class="dropdown-item" href="#">구분</a>
                <a class="dropdown-item" href="#">제품</a>
                <div class="dropdown-divider"></div>
                <a class="dropdown-item" href="/member">사용자</a>
            </div>
        </li>
        <li class="nav-item"><a class="nav-link" href="#">사진</a></li>
        <li class="nav-item"><a class="nav-link" href="#">로그인</a></li>
    </ul>
  </div>
</nav>
```

② **실행하기** : 실행하여 결과를 확인한다.

4.4 사용자 보기

실습목적

목록화면에서 사용자 이름을 클릭한 경우, 선택한 사용자 정보를 단일폼 형식으로 표시하는 프로그램을 만들어라.

실습이론

1 **Codeigniter에서 변수값 전달방법** : 어떤 값을 다음 문서에 전달하는 일반적인 Get 방식은 URL뒤에 ? 를 이용하여 변수와 값을 전달하는 방식을 주로 사용한다. 이 경우 다음과 같이 member_view.php에 no=1을 전달한다.

```
http://localhost/member_view.php?no=1
```

그러나 Codeigniter에서는 전달할 문서 뒤에 슬래쉬를 이용하여 전달하는 변수와 값을 나열하는 URI 방식을 이용한다. localhost는 서버이름이고, member는 controller 파일이름이면서 클래스이름이다. view는 member클래스내의 함수이름이고, 이 함수에 no=1을 표시한다. 따라서 이름을 클릭할 때 〈a〉 tag의 href에 "/member/view/no/사용자번호"와 같이 입력해야한다. 여기서 주의할 점은 Get방식처럼 no=1이란 의미가 아니라, 단순히 no와 1이란 값을 표시한 것이지 둘 사이의 어떤 연관성이 있는 것은 아니다.

```
http:// localhost / member / view  /  no  / 1
        도메인  /  클래스  / 함수  / 변수 / 값
```

[2] **view함수** : 직원정보를 표시하기 위해서는 먼저 Member.php의 view함수에 전달된 no값을 알아야 한다. <a> tag에서 전달한 URI를 보면, member 클래스이름이 1번째 위치이므로 직원번호 1은 4번째 위치가 된다. 따라서 uri의 segement함수를 이용하면 $no값을 알아낼 수 있다.

```
                                                    1     2   3 4
$no=$this->uri->segment(4);                  → URI: member/view/no/1
$data["row"]=$this->member_m->getrow($no);
```

알아낸 $no값은 Member_m의 getrow($no)함수를 호출하여 사용자정보를 알아낸 후 data["row"]에 저장한다. 그리고 사용자정보 data는 member_view에 전달하여 화면에 출력시킨다.

```
$this->load->view("member_view",$data);
```

[codeigniter] segment(n)

이 함수는 codeigniter의 system/core폴더의 URI.php 에 있는 함수로서, uri 문자열에서 해당 위치의 문자열값을 돌려주는 함수이다.

[3] **getrow 함수** : Member_m.php에 작성할 getrow함수는 $no번째 사용자 정보를 읽어와 정보를 돌려주는 함수이다.

```
function getrow($no)
{
   $sql="select * from member where no=$no";
   return $this->db->query($sql)->row();
}
```

4 **사용자 정보 표시** : member_row.html을 이용하여 member_view.php를 만든다. 그리고 전달받은 $data['row'] 정보를 이용하여 출력시킨다. 전화번호와 등급 출력은 member_list의 프로그램을 이용하면 된다.

```
<?
  $no=$row->no;
  $tel1 = trim(substr($row->tel,0,3));
  $tel2 = trim(substr($row->tel,3,4));
  $tel3 = trim(substr($row->tel,7,4));
  $tel = $tel1 . "-" . $tel2 . "-" . $tel3;
  $rank = $row->rank==0 ? '직원' : '관리자';
?>

<table class="table table-bordered table-condensed mymargin5">
  <tr>
    <td width="20%" class="info" style="vertical-align:middle">번호</td>
    <td width="80%" align="left"><?=$row->no; ?></td>
  </tr>
  <tr>
...  ...  ...
```

STEP 01 member_list 수정하기

① **view 화면 연결하기** : views폴더의 member_list.php에서 view화면을 호출하는 <a> tag의 href 내용을 다음과 같이 수정한다.

```
<a href="/member/view/no/<?=$no ?>"><?=$row->name; ?><a>
```

② **Member.php에 view 함수 추가하기 :** controllers폴더의 Member.php에 다음과 같은 view()함수를 추가한다.

```
public function view()
{
   $no=$this->uri->segment(4);
   $data["row"]=$this->member_m->getrow($no);

   $this->load->view("main_header");
   $this->load->view("member_view",$data);
   $this->load->view("main_footer");
}
```

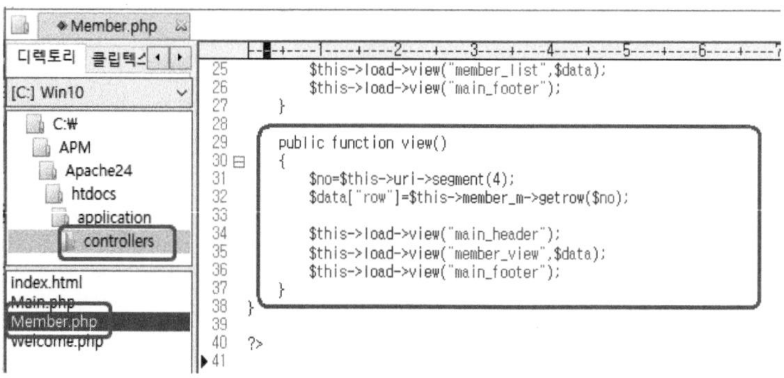

③ **Member_m.php에 getrow()함수 추가하기 :** models폴더의 Member_m.php에 다음과 같은 getrow()함수를 추가한다.

```
function getrow($no)
{
   $sql="select * from member where no=$no";
   return $this->db->query($sql)->row();
}
```

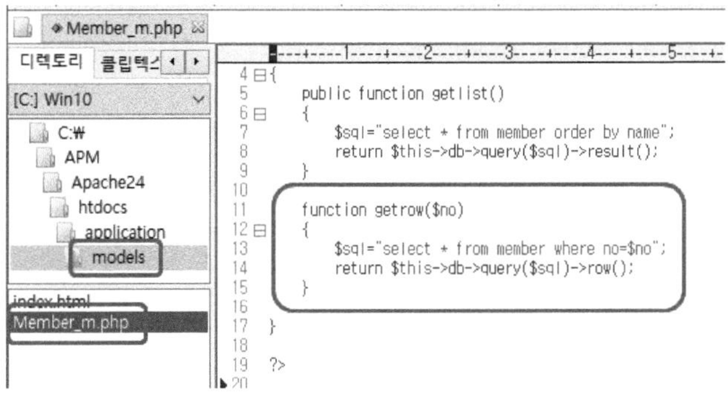

④ **views폴더에 member_view.php 만들기** : member_row.html을 복사하여 views 폴더에 member_view.php라는 이름으로 새로 만든다. 그리고 아래처럼 상단부분과 하단부분, 그리고 저장버튼 부분을 삭제한다.

상단부분 모두 삭제

```
<br>
<div class="alert mycolor1">사용자</div>

<form name="form1" method="post" action="">

<table class="table table-sm table-bordered mymargin5">
  <tr>
    <td width="20%" class="mycolor2" style="vertical-align:middle">번호</td>
    <td width="80%" align="left">1</td>
  </tr>

...  ...  ...
          <input type="radio" name="rank" value="0"> 직원  
          <input type="radio" name="rank" value="1" checked> 관리자
        </div>
        </div>
    </td>
  </tr>
</table>

<div align="center">
  <a href="#" class="btn btn-sm mycolor1">수정</a>
  <a href="#" class="btn btn-sm mycolor1" onClick="return confirm('삭제할까요 ?');"
>삭제</a>  
```

저장버튼 삭제

```
  <input type="button" value="이전화면" class="btn btn-sm mycolor1"
```

```
onclick="history.back();">
</div>

</form>
```

하단부분 모두 삭제

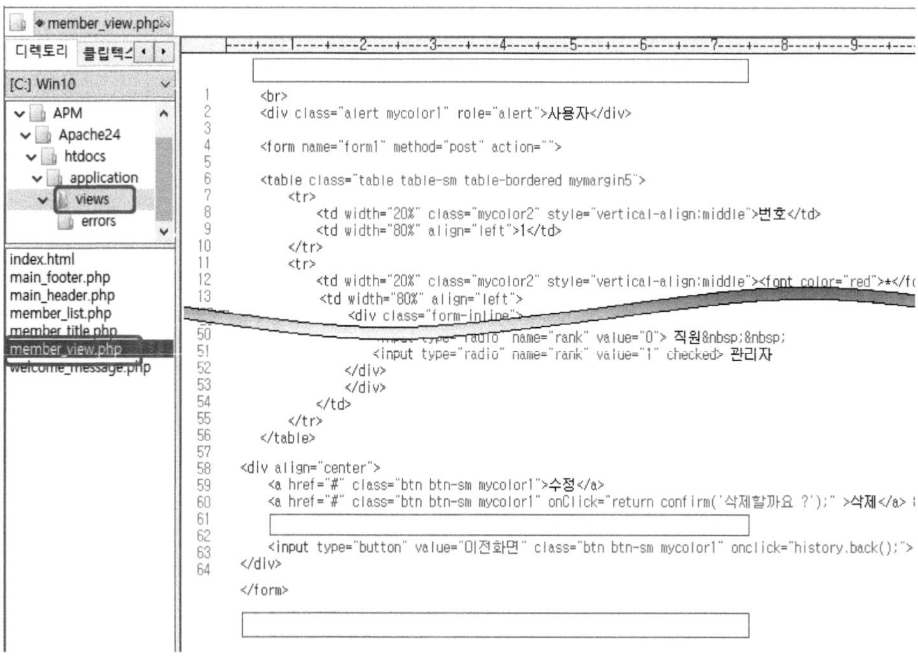

⑤ **member_view.php 수정하기** : "<input type…>"부분을 삭제하고 자료가 출력되도록 "$row->필드이름"으로 수정한다. 그리고 <form> tag와 form-inline 클래스부분은 꼭 필요한 부분이 아니므로 삭제해도 무방하다.

```
<?
  $no=$row->no;
  $tel1 = trim(substr($row->tel,0,3));
  $tel2 = trim(substr($row->tel,3,4));
  $tel3 = trim(substr($row->tel,7,4));
  $tel = $tel1 . "-" . $tel2 . "-" . $tel3;
  $rank = $row->rank==0 ? '직원' : '관리자';
```

```
?>

<br>
<div class="alert mycolor1" role="alert">사용자</div>

<form name="form1" method="post" action="">

<table class="table table-bordered table-condensed mymargin5">
  <tr>
    <td width="20%" class="info" style="vertical-align:middle">번호</td>
    <td width="80%" align="left">
      <div class="form-inline"><?=$row->no; ?></div>
    </td>
  </tr>
  <tr>
    <td width="20%" class="info" style="vertical-align:middle"><font
color="red">*</font> 이름</td>
    <td width="80%" align="left">
      <div class="form-inline"><?=$row->name; ?></div>
    </td>
  </tr>
  <tr>
    <td width="20%" class="info" style="vertical-align:middle"><font color="red">*</font>
아이디</td>
    <td width="80%" align="left">
      <div class="form-inline"><?=$row->uid; ?></div>
    </td>
  </tr>
  <tr>
    <td width="20%" class="info" style="vertical-align:middle"><font
color="red">*</font> 암호</td>
    <td width="80%" align="left">
      <div class="form-inline"><?=$row->pwd; ?></div>
    </td>
  </tr>
  <tr>
    <td width="20%" class="info" style="vertical-align:middle">전화</div></td>
    <td width="80%" align="left">
      <div class="form-inline"><?=$tel; ?></div>
    </td>
  </tr>
  <tr>
    <td width="20%" class="info myv" style="vertical-align:middle">등급</td>
    <td width="80%" align="left">
      <div class="form-inline"><?=$rank; ?></div>
    </td>
  </tr>
```

```
</table>

<div align="center">
   <a href="#" class="btn btn-sm mycolor1">수정</a>
   <a href="#" class="btn btn-sm mycolor1"
         onClick="return confirm('삭제할까요 ?');">삭제</a>  
   <input type="button" value="이전화면" class="btn btn-sm mycolor1"
         onClick="history.back();">
</div>

</form>
```

```
<?
      $no=$row->no;
      $tel1 = trim(substr($row->tel,0,3));
      $tel2 = trim(substr($row->tel,3,4));
      $tel3 = trim(substr($row->tel,7,4));
      $tel = $tel1 . "-" . $tel2 . "-" . $tel3;
      $rank = $row->rank==0 ? '직원' : '관리자';
?>
      <br>
      <div class="alert mycolor1" role="alert">사용자</div>

      <form name="form1" method="post" action="">

      <table class="table table-bordered table-sm mymargin5">
          <tr>
              <td width="20%" class="mycolor2" style="vertical-align:middle">번호</td>
              <td width="80%" align="left"><div class="form-inline"><?=$row->no ?></div></td>
          </tr>
          <tr>
              <td width="20%" class="mycolor2" style="vertical-align:middle"><font color="red">*</font> 이름</td>
              <td width="80%" align="left"><div class="form-inline"><?=$row->name ?></div></td>
          </tr>
          <tr>
              <td width="20%" class="mycolor2" style="vertical-align:middle"><font color="red">*</font> 아이디</td>
              <td width="80%" align="left"><div class="form-inline"><?=$row->uid ?></div></td>
          </tr>
          <tr>
              <td width="20%" class="mycolor2" style="vertical-align:middle"><font color="red">*</font> 암호</td>
              <td width="80%" align="left"><div class="form-inline"><?=$row->pwd ?></div></td>
          </tr>
          <tr>
              <td width="20%" class="mycolor2" style="vertical-align:middle">전화</div></td>
              <td width="80%" align="left"><div class="form-inline"><?=$tel ?></div></td>
          </tr>
          <tr>
              <td width="20%" class="mycolor2 myv" style="vertical-align:middle">등급</td>
              <td width="80%" align="left"><div class="form-inline"><?=$rank ?></div></td>
          </tr>
      </table>

      <div align="center">
          <a href="#" class="btn btn-sm mycolor1">수정</a>
          <a href="#" class="btn btn-sm mycolor1"
             onClick="return confirm('삭제할까요 ?');">삭제</a>  
          <input type="button" value="이전화면" class="btn btn-sm mycolor1"
             onclick="history.back();">
      </div>

      </form>
```

⑥ **실행하기** : 실행하여 결과를 확인한다.

4.5 사용자 삭제하기

실습목적

view화면에서 삭제버튼을 클릭하는 경우, 사용자를 삭제하는 프로그램을 작성하여라.

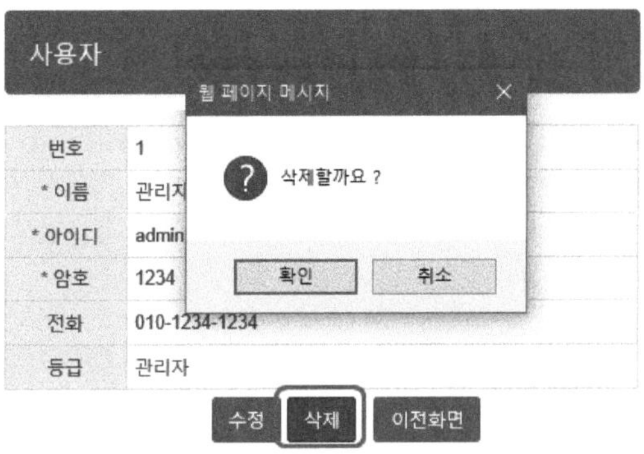

실습이론

1 **삭제버튼** : 삭제할 번호 no를 member클래스의 del함수에 전달하기 위해서는 〈a〉 tag의 href에서 URI 표현인 "/member/del/no/번호값"으로 지정하면 된다. del함수는 delete SQL 문을 실행하여 자료를 삭제하는 함수이다.

```
〈a href="/member/del/no/〈?=$no; ?〉"    …    〉
```

2 **URL Helper와 redirect함수** : Codeigniter에는 프로그램 개발을 쉽게 해주기 위하여 URL, 배열(array), 날짜(date), 디렉토리(directory), 이메일(email), 파일(file), 폼(form), HTML(html) 등 해당 영역에 미리 정의된 다양한 함수들이 있다. 이 책에서는 URL과 날짜를 이용하므로, 아래와 같이 url과 date helper를 선언하였다.

```
$this->load->helper("헬퍼이름");                              → 1개 지정하는 경우
$this->load->helper(array("헬퍼이름1","헬퍼이름2", …));        → 여러 개 지정하는 경우

예〉 $this->load->helper(array("url","date"));
```

그리고 자료를 삭제하고 다시 목록화면으로 이동해야 하는데. 이 처리는 원하는 페이지로 이동시키는 URL Helper의 redirect라는 함수를 이용한다.

```
$this->load->helper(array("url","date"));   → helper선언
...
redirect("/member/lists");                  → member/lists 로 이동
```

Helper

Codeigniter에는 프로그램개발을 쉽게 해주기 위하여 URL, 배열(array), 날짜(date), 디렉토리(directory), 이메일(email), 파일(file), 폼(form), HTML(html) 등 해당 영역에 미리 정의된 다양한 함수들이 있다. Helper에 대한 자세한 설명은 Codeigniter 매뉴얼을 한글로 번역한 www.ciboard.co.kr 의 자료실 ➜ 코드이그나이터 매뉴얼에 자세히 나와 있다. 참고하길 바란다.

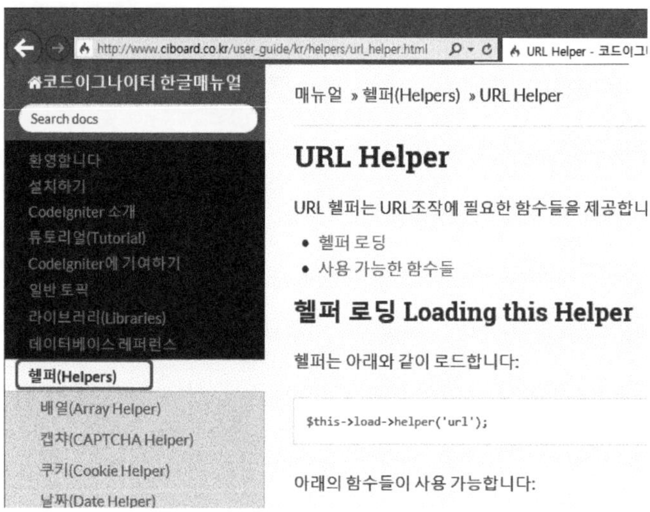

http://www.ciboard.co.kr/user_guide/kr/

3 **Member클래스의 del함수** : 이 함수의 기능은 삭제할 no값을 알아내어 자료를 삭제하는 deleterow()함수를 호출한다. URI가 "/member/del/no/번호"이므로, no값은 4번째 segment(4)가 된다. 따라서 deleterow($no)와 같이 값을 전달한다. 그리고 삭제 후에는 redirect함수를 이용하여 목록화면으로 이동한다.

```
public function del()
{
    $no=$this->uri->segment(4);              → URI: /member/del/no/1
    $this->member_m->deleterow($no);

    redirect("/member/lists/");              → 목록화면으로 돌아가기
}
```

④ **Member_m 클래스의 deleterow 함수** : 이 함수는 no필드가 $no인 자료를 삭제하는 delete SQL문을 실행하는 함수이다.

```
function deleterow( $no )
{
    $sql="delete from member where no=$no";
    return $this->db->query($sql);
}
```

STEP 01 사용자 삭제 만들기

① **member_view의 삭제버튼 연결하기** : views폴더의 member_view.php에서 삭제 버튼의 <a> tag의 href 를 다음과 같이 수정한다.

```
<a href="/member/del/no/<?=$no; ?>" class="btn btn-sm mycolor1"
    onClick="return confirm('삭제할까요 ?');">삭제</a>  
```

```

    <div align="center">
        <a href="#" class="btn btn-sm mycolor1">수정</a>
        <a href="/member/del/no/<?=$no?>" class="btn btn-sm mycolor1"
           onClick="return confirm('삭제할까요 ?');">삭제</a>  
        <input type="button" value="이전화면" class="btn btn-sm mycolor1"
           onclick="history.back();">
    </div>

    </form>

```

② **Member클래스의 Helper와 del함수** : controllers폴더의 Member.php에서 다음과 같은 프로그램을 입력한다.

```
function __construct()
{
   parent::__construct();
   $this->load->database();
   $this->load->model("member_m");
   $this->load->helper(array("url","date"));
}
... ... ...
public function del()
{
   $no=$this->uri->segment(4);
   $this->member_m->deleterow($no);

   redirect("/member/lists/");
}
... ... ...
```

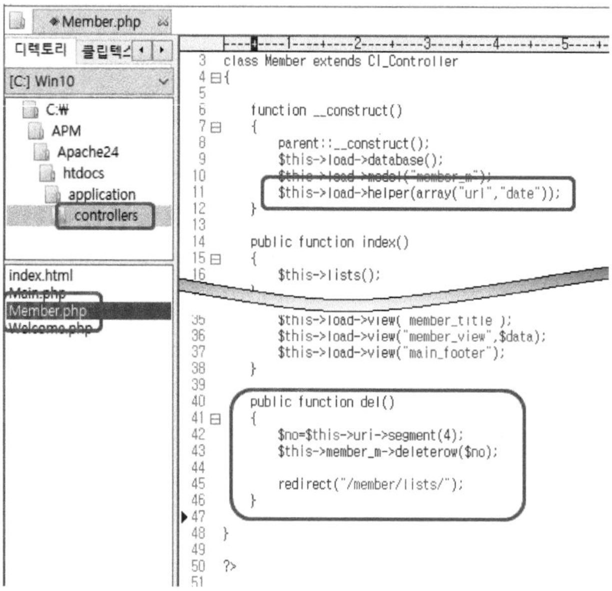

③ **Member_m 클래스의 deleterow 함수** : models폴더의 Member_m.php에 다음과 같은 deleterow함수를 추가한다.

```
function deleterow($no)
{
   $sql="delete from member where no=$no";
   return $this->db->query($sql);
}
```

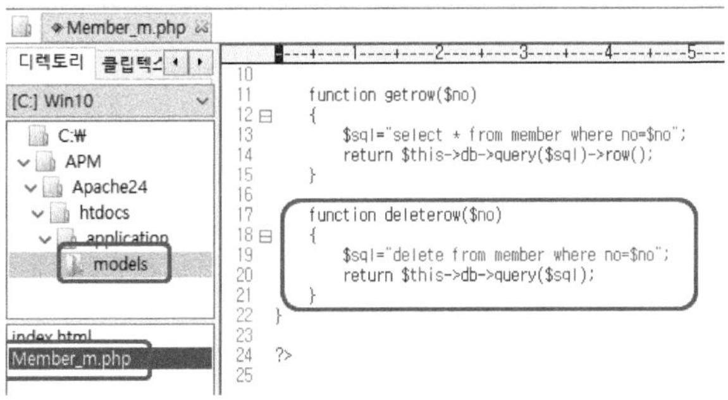

④ **실행하기** : 실행하여 결과를 확인한다.

4.6 사용자 추가하기

실습목적

목록화면에서 추가버튼을 클릭하는 경우, 사용자를 추가하는 프로그램을 작성하여라.

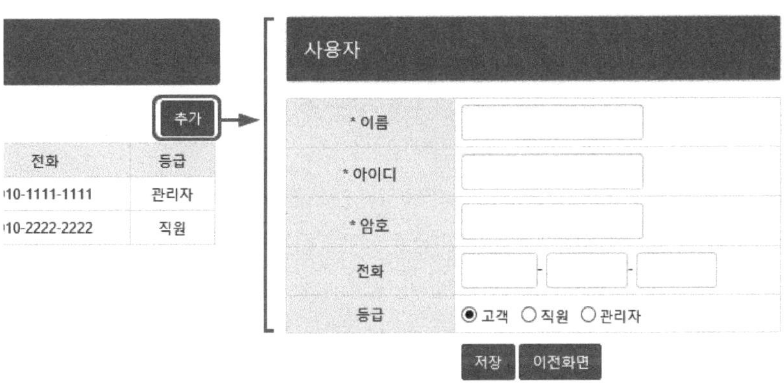

member_list.php member_add.php

실습이론

1 **추가버튼 :** 버튼을 클릭한 경우, Member클래스의 add함수를 호출한다.

```
<a href="/member/add"     …     >
```

2 **add함수** : add함수에서는 추가 입력화면 호출과 저장처리를 같이 하도록 작성되어 있다. 함수 호출이 추가인지, 저장인지의 구분은 $_POST를 이용한다. $_POST에 값이 없으면 넘겨진 값이 없으므로, 입력화면 member_add.php를 표시한다. 그러나 값이 있으면 넘겨진 입력 값을 저장하고 목록화면으로 이동하면 될 것이다.

```
public function add()
{
   if (!$_POST)        → 목록화면의 추가버튼 클릭한 경우
   {
      추가입력화면(member_add.php) 호출
   }
   else                → 입력화면의 저장버튼 클릭한 경우
   {
      입력한 자료 저장함수 호출
      목록화면으로 이동.
   }
}
```

입력화면 호출은 member_add.php를 호출하기 위하여 다음과 같이 작성하면 된다.

```
$this->load->view("main_header");
$this->load->view("member_add");
$this->load->view("main_footer");
```

입력한 자료를 member테이블에 저장하기 위해서는 다음과 같이 작성하면 된다.

```
$tel1=$this->input->post("tel1",true);
$tel2=$this->input->post("tel2",true);
$tel3=$this->input->post("tel3",true);
$tel = sprintf("%-3s%-4s%-4s", $tel1, $tel2, $tel3);→ 전화번호 합치기

$data = array(                                    → 입력 값을 data 배열에 저장
        'name'  => $this->input->post("name",true),
        'uid'   => $this->input->post("uid",true),
        'pwd'   => $this->input->post("pwd",true),
        'tel'   => $tel,
        'rank'  => $this->input->post("rank",true)
);
$result = $this->member_m->insertrow($data);      → insertrow함수 호출

redirect("/member/lists/");     // 목록화면으로 이동
```

넘겨진 입력 값은 get방식 전송이냐, post방식 전송이냐에 따라 다음 중 하나를 이용하면 된다. 함수에서 true는 생략할 수 있지만, 보안을 강화하는 역할을 하므로 반드시 true로 지정하길 바란다.

```
$변수명 = $this->input->get("변수이름",true);
$변수명 = $this->input->post("변수이름",true);
```

전화번호는 $tel1, $tel2, $tel3에 저장된 전화번호는 01011112222 형식으로 합쳐서 저장해야 한다. 이 처리는 연결연산자 '.'을 이용하거나 sprintf함수를 이용하면 쉽게 처리할 수 있다. sprintf의 "%-3s"에서 3s는 3자리 길이의 문자를 의미하며, - 기호는 왼쪽부터 문자열을 채우라는 의미다.

```
$tel = sprintf("%-3s%-4s%-4s", $tel1, $tel2, $tel3);
```

입력 한 값은 전달하기 편리하게 먼저 배열에 저장한다, 그리고 insertrow함수를 통해 전달한다.

3 **insertrow함수** : delete SQL문을 db클래스의 query함수를 이용하여 삭제한 것처럼 insert SQL문을 이용할 수 있지만,

```
$sql="insert into member (name,uid, … ) values ( … )";
return $this->db->query($sql);
```

여기서는 add 함수에서 넘겨받은 입력값 $row 배열을 db 클래스의 insert함수를 이용하여 저장하였다.

```
function insertrow($row)
{
   return $this->db->insert("member",$row);
}
```

4 **member_add.php** : view폴더에 새로 만들 member_add.php는 member_row.html를 복사하여 만든다. 그리고 상단부분의 메뉴, 수정, 삭제 버튼, 하단부분을 삭제한 후, 저장한다.

```
<br>
<div class="alert mycolor1" role="alert">사용자</div>

<form name="form1" method="post" action="" class="form-inline">

<table class="table table-bordered table-condensed mymargin5">
   <tr>
      <td width="20%" class="info" style="vertical-align:middle"><font
color="red">*</font> 이름</td>
… … …
   <input type="submit" value="저장" class="btn btn-primary btn-sm">
   <input type="button" value="이전화면" class="btn btn-primary btn-sm"
onclick="history.back();">
</div>

</form>
```

STEP 01 사용자 추가하기

① **추가버튼 연결하기** : views폴더의 member_list.php의 추가버튼을 클릭하는 경우, Member클래스의 add함수를 호출하여 사용자 추가화면을 호출하도록 <a> tag의 href를 수정한다.

```
… … …
            onClick="javascript:find_text();"〉검색〈/button〉
          〈/span〉
        〈/div〉
      〈/div〉
      〈div class="col-xs-8" align="right"〉
        〈a href="/member/add" class="btn btn-primary btn-sm"〉추가〈/a〉
      〈/div〉
      〈/form〉
    〈/div〉

    〈table class="table table-bordered table-condensed mymargin5"〉
… … …
```

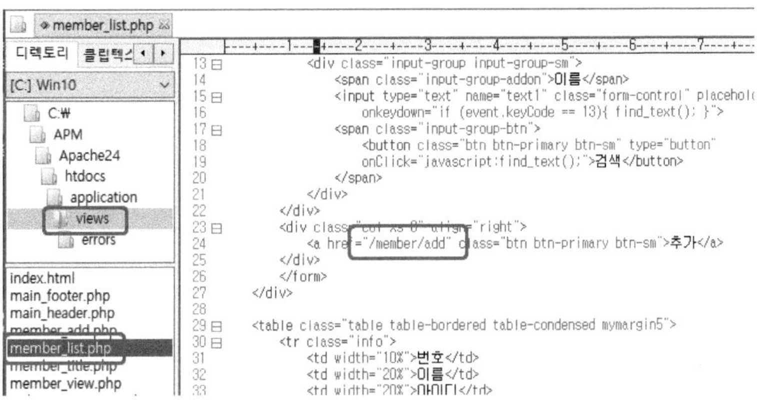

② **add() 함수** : controllers폴더의 Member.php에 다음과 같은 add 함수를 추가한다.

```
public function add()
{
  if (!$_POST)        → 추가버튼 클릭한 경우, 추가화면으로 이동
  {
    $this->load->view('main_header');
    $this->load->view('member_add');
    $this->load->view('main_footer');
  }
  else                → 저장버튼 클릭한 경우
  {
    $tel1=$this->input->post("tel1",true);
    $tel2=$this->input->post("tel2",true);
    $tel3=$this->input->post("tel3",true);
    $tel =sprintf("%-3s%-4s%-4s", $tel1, $tel2, $tel3);
```

```
        $data = array(
            'name'  => $this->input->post("name",true),
            'uid'   => $this->input->post("uid",true),
            'pwd'   => $this->input->post("pwd",true),
            'tel'   => $tel,
            'rank'  => $this->input->post("rank",true)
        );
        $result = $this->member_m->insertrow($data);    → 데이터 저장

        redirect("/member/lists/");
    }
}
```

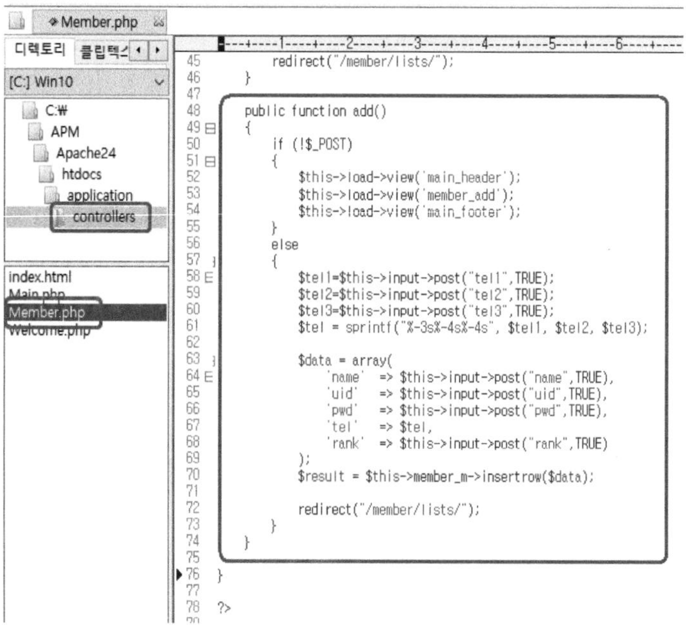

③ **insertrow() 함수** : models폴더의 Member_m.php에 다음과 같은 insertrow()함수를 추가한다.

```
function insertrow($row)
{
    return $this->db->insert("member",$row);
}
```

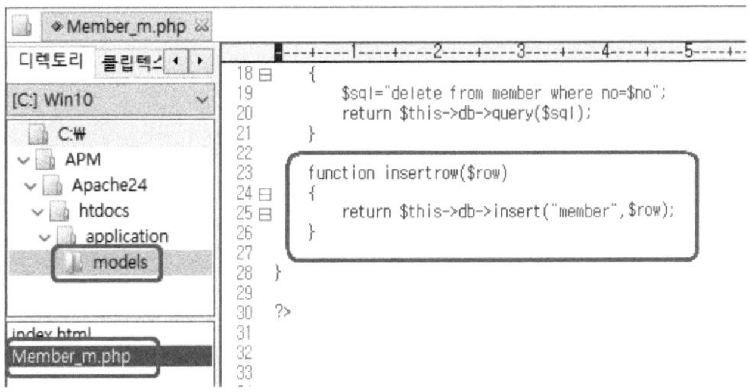

④ **member_add.php 새로 만들기** : views폴더에 member_row.html을 참고하여 다음과 같이 member_add.php를 만든다. 추가인 경우에는 입력란에 모두 빈 칸이 나오도록 <input> tag의 value값들은 빈문자열("")을 지정한다.

```
<br>
<div class="alert mycolor1" role="alert">사용자</div>

<form name="form1" method="post" action="">

<table class="table table-sm table-bordered mymargin5">
   <tr>
      <td width="20%" class="mycolor2" style="vertical-align:middle"><font
color="red">*</font> 이름</td>
      <td width="80%" align="left">
         <div class="form-inline">
            <input type="text" name="name" size="20" maxlength="20" value=""
class="form-control form-control-sm">
         </div>
      </td>
   </tr>
   <tr>
      <td width="20%" class="mycolor2" style="vertical-align:middle"><font
color="red">*</font> 아이디</td>
      <td width="80%" align="left">
         <div class="form-inline">
            <input type="text" name="uid" size="20" maxlength="20" value=""
class="form-control form-control-sm">
         </div>
      </td>
   </tr>
   <tr>
      <td width="20%" class="mycolor2" style="vertical-align:middle"><font
color="red">*</font> 암호</td>
```

```
    <td width="80%" align="left">
      <div class="form-inline">
        <input type="text" name="pwd" size="20" maxlength="20" value=""
class="form-control form-control-sm">
      </div>
    </td>
  </tr>
  <tr>
    <td width="20%" class="mycolor2" style="vertical-align:middle">전화</div></td>
    <td width="80%" align="left">
      <div class="form-inline">
        <input type="text" name="tel1" size="3" maxlength="3" value=""
class="form-control form-control-sm">-
        <input type="text" name="tel2" size="4" maxlength="4" value=""
class="form-control form-control-sm">-
        <input type="text" name="tel3" size="4" maxlength="4" value=""
class="form-control form-control-sm">
      </div>
    </td>
  </tr>
  <tr>
    <td width="20%" class="mycolor2" style="vertical-align:middle">등급</td>
    <td width="80%" align="left">
      <div class="form-inline">
        <input type="radio" name="rank" value="0" checked> 직원  
        <input type="radio" name="rank" value="1"> 관리자
      </div>
    </td>
  </tr>
</table>

<div align="center">
  <input type="submit" value="저장" class="btn btn-sm mycolor1"> 
  <input type="button" value="이전화면" class="btn btn-sm mycolor1"
onclick="history.back();">
</div>

</form>
```

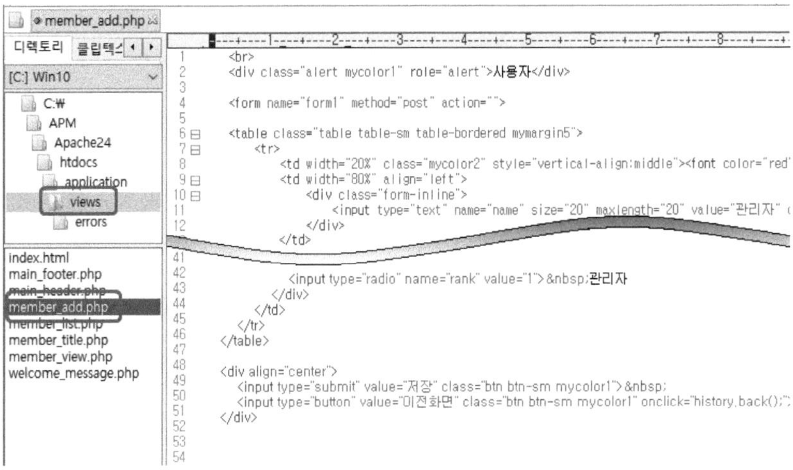

⑤ **실행하기** : 실행하여 결과를 확인한다.

4.7 Form_validation

사용자가 자료를 실수로 잘못 입력하는 경우가 있다. 보통 이런 경우, Javascript 프로그램을 이용하여 입력한 자료 값의 길이, 문자, 숫자 등이 타당한지 검증하는 처리를 한다. Codeigniter에는 이 검증을 손쉽게 해주는 Form_validation 라이브러리가 있으며, 이 절에서는 그 사용법에 대해 알아보도록 하겠다.

실습목적

Codeigniter의 Form_Validation 라이브러리를 이용하여 사용자 추가화면의 입력한 값이 타당한지 확인하는 프로그램을 작성하여라.

실습이론

1 **Form_validation 라이브러리** : Codeigniter에는 프로그램개발에 자주 사용하는 쇼핑카트, FTP, 이미지, 파일업로드 등 전문적인 목적의 기능을 제공하는 라이브러리가 있다. 그중 폼검증(Form_validation) 라이브러리는 입력한 값들이 유효한 값인지 검증하도록 조건을 지정해주는 라이브러리이다. 아래 그림은 이름이 20자를 초과했을 때와 필수입력 항목에 값이 없을 때 경고메시지를 보여주는 화면이다.

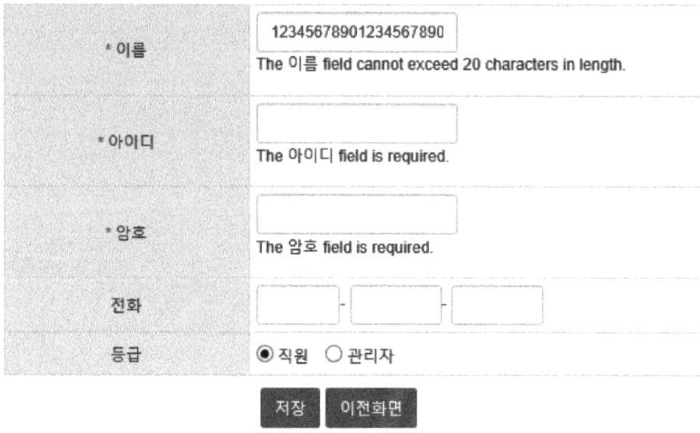

라이브러리를 사용하기 위해서는 다음과 같이 해당 라이브러리를 먼저 선언해야 한다.

```
$this->load->library("form_validation");
```

Library

Codeigniter에는 함수형식으로 제공하는 Helper이외에 쇼핑카트, FTP, 이미지, 파일업로드 등 전문적인 목적의 기능을 제공하는 라이브러리가 있다. Library에 대한 종류와 사용법은 "www.ciboard.co.kr의 자료실 ➜ 코드이그나이터매뉴얼 ➜ 라이브러리"에 있다. 참고하길 바란다.

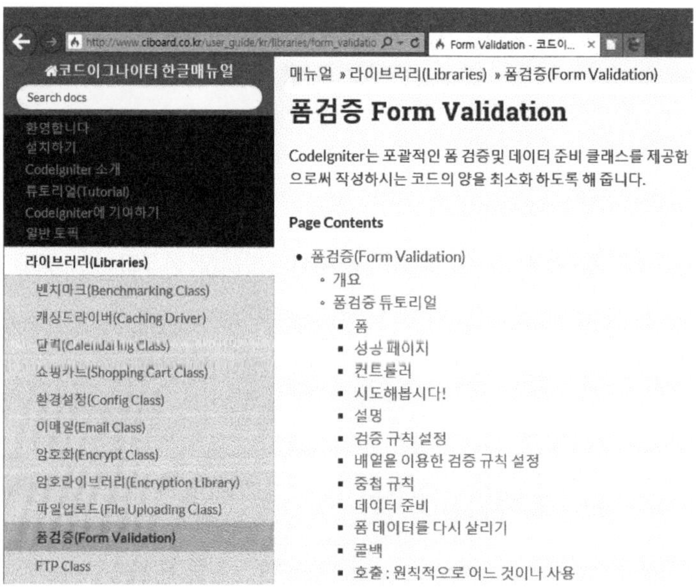

http://www.ciboard.co.kr/user_guide/kr/

② **set_rules 함수** : 이 함수는 검증할 필드이름과 검증조건을 설정하는 함수이다. 함수의 인수에서 〈표시이름〉은 경고메시지 표시할 때 사용하는 한글이름이므로 필드이름의 한글이름을 지정하면 된다.

```
$this->form_validation->set_rules("필드이름","표시이름","조건");

예) $this->form_validation->set_rules("name","이름","require|max_length[20]");
```

사용자정보의 아이디, 암호, 이름인 경우, 20자이내의 필수입력사항이므로 조건을 "require| max_length[20]"이라고 지정해야 한다. 만약 다른 조건을 더 지정하려면 OR 연산자 "|"를 이용하여 조합하여 지정할 수 있다.

규칙	설명
required	반드시 값이 있어야 하는 경우(필수 입력).
matches[값]	값과 일치하지 조사.
min_length[숫자]	최소로 입력할 수 있는 길이 지정.
max_length[숫자]	최대로 입력할 수 있는 길이 지정.
exact_length[숫자]	지정된 길이와 같은지 조사.
greater_than[숫자]	지정된 값보다 〉 인지 조사.
greater_than_equal_to[숫자]	지정된 값보다 〉= 인지 조사.
less_than[숫자]	지정된 값보다 〈인지 조사.
less_than_equal_to[숫자]	지정된 값보다 〈= 인지 조사.
in_list[값1,값2,…]	지정된 목록 값들에 있는지 조사.
alpha	알파벳만 입력하는 경우.
alpha_numeric	알파벳과 숫자만 입력하는 경우.
numeric	숫자만 입력하는 경우.
valid_url	유효한 URL 주소인지 조사.
valid_email	유효한 Email 주소인지 조사.
valid_ip	유효한 IP주소인지 조사.

set_rule 조건 규칙

③ **run 함수** : 이 함수는 입력한 값들이 지정한 조건에 타당한지 검사하여 그 결과를 돌려준다. 따라서 이전에 add함수에서 추가상태인지 저장상태인지를 구분하는 방법으로 $_POST를 이용했는데, 이것대신 다음과 같이 처리할 수 있다.

```
if ($_POST)                  ➜    if ($this->form_valdation->run()==false)
{                                 {
    ...                               ...
```

[3] **form_error("필드이름")와 set_value("필드이름")** : 아래 그림과 같이 조건에 만족하지 않을 경우, 메시지를 표시해야 한다.

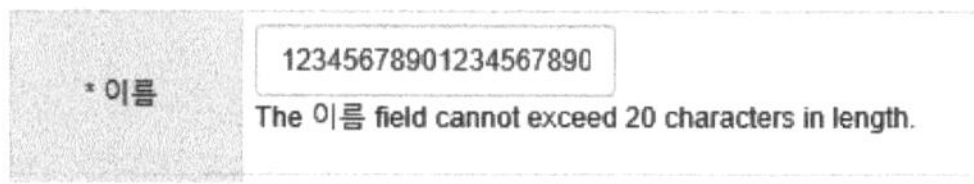

또한 잘못된 입력값도 그대로 표시하기 위해서는 <input> tag의 value에 set_value 함수를 이용하여 값을 초기화해야한다. 그리고 이 처리는 if문과 form_error("필드이름")함수를 이용하여 다음과 같이 작성해야 한다.

```
<input type="text" name="name" value="<?=set_value("name"); ?>" class=" … ">
<? if(form_error("name")==true) echo form_error("name"); ?>
```

이때 에러메시지는 영문으로 표시되는데, 만약 한글로 표시하고 싶다면 htdocs/system/language/korean 폴더 밑에 있는 form_validation_lang.php의 에러메시지를 한글로 번역하면 된다. {field}는 해당 컨트롤의 필드이름으로 대치된다.

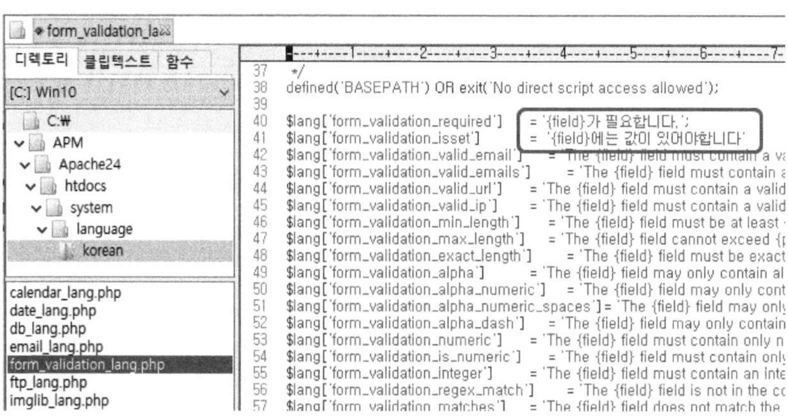

form_validation 라이브러리 경고메시지를 한글로 변경한 예.

STEP 01 form_valdation 사용하기

① **Form_validation 추가하기** : controllers폴더의 Member.php프로그램의 add 함수에 아래와 같이 form_validation이 적용되도록 프로그램을 수정한다.

```
public function add()
{
    $this->load->library("form_validation");

    $this->form_validation->set_rules("name","이름","required|max_length[20]");
    $this->form_validation->set_rules("uid","아이디","required|max_length[20]");
    $this->form_validation->set_rules("pwd","암호","required|max_length[20]");

    if ($this->form_validation->run()==FALSE)
    {
        $this->load->view('main_header');
        $this->load->view('member_add');
        $this->load->view('main_footer');
    }
    else
    {
        $tel1=$this->input->post("tel1",true);
… … …
```

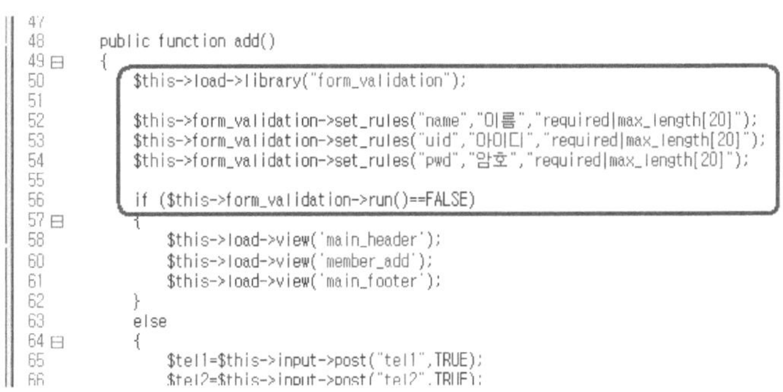

② **경고메시지 처리** : views폴더의 member_add.php 프로그램에서 이름, 아이디, 암호 입력란에 다음과 같이 프로그램을 수정한다. 전화번호와 등급은 폼검증을 하지 않으므로, 수정할 필요가 없다.

```
... ... ...
<table class="table table-bordered table-sm mymargin5">
  <tr>
    <td width="20%" class="mycolor2" style="vertical-align:middle"><font
color="red">*</font> 이름</td>
    <td width="80%" align="left">
     <div class="form-inline">
      <input type="text" name="name" value="<?=set_value("name"); ?>"
class="form-control form-control-sm">
      </div>
      <? if(form_error("name")==true) echo form_error("name"); ?>
    </td>
  </tr>
  <tr>
    <td width="20%" class="mycolor2" style="vertical-align:middle"><font
color="red">*</font> 아이디</td>
    <td width="80%" align="left">
     <div class="form-inline">
      <input type="text" name="uid" value="<?=set_value("uid"); ?>"
class="form-control form-control-sm">
      <? if(form_error("uid")==true) echo form_error("uid"); ?>
    </td>
  </tr>
  <tr>
    <td width="20%" class="mycolor2" style="vertical-align:middle"><font
color="red">*</font> 암호</td>
    <td width="80%" align="left">
     <div class="form-inline">
      <input type="text" name="pwd" value="<?=set_value("pwd"); ?>"
class="form-control form-control-sm">
      <? if(form_error("pwd")==true) echo form_error("pwd"); ?>
    </td>
  </tr>
  <tr>
    <td width="20%" class="mycolor2" style="vertical-align:middle">전화</div></td>
... ... ...
```

```
<table class="table table-bordered table-sm mymargin5">
    <tr>
        <td width="20%" class="mycolor2" style="vertical-align:middle"><font color="red">*</font> 이름</td>
        <td width="80%" align="left">
            <div class="form-inline">
            <input type="text" name="name" value="<?=set_value("name") ?>" class="form-control form-control-sm">
            </div>
            <? if(form_error("name")==TRUE) echo form_error("name"); ?>
        </td>
    </tr>
    <tr>
        <td width="20%" class="mycolor2" style="vertical-align:middle"><font color="red">*</font> 아이디</td>
        <td width="80%" align="left">
            <div class="form-inline">
            <input type="text" name="uid" value="<?=set_value("uid") ?>" class="form-control form-control-sm">
            </div>
            <? if(form_error("uid")==TRUE) echo form_error("uid"); ?>
        </td>
    </tr>
    <tr>
        <td width="20%" class="mycolor2" style="vertical-align:middle"><font color="red">*</font> 암호</td>
        <td width="80%" align="left">
            <div class="form-inline">
            <input type="text" name="pwd" value="<?=set_value("pwd") ?>" class="form-control form-control-sm">
            <? if(form_error("pwd")==TRUE) echo form_error("pwd"); ?>
        </td>
    </tr>
```

③ **실행하기** : 실행하여 결과를 확인한다.

4.8 사용자 수정하기

실습목적

view화면에서 수정버튼을 클릭하는 경우, 사용자 정보를 수정하는 member_edit.php 프로그램을 작성하여라.

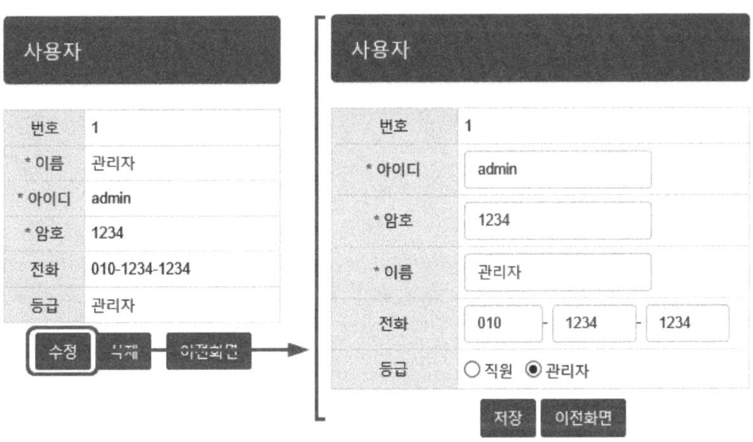

실습이론

1 **수정버튼** : 수정버튼도 삭제버튼과 마찬가지로 수정할 번호 no를 member클래스의 edit함수에 전달해야 한다. 따라서 <a> tag의 href에서 "/member/edit/no/번호값" 이라고 지정해야한다.

```
<a href="/member/edit/no/<?=$no ?>"    …    >
```

2 **edit함수** : edit 함수는 추가(insert)가 아니라 수정(update)이라는 점만 다르고, 나머지는 앞서 설명한 add함수와 거의 같다. 따리서 add함수를 복사하여 edit로 수정하면 빠르게 작업할 수 있다. add함수와 다른 점은 먼저 수정할 번호 no값이 필요하다. no 값은 URI에서 4번째이므로, segment(4)가 된다.

```
$tpublic function edit()
{
    $no=$this->uri->segment(4);                    → URI: /member/edit/no/1

    $this->load->library("form_validation");      → 폼검증 라이브러리 로드
…  …  …
```

add함수에서는 단순히 추가입력화면을 표시하기 위하여 view("member_add")를 이용하지만, edit함수에서는 $no번째 사용자 정보를 알아 수정화면 member_edit.php에 표시해야 한다. 이 처리는 다음 프로그램과 같이 Member_m 클래스의 getrow($no) 를 통해 사용자정보를 먼저 알아내어 $data["row"]배열에 저장하고, view("member_edit",$data)를 이용해 정보를 표시한다.

```
$this->load->view('member_title');
$data["row"]=$this->member_m->getrow($no);        → 사용자정보 알아오기
$this->load->view("member_edit",$data);           → 수정 화면 호출
$this->load->view('main_footer');
```

수정된 정보를 저장하기 위하여 Member_m클래스의 updatetrow함수를 호출할 때 수정할 값 $data와 사용자번호 $no값도 같이 전달해야한다.

```
...
        'rank'   => $this->input->post("rank",true)
    );
    $result = $this->member_m->updaterow($data,$no);     → $no도 같이 전달

    redirect("/member/lists/");
  }
}
```

[3] **updaterow함수** : db클래스의 query함수와 update SQL문을 이용하여 다음과 같이 수정할 수 있지만,

```
$sql="update member set name='$row[name]', uid= …  where no=$no";
return $this->db->query($sql);
```

여기서는 edit 함수에서 넘겨받은 $row 배열과 $no를 db 클래스의 update함수를 이용하여 수정한다.

```
function updaterow($row,$no)
{
  $where = array("no"=>$no);
  return $this->db->update("member", $row, $where);
}
```

[4] **member_edit.php** : view폴더에 새로 만들 member_edit.php는 추가화면에서 만든 member_add.php와 거의 동일하다. 따라서 복사하여 수정하는 것이 편리할 것이다. 먼저 수정화면에는 사용자번호 $no를 표시해야하며, 〈input〉 tag의 value에서 set_value("필드이름") 대신에 "$row->필드이름"을 이용하여 사용자정보를 표시해야 한다.

```
... ... ...
<form name="form1" method="post" action="">

<table class="table table-bordered table-sm mymargin5">
  <tr>
    <td width="20%" class="mycolor2" style="vertical-align:middle">번호</td>
    <td width="80%" align="left">
      <div class="form-inline"><?=$row->no; ?></div>
    </td>
  </tr>
  <tr>
    <td width="20%" class="mycolor2" style="vertical-align:middle"><font
color="red">*</font> 이름</td>
    <td width="80%" align="left">
      <div class="form-inline">
        <input type="text" name="name" size="20" maxlength="20"
value="<?=$row->name; ?>" class="form-control input-sm">
      </div>
      <? if(form_error("name")==TRUE) echo form_error("name"); ?>
    </td>
  </tr>
... ... ...
```

그리고 전화번호는 지역번호($tel1), 국($tel2), 번호($tel3)로 분리하여 표시해야 한다.

```
... ... ...
<?
  $tel1 = trim(substr($row->tel,0,3));
  $tel2 = trim(substr($row->tel,3,4));
  $tel3 = trim(substr($row->tel,7,4));
?>
  <tr>
    <td width="20%" class="info" style="vertical-align:middle">전화</div></td>
    <td width="80%" align="left">
     <div class="form-inline">
      <input type="text" name="tel1" size="3" maxlength="3" value="<?=$tel1; ?>"
class="form-control form-control-sm">-
      <input type="text" name="tel2" size="4" maxlength="4" value="<?=$tel2; ?>"
class="form-control form-control-sm">-
      <input type="text" name="tel3" size="4" maxlength="4" value="<?=$tel3; ?>"
class="form-control form-control-sm">
     </div>
    </td>
  </tr>
... ... ...
```

그리고 등급의 라디오옵션 처리는 다음과 같이 if문을 이용하여 0이면 직원, 1이면 관리자가 선택되도록 처리하였다.

```
    <tr>
      <td width="20%" class="info myv" style="vertical-align:middle">등급</td>
      <td width="80%" align="left">
       <div class="form-inline">
  <? if ($row->rank==0) { ?>
           <input type="radio" name="rank" value="0" checked> 직원  
           <input type="radio" name="rank" value="1"> 관리자
  <? } else { ?>
           <input type="radio" name="rank" value="0"> 직원  
           <input type="radio" name="rank" value="1" checked> 관리자
  <? } ?>
       </div>
      </td>
    </tr>
  </table>
```

STEP 01 사용자 수정하기

① **수정버튼 연결하기** : views폴더의 member_view.php의 수정버튼을 클릭하는 경우, Member클래스의 edit()함수를 호출하여 사용자 정보를 수정하는 화면을 호출하도록 <a> tag의 href를 수정한다.

```
  ...  ...  ...
    </tr>
  </table>

  <div align="center">
    <a href="/member/edit/no/<?=$no ?>" class="btn btn-sm mycolor1">수정</a>
    <a href="/member/del/no/<?=$no ?>" class="btn btn-sm mycolor1"
       onClick="return confirm('삭제할까요 ?');">삭제</a>  
    <input type="button" value="이전화면" class="btn btn-sm mycolor1"
       onclick="history.back();">
  </div>
```

```
        ...
        <tr>
            <td width="20%" class="mycolor2 myv" style="vertical-align:middle">등급</td>
            <td width="80%" align="left"><div class="form-inline"><?=$rank ?></div></td>
        </tr>
    </table>

    <div align="center">
        <a href="/member/edit/no/<?=$no;?>" class="btn btn-sm mycolor1">수정</a>
        <a href="/member/del/no/<?=$no;?>" class="btn btn-sm mycolor1"
           onClick="return confirm('삭제할까요 ?');">삭제</a>  
        <input type="button" value="이전화면" class="btn btn-sm mycolor1"
           onclick="history.back();">
    </div>

    </form>
```

② **edit() 함수** : controllers폴더의 Member.php에서 앞에서 만든 add함수를 복사하여 다음과 같은 edit 함수가 되도록 수정한다.

```
public function edit()
{
    $no=$this->uri->segment(4);

    $this->load->library("form_validation");     // 폼검증 라이브러리 로드

    $this->form_validation->set_rules("name","이름","required | max_length[20]");
    $this->form_validation->set_rules("uid","아이디","required | max_length[20]");
    $this->form_validation->set_rules("pwd","암호","required | max_length[20]");

    if ($this->form_validation->run()==FALSE)
    {
        $this->load->view('main_header');
        $data["row"]=$this->member_m->getrow($no);
        $this->load->view("member_edit",$data);
        $this->load->view('main_footer');
    }
    else
    {
        $tel1=$this->input->post("tel1",true);
        $tel2=$this->input->post("tel2",true);
        $tel3=$this->input->post("tel3",true);
        $tel = sprintf("%-3s%-4s%-4s", $tel1, $tel2, $tel3);

        $data = array(
            'name'  => $this->input->post("name",true),
            'uid'   => $this->input->post("uid",true),
            'pwd'   => $this->input->post("pwd",true),
            'tel'   => $tel,
            'rank'  => $this->input->post("rank",true)
        );
        $result = $this->member_m->updaterow($data,$no);
```

```
        redirect("/member/lists/");
    }
}
```

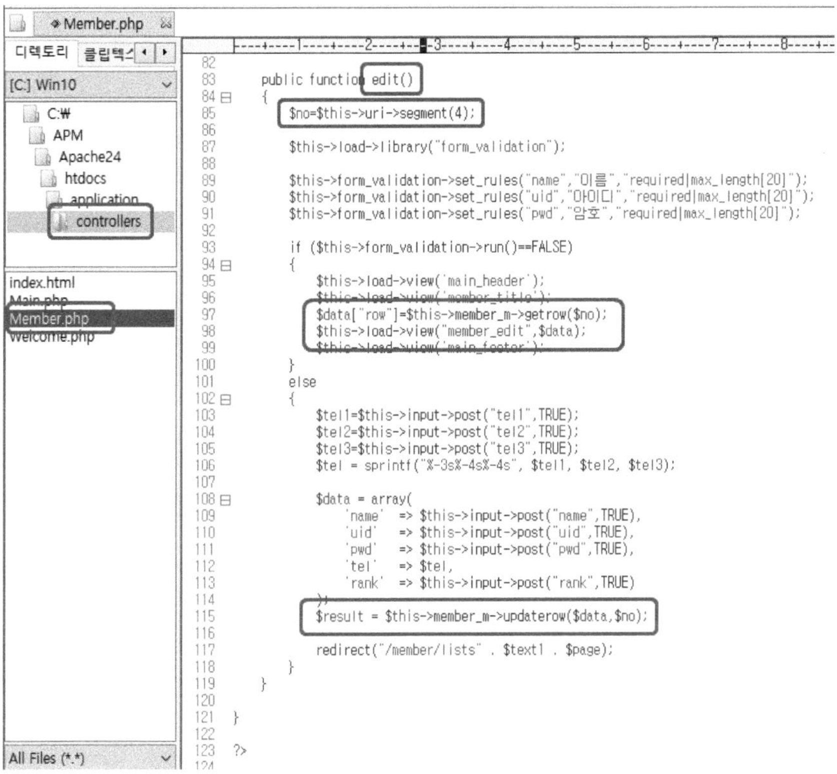

③ **updaterow 함수** : models폴더의 Member_m.php에 insertrow()함수를 복사하여 다음과 같은 updaterow()함수로 수정한다.

```
function updaterow( $row, $no )
{
    $where=array( "no"=>$no );
    return $this->db->update( "member", $row, $where );
}
```

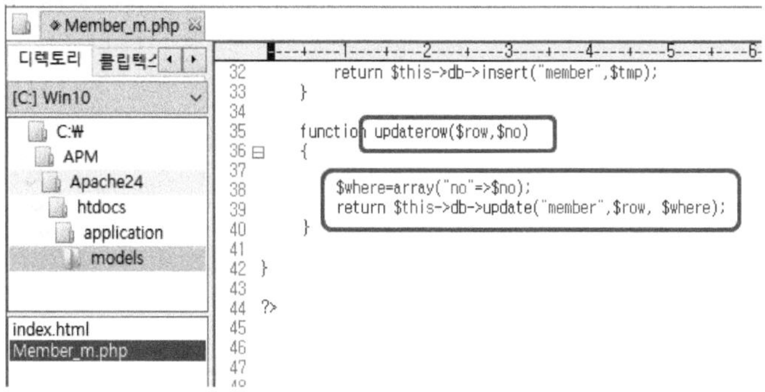

④ **member_edit.php 새로 만들기** : views폴더에 member_add.php를 복사하여 member_edit.php를 만든다. 그리고 다음과 같이 프로그램을 수정한다.

```
<br>
<div class="alert mycolor1" role="alert">사용자</div>

<form name="form1" method="post" action="">

<table class="table table-bordered table-sm mymargin5">
   <tr>
      <td width="20%" class="mycolor2" style="vertical-align:middle">번호</td>
      <td width="80%" align="left"><?=$row->no; ?></td>
   </tr>
   <tr>
      <td width="20%" class="mycolor2" style="vertical-align:middle"><font
color="red">*</font> 이름</td>
      <td width="80%" align="left">
         <div class="form-inline">
         <input type="text" name="name" size="20" maxlength="20"
value="<?=$row->name; ?>" class="form-control form-control-sm">
         </div>
         <? if(form_error("name")==TRUE) echo form_error("name"); ?>
      </td>
   </tr>
   <tr>
      <td width="20%" class="mycolor2" style="vertical-align:middle"><font
color="red">*</font> 아이디</td>
      <td width="80%" align="left">
         <div class="form-inline">
         <input type="text" name="uid" size="20" maxlength="20"
value="<?=$row->uid; ?>" class="form-control form-control-sm">
         <? if(form_error("uid")==TRUE) echo form_error("uid"); ?>
      </td>
```

```
  </tr>
  <tr>
    <td width="20%" class="mycolor2" style="vertical-align:middle"><font
color="red">*</font> 암호</td>
    <td width="80%" align="left">
      <input type="text" name="pwd" size="20" maxlength="20"
value="<?=$row->pwd; ?>" class="form-control form-control-sm">
      <? if(form_error("pwd")==TRUE) echo form_error("pwd"); ?>
    </td>
  </tr>
<?
  $tel1 = trim(substr($row->tel,0,3));
  $tel2 = trim(substr($row->tel,3,4));
  $tel3 = trim(substr($row->tel,7,4));
?>
  <tr>
    <td width="20%" class="mycolor2" style="vertical-align:middle">전화</div></td>
    <td width="80%" align="left">
      <div class="form-inline">
      <input type="text" name="tel1" size="3" maxlength="3" value="<?=$tel1; ?>"
class="form-control form-control-sm">-
      <input type="text" name="tel2" size="4" maxlength="4" value="<?=$tel2; ?>"
class="form-control form-control-sm">-
      <input type="text" name="tel3" size="4" maxlength="4" value="<?=$tel3; ?>"
class="form-control form-control-sm">
      </div>
    </td>
  </tr>
  <tr>
    <td width="20%" class="mycolor2 myv" style="vertical-align:middle">등급</td>
    <td width="80%" align="left">
      <div class="form-inline">
<? if ($row->rank==0) { ?>
      <input type="radio" name="rank" value="0" checked> 직원  
      <input type="radio" name="rank" value="1"> 관리자
<? } else { ?>
      <input type="radio" name="rank" value="0"> 직원  
      <input type="radio" name="rank" value="1" checked> 관리자
<? } ?>
      </div>
    </td>
  </tr>
</table>
…  …  …
```

```
<table class="table table-bordered table-sm mymargin5">
  <tr>
      <td width="20%" class="mycolor2" style="vertical-align:middle">번호</td>
      <td width="80%" align="left"><?=$row->no ?></td>
  </tr>
  <tr>
      <td width="20%" class="mycolor2" style="vertical-align:middle"><font color="red">*</font> 이름</td
      <td width="80%" align="left">
          <div class="form-inline">
          <input type="text" name="name" size="20" maxlength="20" value="<?=$row->name ?>" class="form-cc
          </div>
          <? if(form_error("name")==TRUE) echo form_error("name"); ?>
      </td>
  </tr>
  <tr>
      <td width="20%" class="mycolor2" style="vertical-align:middle"><font color="red">*</font> 아이디</t
      <td width="80%" align="left">
          <div class="form-inline">
          <input type="text" name="uid" size="20" maxlength="20" value="<?=$row->uid ?>" class="form-cont
          <? if(form_error("uid")==TRUE) echo form_error("uid"); ?>
      </td>
  </tr>
  <tr>
      <td width="20%" class="mycolor2" style="vertical-align:middle"><font color="red">*</font> 암호</td
      <td width="80%" align="left">
          <input type="text" name="pwd" size="20" maxlength="20" value="<?=$row->pwd ?>" class="form-cont
          <? if(form_error("pwd")==TRUE) echo form_error("pwd"); ?>
      </td>
  </tr>
<?
  $tel1 = trim(substr($row->tel,0,3));
  $tel2 = trim(substr($row->tel,3,4));
  $tel3 = trim(substr($row->tel,7,4));
?>
  <tr>
      <td width="20%" class="mycolor2" style="vertical-align:middle">전화</div></td>
      <td width="80%" align="left">
          <div class="form-inline">
          <input type="text" name="tel1" size="3" maxlength="3" value="<?=$tel1 ?>" class="form-control f
          <input type="text" name="tel2" size="4" maxlength="4" value="<?=$tel2 ?>" class="form-control f
          <input type="text" name="tel3" size="4" maxlength="4" value="<?=$tel3 ?>" class="form-control f
          </div>
      </td>
  </tr>
  <tr>
      <td width="20%" class="mycolor2 myv" style="vertical-align:middle">등급</td>
      <td width="80%" align="left">
          <div class="form-inline">

<?  if ($row->rank==0) { ?>
                <input type="radio" name="rank" value="0" checked> 직원  
                <input type="radio" name="rank" value="1"> 관리자
<? } else { ?>
                <input type="radio" name="rank" value="0"> 직원  
                <input type="radio" name="rank" value="1" checked> 관리자
<? } ?>

              </div>
          </td>
      </tr>
</table>
```

⑤ **실행하기** : 실행하여 결과를 확인한다.

4.9 사용자 검색하기

4.9.1 사용자 검색하기1

실습목적

사용자목록 화면에서 사용자 이름 일부를 이용하여 검색하는 프로그램을 작성하여라.

이름 중 "김" 자가 있는 자료검색

실습이론

1 **text1** : 목록화면에서 이름검색란의 컨트롤이름은 text1이다. text1값이 없는 경우에는 전체자료가 표시되지만, 값이 있는 경우는 이름일부분이 일치하는 자료를 표시해야 한다. 따라서 text1값이 있을 때, member_list.php의 find_text() 함수에서 Member 클래스의 lists함수에 전달할 수 있도록 〈form〉 tag의 action값을 지정해야 한다.

```
function find_text()
{
    if (!form1.text1.value)                    → 값이 없는 경우, 전체 자료
      form1.action="/member/lists";
    else                                       → 값이 있는 경우, text1 값 전달
      form1.action="/member/lists/text1/" + form1.text1.value;
    form1.submit();
}
```

그리고 검색어가 다음 화면에서도 그대로 표시되게 하려면, text1의 <input> tag에서 value값을 다음과 같이 초기화해야 한다.

```
<input type="text" name="text1" value="<?=$text1; ?>" class="form-control"
 onkeydown="if (event.keyCode == 13) { find_text(); }">
```

2 **URI에서 text1 값 알아내기** : text1값이 있는 경우, URI는 "/member/lists/text1/문자열"이 된다. 따라서 검색할 단어는 4번째이므로 segement(4)가 되며, getlist ($text1)과 같은 인수형식으로 전달이 된다. 그리고 전송된 text1값은 URL encode된 문자열이므로, urldecode함수로 다시 decode해야 한다.

```
public function lists()
{
   $text1=urldecode($this->uri->segment(4));        → URI: /member/lists/text1/값
   $data["text1"]=$text1;                           → text1 값 전달을 위한 처리
   $data["list"]=$this->member_m->getlist($text1);
... ... ...
```

text1의 <input> tag에서 value값을 초기화하기위해서는 member_list.php에 text1 값을 전달해야 한다. 이 처리는 $data["text1"]=$text1로 data배열에 저장한 후, view("member_list",$data)를 통해 전달할 수 있다.

3 **getlist 수정** : text1값에 따라 SQL문도 다음과 같이 전체자료와 text1로 검색하는 SQL문으로 처리해야 한다.

```
public function getlist($text1)
{
   if (!$text1)
      $sql="select * from member order by name";        → 전체 자료
   else
      $sql="select * from member where name like '%$text1%' order by name";
   return $this->db->query($sql)->result();
}
```

STEP 01 사용자 검색하기1

① **member_list.php** : views폴더의 member_list.php에 다음과 같은 프로그램을 입력한다.

```
<script>
  function find_text()
  {
    if (!form1.text1.value)
      form1.action="/member/lists";
    else
      form1.action="/member/lists/text1/" + form1.text1.value;
    form1.submit();
  }
</script>

<form name="form1" action="" method="post">
  <div class="row">
    <div class="col-3" align="left">
      <div class="input-group input-group-sm">
        <span class="input-group-addon">이름</span>
        <input type="text" name="text1" value="<?=$text1; ?>" class="form-control"
            onkeydown="if (event.keyCode == 13){ find_text(); }">
        <span class="input-group-btn">
          <button class="btn mycolor1" type="button"
            onClick="javascript:find_text();">검색</button>
        </span>
      </div>
    </div>
```

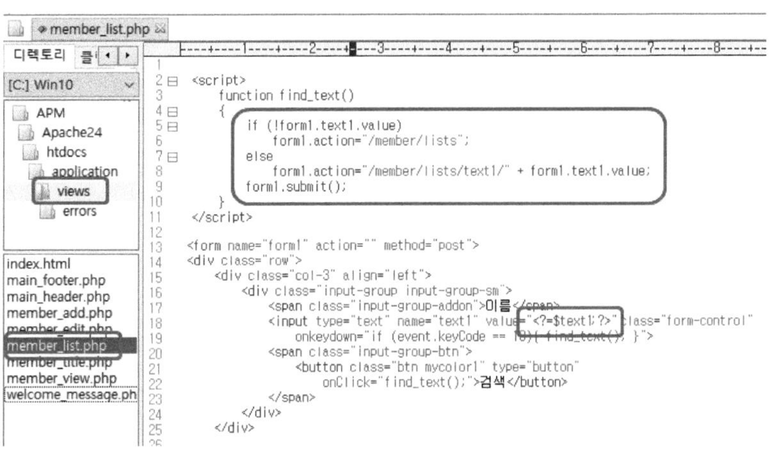

② **Member.php** : controllers 폴더에 Member.php의 list함수를 다음과 같이 수정한다.

```
public function lists()
{
    $text1=urldecode($this->uri->segment(4));
    $data["text1"]=$text1;
    $data["list"]=$this->member_m->getlist($text1);

    $this->load->view("main_header");
    $this->load->view("member_list",$data);
    $this->load->view("main_footer");
}
```

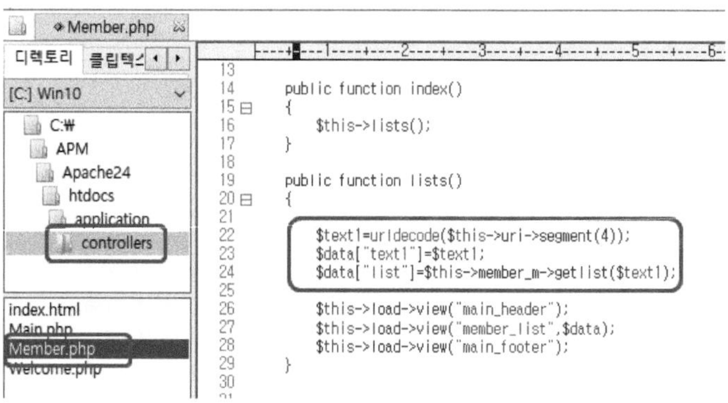

③ **getlist 함수** : models폴더의 Member_m.php의 getlist()함수를 다음과 같이 수정한다.

```
public function getlist($text1)
{
    if (!$text1)
        $sql="select * from member order by name";
    else
        $sql="select * from member where name like '%$text1%' order by name";
    return $this->db->query($sql)->result();
}
```

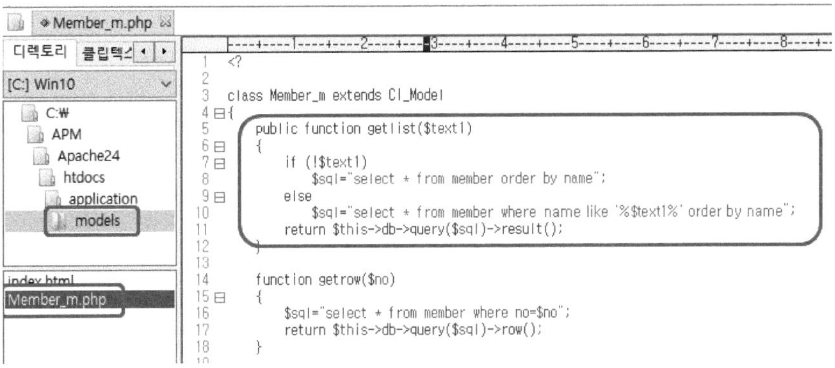

④ **실행하기** : 실행하여 결과를 확인한다.

4.9.2 사용자 검색하기2

사용자 이름 검색하기1에서는 이름으로 검색한 후, 추가, 수정 및 삭제를 하면, 검색한 자료가 나오는 것이 아니라 전체자료가 표시된다. 따라서 검색한 자료가 다시 나오게 처리하려면 text1값을 추가, 수정, 삭제하는 화면에 전달해야 한다.

실습목적

이름 검색한 결과화면에서 보기, 추가, 수정, 삭제한 후에도 이름 검색한 결과화면이 되도록 수정하여라.

실습이론

1 **text1값에 따라 URI 수정** : member_list.php에서 text1값이 있는 경우, 추가버튼을 클릭하거나 사용자이름을 클릭한 경우 text1값을 전달해야 한다. 따라서 다음과 같이 ? 조건연산자를 이용하여 text1이 없으면, 빈 문자열("")을, 있으면 "/text1/값"을 갖게 해야 한다. 추가버튼인 경우, text1이 없는 경우에는 "member/add"가 되지만 text1값이 있는 경우에는 "member/add/text1/값"이 된다.

```
<?
   $tmp = $text1 ? "/text1/$text1" : "";
?>

   <div class="col-3 align="right">
      <a href="/member/add<?=$tmp ?>" class="btn btn-sm mycolor1">추가</a>
   </div>
... ... ...
<tr>
   <td><?=$no ?></td>
   <td>
      <a href="/member/view/no/<?=$no ?><?=$tmp ?>"><?=$row->name ?></a>
   </td>
   <td><?=$row->uid; ?></td>
... ... ...
```

2 **Member_view.php의 수정, 삭제 링크 수정하기** : 수정, 삭제버튼의 경우도 마찬가지로 text1과 no값을 전달하기 위하여 다음과 같이 수정한다.

```
... ... ...
<?
   $tmp = $text1 ? "/no/$no/text1/$text1" : "/no/$no";
?>
   <div align="center">
      <a href="/member/edit<?=$tmp ?>" class="btn btn-primary btn-sm">수정</a>
      <a href="/member/del<?=$tmp ?>" class="btn btn-primary btn-sm"
         onClick="return confirm('삭제할까요 ?');">삭제</a>  
      <input type="button" value="이전화면" class="btn btn-primary btn-sm"
         onclick="history.back();">
   </div>
```

3 **위치에 관계없이 URI 값 알아내기** : Codeigniter에서는 변수 값들을 URI를 통해 전달하며, 다음과 같이 위치에 따라 값을 알 수 있었다. 따라서 프로그램을 할 때 매번 그 위치를 알아내어 작성하려면 번거로울 것이다.

```
변수명 = $this->uri->segment(위치값);
```

이 문제는 URL 클래스의 uri_to_assoc함수를 이용하면 위치에 관계없이 변수명만으로 쉽게 처리 할 수 있다. uri_to_assoc함수는 uri 문자열에서 변수명을 키로 갖는 연관배열로 만들어주는 함수이다. 예를 들어 URI가 "/member/edit/no/2/text1/김" 인 경우, uri_to_assoc(3)이나 uri_to_assoc()이라고 하면 $uri_array는 3번째 항목이후부터 다음과 같은 배열이 된다. 따라서 $uri_array["text1"]은 "김"이 된다.

```
$uri_array = array( 'no'  =>2,                    'no' =
                    'text1'=>'김' );               'text'=
```

그러나 연관배열에서 찾는 값이 없는 경우, 에러가 난다. 이 문제는 array_key_exists 함수를 이용해 배열에 해당 값이 있는지를 먼저 검사하면 해결할 수 있다. 한글인 경우 문제가 될 수 있으므로, urldecode함수를 이용하여 변환해야 한다.

```
$uri_array=$this->uri->uri_to_assoc(3);
$text1 = array_key_exists("변수명",$uri_array) ? urldecode($uri_array["변수명"]) : "" ;
```

[codeigniter] uri_to_assoc(n)

이 함수는 codeigniter의 system/core폴더의 URI.php 에 있는 함수로서, uri 문자열에서 변수명을 키로 갖는 연관배열로 만들어주는 함수이다. n값을 생략한 경우 기본값은 3이다.

[PHP] array_key_exists("키이름",배열)

이 함수는 배열안에 지정한 연관키 이름이 있는 지를 조사하는 함수이다.

a$ = array("a","b","c");

$b = array_key_exist("a", $a); → $b 는 true.

4 **Member.php 수정** : Member 클래스의 lists함수에 이것을 적용하면 다음과 같이 text1값을 구할 수 있다.

```
public function lists()
{
   $uri_array=$this->uri->uri_to_assoc(3);
   $text1 = array_key_exists("text1",$uri_array) ? urldecode($uri_array["text1"]) : "" ;

   $data["text1"]=$text1;
…  …  …
```

view함수인 경우에는 URI에 text1과 no변수가 있으므로 다음과 같이 수정한다.

```
public function view()
{
    $uri_array=$this->uri->uri_to_assoc(3);
    $no  = array_key_exists("no",$uri_array) ? $uri_array["no"] : "" ;
    $text1 = array_key_exists("text1",$uri_array) ? urldecode($uri_array["text1"]) : "" ;

    $data["text1"]=$text1;
    $data["row"]=$this->member_m->getrow($no);
...  ...  ...
```

del 함수인 경우에는 redirect함수를 이용하여 목록화면으로 이동해야 한다. 이 경우 값 앞에 변수이름을 붙여야 하며, text1인 경우, "/text1/값"과 같이 되어야 한다.

```
$text1=array_key_exists("text1",$uri_array) ? "/text1/" . urldecode($uri_array["text1"]) : "";
```

add함수, edit함수인 경우도 del함수와 동일하게 "/text1/값" 형식이 되어야 한다.

```
public function del()
{
    $uri_array=$this->uri->uri_to_assoc(3);
    $no=array_key_exists("no",$uri_array) ? $uri_array["no"] : "";
    $text1=array_key_exists("text1",$uri_array) ? "/text1/" . urldecode($uri_array["text1"]) : "";

    $this->member_m->deleterow($no);

    redirect("/member/lists" . $text1);
}
```

```
public function add()
{
    $uri_array=$this->uri->uri_to_assoc(3);
    $text1=array_key_exists("text1",$uri_array) ? "/text1/" . urldecode($uri_array["text1"]) : "" ;

    $this->load->library("form_validation");
...  ...  ...
        $result = $this->member_m->insertrow($data);

        redirect("/member/lists" . $text1);
    }
}
```

```
public function edit()
{
   $uri_array=$this->uri->uri_to_assoc(3);
   $no=array_key_exists("no",$uri_array) ? $uri_array["no"] : "" ;
   $text1=array_key_exists("text1",$uri_array) ? "/text1/" . urldecode($uri_array["text1"]) : "";

   $this->load->library("form_validation");
...  ...  ...
      $result = $this->member_m->updaterow($data);

      redirect("/member/lists" . $text1);
   }
}
```

STEP 01 사용자 검색하기2

① **Member_list.php** : views폴더의 member_list.php에서 다음과 같이 수정한다.

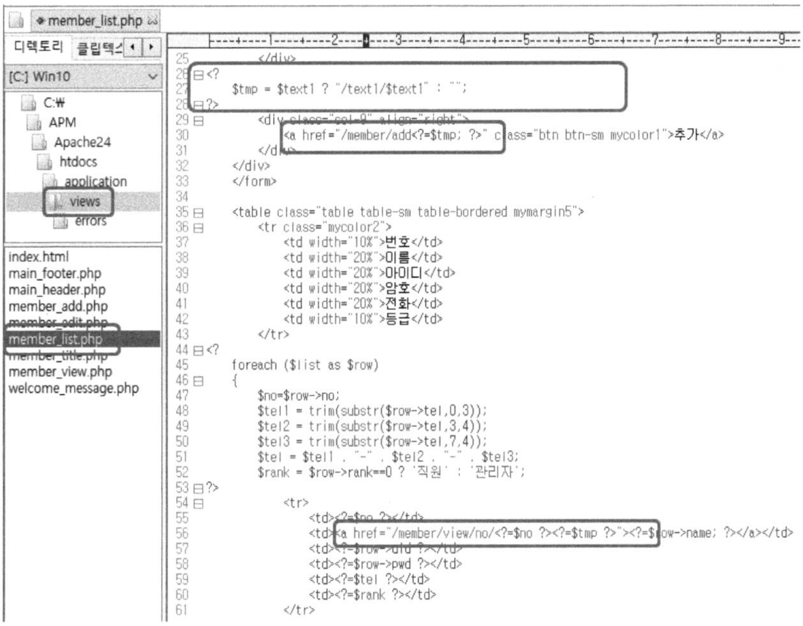

```
            onClick="find_text();">검색</button>
          </span>
        </div>
      </div>
    </div>
<?
    $tmp = $text1 ? "/text1/$text1" : "";
?>
    <div class="col-9" align="right">
      <a href="/member/add<?=$tmp; ?>" class="btn btn-sm mycolor1">추가</a>
    </div>
  </form>
</div>

<table class="table table-bordered table-sm mymargin5">
    <tr class="info">
      <td width="10%">번호</td>

...  ...  ...

    $rank = $row->rank==0 ? '직원' : '관리자';
?>
    <tr>
      <td><?=$no ?></td>
      <td><a href="/member/view/no/<?=$no ?><?=$tmp; ?>"><?=$row->name;
?></a></td>
      <td><?=$row->uid ?></td>
      <td><?=$row->pwd ?></td>
      <td><?=$tel ?></td>
      <td><?=$rank ?></td>
    </tr>
```

② **view 수정** : views폴더의 Member_view.php를 다음과 같이 수정한다.

```
<?
    $no=$row->no;
    $tel1 = trim(substr($row->tel,0,3));
    $tel2 = trim(substr($row->tel,3,4));
    $tel3 = trim(substr($row->tel,7,4));
    $tel = $tel1 . "-" . $tel2 . "-" . $tel3;
    $rank = $row->rank==0 ? '직원' : '관리자';

    $tmp = $text1 ? "/no/$no/text1/$text1" : "/no/$no";
?>
```

```
  <br>
  <div class="alert mycolor1" role="alert">사용자</div>

  <form name="form1" method="post" action="">

… … …

    <tr>
      <td width="20%" class="mycolor2" style="vertical-align:middle">등급</td>
      <td width="80%" align="left"><?=$rank ?></td>
    </tr>
  </table>
<?
?>

  <div align="center">
    <a href="/member/edit<?=$tmp;?>" class="btn btn-sm mycolor1">수정</a>
    <a href="/member/del<?=$tmp;?>" class="btn btn-sm mycolor1"
      onClick="return confirm('삭제할까요 ?');">삭제</a>  
    <input type="button" value="이전화면" class="btn btn-sm mycolor1"
      onclick="history.back();">
  </div>
```

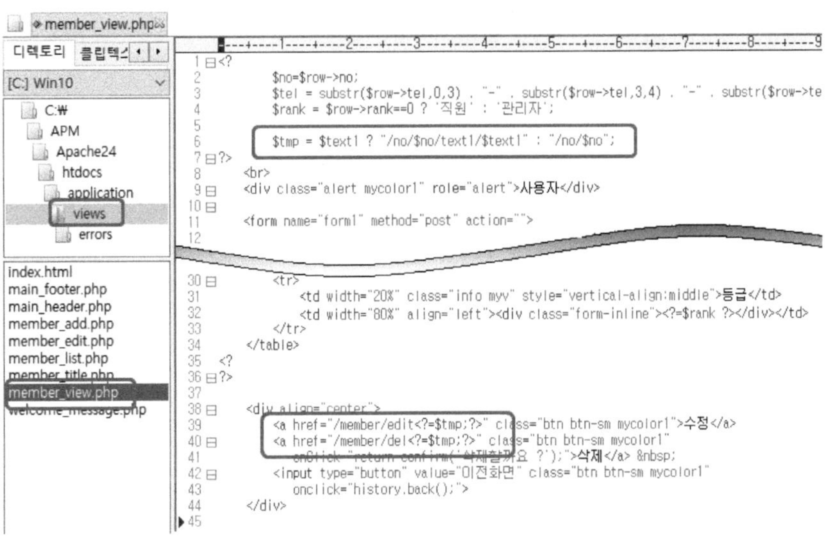

③ **Member.php** : views폴더의 Member.php에서 lists 함수를 다음과 같이 수정한다.

```
public function lists()
{
    $uri_array=$this->uri->uri_to_assoc(3);
    $text1=array_key_exists("text1",$uri_array) ? urldecode($uri_array["text1"]) : "" ;

    $data["text1"]=$text1;
    $data["list"]=$this->member_m->getlist($text1);

    $this->load->view("main_header");
    $this->load->view("member_title");
    $this->load->view("member_list",$data);
    $this->load->view("main_footer");
}
```

④ **view함수** : Member.php의 view함수를 다음과 같이 수정한다.

```
public function view()
{
    $uri_array=$this->uri->uri_to_assoc(3);
    $no=array_key_exists("no",$uri_array) ? $uri_array["no"] : "" ;
    $text1=array_key_exists("text1",$uri_array) ? urldecode($uri_array["text1"]) : "" ;

    $data["text1"]=$text1;
    $data["row"]=$this->member_m->getrow($no);

    $this->load->view("main_header");
    $this->load->view("member_title");
    $this->load->view("member_view",$data);
    $this->load->view("main_footer");
}
```

```
public function view()
{
    $uri_array=$this->uri->uri_to_assoc(3);
    $no = array_key_exists("no",$uri_array) ? $uri_array["no"]: "" ;
    $text1 = array_key_exists("text1",$uri_array) ? urldecode($uri_array["text1"]): "" ;

    $data["text1"]=$text1;
    $data["row"]=$this->member_m->getrow($no);

    $this->load->view("main_header");
    $this->load->view("member_view",$data);
    $this->load->view("main_footer");
}
```

⑤ **del 함수** : Member.php의 del 함수를 다음과 같이 수정한다.

```
public function del()
{
    $uri_array=$this->uri->uri_to_assoc(3);
    $no=array_key_exists("no",$uri_array) ? $uri_array["no"] : "" ;
    $text1=array_key_exists("text1",$uri_array) ? "/text1/" . urldecode($uri_array["text1"]) : "";

    $this->member_m->deleterow($no);

    redirect("/member/lists" . $text1);
}
```

```
public function del()
{
    $uri_array=$this->uri->uri_to_assoc(3);
    $no = array_key_exists("no",$uri_array) ? $uri_array["no"]: "" ;
    $text1 = array_key_exists("text1",$uri_array) ? "/text1/" . urldecode($uri_array["text1"]): "" ;

    $this->member_m->deleterow($no);

    redirect("/member/lists" . $text1);
}
```

⑥ **add 함수** : Member.php의 add함수를 다음과 같이 수정한다.

```
public function add()
{
    $uri_array=$this->uri->uri_to_assoc(3);
    $text1=array_key_exists("text1",$uri_array) ? "/text1/" .
urldecode($uri_array["text1"]) : "";

    $this->load->library("form_validation");

    $this->form_validation->set_rules("name","이름","required|max_length[20]");
    $this->form_validation->set_rules("uid","아이디","required|max_length[20]");

... ... ...
```

```
        'rank'   => $this->input->post("rank",true)
    );
    $result = $this->member_m->insertrow($data);

    redirect("/member/lists" . $text1);
  }
}
```

```
public function add()
{
    $uri_array=$this->uri->uri_to_assoc(3);
    $text1 = array_key_exists("text1",$uri_array) ? "/text1/" . urldecode($uri_array["text1"]): "" ;

    $this->load->library("form_validation");

    $this->form_validation->set_rules("name","이름","required|max_length[20]");
    $this->form_validation->set_rules("uid","아이디","required|max_length[20]");
    $this->form_validation->set_rules("pwd","암호","required|max_length[20]");

    if ($this->form_validation->run()==FALSE)
    {
        $this->load->view('main_header');
        $this->load->view('member_title');
        $this->load->view('member_add');
        $this->load->view('main_footer');
    }
    else
    {
        $tel1=$this->input->post("tel1",TRUE);
        $tel2=$this->input->post("tel2",TRUE);
        $tel3=$this->input->post("tel3",TRUE);
        $tel = sprintf("%-3s%-4s%-4s", $tel1, $tel2, $tel3);

        $data = array(
            'name'  => $this->input->post("name",TRUE),
            'uid'   => $this->input->post("uid",TRUE),
            'pwd'   => $this->input->post("pwd",TRUE),
            'tel'   => $tel,
            'rank'  => $this->input->post("rank",TRUE)
        );
        $result = $this->member_m->insertrow($data);

        redirect("/member/lists" . $text1);
    }
}
```

⑦ **edit 함수** : Member.php의 eidt함수를 다음과 같이 수정한다.

```
public function edit()
{
    $uri_array=$this->uri->uri_to_assoc(3);
    $no=array_key_exists("no",$uri_array) ? $uri_array["no"]: "" ;
    $text1=array_key_exists("text1",$uri_array) ? "/text1/" . urldecode($uri_array["text1"]) : "";

    $this->load->library("form_validation");

    $this->form_validation->set_rules("name","이름","required|max_length[20]");
    $this->form_validation->set_rules("uid","아이디","required|max_length[20]");
    $this->form_validation->set_rules("pwd","암호","required|max_length[20]");

    if ($this->form_validation->run()==FALSE)
    {
        $this->load->view('main_header');
```

```
        ... ... ...
        'rank'  => $this->input->post("rank",true)
    );
    $result = $this->member_m->updaterow($data);

    redirect("/member/lists/" . $text1);
  }
}
```

```
public function edit()
{
    $uri_array=$this->uri->uri_to_assoc(3);
    $no = array_key_exists("no",$uri_array) ? $uri_array["no"]: "" ;
    $text1 = array_key_exists("text1",$uri_array) ? "/text1/" . urldecode($uri_array["text1"]): "" ;

    $this->load->library("form_validation");

    $this->form_validation->set_rules("name","이름","required|max_length[20]");
    $this->form_validation->set_rules("uid","아이디","required|max_length[20]");
    $this->form_validation->set_rules("pwd","암호","required|max_length[20]");

    if ($this->form_validation->run()==FALSE)
    {
        $this->load->view('main_header');
        $this->load->view('member_title');
        $data["row"]=$this->member_m->getrow($no);
        $this->load->view("member_edit",$data);
        $this->load->view('main_footer');
    }
    else
    {
        $tel1=$this->input->post("tel1",TRUE);
        $tel2=$this->input->post("tel2",TRUE);
        $tel3=$this->input->post("tel3",TRUE);
        $tel = sprintf("%-3s%-4s%-4s", $tel1, $tel2, $tel3);

        $data = array(
            "no"    => $no,
            'name'  => $this->input->post("name",TRUE),
            'uid'   => $this->input->post("uid",TRUE),
            'pwd'   => $this->input->post("pwd",TRUE),
            'tel'   => $tel,
            'rank'  => $this->input->post("rank",TRUE)
        );
        $result = $this->member_m->updaterow($data);

        redirect("/member/lists" . $text1);
    }
}
```

⑧ **실행하기** : 실행하여 결과를 확인한다.

4.10 Pagination 만들기

실습목적

Codeigniter의 Pageination 라이브러리를 이용하여 사용자 목록 화면 하단에 페이지별로 목록을 표시 및 이동할 수 있는 페이지 내비게이션 프로그램을 작성하여라.

실습이론

1 **Pagination 라이브러리** : Codeigniter에는 목록의 페이지처리를 해주는 라이브러리가 있어 개발자가 손쉽게 사용할 수 있도록 제공하고 있다. 이를 사용하려면 먼저 다음과 같이 Member클래스의 __construct함수에 pagination 라이브러리를 선언해야 한다.

```
function __construct()
{
    parent::__construct();
    $this->load->database();
    $this->load->model("member_m");
    $this->load->helper(array("url","date"));
    $this->load->library('pagination');
}
```

pagination을 위한 설정은 페이지 당 표시할 라인수(per_page), 전체 레코드 개수(total_rows), 기본URL(base_url), uri에서 페이지정보가 있는 위치(uri_segment)에 대해 미리 설정해야 한다. 여기서는 페이지 당 라인수를 5로 하였고, 전체 레코드개수는 Member_m클래스의 rowcount($text1) 함수를 이용하여 구할 수 있다. 페이지값이 몇 번째에 있는지를 나타내는 변수 $page_segment는 text1값이 없는 경우에는 $base_url이 "/member/list/page/**페이지값**"이므로 4번째가 된다. text1값이 있는 경우는 $base_url은 "/member/list/text1/값/page/**페이지값**"이 되므로, 페이지값은 6번째에 나타난다.

```
if ($text1=="")
{
    $page_segment = 4;
    $base_url = "/member/lists/page";
}
else
{
    $page_segment = 6;
    $base_url = "/member/lists/text1/$text1/page";
}

$config["per_page"]     = 5;                              → 페이지당 표시할 line 수
$config["total_rows"]   = $this->member_m->rowcount($text1);  → 전체 레코드개수
$config["uri_segment"]  = $page_segment;                  → 페이지가 있는 segment 위치
$config["base_url"]     = $base_url;                      → 기본 URL

// Bootstrap을 위한 설정

$this->pagination->initialize($config);                // pagination 설정 적용
```

그런데 검색하는 변수의 개수에 따라 $base_url 값은 달라지므로, 페이지 번호 위치도 변하게 된다. 따라서 페이지번호위치를 4인지 6인지 자동으로 알아내려면 다음과 같이 substr_count함수를 이용하여 $base_url에서 "/" 개수를 세어 1을 더하면 된다. 예를 들어 text1 값이 없는 경우는 "/member/lists/page"이므로, "/"개수는 3이 된다. 따라서 1을 더하면 페이지번호 위치는 4가 된다. strpos함수는 지정한 문자열이 처음 나타나는 위치 값을 알려주는 함수이다.

```
if ($text1=="")
    $base_url = "/member/lists/page";
else
    $base_url = "/member/lists/text1/$text1/page";
$page_segment = substr_count( substr($base_url,0,strpos($base_url,"page")) , "/" )+1;

$config["per_page"] = 5;
$config["total_rows"] = $this->member_m->rowcount($text1);
... ... ...
```

[2] **Bootstrap을 위한 pagination.php** : 다음 그림처럼 내비게이션 페이지를 Bootstrap을 이용하여 표시하기 위해서는 Pagination의 config에 다음과 같은 설정을 추가해야 한다. 페이지번호 표시에 작은 글꼴과 위아래 Margin 5를 주기위해 "pagination-sm mymargin5"를 추가하였으며, 페이지이동 표시는 이미지대신에 특수문자 "◀◁▷▶"을 이용하였다. 이 특수문자는 한글 "ㅁ"에서 한자 키를 누르면 입력할 수 있다.

```
  $config["first_link"]="◀";
  $config["last_link"]="▶";
  $config["prev_link"]="◁";
  $config["next_link"]="▷";
  $config["full_tag_open"]="〈nav〉〈ul class='pagination pagination-sm
justify-content-center'〉";
  $config["full_tag_close"]="〈/ul〉〈/nav〉";
  $config["cur_tag_open"]="〈li class='page-item active'〉〈span class='page-link'
style='background-color:steelblue'〉";
  $config["cur_tag_close"]="〈/span〉〈/li〉";
  $config["first_tag_open"]="〈li class='page-item'〉";
  $config["first_tag_close"]="〈/li〉";
  $config["prev_tag_open"]="〈li class='page-item'〉";
  $config["prev_tag_close"]="〈/li〉";
  $config["num_tag_open"]="〈li class='page-item'〉";
  $config["num_tag_close"]="〈/li〉";
  $config["next_tag_open"]="〈li class='page-item'〉";
  $config["next_tag_close"]="〈/li〉";
  $config["last_tag_open"]="〈li class='page-item'〉";
  $config["last_tag_close"]="〈/li〉";
```

위의 내용은 initialize함수를 호출하기 전에 프로그램내에 작성해도 되지만, 페이지처리를 하는 화면이 여러 개인 경우는 application/config 폴더에 pagination.php라는 이름으로 저장하는 것이 더 좋다. 그 이유는 config폴더에 이 파일을 작성을 하면 initiallize함수 호출할 때 자동으로 해당 파일을 포함시켜 처리하기 때문이다. 따라서 pagination을 이용하는 여러 화면에 대해 공통 파일이 되므로, 페이지에 대한 유지보수가 쉬워진다.

Bootstrap 4의 pagination에서는 다음과 같이 〈a〉 tag에 page-link 클래스가 지정

되어 있는데, pagination.php에서는 <a> tag에 직접 적용하기 어려우며, <span class="page-link">... </span>과 같은 방식을 사용해도 다소 문제가 있다.

```
<li class='page-item'><a class='page-link' href="#">1</a></li>
```

따라서 <a> tag에 page-link 클래스를 적용하려면 system/libraries폴더에 있는 htdocs/system/libraries/Pagination.php 프로그램을 다음과 같이 직접 수정해야 한다. 줄번호 566부터 처음(First)페이지와 이전(Prev)페이지로 이동하는 <a> tag에 class="page-link"를 추가한다.

```
... ... ...
// Render the "First" link.
if ($this->first_link !== FALSE && $this->cur_page > ($this->num_links + 1 + !
$this->num_links))
{
   // Take the general parameters, and squeeze this pagination-page attr in for
JS frameworks.
   $attributes = sprintf('%s %s="%d"', $this->_attributes, $this->data_page_attr, 1);

   $output .= $this->first_tag_open.'<a
href="'.$first_url.'"'.$attributes.$this->_attr_rel('start').' class="page-link">'
      .$this->first_link.'</a>'.$this->first_tag_close;
}

// Render the "Previous" link.
if ($this->prev_link !== FALSE && $this->cur_page !== 1)
{
   $i = ($this->use_page_numbers) ? $uri_page_number - 1 : $uri_page_number -
$this->per_page;

   $attributes = sprintf('%s %s="%d"', $this->_attributes, $this->data_page_attr,
($this->cur_page - 1));

   if ($i === $base_page)
   {
      // First page
      $output .= $this->prev_tag_open.'<a
href="'.$first_url.'"'.$attributes.$this->_attr_rel('prev').' class="page-link">'
         .$this->prev_link.'</a>'.$this->prev_tag_close;
   }
   else
```

```
    {
        $append = $this->prefix.$i.$this->suffix;
        $output .= $this->prev_tag_open.'<a
href="'.$base_url.$append.'"'.$attributes.$this->_attr_rel('prev').' class="page-link">'
            .$this->prev_link.'</a>'.$this->prev_tag_close;
    }
}
```

그리고 중간 페이지에 대한 <a> tag에 class="page-link"를 추가한다.

```
// Render the pages
if ($this->display_pages !== FALSE)
{
    // Write the digit links
    for ($loop = $start - 1; $loop <= $end; $loop++)
    {
        $i = ($this->use_page_numbers) ? $loop : ($loop * $this->per_page) -
$this->per_page;

        $attributes = sprintf('%s %s="%d"', $this->_attributes, $this->data_page_attr,
$loop);

        if ($i >= $base_page)
        {
            if ($this->cur_page === $loop)
            {
                // Current page
                $output .= $this->cur_tag_open.$loop.$this->cur_tag_close;
            }
            elseif ($i === $base_page)
            {
                // First page
                $output .= $this->num_tag_open.'<a
href="'.$first_url.'"'.$attributes.$this->_attr_rel('start').' class="page-link">'
                    .$loop.'</a>'.$this->num_tag_close;
            }
            else
            {
                $append = $this->prefix.$i.$this->suffix;
                $output .= $this->num_tag_open.'<a
href="'.$base_url.$append.'"'.$attributes.' class="page-link">'
                    .$loop.'</a>'.$this->num_tag_close;
            }
```

```
        }
    }
}
```

마지막으로 다음(Next)페이지와 마지막(Last)페이지에 대한 <a> tag에 class="page-link"를 추가한다.

```
// Render the "next" link
if ($this->next_link !== FALSE && $this->cur_page < $num_pages)
{
    $i = ($this->use_page_numbers) ? $this->cur_page + 1 : $this->cur_page *
$this->per_page;

    $attributes = sprintf('%s %s="%d"', $this->_attributes, $this->data_page_attr,
$this->cur_page + 1);

    $output .= $this->next_tag_open.'<a
href="'.$base_url.$this->prefix.$i.$this->suffix .'"'.$attributes
        .$this->_attr_rel('next').'
class="page-link">'.$this->next_link.'</a>'.$this->next_tag_close;
}

// Render the "Last" link
if ($this->last_link !== FALSE && ($this->cur_page + $this->num_links + !
$this->num_links) < $num_pages)
{
    $i = ($this->use_page_numbers) ? $num_pages : ($num_pages *
$this->per_page) - $this->per_page;

    $attributes = sprintf('%s %s="%d"', $this->_attributes, $this->data_page_attr,
$num_pages);

    $output .= $this->last_tag_open.'<a
href="'.$base_url.$this->prefix.$i.$this->suffix.'"' .$attributes.' class="page-link">'
        .$this->last_link.'</a>'.$this->last_tag_close;
}
… … …
```

3 **Page 처리 동작** : pagination에서 페이지처리는 화면에 지정한 라인 수만큼 자료를 표시하는 것이다. 만약 한 페이지에 5줄씩 표현한다면, 각 페이지에서 표시해야 할 레코드의 위치는 다음과 같을 것이다.

page	per_page
0 페이지 :	0 번째 레코드부터 5개
1 페이지 :	5 번째 레코드부터 5개
2 페이지 :	10 번째 레코드부터 5개
...	...

따라서 페이지에 따라 해당위치에서 자료를 가져오려면 다음과 같이 select SQL문에서 limit 절을 시작위치($start), 라인수($limit)를 이용하여 구할 수 있다.

```
select * from member order by name limit $start, $limit
```

여기서 $start는 URI에서 page를 통해 알 수 있다. 만약 page 값이 없는 경우는 처음인 0번 레코드부터 읽어야 한다. 이 처리는 segment($page_segement,0)에 0을 추가하여 해결할 수 있다. $limit는 data["per_page"]이다.

```
$data["page"]=$this->uri->segment($page_segment,0);       → 시작위치, 없으면 0.
$data["pagination"] = $this->pagination->create_links();  → 페이지소스 생성

$start=$data["page"];                → n페이지 : 시작위치
$limit=$config["per_page"];          → 페이지 당 라인수

$data["list"]=$this->member_m->getlist($text1,$start,$limit); → 해당페이지 자료읽기
```

4 **del, add, edit함수에 page 적용** : Member 클래스의 view함수에 page 정보를 적용하기 위하여 다음과 같이 처리해야 한다. 먼저 URI에서 page값을 읽을 수 있어야 하며, page가 없는 경우에는 빈 값("")으로 초기화시킨다.

```
public function view()
{
   $uri_array=$this->uri->uri_to_assoc(3);
   $no  = array_key_exists("no",$uri_array) ? $uri_array["no"] : "" ;
   $text1 = array_key_exists("text1",$uri_array) ? urldecode($uri_array["text1"]) : "" ;
```

```
    $page = array_key_exists("page",$uri_array) ? urldecode($uri_array["page"]) : "" ;

    $data["text1"]=$text1;
    $data["page"]=$page;
    $data["row"]=$this->member_m->getrow($no);
... ... ...
```

del 함수인 경우에는 redirect함수를 이용하여 목록화면으로 이동해야 한다. 이 경우 페이지 값을 URI를 통해 전달해야하므로, "/page/값"이 추가되도록 프로그램 한다.

```
public function del()
{
    $uri_array=$this->uri->uri_to_assoc(3);
    $no = array_key_exists("no",$uri_array) ? $uri_array["no"] : "" ;
    $text1=array_key_exists("text1",$uri_array) ? "/text1/" .
urldecode($uri_array["text1"]) : "";
    $page=array_key_exists("page",$uri_array) ? "/page/" . urldecode($uri_array["page"]) : "";

    $this->member_m->deleterow($no);

    redirect("/member/lists" . $text1 . $page);
}
```

add함수, edit함수인 경우도 del함수와 동일하다.

```
public function add()
{
    $uri_array=$this->uri->uri_to_assoc(3);
    $text1 = array_key_exists("text1",$uri_array) ? "/text1/" .
urldecode($uri_array["text1"]) : "" ;
    $page = array_key_exists("page",$uri_array) ? "/page/" . urldecode($uri_array["page"]) : "" ;

    $this->load->library("form_validation");
... ... ...
        $result = $this->member_m->insertrow($data);

        redirect("/member/lists" . $text1 . $page);
    }
}
```

```
public function edit()
{
   $uri_array=$this->uri->uri_to_assoc(3);
   $no  = array_key_exists("no",$uri_array) ? $uri_array["no"]: "" ;
   $text1 = array_key_exists("text1",$uri_array) ? "/text1/" . urldecode($uri_array["text1"]): "" ;
   $page = array_key_exists("page",$uri_array) ? "/page/" . urldecode($uri_array["page"]): "" ;

   $this->load->library("form_validation");

... ... ...
      $result = $this->member_m->updaterow($data);

      redirect("/member/lists" . $text1 . $page);
   }
}
```

5 **getlist 함수** : 해당 페이지의 레코드들만 얻기 위해서는 select문에 "limit $start, $limit"를 추가해야 한다.

```
public function getlist( $text1,$start,$limit )
{
   if (!$text1)
      $sql="select * from product order by name limit $start,$limit";
   else
      $sql="select * from product order by name where name like '%$text1%' order
by name limit $start,$limit";
   return $this->db->query($sql)->result();
}
```

6 **rowcount 함수** : rowcount()함수는 $text1에 따라 레코드 전체 개수를 구해 돌려주는 사용자함수이다. 이 처리는 db클래스의 num_rows()함수를 이용하여 다음과 같이 구할 수 있다.

```
public function rowcount( $text1 )
{
    if (!$text1)
        $sql="select * from member order by name";
    else
        $sql="select * from member where name like '%$text1%' order by name";

    return $this->db->query($sql)->num_rows();
}
```

7 **text1값에 따라 URI 수정** : member_list.php에서 text1값이 있는 경우, 추가버튼을 클릭하거나 사용자이름을 클릭한 경우 text1값을 전달했듯이 page값도 전달해야 한다. 따라서 다음과 같이 member_list.php의 $tmp변수에 page정보도 추가해야 한다.

```
<?
  $tmp = $text1 ? "/text1/$text1/page/$page" : "/page/$page";
?>

  <div class="col-3 align="right">
    <a href="/member/add<?=$tmp ?>" class="btn btn-sm mycolor1">추가</a>
  </div>
... ... ...
```

그리고 member_view.php의 $tmp도 마찬가지로 page가 포함되도록 수정해야 한다.

```
... ... ...
<?
    $tmp = $text1 ? "/no/$no/text1/$text1/page/$page" : "/no/$no/page/$page";
?>
  <div align="center">
    <a href="/member/edit<?=$tmp ?>" class="btn btn-primary btn-sm">수정</a>
    <a href="/member/del<?=$tmp ?>" class="btn btn-primary btn-sm"
        onClick="return confirm('삭제할까요 ?');">삭제</a>  
... ... ...
```

STEP 01 Pagination 만들기

① **Pagination 라이브러리 선언** : controllers폴더의 Member.php에 Pagination 라이브러리를 등록하도록 다음과 같은 프로그램을 입력한다.

```
<?
class Member extends CI_Controller
{
    function __construct()
    {
        parent::__construct();
        $this->load->database();
        $this->load->model("member_m");
        $this->load->helper(array("url","date"));
        $this->load->library('pagination');
    }
```

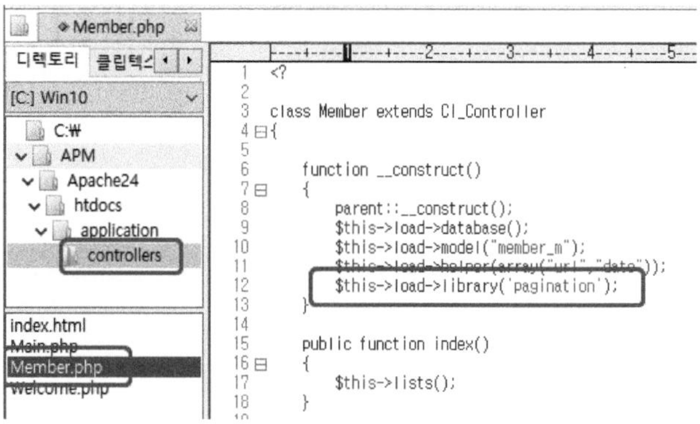

② **lists 함수 수정** : lists함수에 다음과 같이 작성한다.

```
public function lists()
{
   $uri_array=$this->uri->uri_to_assoc(3);
   $text1 = array_key_exists("text1",$uri_array) ? urldecode($uri_array["text1"]) : "" ;

   if ($text1=="")
      $base_url = "/member/lists/page";
   else
      $base_url = "/member/lists/text1/$text1/page";
  $page_segment = substr_count( substr($base_url,0,strpos($base_url,"page")) ,"/")+1;

   $config["per_page"] = 5;
   $config["total_rows"] = $this->member_m->rowcount($text1); → 전체 개수
   $config["uri_segment"] = $page_segment;          → 페이지가 있는 segment
   $config["base_url"]   = $base_url;
   $this->pagination->initialize($config);            → pagination 초기화

   $data["page"] = $this->uri->segment($page_segment,0);
   $data["pagination"] = $this->pagination->create_links();

   $start=$data["page"];
   $limit=$config["per_page"];

   $data["text1"]=$text1;
   $data["list"]=$this->member_m->getlist($text1,$start,$limit);

   $this->load->view("main_header");
   $this->load->view("member_list",$data);
   $this->load->view("main_footer");
}
```

```
    public function lists()
    {
        $uri_array=$this->uri->uri_to_assoc(3);
        $text1 = array_key_exists("text1",$uri_array) ? urldecode($uri_array["text1"]) : "" ;

        if ($text1=="")
            $base_url = "/product/lists/page";
        else
            $base_url = "/product/lists/text1/$text1/page";
        $page_segment = substr_count( substr($base_url,0,strpos($base_url,"page")) ,"/")+1;

        $config["per_page"]    = 5;
        $config["total_rows"]  = $this->member_m->rowcount($text1);
        $config["uri_segment"] = $page_segment;
        $config["base_url"]    = $base_url;
        $this->pagination->initialize($config);

        $data["page"] = $this->uri->segment($page_segment,0);
        $data["pagination"] = $this->pagination->create_links();

        $start=$data["page"];
        $limit=$config["per_page"];

        $data["text1"]=$text1;
        $data["list"]=$this->member_m->getlist($text1,$start,$limit);

        $this->load->view("main_header");
        $this->load->view("member_list",$data);
        $this->load->view("main_footer");
    }
```

③ **config폴더에 pagination.php 만들기** : application/config 폴더에 pagiantion.php를 새로 만들고 다음 프로그램을 입력한다.

```
<?
  $config["first_link"] = "◀";
  $config["last_link"] = "▶";
  $config["prev_link"] = "◁";
  $config["next_link"] = "▷";
  $config["full_tag_open"]      = "<nav><ul class='pagination pagination-sm
justify-content-center'>";
  $config["full_tag_close"]     = "</ul></nav>";
  $config["cur_tag_open"]       = "<li class='page-item active'><span
class='page-link' style='background-color:steelblue'>";
  $config["cur_tag_close"]      = "</span></li>";
  $config["first_tag_open"]     = "<li class='page-item'>";
  $config["first_tag_close"]    = "</li>";
  $config["prev_tag_open"]      = "<li class='page-item'>";
  $config["prev_tag_close"]     = "</li>";
  $config["num_tag_open"]       = "<li class='page-item'>";
  $config["num_tag_close"]      = "</li>";
  $config["next_tag_open"]      = "<li class='page-item'>";
  $config["next_tag_close"]     = "</li>";
  $config["last_tag_open"]      = "<li class='page-item'>";
  $config["last_tag_close"]     = "</li>";
?>
```

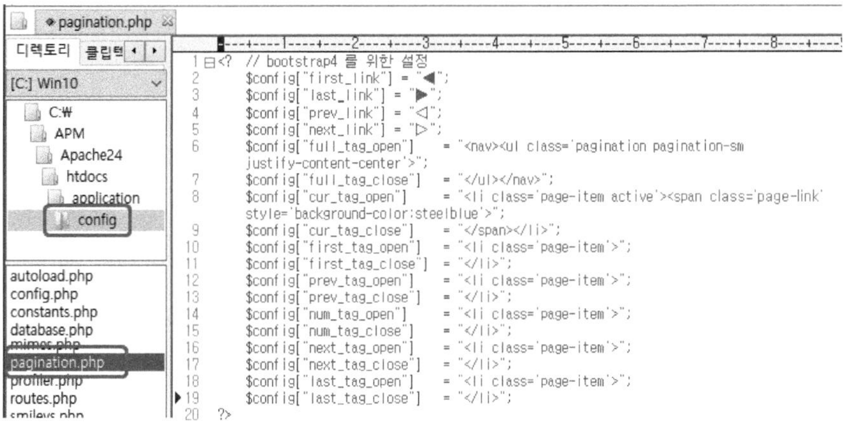

④ **view함수** : view함수에 다음과 같이 추가한다.

```
public function view()
{
    $uri_array=$this->uri->uri_to_assoc(3);
    $no = array_key_exists("no",$uri_array) ? $uri_array["no"]: "" ;
    $text1 = array_key_exists("text1",$uri_array) ? urldecode($uri_array["text1"]) : "" ;
    $page = array_key_exists("page",$uri_array) ? urldecode($uri_array["page"]) : "" ;

    $data["text1"]=$text1;
    $data["page"]=$page;
    $data["row"]=$this->member_m->getrow($no);

    $this->load->view("main_header");
    $this->load->view("member_title");
    $this->load->view("member_view",$data);
    $this->load->view("main_footer");
}
```

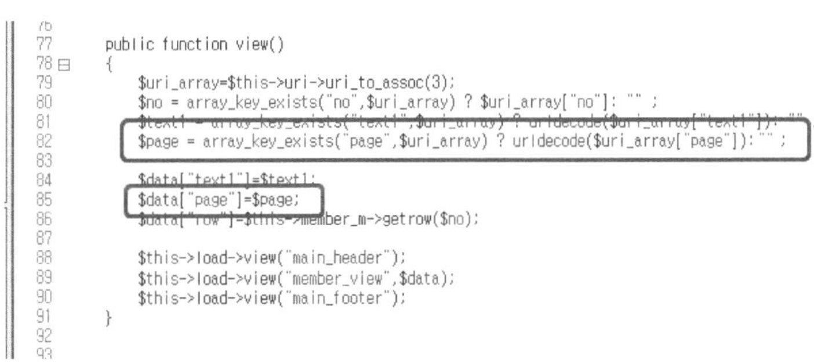

④ **del 함수** : del 함수에 다음과 같이 추가한다.

```
public function del()
{
   $uri_array=$this->uri->uri_to_assoc(3);
   $no  = array_key_exists("no",$uri_array) ? $uri_array["no"] : "" ;
   $text1 = array_key_exists("text1",$uri_array) ? "/text1/" .
urldecode($uri_array["text1"]) : "";
   $page = array_key_exists("page",$uri_array) ? "/page/" . urldecode($uri_array["page"]) : "" ;

   $this->member_m->deleterow($no);

   redirect("/member/lists" . $text1 . $page);
}
```

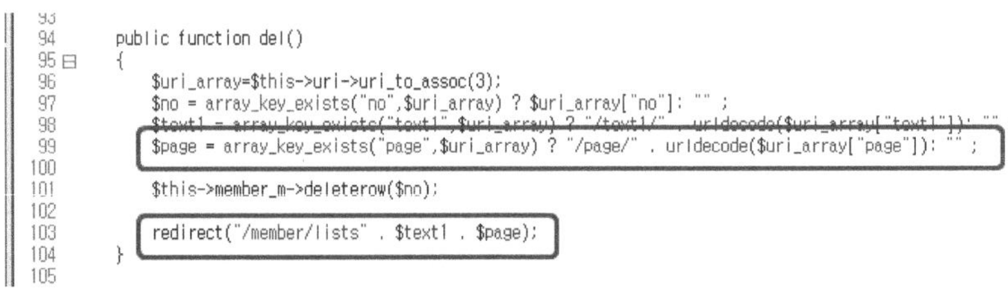

⑤ **add 함수** : add 함수에 다음과 같이 추가한다.

```
public function add()
   {
      $uri_array=$this->uri->uri_to_assoc(3);
      $text1 = array_key_exists("text1",$uri_array) ? "/text1/" .
urldecode($uri_array["text1"]) : "" ;
      $page = array_key_exists("page",$uri_array) ? "/page/" . urldecode($uri_array["page"]) : "" ;

      $this->load->library("form_validation");

      $this->form_validation->set_rules("name","이름","required|max_length[20]");
      $this->form_validation->set_rules("uid","아이디","required|max_length[20]");

… … …

         "rank"  => $this->input->post("rank",TRUE)
      );
      $result = $this->member_m->insertrow($data);
```

```
        redirect("/member/lists" . $text1 . $page);
    }
}
```

```
public function add()
{
    $uri_array=$this->uri->uri_to_assoc(3);
    $text1 = array_key_exists("text1",$uri_array) ? "/text1/" . urldecode($uri_array["text1"]): "" ;
    $page = array_key_exists("page",$uri_array) ? "/page/" . urldecode($uri_array["page"]): "" ;

    $this->load->library("form_validation");    // 폼검증 라이브러리 로드

    $this->form_validation->set_rules("name","이름","required|max_length[20]");
    $this->form_validation->set_rules("uid","아이디","required|max_length[20]");
    $this->form_validation->set_rules("pwd",
                                       max_length[20]");
            'tel'   => $tel,
            'rank'  => $this->input->post("rank",TRUE)
        );
        $result = $this->member_m->insertrow($data);

        redirect("/member/lists" . $text1 . $page);
    }
}
```

⑥ **edit 함수** : edit 함수에 다음과 같이 추가한다.

```
public function edit()
{
    $uri_array=$this->uri->uri_to_assoc(3);
    $no = array_key_exists("no",$uri_array) ? $uri_array["no"]: "" ;
    $text1 = array_key_exists("text1",$uri_array) ? "/text1/" .
urldecode($uri_array["text1"]): "" ;
    $page = array_key_exists("page",$uri_array) ? "/page/" . urldecode($uri_array["page"]): "" ;

    $this->load->library("form_validation");

    $this->form_validation->set_rules("name","이름","required|max_length[20]");
    $this->form_validation->set_rules("uid","아이디","required|max_length[20]");

... ... ...

        "rank" => $this->input->post("rank",TRUE)
    );
    $result = $this->member_m->updaterow($data);

    redirect("/member/lists" . $text1 . $page);
  }
}
```

⑦ **Member_m클래스의 getlist함수** : models 폴더의 Member_m.php 에 getlist함수를 수정한다.

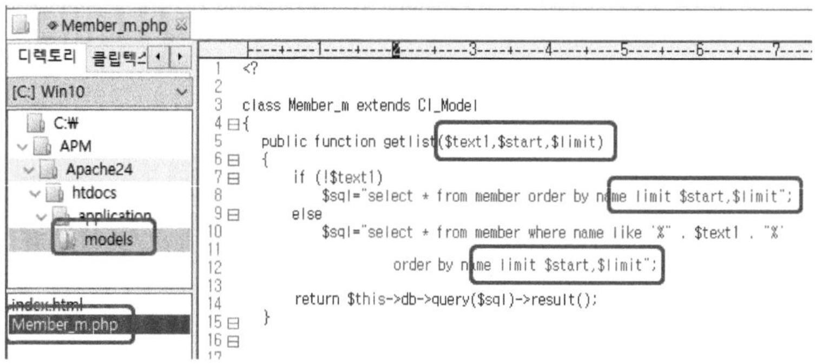


```
public function getlist($text1,$start,$limit)
{
   if (!$text1)
      $sql="select * from member order by name limit $start,$limit";
   else
      $sql="select * from member where name like '%" . $text1 . "%' order by name
limit $start,$limit";
   return $this->db->query($sql)->result();
}
```

⑧ **rowcount 함수** : models 폴더의 Member_m.php에 rowcount()함수를 추가한다.

```
        return $this->db->query($sql)->result();
    }

    public function rowcount($text1)
    {
        if (!$text1)
            $sql="select * from member order by name";
        else
            $sql="select * from member where name like '%$text1%' order by name";

        return $this->db->query($sql)->num_rows();
    }
```

```
public function rowcount($text1)
{
   if (!$text1)
      $sql="select * from member order by name";
   else
      $sql="select * from member where name like '%$text1%' order by name";
   return $this->db->query($sql)->num_rows();
}
```

⑨ **member_list.php 수정** : views폴더의 member_list.php에서 page에 대한 URI 수정부분과 맨 끝에 페이지 표시를 위한 $pagination을 출력하는 프로그램을 추가한다.

```
<br>
<div class="alert mycolor1" role="alert">사용자</div>

<script>
   function find_text()
   {
      if (!form1.text1.value)
         form1.action="/member/lists/page";
      else
         form1.action="/member/lists/text1/" + form1.text1.value+"/page";
      form1.submit();
   }
</script>

<form name="form1" action="" method="post">
...
            <div class="input-group-append">
               <button class="btn mycolor1" type="button" onClick="find_text();">검색<
            </div>
         </div>
      </div>
<?
   $tmp = $text1 ? "/text1/$text1/page/$page" : "/page/$page";
?>
      <div class="col-9" align="right">
         <a href="/member/add<?=$tmp; ?>" class="btn btn-sm mycolor1">추가</a>
      </div>
   </div>
</form>
...
         <tr>
            <td> <?=$no ?> </td>
            <td> <a href="/~exam/member/view/no/<?=$no; ?> <?=
            <td> <?=$row->uid; ?> </td>
            <td> <?=$row->pwd; ?> </td>
            <td> <?=$tel; ?> </td>
            <td> <?=$rank; ?> </td>
         </tr>
<?
   }
?>
   </table>

   <?=$pagination ?>
```

```
... ... ...
<script>
  function find_text()
  {
    if (!form1.text1.value)
      form1.action="/member/lists/page";
    else
      form1.action="/member/lists/text1/" + form1.text1.value+"/page";
    form1.submit();
  }
</script>

<form name="form1" action="" method="post">
... ... ...
<div class="input-group-append">
  <button class="btn mycolor1" type="button" onClick="find_text();">검색 </button>
  </div>
 </div>
</div>
<?
  $tmp = $text1 ? "/text1/$text1/page/$page" : "/page/$page";
?>
  <div class="col-9" align="right">
    <a href="/member/add<?=$tmp; ?>" class="btn btn-sm mycolor1">추가</a>
  </div>
... ... ...
    <td><?=$tel ?></td>
    <td><?=$rank ?></td>
  </tr>
<?
  }
?>
</table>

<?=$pagination ?>
```

⑩ **member_view.php 수정** : views폴더의 member_view.php에서 page에 대한 URI 관련 프로그램을 수정한다.

```
<?
  $no=$row->no;
  $tel1 = trim(substr($row->tel,0,3));
  $tel2 = trim(substr($row->tel,3,4));
  $tel3 = trim(substr($row->tel,7,4));
  $tel = $tel1 . "-" . $tel2 . "-" . $tel3;
  $rank = $row->rank==0 ? '직원' : '관리자';

  $tmp = $text1 ? "/no/$no/text1/$text1/page/$page" : "/no/$no/page/$page";
?>
 <br>
 <div class="alert mycolor1" role="alert">사용자</div>

  <form name="form1" method="post" action="">
… … …
```

⑪ **실행하기** : 실행하여 결과를 확인한다.

Chapter 03

기초작업

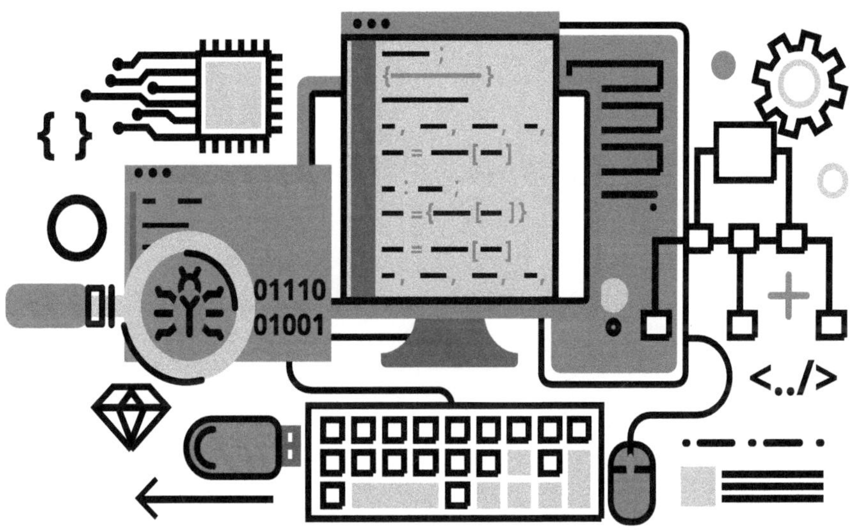

5.1 구분 만들기

앞에서 사용자관리 프로그램을 이용하여 앞으로 만들 모든 화면의 기본이 되는 프로그램을 만들었다. 따라서 이후부터는 프로그램을 처음부터 일일이 만드는 것이 아니라, 기본이 되는 사용자관리 프로그램을 복사한 후, 수정하여 원하는 프로그램으로 만들도록 하겠다.

5.1.1 gubun 테이블 만들기

실습목적

phmyadmin을 이용하여 구분정보를 저장할 수 있는 gubun 테이블을 만들어라.

실습이론

1 **gubun 테이블** : 제품의 종류를 나타내는 gubun 테이블 구조는 아래 표와 같다.

		필드명	자료형	Null	비고
1	번호	no	int	☐	auto_increment, 기본키
2	구분명	name	varchar(20)	☑	

STEP 01 gubun 테이블 만들기

① **gubun 테이블 만들기** : 아래 그림과 같이 "sale"을 선택한다. 그리고 테이블 이름에 "gubun", 칼럼수에 "2"를 입력한 후, [실행]버튼을 클릭한다. 테이블 구조 입력화면이 나오면, 입력하고 저장한다.

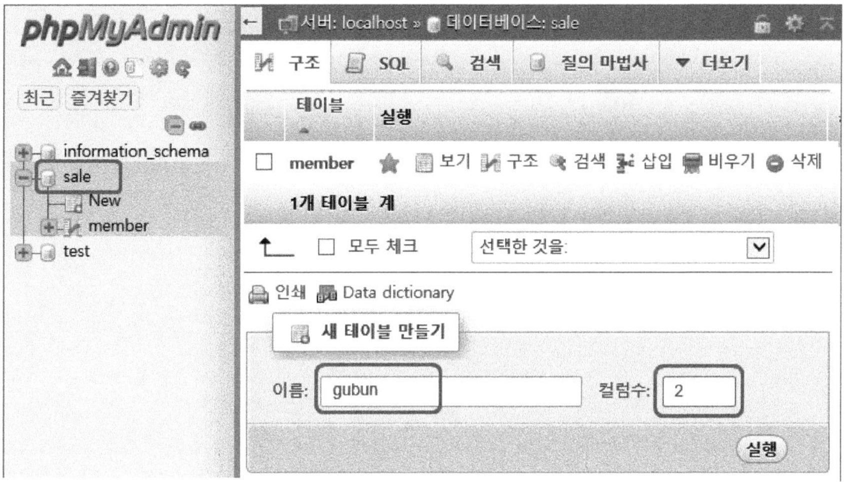

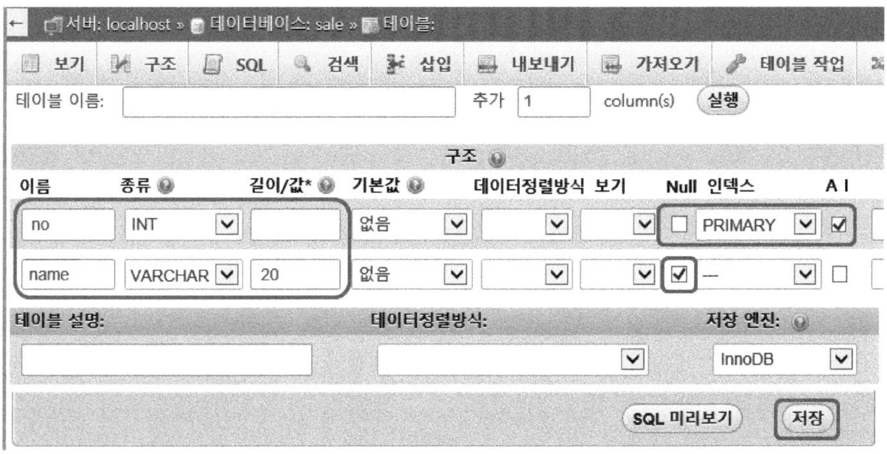

5.1.2 구분관리 만들기

구분관리 화면과 사용자관리 화면들을 비교해보면, 내용만 다를 뿐, 화면은 거의 같은 것을 알 수 있다. 따라서 사용자관리 프로그램을 복사하여 구분관리 내용으로 수정하면 매우 쉽게 만들 수 있다.

실습목적

구분관리 프로그램을 사용자관리 프로그램을 복사하여 만들어라.

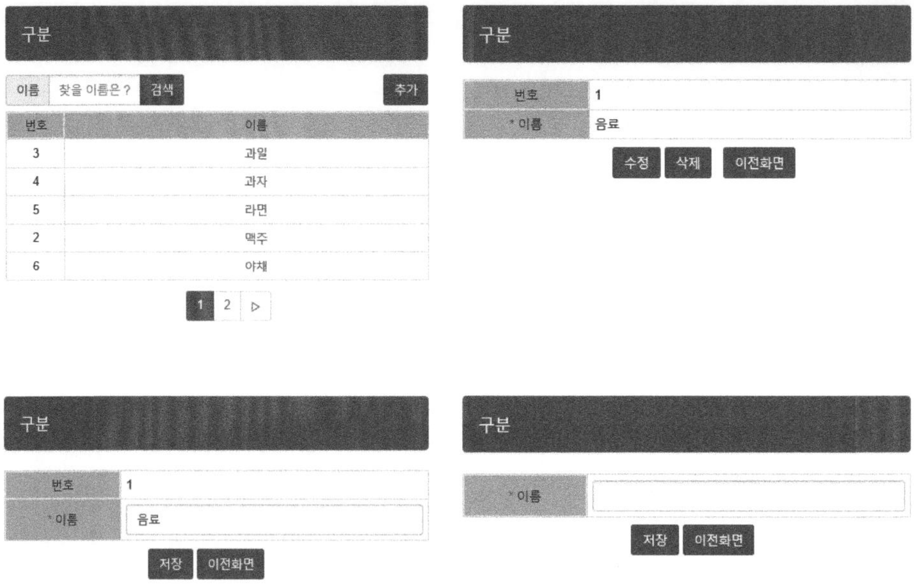

실습이론

1 **작업 순서** : 사용자관리 파일을 복사하여 수정하는 순서는 다음과 같다.

1) Member.php→Gubun.php, Member_m.php→Gubun_m.php, member_list.php →gubun_list.php, member_view.php→gubun_view.php, member_add.php→ gubun_add.php, member_edit.php→gubun_edit.php로 복사한다.
2) 프로그램 내용 중, member글자를 gubun 글자로 모두 수정한다. 주의할 점은 클래스이름은 반드시 첫 글자가 대문자래야 한다.
3) member 테이블 내용을 gubun 테이블 내용으로 수정한다.
4) main_header.php에서 구분 메뉴를 클릭한 경우 화면이 나오도록 링크를 수정한다.

STEP 01 Gubun.php 만들기

① **Gubun.php 만들기** : controllers 폴더에 있는 Member.php 파일을 읽은 후, Gubun.php라는 새 이름으로 저장한다. 파일이름 첫 글자는 반드시 대문자여야 한다.

② **member→gubun으로 바꾸기** : "Ctrl+H"키를 눌러 바꾸기 창을 연다. 그리고 〈찾을 말〉

은 "member", 〈바꿀 말〉은 "gubun"으로 입력한 후, [모든 바꿈]버튼을 클릭하여 바꾼다.

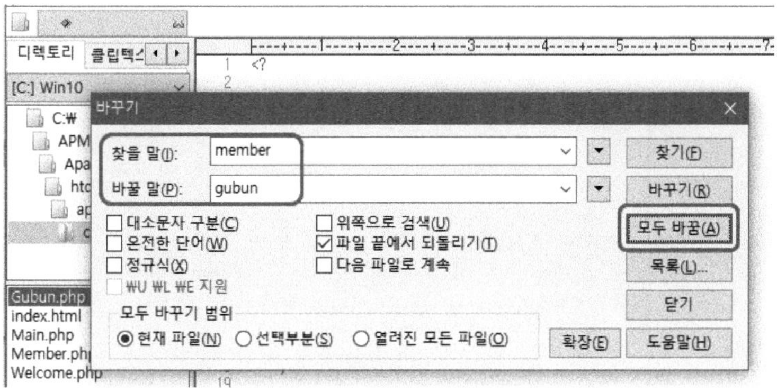

③ **클래스이름 첫 글자는 대문자** : 모두 바꾸기를 하면 클래스이름이 소문자로 변경된다. 첫 글자가 대문자가 되게 gubun에서 Gubun으로 수정한다.

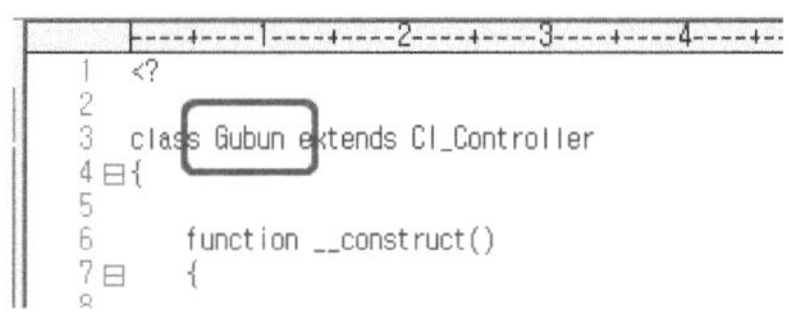

④ **add 함수를 gubun 테이블에 맞게 수정** : 함수에서 no, name 필드 관련 부분은 남기고, member에 관련된 uid, pwd, tel, rank 필드 관련 부분을 모두 삭제한다. 주의할 점은 $data 배열에서 name이 있는 줄 맨 끝에 있는 콤마(,)도 삭제해야 한다.

④ **edit 함수를 gubun 테이블에 맞게 수정** : edit 함수도 add함수처럼 no, name 필드 관련 부분은 남기고, member에 관련된 uid, pwd, tel, rank 필드 관련 부분을 모두 삭제한다.

```
public function edit()
{
    $uri_array=$this->uri->uri_to_assoc(3);
    $no = array_key_exists("no",$uri_array) ? $uri_array["no"] : "" ;
    $text1 = array_key_exists("text1",$uri_array) ? "/text1/" . urldecode($uri_array["text1"]) : "" ;
    $page = array_key_exists("page",$uri_array) ? "/page/" . urldecode($uri_array["page"]) : 0 ;

    $this->load->library("form_validation");

    $this->form_validation->set_rules("name","이름","required|max_length[20]");


    if ($this->form_validation->run()==FALSE)
    {
        $this->load->view('main_header');
        $data["row"]=$this->gubun_m->getrow($no);
        $this->load->view("gubun_edit",$data);
        $this->load->view('main_footer');
    }
    else
    {
        $data = array(
            "name"  => $this->input->post("name",TRUE)

        );
        $result = $this->gubun_m->updaterow($data,$no);

        redirect("/gubun/lists" . $text1 . $page);
    }
}
```

STEP 02 Gubun_m.php 만들기

① **Gubun_m.php 만들기** : models 폴더에 있는 Member_m.php 파일을 읽은 후, Gubun_m.php라는 새 이름으로 저장한다. 파일이름 첫 글자는 반드시 대문자래야 한다.

② **member→gubun으로 바꾸기** : Gubun_m.php를 불러온 후, "Ctrl+H"키를 눌러 바꾸기 창을 연다. 〈찾을 말〉은 "member", 〈바꿀 말〉은 "gubun"으로 입력한 후, [모든 바꿈]버튼을 클릭하여 바꾼다.

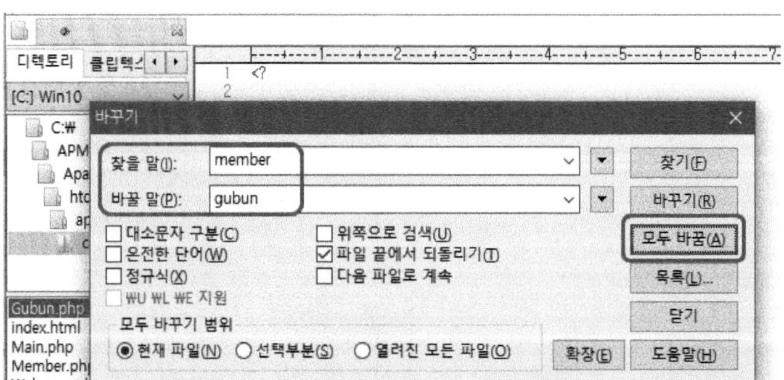

③ **클래스이름은 대문자** : 모두 바꾸기를 하면 클래스이름이 소문자로 변경된다. 첫 글자가 대문자가 되게 gubun_m에서 Gubun_m으로 수정한다. 저장하고 작업을 마친다.

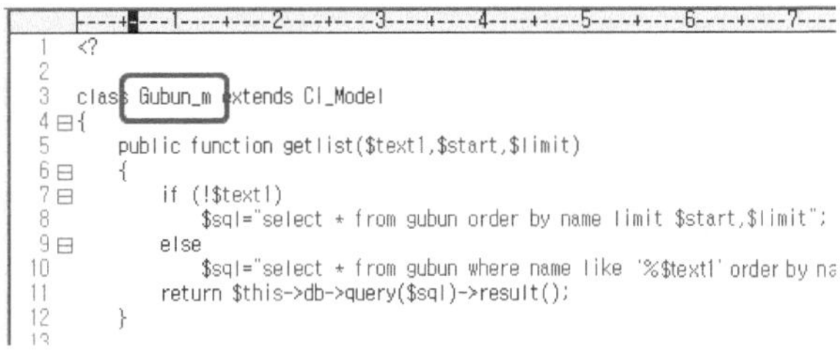

STEP 03 gubun_list.php 만들기

① **gubun_list.php 만들기** : views 폴더에 있는 member_list.php 파일을 읽은 후, gubun_list.php라는 새 이름으로 저장한다. gubun_list.php를 부른 후, "Ctrl+H"키를 눌러 바꾸기 창을 연다. 〈찾을 말〉은 "member", 〈바꿀 말〉은 "gubun"으로 입력한 후, [모든 바꿈]버튼을 클릭하여 바꾼다.

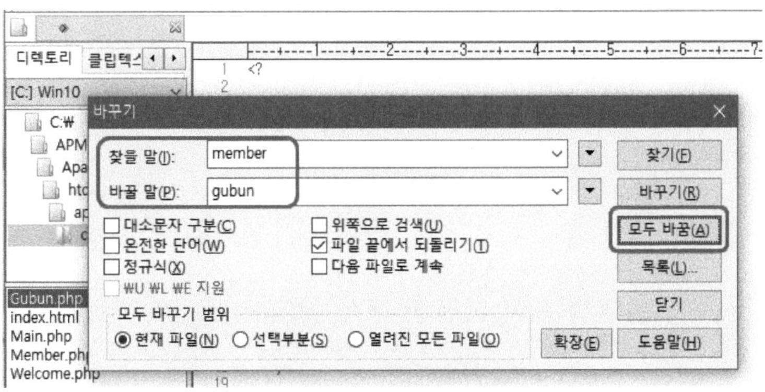

② **gubun_list.php 수정** : 제목표시를 "구분"으로 수정한다. 그리고 no, name 필드 관련 부분은 남기고, member의 uid, pwd, tel, rank 필드 관련 부분을 모두 삭제한다.

```
<br>
<div class="alert mycolor1" role="alert">구분</div>

<script>
    function find_text()
    {
        if (!form1.text1.value)
            form1.action="/gubun/lists/page";
        else
            form1.action="/gubun/lists/text1/" + form1.text1.value+"/page";
        form1.submit();
    }

        <a href="/gubun/add<?=$tmp; ?>" class="btn btn-primary btn-sm">추가</a>
    </div>
  </form>
</div>

<table class="table table-bordered table-condensed mymargin5">
    <tr class="info">
        <td width="10%">번호</td>
        <td width="90%">이름</td>


    </tr>
<?
foreach ($list as $row)
{
    $no=$row->no;


?>
    <tr>
        <td><?=$no; ?></td>
        <td><a href="/gubun/view/no/<?=$no ?><?=$tmp ?>"><?=$row->name; ?></a></td>


    </tr>
<?
}
?>
</table>
```

③ **구분 메뉴 등록하기** : main_header.php를 읽어와 구분 메뉴를 클릭했을 때 구분 목록 화면이 나오도록 〈a〉 tag의 href 를 "/gubun"으로 수정한다.

```
… … …
<li class="dropdown">
  <a href="#" class="dropdown-toggle" data-toggle="dropdown" role="button"
aria-haspopup="true" aria-expanded="false">기초정보<span
class="caret"></span></a>
  <ul class="dropdown-menu">
    <li><a href="/gubun">구분</a></li>
    <li><a href="#">제품</a></li>
    <li role="separator" class="divider"></li>
    <li><a href="/member">사용자</a></li>
  </ul>
</li>
… … …
```

④ **실행하기** : 실행하여 결과를 확인한다.

STEP 04 gubun_add.php 만들기

① **gubun_add.php 만들기** : views 폴더에 있는 member_add.php 파일을 읽은 후, gubun_add.php라는 새 이름으로 저장한다. no, name 필드 관련 부분은 남기고, member의 uid, pwd, tel, rank 필드 관련 부분을 모두 삭제한다. 제목과 구분명을 수정한다. 모든 작업이 마무리되면 저장한다.

```
<br>
<div class="alert mycolor1" role="alert">구분</div>

<form name="form1" method="post" action="">

<table class="table table-bordered table-sm mymargin5">
    <tr>
        <td width="20%" class="mycolor2" style="vertical-align:middle"><font color="red">*</font> 구분명 </td>
        <td width="80%" align="left">
            <div class="form-inline">
            <input type="text" name="name" value="<?=set_value("name") ?>" class="form-control form-control-sm">
            </div>
            <? if(form_error("name")==TRUE) echo form_error("name"); ?>
        </td>
    </tr>


</table>

<div align="center">
    <input type="submit" value="저장" class="btn btn-sm mycolor1">
    <input type="button" value="이전화면" class="btn btn-sm mycolor1" onclick="history.back();">
</div>

</form>
```

② **실행하기** : 실행하여 결과를 확인한다.

STEP 05 gubun_view.php 만들기

① **gubun_view.php 만들기** : views 폴더에 있는 member_view.php 파일을 읽은 후, gubun_view.php라는 새 이름으로 저장한다. no, name 필드 관련 부분은 남기고, member의 uid, pwd, tel, rank 필드 관련 부분을 모두 삭제한다. 제목과 구분명을 수정한다. 모든 작업이 마무리되면 저장한다.

```
<?
    $no=$row->no;



    $tmp = $text1 ? "/no/$no/text1/$text1/page/$page" : "/no/$no/page/$page";
?>
    <br>
    <div class="alert mycolor1" role="alert">구분</div>

    <form name="form1" method="post" action="">

    <table class="table table-bordered table-sm mymargin5">
        <tr>
            <td width="20%" class="mycolor2" style="vertical-align:middle">번호</td>
            <td width="80%" align="left"><div class="form-inline"><?=$row->no ?></div></td>
        </tr>
        <tr>
            <td width="20%" class="mycolor2" style="vertical-align:middle"><font color="red">*</font> 구분명</td>
            <td width="80%" align="left"><div class="form-inline"><?=$row->name ?></div></td>
        </tr>




    </table>

    <div align="center">
        <a href="/gubun/edit<?=$tmp;?>" class="btn btn-sm mycolor1">수정</a>
        <a href="/gubun/del<?=$tmp;?>" class="btn btn-sm mycolor1"
          onClick="return confirm('삭제할까요 ?');">삭제</a>  
        <input type="button" value="이전화면" class="btn btn-sm mycolor1"
          onclick="history.back();">
    </div>

    </form>
```

② **실행하기** : 실행하여 결과를 확인한다.

STEP 06 gubun_edit.php 만들기

① **gubun_edit.php 만들기** : views 폴더에 있는 member_edit.php 파일을 읽은 후, gubun_edit.php라는 새 이름으로 저장한다. no, name 필드 관련 부분은 남기고, member의 uid, pwd, tel, rank 필드 관련 부분을 모두 삭제한다. 제목과 구분명을 수정한다. 모든 작업이 마무리되면 저장한다.

```
<br>
<div class="alert mycolor1" role="alert">구분</div>

<form name="form1" method="post" action="">

<table class="table table-bordered table-sm mymargin5">
  <tr>
    <td width="20%" class="mycolor2" style="vertical-align:middle">번호</td>
    <td width="80%" align="left"><?=$row->no ?></td>
  </tr>
  <tr>
    <td width="20%" class="mycolor2" style="vertical-align:middle"><font color="red">*</font> 구분명</td>
    <td width="80%" align="left">
      <div class="form-inline">
      <input type="text" name="name" size="20" maxlength="20" value="<?=$row->name ?>"
          class="form-control form-control-sm">
      </div>
      <? if(form_error("name")==TRUE) echo form_error("name"); ?>
    </td>
  </tr>




</table>

<div align="center">
  <input type="submit" value="저장" class="btn btn-sm mycolor1">
  <input type="button" value="이전화면" class="btn btn-sm mycolor1" onclick="history.back();">
</div>

</form>
```

② **실행하기** : 실행하여 결과를 확인한다.

5.2 제품 만들기

제품관리 역시 구분관리처럼 구분관리를 복사하여 만들도록 하겠다. 제품관리가 구분관리와 다른 점은 제품등록에서 구분명을 입력할 때 콤보박스를 이용하고, select SQL문에서 join on을 이용하여 자료를 표시한다는 점이다. 독자는 이 처리를 어떻게 만드는지 이해하길 바란다.

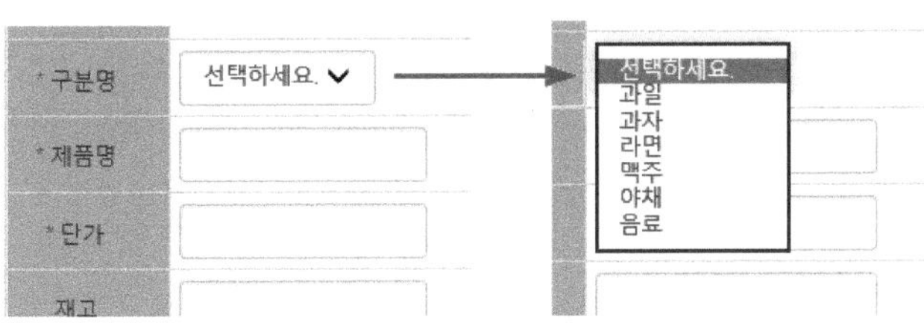

구분명 콤보박스 이용

5.2.1 product 테이블 만들기

실습목적

phpmyadmin을 이용하여 제품정보를 저장할 수 있는 product 테이블을 만들어라.

실습이론

[1] **product 테이블** : 제품정보를 나타내는 product 테이블 구조는 아래 표와 같다. 필수입력처리는 form_validation에서 처리가 가능하므로, Null은 기본키를 제외한 나머지 모든 필드에서 true로 지정하겠다.

		필드명	자료형	Null	비고
1	번호	no	int	☐	auto_increment, 기본키
2	구분종류	gubun_no	int	☑	
3	제품명	name	varchar(50)	☑	
4	단가	price	int	☑	
5	재고	jaego	int	☑	
6	사진	pic	varchar(255)	☑	

STEP 01 product 테이블 만들기

① **product 테이블 만들기** : 아래 그림과 같이 "sale"을 선택한다. 그리고 테이블 〈이름〉에 "product", 〈칼럼수〉에 "6"를 입력한 후, [실행]버튼을 클릭한다. 테이블 구조 입력화면이 나오면, 테이블 구조를 입력하고 저장한다.

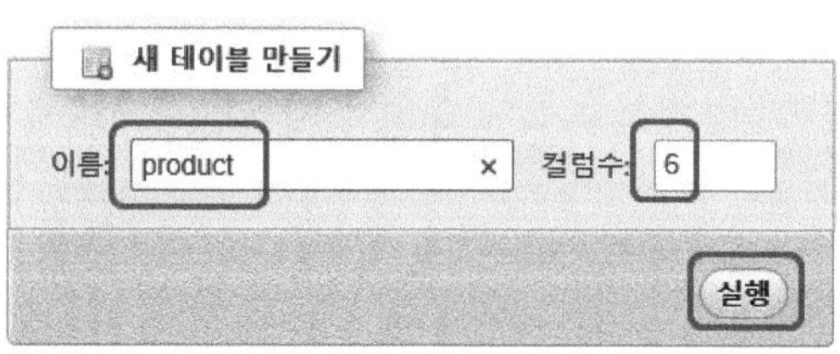

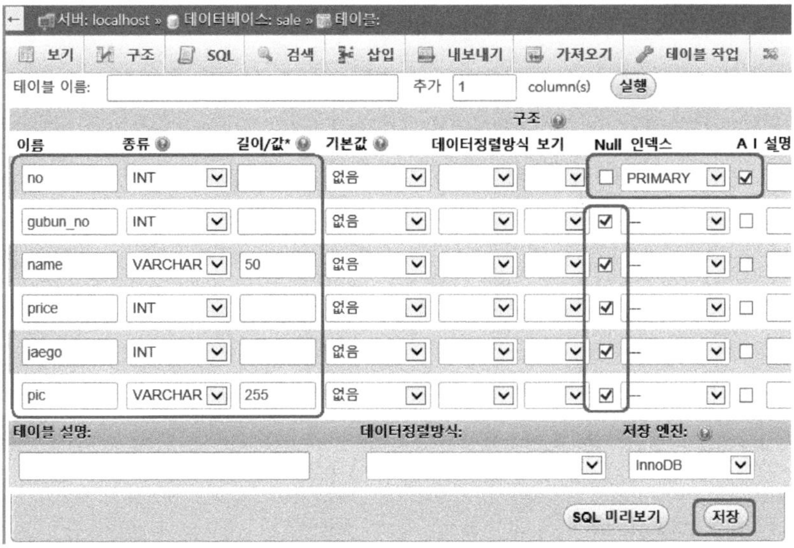

5.2.2 제품관리 기본 만들기

제품관리 작업은 일단 콤보박스와 join on 이용은 나중에 하고 일단 product 테이블에 맞게 기본 작업을 하겠다. 그리고 이 작업이 끝난 후, 콤보박스와 join on 처리를 하겠다.

실습목적

구분관리 프로그램을 복사하여 다음 그림과 같은 제품관리 프로그램을 만들어라. 단 gubun 테이블은 이용하지 말고 product 테이블만 이용하여 만들어라. 따라서 구분명은 구분이름이 아니라 구분번호가 표시된다.

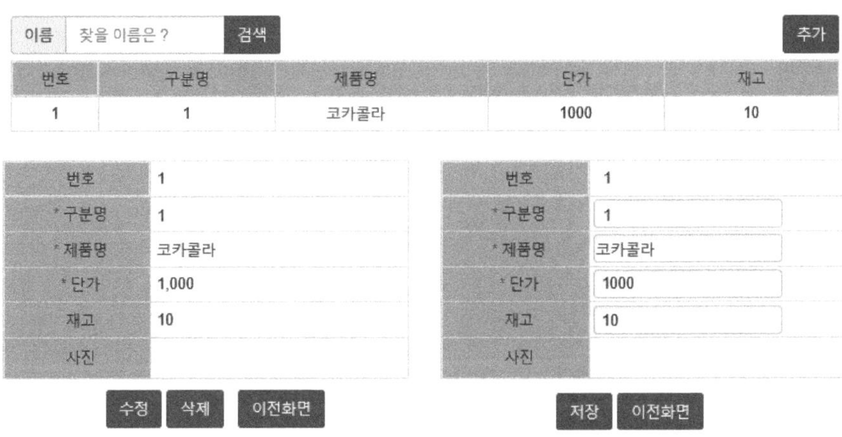

실습이론

1 **구분관리 프로그램 이용하기** : 구분관리 만들 때 사용자 파일을 이용한 것처럼 제품화면들도 구분관리 파일들을 복사하여 만들면 쉽게 만들 수 있다.

2 **프로그램 수정 순서** : 구분관리 파일을 복사하여 수정하는 순서는 다음과 같다.

1) Gunbun.php➜Product.php, Gubun_m.php➜Product_m.php, gubun_list.php➜product_list.php, gubun_view.php➜product_view.php, gubun_add.php➜product_add.php, gubun_edit.php➜product_edit.php로 복사한다.
2) 프로그램 내용 중, gubun글자를 product 글자로 모두 수정한다. 주의할 점은 클래스이름은 반드시 첫 글자가 대문자래야 한다.
3) gubun 테이블 내용을 product 테이블 내용으로 수정한다.
4) main_header.php에서 제품 메뉴를 클릭한 경우 화면이 나오도록 링크를 수정한다.

3 **Form_validation 수정** : 제품에서는 구분명의 번호(gubun_no), 제품명(name), 가격(price)이 필수 입력이며, price는 숫자이므로, product_list.php의 add함수와 edit함수에서 수정해야한다.

```
… … …
$this->form_validation->set_rules("gubun_no","구분명","required");
$this->form_validation->set_rules("name","이름","required|max_length[50]");
$this->form_validation->set_rules("price","단가","required|numeric");
… … …
```

4 **$data 배열 수정** : product테이블의 gubun_no, name, price, jaego, pic 필드를 추가하거나 수정할 수 있도록 product_list.php의 add함수와 edit함수의 $data배열을 수정해야한다.

```
… … …
$data = array(
   "gubun_no"  => $this->input->post("gubun_no",TRUE),
   "name"      => $this->input->post("name",TRUE),
   "price"     => $this->input->post("price",TRUE),
   "jaego"     => $this->input->post("jaego",TRUE),
   "pic"       => $this->input->post("pic",TRUE)
);
… … …
```

STEP 01 Product.php 만들기

① **Product_list.php 만들기** : controls 폴더에 있는 Gubun.php 파일을 읽은 후, Product.php라는 새 이름으로 저장한다. Product.php에서 "Ctrl+H"키를 눌러 바꾸기 창을 연다. 〈찾을 말〉은 "gubun", 〈바꿀 말〉은 "product"로 입력한 후, [모든 바꿈]버튼을 클릭하여 바꾼다.

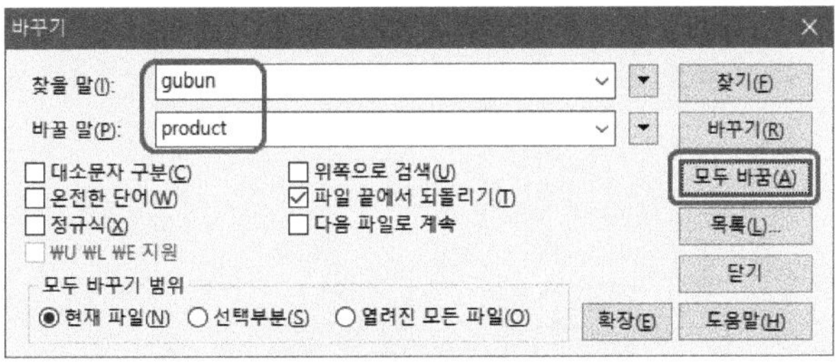

② **클래스이름은 대문자** : 모두 바꾸기를 하면 클래스이름이 소문자로 변경된다. 첫 글자가 대문자가 되게 Product로 수정한다.

```
<?

class Product extends CI_Controller
{

    function __construct()
    {
        parent::__construct();
        $this->load->database();
```

③ **add함수 수정** : add함수에서 Product 필드인 gubun_no, name, price, jaego, pic의 내용이 되도록 수정한다.

```
public function add()
{
    $uri_array=$this->uri->uri_to_assoc(3);
    $text1 = array_key_exists("text1",$uri_array) ? "/text1/" . urldecode($uri_array["text1"]): "" ;
    $page = array_key_exists("page",$uri_array) ? "/page/" . urldecode($uri_array["page"]): 0 ;

    $this->load->library("form_validation");

    $this->form_validation->set_rules("gubun_no","구분명","required");
    $this->form_validation->set_rules("name","이름","required|max_length[50]");
    $this->form_validation->set_rules("price","단가","required|numeric");

    if ($this->form_validation->run()==FALSE)
    {
        $data["list"] = $this->product_m->getlist_gubun();

        $this->load->view("main_header");
        $this->load->view("product_add",$data);
        $this->load->view("main_footer");
    }
    else
    {
        $data = array(
            "gubun_no"=> $this->input->post("gubun_no",TRUE),
            "name"    => $this->input->post("name",TRUE),
            "price"   => $this->input->post("price",TRUE),
            "jaego"   => $this->input->post("jaego",TRUE),
            "pic"     => $this->input->post("pic",TRUE)
        );

        $result = $this->product_m->insertrow($data);

        redirect("/product/lists" . $text1 . $page);
    }
}
```

④ **edit함수 수정** : edit함수에서 Product 필드인 gubun_no, name, price, jaego, pic의 내용이 되도록 수정한다.

```
public function edit()
{
    $uri_array=$this->uri->uri_to_assoc(3);
    $no = array_key_exists("no",$uri_array) ? $uri_array["no"]: "" ;
    $text1 = array_key_exists("text1",$uri_array) ? "/text1/" . urldecode($uri_array["text1"]): "" ;
    $page = array_key_exists("page",$uri_array) ? "/page/" . urldecode($uri_array["page"]): 0 ;

    $this->load->library("form_validation");

    $this->form_validation->set_rules("gubun_no","구분명","required");
    $this->form_validation->set_rules("name","이름","required|max_length[50]");
    $this->form_validation->set_rules("price","단가","required|numeric");

    if ($this->form_validation->run()==FALSE)
    {
        $data["list"] = $this->product_m->getlist_gubun();

        $this->load->view("main_header");
        $data["row"]=$this->product_m->getrow($no);
        $this->load->view("product_edit",$data);
        $this->load->view("main_footer");
    }
    else
    {
        $data = array(
            "gubun_no"=> $this->input->post("gubun_no",TRUE),
            "name"     => $this->input->post("name",TRUE),
            "price"    => $this->input->post("price",TRUE),
            "jaego"    => $this->input->post("jaego",TRUE),
            "pic"     => $this->input->post("pic",TRUE)
        );

        $result = $this->product_m->updaterow($data,$no);

        redirect("/product/lists" . $text1 . $page);
    }
}
```

STEP 02 Product_m.php 만들기

① **Product_m.php 만들기** : models 폴더에 있는 Gubun_m php 파일을 읽은 후, Product_m.php라는 새 이름으로 저장한다. Product_m.php에서 "Ctrl+H"키를 눌러 바꾸기 창을 연다. 〈찾을 말〉은 "gubun", 〈바꿀 말〉은 "product"로 입력한 후, [모든 바꿈]버튼을 클릭하여 바꾼다.

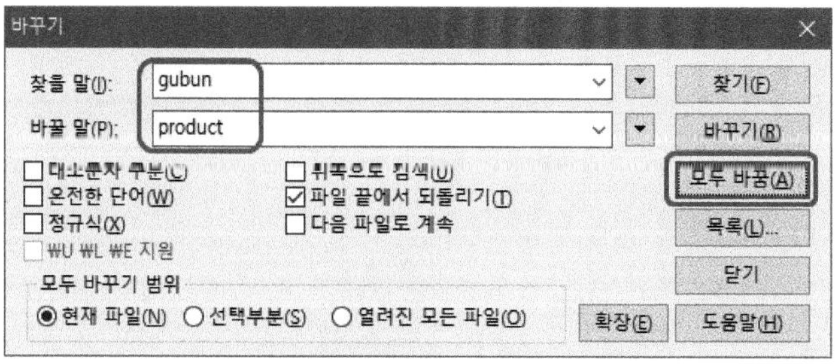

② **클래스이름은 대문자** : 모두 바꾸기를 하면 클래스이름이 소문자로 변경된다. 첫 글자가 대문자가 되게 product에서 Product로 수정한다.

```
<?

class Product_m extends CI_Model
{
    public function getlist($text1,$start,$limit)
    {
        if (!$text1)
            $sql="select * from product order by name limit
        else
            $sql="select * from product where name like '%
        return $this->db->query($sql)->result();
    }
```

STEP 03 product_list 만들기

① **product_list.php 만들기** : views 폴더에 있는 gubun_list.php 파일을 읽은 후, product_list.php라는 새 이름으로 저장한다. product_list.php에서 "Ctrl+H"키를 눌러 바꾸기 창을 연다. 〈찾을 말〉은 "gubun", 〈바꿀 말〉은 "product"로 입력한 후, [모든 바꿈]버튼을 클릭하여 바꾼다.

② **product_list.php 수정** : 제목을 "제품"으로 수정한다. 그리고 gubun 테이블의 내용을 product 테이블의 구분명(gubun_no), 제품명(name), 단가(price), 재고(jaego) 필드 내용이 되도록 추가 및 수정한다.

```
<br>
<div class="alert mycolor1" role="alert">제품</div>

<script>
    function find_text()
    {
        if (!form1.text1.value)
            form1.action="/product/lists/page";
~~~
</form>

<table class="table table-sm table-bordered mymargin5">
    <tr class="mycolor2">
        <td width="10%">번호</td>
        <td width="20%">구분명</td>
        <td width="30%">제품명</td>
        <td width="20%">단가</td>
        <td width="20%">재고</td>
    </tr>
<?
foreach ($list as $row)
{
    $no=$row->no;
?>
    <tr>
        <td><?=$no; ?></td>
        <td><?=$row->gubun_no ?></a></td>
        <td align="left"><a href="/product/view/no/<?=$no ?><?=$tmp ?>"><?=$row->name ?></a></td>
        <td align="right"><?=number_format($row->price) ?></a></td>
        <td align="right"><?=number_format($row->jaego) ?></a></td>
    </tr>
<?
}
?>
</table>
```

③ **제품 메뉴 등록하기** : main_header.php를 읽어와 구분 메뉴를 클릭했을 때 제품 목록

화면이 나오도록 〈a〉 tag의 href 를 "/product"로 수정한다.

```
... ... ...
<li class="dropdown">
  <a href="#" class="dropdown-toggle" data-toggle="dropdown" role="button"
aria-haspopup="true" aria-expanded="false">기초정보<span
class="caret"></span></a>
  <ul class="dropdown-menu">
     <li><a href="/gubun">구분</a></li>
     <li><a href="/product">제품</a></li>
     <li role="separator" class="divider"></li>
     <li><a href="/member">사용자</a></li>
  </ul>
</li>
... ... ...
```

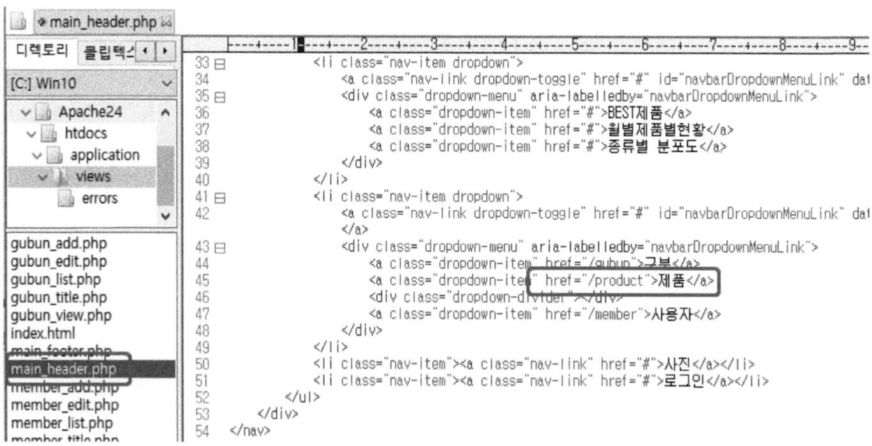

④ **실행하기** : 실행하여 결과를 확인한다.

STEP 04 product_add.php 만들기

① **product_add.php 만들기** : views 폴더에 있는 gubun_add.php 파일을 읽은 후, product_add.php라는 새 이름으로 저장한다.

② **product_add.php 수정** : 제목을 "제품"으로 수정한다. 그리고 gubun 테이블의 내용을 product 테이블의 구분명(gubun_no), 제품명(name), 단가(price), 재고

(jaego), 사진(pic) 필드 내용이 되도록 추가 및 수정한다. 구분명, 제품명, 단가는 form_validation 처리를 하지만, 재고와 사진은 하지 않는다.

```
<br>
<div class="alert mycolor1" role="alert">제품</div>

<form name="form1" method="post" action="">

<table class="table table-bordered table-sm mymargin5">
  <tr>
    <td width="20%" class="mycolor2" style="vertical-align:middle"><font color="red">*</font> 구분명</td>
    <td width="80%" align="left">
      <div class="form-inline">
        <input type="text" name="gubun_no" value="<?=set_value("gubun_no") ?>"
          class="form-control form-control-sm">
      </div>
      <? if(form_error("gubun_no")==TRUE) echo form_error("gubun_no"); ?>
    </td>
  </tr>
  <tr>
    <td width="20%" class="mycolor2" style="vertical-align:middle"><font color="red">*</font> 제품명</td>
    <td width="80%" align="left">
      <div class="form-inline">
        <input type="text" name="name" value="<?=set_value("name") ?>"
          class="form-control form-control-sm">
      </div>
      <? if(form_error("name")==TRUE) echo form_error("name"); ?>
    </td>
  </tr>
  <tr>
    <td width="20%" class="mycolor2" style="vertical-align:middle"><font color="red">*</font>단가</td>
    <td width="80%" align="left">
      <div class="form-inline">
        <input type="text" name="price" value="<?=set_value("price") ?>"
          class="form-control form-control-sm">
      </div>
      <? if(form_error("price")==TRUE) echo form_error("price"); ?>
    </td>
  </tr>
  <tr>
    <td width="20%" class="mycolor2" style="vertical-align:middle">재고</td>
    <td width="80%" align="left">
      <div class="form-inline">
        <input type="text" name="jaego" value="" class="form-control form-control-sm">
      </div>
    </td>
  </tr>
  <tr>
    <td width="20%" class="mycolor2" style="vertical-align:middle">사진</td>
    <td width="80%" align="left">
      <div class="form-inline">
        <input type="text" name="pic" value="" class="form-control form-control-sm">
      </div>
    </td>
  </tr>
</table>

<div align="center">
  <input type="submit" value="저장" class="btn btn-sm mycolor1">
  <input type="button" value="이전화면" class="btn btn-sm mycolor1" onclick="history.back();">
</div>

</form>
```

③ **실행하기** : 실행하여 결과를 확인한다.

STEP 05 product_view.php 만들기

① **product_view.php 만들기** : views 폴더에 있는 gubun_view.php 파일을 읽은 후, product_view.php라는 새 이름으로 저장한다. product_list.php에서 "Ctrl+H"키를 눌러 바꾸기 창을 연다. 〈찾을 말〉은 "gubun", 〈바꿀 말〉은 "product"로 입력한 후,

[모든 바꿈]버튼을 클릭하여 바꾼다.

② **product_view.php 수정** : 제목을 "제품"으로 수정한다. 그리고 gubun 테이블의 내용을 product 테이블의 구분명(gubun_no), 제품명(name), 단가(price), 재고(jaego), 사진(pic) 필드 내용이 되도록 추가 및 수정한다.

```
<?
    $no=$row->no;

    $tmp = $text1 ? "/no/$no/text1/$text1/page/$page" : "/no/$no/page/$page";
?>
    <br>
    <div class="alert mycolor1" role="alert">제품</div>

    <form name="form1" method="post" action="">

    <table class="table table-bordered table-sm mymargin5">
        <tr>
            <td width="20%" class="mycolor2" style="vertical-align:middle">번호</td>
            <td width="80%" align="left"> <div class="form-inline"> <?=$row->no; ?> </div> </td>
        </tr>
        <tr>
            <td width="20%" class="mycolor2" style="vertical-align:middle"> <font color="red">*</font> 구분명</td>
            <td width="80%" align="left">
                <div class="form-inline"> <?=$row->gubun_no; ?> </div>
            </td>
        </tr>
        <tr>
            <td width="20%" class="mycolor2" style="vertical-align:middle"> <font color="red">*</font> 제품명</td>
            <td width="80%" align="left">
                <div class="form-inline"> <?=$row->name; ?> </div>
            </td>
        </tr>
        <tr>
            <td width="20%" class="mycolor2" style="vertical-align:middle"> <font color="red">*</font>단가</td>
            <td width="80%" align="left">
                <div class="form-inline"> <?=$row->price; ?> </div>
            </td>
        </tr>
        <tr>
            <td width="20%" class="mycolor2" style="vertical-align:middle">재고</td>
            <td width="80%" align="left">
                <div class="form-inline"> <?=$row->jaego; ?> </div>
            </td>
        </tr>
        <tr>
            <td width="20%" class="mycolor2" style="vertical-align:middle">사진</td>
            <td width="80%" align="left">
                <div class="form-inline"> <?=$row->pic; ?> </div>
            </td>
        </tr>
    </table>

    <div align="center">
        <a href="/product/edit<?=$tmp;?>" class="btn btn-sm mycolor1">수정</a>
        <a href="/product/del<?=$tmp;?>" class="btn btn-sm mycolor1"
          onClick="return confirm('삭제할까요 ?');">삭제</a>  
        <input type="button" value="이전화면" class="btn btn-sm mycolor1" onclick="history.back();">
    </div>

    </form>
```

③ **실행하기** : 실행하여 결과를 확인한다.

STEP 06 product_edit.php 만들기

① **product_edit.php 만들기** : views 폴더에 있는 gubun_edit.php 파일을 읽은 후, product_edit.php라는 새 이름으로 저장한다.

② **product_add.php 수정** : 제목을 "제품"으로 수정한다. 그리고 gubun 테이블의 내용을 product 테이블의 구분명(gubun_no), 제품명(name), 단가(price), 재고(jaego), 사진(pic) 필드 내용이 되도록 추가 및 수정한다. edit인 경우에는 input type의 value 초기값은 form_validation을 이용하는 경우 set_value("필드이름")으로, 아닌 경우에는 값으로 초기화하면 된다.

```
<br>
<div class="alert mycolor1" role="alert">제품</div>

<form name="form1" method="post" action="">

<table class="table table-bordered table-sm mymargin5">
  <tr>
    <td width="20%" class="mycolor2" style="vertical-align:middle"> <font color="red">*</font> 구분명</td>
    <td width="80%" align="left">
      <div class="form-inline">
        <input type="text" name="gubun_no" value="<?=set_value("gubun_no") ?>"
          class="form-control form-control-sm">
      </div>
      <? if(form_error("gubun_no")==TRUE) echo form_error("gubun_no"); ?>
    </td>
  </tr>
  <tr>
    <td width="20%" class="mycolor2" style="vertical-align:middle"> <font color="red">*</font> 제품명</td>
    <td width="80%" align="left">
      <div class="form-inline">
        <input type="text" name="name" value="<?=set_value("name") ?>"
          class="form-control form-control-sm">
      </div>
      <? if(form_error("name")==TRUE) echo form_error("name"); ?>
    </td>
  </tr>
  <tr>
    <td width="20%" class="mycolor2" style="vertical-align:middle"> <font color="red">*</font>단가</td>
    <td width="80%" align="left">
      <div class="form-inline">
        <input type="text" name="price" value="<?=set_value("price") ?>"
          class="form-control form-control-sm">
      </div>
      <? if(form_error("price")==TRUE) echo form_error("price"); ?>
    </td>
  </tr>
  <tr>
    <td width="20%" class="mycolor2" style="vertical-align:middle">재고</td>
    <td width="80%" align="left">
      <div class="form-inline">
        <input type="text" name="jaego" value="" class="form-control form-control-sm">
      </div>
    </td>
  </tr>
  <tr>
    <td width="20%" class="mycolor2" style="vertical-align:middle">사진</td>
    <td width="80%" align="left">
      <div class="form-inline">
        <input type="text" name="pic" value="" class="form-control form-control-sm">
      </div>
    </td>
  </tr>
</table>

<div align="center">
  <input type="submit" value="저장" class="btn btn-sm mycolor1">
  <input type="button" value="이전화면" class="btn btn-sm mycolor1" onclick="history.back();">
</div>

</form>
```

③ **실행하기** : 실행하여 결과를 확인한다.

5.2.3 구분명 콤보박스 표시하기

실습목적

앞서 만든 제품화면에서 구분명이 번호가 아니라 구분이름이 나오고, 입력방법도 아래그림과 같이 콤보박스를 이용하여 선택하도록 만들어라.

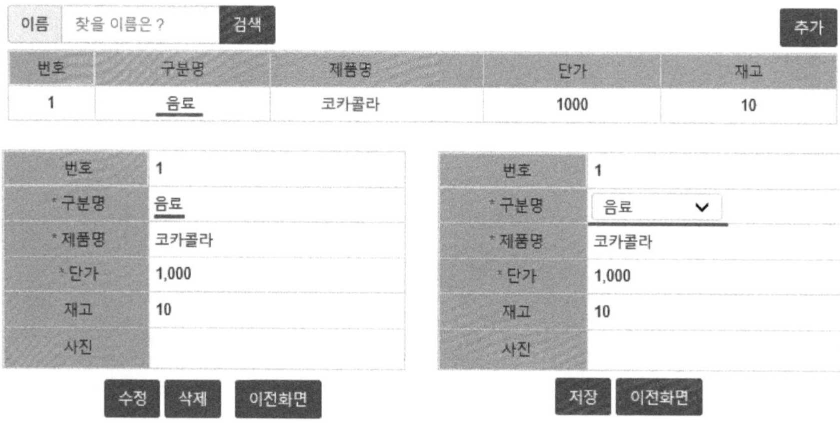

실습이론

1 **SQL문의 as 절** : SQL에서 필드나 테이블이름, 그리고 계산식은 as절을 이용하면 다른 이름으로 사용할 수 있다.

필드이름 혹은 테이블이름 혹은 계산식 **as 「다른 이름**

예 1 필드 이름: select no, **name as aaa**, tel, …
테이블이름: select * from **member as bbb** where …
계 산 식: select no, **num*price as ccc** where …

2 **SQL문의 관계 표시 방법** : SQL에서 관계형을 표현하는 문법은 where절을 이용하는 방법과 from절에서 join을 이용하는 2가지 방법이 있다. 아래 예제를 통하여 관계를 표현하는 2가지 방법에 대하여 알아보자.

예 1 다음 그림과 같이 테이블 A와 B에서 a1칼럼과 b2칼럼이 관계를 맺은 경우, SQL문으로 표현하면 다음과 같이 쓸 수 있다.

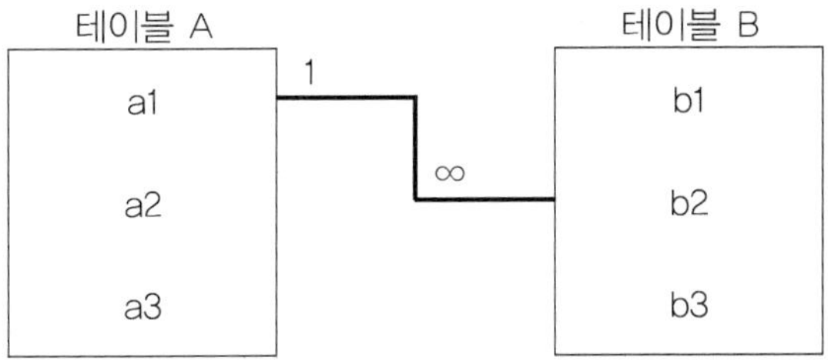

1) where 절인 경우 : from A, B where A.a1=B.b2
2) from 절인 경우 : from A join B on A.a1=B.b2

예 2 테이블 A, B, C에서 다음과 같이 관계를 맺은 경우, SQL문으로 표현하면 다음과 같이 쓸 수 있다.

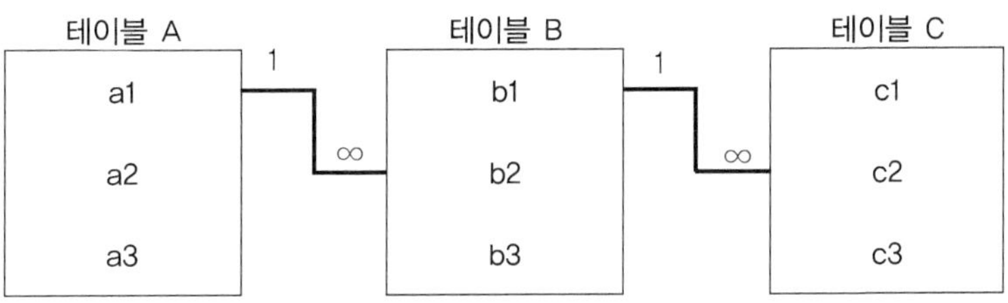

1) where 절인 경우 : from A, B, C where A.a1=B.b2 and B.b1=C.c1
2) from 절인 경우 : from (A join B on A.a1=B.b2) join C on B.b1=C.c2

예 3 테이블 A, B에서 다음과 같이 B테이블이 A테이블에 2번 관계를 맺은 경우 SQL문으로 표현하면 다음과 같이 쓸 수 있다.

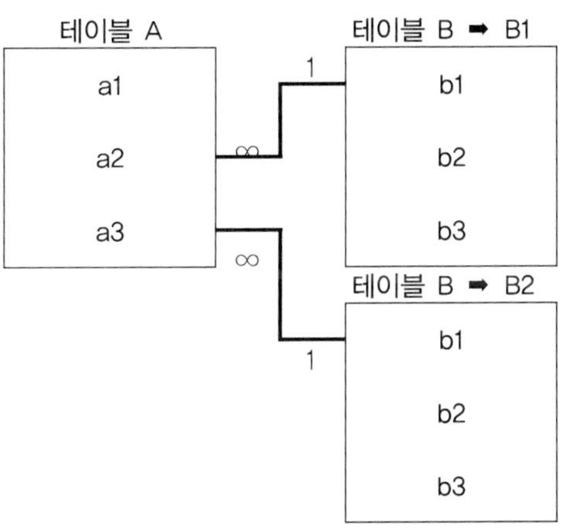

```
1) where 절인 경우 : from A, B as B1, B as B2
                    where A.a2=B1.b1 and A.a3=B2.b1
2) from  절인 경우 : from (A join B as B1 on A.a2=B1.b1)
                    join B as B2 on A.a3=B2.b2
```

그밖에 join에는 left join, right join이 있는데, 다음과 같은 경우를 생각해보자.

관계

번호	고객명	우편번호_번호	…
1	홍길동		…
2	이길동	1	…
…	…	…	…

고객 테이블

번호	우편번호	주소1	…
1	111-123	서울	…
2	111-124	서울	…
…	…	…	…

우편번호 테이블

이 경우 다음과 같은 SQL문을 실행하면 이길동의 자료는 나와도 홍길동의 자료는 표시되지 않는다.

```
select 고객.고객명, 우편번호.우편번호, 고객.주소
   from 우편번호 join 고객 on 우편번호.번호=고객.우편번호_번호;
```

그 이유는 join인 경우는 정확하게 관계가 일치하는 자료만 표시되기 때문에, 고객우편번호가 비어 있는 홍길동의 자료는 표시되지 않는다. 만약 이러한 자료를 표시하고 싶으면 고객테이블의 자료를 모두 포함시키는 관계형식을 지정해야 한다. 따라서 SQL문은 다음과 같이 수정되어야 한다.

```
select 고객.고객명, 우편번호.우편번호, 고객.주소
  from 우편번호 right join 고객 on 우편번호.번호=고객.우편번호_번호;
```

혹은

```
select 고객.고객명, 우편번호.우편번호, 고객.주소
  from 고객 left join 우편번호 on 우편번호.번호=고객.고객우편번호;
```

join 앞에 붙는 left와 right는 포함시킬 테이블의 위치에 따라 결정된다. 첫 번째 select문인 경우는 고객 테이블이 join을 기준으로 오른쪽에 있으므로 right join이라고 썼지만, 2번째 SQL문인 경우는 왼쪽에 있으므로 left join이라고 써야 한다.

3 **구분명 표시를 위한 SQL문** : 구분 테이블과 제품 테이블의 관계는 다음과 같이 gubun 테이블의 no필드와 product테이블의 gubun_no필드가 연결되어 있다.

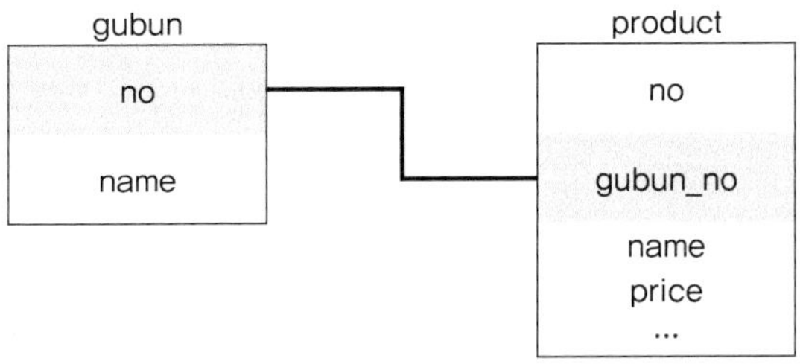

따라서 구분정보가 없어도 제품테이블은 모든 정보를 표시하려면 다음과 같이 쓸 수 있다. as 절을 사용한 이유는 gubun, product 테이블 모두 동일한 name필드가 있기 때문에 구분하기 위해 사용해야 한다. 관계형을 사용할 때 주의할 점은 필드이름을 표현할 때 반드시 "테이블이름.필드이름"과 같이 사용해야 한다.

```
select product.*, gubun.name as gubun_name
from product left join gubun on product.gubun_no=gubun.no
order by product.name;
```

따라서 models폴더의 Member_m.php의 getlist함수의 select문은 다음과 같이 수정해야 한다.

```
public function getlist( $text1, $start, $limit )
{
   if (!$text1)
      $sql="select product.*, gubun.name as gubun_name
              from product left join gubun on product.gubun_no=gubun.no
              order by product.name limit $start,$limit";
   else
      $sql="select product.*, gubun.name as gubun_name
              from product left join gubun on product.gubun_no=gubun.no
              where product.name like '%$text1%'
              order by product.name limit $start,$limit";
   return $this->db->query($sql)->result();
}
```

4 **view 화면** : 제품 보기화면에서도 구분명을 표시하려면, Product_m.php의 getrow함수에서도 관계형을 이용하여 gubun_name을 표시해야한다.

```
function getrow( $no )
{
   $sql="select product.*, gubun.name as gubun_name
         from product left join gubun on product.gubun_no=gubun.no
         where product.no=$no";
   return $this->db->query($sql)->row();
}
```

5 **추가에서 구분명 콤보박스 표시** : 아래 그림과 같이 콤보박스를 이용하여 구분명이 보이면서, 선택하면 구분번호(gubun_no)를 저장하려면, 먼저 구분명 정보를 모두 읽어와 〈select〉와 〈option〉 tag를 이용하여 콤보박스로 표시해야 한다.

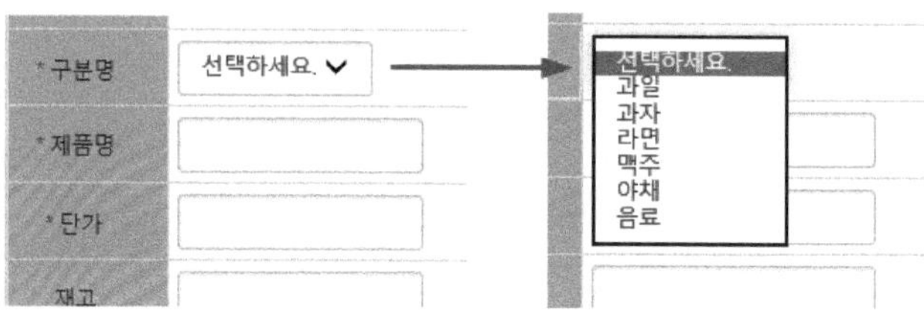

getlist_gubun 함수

1	과일
2	과자
3	라면
…	…

➜

```
〈select name="gubun_no"〉
    〈option value="1"〉과일〈/option〉
    〈option value="2"〉과자〈/option〉
    〈option value="3"〉라면〈/option〉
    …
〈/select〉
```

구분 자료를 모두 읽어오는 Product_m.php의 getlist_gubun함수는 다음과 같다.

```
function getlist_gubun()
{
   $sql="select * from gubun order by name";
   return $this->db->query($sql)->result();
}
```

이 함수는 controller폴더의 Product.php의 add함수에서 호출되며, 구해진 $data["list"]는 콤보박스로 표시하기 위하여 view('product_add',$data) 형식으로 전달된다.

```
... ... ...
$this->form_validation->set_rules("price","단가","required|numeric");

   if ($this->form_validation->run()==FALSE)
   {
      $data["list"] = $this->product_m->getlist_gubun();

      $this->load->view('main_header');
      $this->load->view('product_add',$data);
      $this->load->view('main_footer');
   }
   else
... ... ...
```

마지막으로 $data['list']는 views폴더의 product_add.php에서 콤보박스(<select>와 <option> tag)로 다음과 같이 작성해야 한다. "선택하세요."의 value는 빈 문자열을 지정하여 값이 없을 땐 저장하지 못하도록 지정해야한다. 그리고 form_validation 에러가 발생하는 경우, 선택한 구분(gubun_no) 값이 되도록 foreach문과 if문($row->no=$gubun_no)으로 처리해야 한다.

```
<tr>
        <td width="20%" class="info" style="vertical-align:middle"><font
color="red">*</font> 구분명</td>
        <td width="80%" align="left">
        <div class="form-inline">
              <select name="gubun_no" class="form-control input-sm">
                 <option value="">선택하세요.</option>
<?
      $gubun_no=set_value("gubun_no");
      foreach ($list as $row)
      {
         if ($row->no==$gubun_no)
            echo("<option value='$row->no' selected>$row->name</option>");
         else
            echo("<option value='$row->no'>$row->name</option>");
      }
?>
              </select>
```

```
            <div>
            <? if(form_error("gubun_no")==TRUE) echo form_error("gubun_no"); ?>
        </td>
    </tr>
```

6 **수정에서 구분명 콤보박스 표시** : 추가와 달리 수정에서는 수정할 제품 정보들은 $row 배열로 전달되므로 구분번호는 $row->gubun_no이다. 콤보박스를 위한 구분 정보들은 $row1로 전달되므로, 콤보박스에서 해당 값을 찾기 위해서는 if문을 이용하여 ($row->gubun_no=$row1->no)와 같이 비교해야 한다.

```
<tr>
        <td width="20%" class="info" style="vertical-align:middle"><font
color="red">*</font> 구분명</td>
        <td width="80%" align="left">
            <div class="form-inline">
                <select name="gubun_no" class="form-control input-sm">
                    <option value="">선택하세요.</option>
<?
    foreach ($list as $row1)  // row->제품, row1 -> 구분
    {
        if ($row->gubun_no==$row1->no)
            echo("<option value='$row1->no' selected>$row1->name</option>");
        else
            echo("<option value='$row1->no'>$row1->name</option>");
    }
?>
                </select>
            </div>
            <? if(form_error("gubun_no")==TRUE) echo form_error("gubun_no"); ?>
        </td>
    </tr>
```

STEP 01 제품목록에서 구분명 표시하기

① **models폴더의 Product_m.php 수정하기** : 구분명 gubun_name을 알아내기 위하여 getlist함수의 select문을 수정한다.

```
public function getlist($text1,$start,$limit)
{
    if (!$text1)
        $sql="select product.*, gubun.name as gubun_name
                from product left join gubun on product.gubun_no=gubun.no
                order by product.name limit $start,$limit";
    else
        $sql="select product.*, gubun.name as gubun_name
                from product left join gubun on product.gubun_no=gubun.no
                where product.name like '%$text1%'
                order by product.name limit $start,$limit";
    return $this->db->query($sql)->result();
}
```

② **views 폴더의 product_list.php 수정하기** : "gubun_no"를 "gubun_name"으로 수정한다.

```
<?
    foreach ($list as $row)
    {
        $no=$row->no;
?>
        <tr>
            <td><?=$no; ?></td>
            <td><?=$row->gubun_name ?></a></td>
            <td align="left"><a href="/product/view/no/<?=$no ?><?=$tmp ?>"><?=$row->name; ?></a></td>
            <td align="right"><?=number_format($row->price) ?></a></td>
            <td align="right"><?=number_format($row->jaego) ?></a></td>
        </tr>
<?
    }
?>
```

③ **실행하기** : 실행하여 결과를 확인한다.

STEP 02 제품보기에서 구분명 표시하기

① **models 폴더의 Product_m.php 수정하기** : 구분명 gubun_name을 알아내기 위하여 getrow함수의 select문을 수정한다.

```
function getrow($no)
{
    $sql="select product.*, gubun.name as gubun_name
            from product left join gubun on product.gubun_no=gubun.no
            where product.no=$no";
    return $this->db->query($sql)->row();
}
```

② **views 폴더의 product_view.php 수정하기** : 구분번호대신 구분이름이 표시되도록 $row->gubun_no를 $row->gubun_name으로 수정한다.

```
<table class="table table-bordered table-sm mymargin5">
    <tr>
        <td width="20%" class="mycolor2" style="vertical-align:middle">번호</td>
        <td width="80%" align="left"> <div class="form-inline"> <?=$row->no; ?> </div> </td>
    </tr>
    <tr>
        <td width="20%" class="mycolor2" style="vertical-align:middle"> <font color="red">*</font> 구분명</td>
        <td width="80%" align="left">
            <div class="form-inline"> <?=$row->gubun_name; ?> </div>
        </td>
    </tr>
    <tr>
        <td width="20%" class="mycolor2" style="vertical-align:middle"> <font color="red">*</font> 제품명</td>
        <td width="80%" align="left">
```

③ **실행하기** : 실행하여 결과를 확인한다.

STEP 03 추가 구분명 콤보박스 표시하기

① **Product_m.php 수정하기** : gubun 테이블에서 구분명들을 읽어오는 getlist_gubun 함수를 Product_m.php에 추가한다.

```
function getlist_gubun()
{
    $sql="select * from gubun order by name";
    return $this->db->query($sql)->result();
}
```

② **Product.php 수정하기** : Product.php의 add함수에 getlist_gubun함수를 호출하도록 수정한다.

```
public function add()
{
    $uri_array=$this->uri->uri_to_assoc(3);
    $text1 = array_key_exists("text1",$uri_array) ? "/text1/" . urldecode($uri_array["text1"]): "" ;
    $page = array_key_exists("page",$uri_array) ? "/page/" . urldecode($uri_array["page"]): 0 ;

    $this->load->library("form_validation");

    $this->form_validation->set_rules("gubun_no","구분명","required");
    $this->form_validation->set_rules("name","이름","required|max_length[50]");
    $this->form_validation->set_rules("price","단가","required|numeric");

    if ($this->form_validation->run()==FALSE)
    {
        $data["list"] = $this->product_m->getlist_gubun();

        $this->load->view('main_header');
        $this->load->view("product_row",$data);
        $this->load->view('main_footer');
    }
```

③ **product_add.php 수정하기** : 구분명 gubun_no를 콤보박스로 표시하기 위하여 수정한다.

```
<table class="table table-bordered table-sm mymargin5">
  <tr>
    <td width="20%" class="mycolor2" style="vertical-align:middle"><font color="red">*</font> 구분명</td>
    <td width="80%" align="left">
      <div class="form-inline">
        <select name="gubun_no" class="form-control form-control-sm">
          <option value="">선택하세요.</option>
<?
    $gubun_no=set_value("gubun_no");
    foreach ($list as $row)
    {
      if ($row->no==$gubun_no)
        echo("<option value='$row->no' selected>$row->name</option>");
      else
        echo("<option value='$row->no'>$row->name</option>");
    }
?>
        </select>
      </div>
      <? if(form_error("gubun_no")==TRUE) echo form_error("gubun_no"); ?>
    </td>
  </tr>
  <tr>
    <td width="20%" class="mycolor2" style="vertical-align:middle"><font color="red">*</font> 제품명</td>
    <td width="80%" align="left">
```

④ **실행하기** : 실행하여 결과를 확인한다.

STEP 04 수정 구분명 콤보박스 표시하기

① **Product.php 수정하기** : Product.php의 edit함수에 getlist_gubun함수를 호출하도록 수정한다.

```
    public function edit()
    {
        $uri_array=$this->uri->uri_to_assoc(3);
        $no = array_key_exists("no",$uri_array) ? $uri_array["no"]: "" ;
        $text1 = array_key_exists("text1",$uri_array) ? "/text1/" . urldecode($uri_array["text1"]): "" ;
        $page = array_key_exists("page",$uri_array) ? "/page/" . urldecode($uri_array["page"]): "" ;

        $this->load->library("form_validation");    // 폼검증 라이브러리 로드

        $this->form_validation->set_rules("gubun_no","구분명","required");
        $this->form_validation->set_rules("name","이름","required|max_length[50]");
        $this->form_validation->set_rules("price","단가","required|numeric");

        if ($this->form_validation->run()==FALSE)
        {
            $data["list"] = $this->product_m->getlist_gubun();

            $this->load->view('main_header');
            $this->load->view('product_title');
            $data["row"]=$this->product_m->getrow($no);
            $this->load->view("product_edit",$data);
            $this->load->view('main_footer');
        }
        else
```

② **product_edit.php 수정하기** : 구분명 gubun_no를 콤보박스로 표시하기 위하여 수정한다.

```
<tr>
    <td width="20%" class="mycolor2" style="vertical-align:middle"><font color="red">*</font> 구분명</td>
    <td width="80%" align="left">
        <div class="form-inline">
            <select name="gubun_no" class="form-control form-control-sm">
                <option value="">선택하세요.</option>
<?
    foreach ($list as $row1)
    {
        if ($row->gubun_no==$row1->no)
            echo("<option value='$row1->no' selected>$row1->name</option>");
        else
            echo("<option value='$row1->no'>$row1->name</option>");
    }
?>
            </select>
        </div>
        <? if(form_error("gubun_no")==TRUE) echo form_error("gubun_no"); ?>
    </td>
</tr>
<tr>
    <td width="20%" class="mycolor2" style="vertical-align:middle"><font color="red">*</font> 제품명</td>
    <td width="80%" align="left">
```

③ **실행하기** : 실행하여 결과를 확인한다.

5.2.4 제품사진 업로드 및 표시하기

실습목적

이번에는 앞에서 만든 제품화면에 다음과 같이 제품사진을 업로드하고 표시할 수 있도록 만들어라.

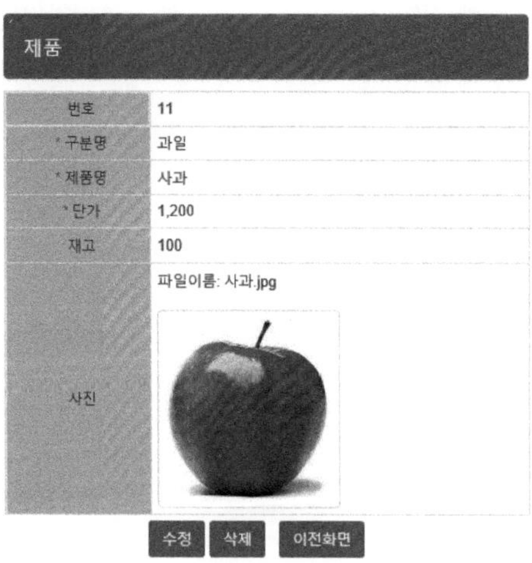

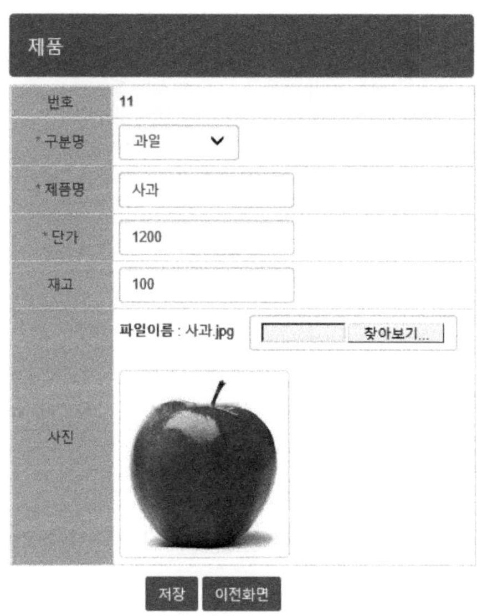

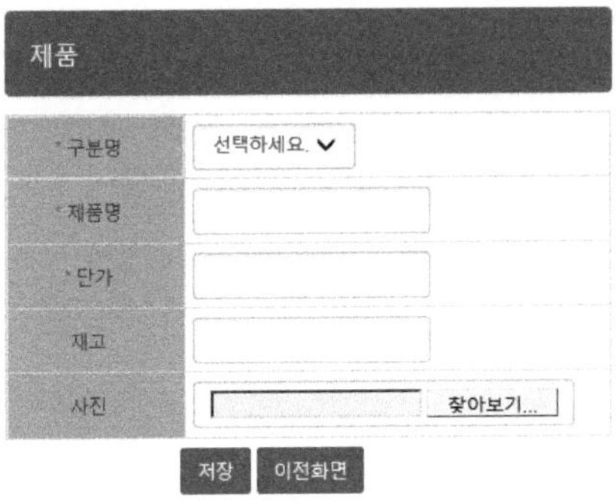

실습이론

1 **Upload 라이브러리 선언** : Codeigniter에는 파일을 업로드처리를 쉽게 해주는 라이브러리가 있어 개발자가 손쉽게 사용할 수 있도록 제공하고 있다. 이를 사용하려면 먼저 다음과 같이 Product클래스의 __construct함수에 선언해야 한다. upload 라이브러리에 대한 내용은 http://www.ciboard.co.kr/user_guide/kr/ 사이트에서 참고하길 바란다.

```
function __construct()
{
    parent::__construct();
…  …  …
    $this->load->library('pagination');
    $this->load->library('upload');
}
```

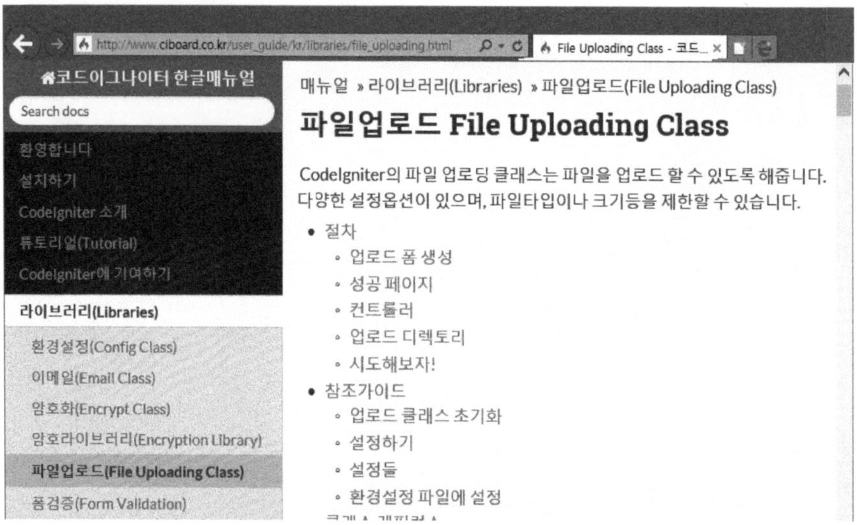

www.ciboard.co.kr/user_guide/kr/

upload라이브러리를 사용하기 위해서는 다음과 같이 먼저 환경설정을 한 후, 적용해야 한다. 그밖에 이미지 최대파일크기(max_size)나 최대가로길이(max_width), 최대세로길이(max_height) 등 다양한 옵션들이 있다. 위 옵션들은 지정하지 않은 경우는 최대크기로 지정된다.

```
$config['upload_path'] = '저장할 경로';              ➜ ./경로/
$config['allowed_types'] = 저장할 파일 종류';        ➜ jpg|gif|bmp
$config['overwrite']     = overwirte 허용;           ➜ true
$this->upload->initialize($config);
```

업로드는 do_upload함수를 호출하면 되며, 성공했으면 true를 돌려준다. 성공한 경우에는 업로드한 파일 정보를 돌려주는데, 파일이름(file_name)과 크기(file_size), 확장자(file_ext), 이미지 가로길이(image_width), 이미지 세로길이(image_height) 등 다양한 정보를 돌려준다.

```
$this->upload->do_upload('input변수명')               ➜ 업로드 실행

$picname =$this->upload->data("file_name");            ➜ 파일이름
$pcisize  =$this->upload->data("file_size);            ➜ 파일사이즈
```

2 **product_img 폴더** : 업로드한 이미지들을 저장할 폴더는 홈페이지 폴더 밑에 product_img라는 폴더를 만들어 이용하겠다.

```
c:₩APM₩Apache24₩htdocs₩product_img
```

만약 리눅스를 이용하는 경우에는 업로드접근을 허용하기 위하여 해당 폴더의 권한을 "chmod 777 product_img"를 이용해 풀어 줘야 한다. 여기서 html폴더는 리눅스인 경우 홈페이지 폴더이름인 경우다.

```
cd html
mkdir product_img
chmod 777 product_img
```

3 **call_upload 함수** : Product.php에 작성할 이 함수는 upload 라이브러리를 이용해 이미지를 업로드하고, 성공했을 때는 파일이름을 돌려주는 함수이다. 만약 실패한 경우에는 빈 문자열을 돌려준다. 여기서는 파일을 저장하는 폴더는 product_img이므로 "./product_img/"라고 지정했으며, 이미지 파일종류는 jpg, gif, png로 제한했다. 그리고 동일파일이름이 있는 경우에는 겹쳐 쓰도록 지정하였다.

```
public function call_upload()
{
   $config['upload_path'] = './product_img/';           → 저장할 경로
   $config['allowed_types']  = 'gif|jpg|png';           → 저장할 파일 종류
   $config['overwrite']      = TRUE;                    → overwirte 허용
   $this->upload->initialize($config);                  → 설정 적용

   if (!$this->upload->do_upload('pic'))                → 업로드 시작
      $picname="";                                      → 실패 경우, 빈 문자열 리턴
   else
      $picname=$this->upload->data("file_name");        → 성공 경우, 파일이름 리턴

   return $picname;
}
```

④ **add, edit 함수** : Product.php의 add, edit 함수의 경우에는 단순히 call_upload를 호출하여 업로드 할 파일이름을 $data배열의 pic필드에 $pic_name을 저장하면 된다. 기존에 등록된 그림파일이 있는 경우, 변경하지 않는 경우에는 그대로 유지되어야 한다. 따라서 그림파일 이름 $picname이 있는 경우에만 pic정보를 저장하도록 다음과 같이 작성해야 한다.

```
… … …
else
{
   $data = array(
      'gubun_no'   => $this->input->post("gubun_no",TRUE),
      'name'       => $this->input->post("name",TRUE),
      'price'      => $this->input->post("price",TRUE),
      'jaego'      => $this->input->post("jaego",TRUE)
                    pic 내용 삭제..
   );

   $picname = $this->call_upload();              → 업로드 시작
   if ($picname) $data["pic"] = $picname;        → 파일이름 저장

   $result = $this->product_m-> …
… … …
```

⑥ **Bootstrap 이미지 표시** : Bootstrap에는 Thumbnail형식으로 이미지를 출력시키는 img-fluid, img-thumbnail 클래스가 있다. 아래 프로그램은 product_img 폴더의 이미지를 가로크기를 200, 세로는 auto로 thumbnail형식으로 출력시킨다. 그림이 없는 경우에는 경로명과 파일이름을 빈칸으로 출력시키며, product_view.php와 product_edit.php에 이미지를 출력시킬 때 적용하면 된다. image 클래스에 대한 자세한 내용은 Bootstrap 홈페이지를 참고하길 바란다.

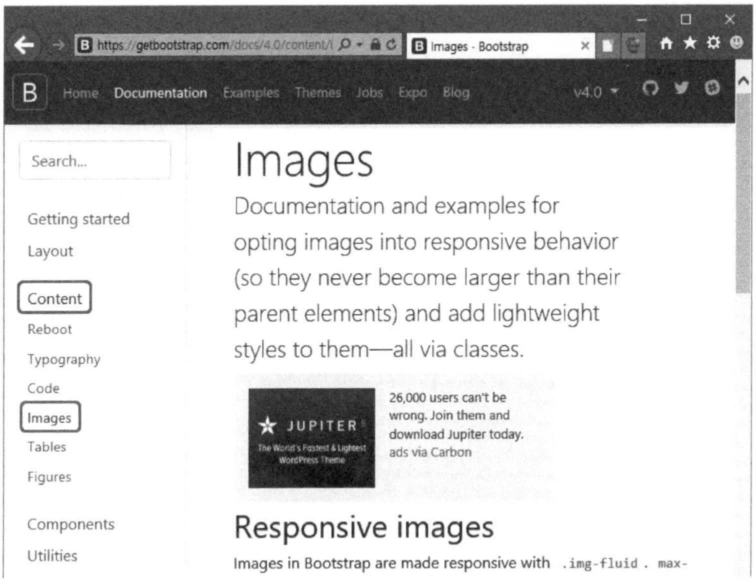


```
이미지가 있는 경우 :
<img src="/경로/파일이름" width="200" class="img-fluid img-thumbnail mymargin5">

이미지가 없는 경우 :
<img src="" width="200" class="img-fluid img-thumbnail mymargin5">
```

7 **product_view** : view화면에서는 파일이름과 이미지만 표시하면 된다. 따라서 <img> tag를 이용하여 product_view에서 다음과 같이 사용할 수 있다.

파일이름: 사과.jpg

```
<div class="form-inline">
    <b>파일이름</b> : <?=$row->pic ?> <br>
</div>
<?
  if ($row->pic)          // 이미지가 있는 경우
     echo("<img src='/product_img/$row->pic' width='200'
               class='img-fluid img-thumbnail'>");
else                      // 이미지가 없는 경우
     echo("<img src='' width='200'
               class='img-fluid img-thumbnail'>");
?>
```

8 **product_add** : 추가화면에서는 사진을 표시할 필요가 없으므로, 사진파일을 선택할 수 있도록 프로그램하면 된다. 먼저 파일을 업로드하려면, <form> tag에 다음과 같이 반드시 enctype을 선언해야 한다.

```
<form name="form1" method="post" action="" enctype="multipart/form-data" class
="form-inline">
```

그리고 파일찾아보기를 위하여 input type을 text에서 "file"로 지정해야 한다.

```
<div class="form-inline">
   <input type="file" name="pic" value="" class="form-control form-control-sm" >
</div>
```

9 **product_edit** : 수정화면에서는 사진표시와 사진파일을 선택할 수 있도록 만들어야 한다. 먼저 <form> tag에 enctype을 선언해야 하며,

```
<form name="form1" method="post" action="" enctype="multipart/form-data" class
="form-inline">
```

파일찾아보기를 위하여 input type을 "file"로 지정해야 한다.

```
  <div class="form-inline">
     <b>파일이름</b> : <?=$row->pic; ?>   
     <input type="file" name="pic" value="" class="form-control form-control-sm"
><br>
  </div>
<?
  if ($row->pic)
     echo("<img src='/product_img/$row->pic' width='200' class='img-fluid
              img-thumbnail'>");
  else
     echo("<img src='' width='200' class='img-fluid img-thumbnail'>");
?>
```

STEP 01 제품 이미지 upload 기능 추가하기

① **product_img 폴더 만들기** : 업로드할 제품사진들을 저장할 폴더를 c:₩APM₩Apache24₩htdocs 밑에 "product_img" 라는 폴더를 만든다(만약 서버가 리눅스인 경우는 product_img 폴더의 권한을 777로 변경해야 한다).

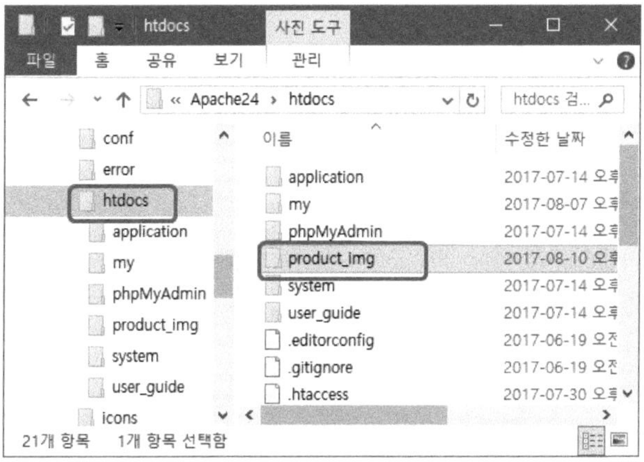

② **Product.php에 upload 라이브러리 선언** : __construct함수에 upload 라이브러리를 선언한다.

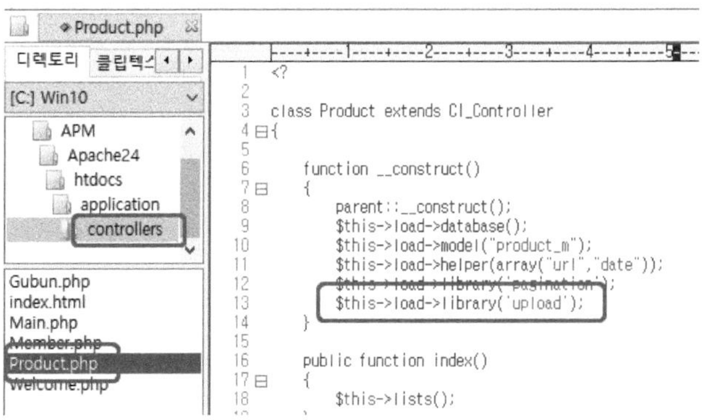

③ **Product.php에 call_upload함수 선언** : call_upload함수를 추가한다.

```
            $result = $this->product_m->updaterow($data,$no);

            redirect("/product/lists" . $text1 . $page);
        }
    }

    public function call_upload()
    {
        $config['upload_path']      = './product_img';
        $config['allowed_types']    = 'gif|jpg|png';
        $config['overwrite']        = TRUE;
        $this->upload->initialize($config);

        if (!$this->upload->do_upload('pic'))
            $picname="";
        else
            $picname=$this->upload->data("file_name");

        return $picname;
    }

}

?>
```

④ **Product.php의 add 함수 수정** : $data배열에서 기존의 pic필드부분을 삭제하고 call_upload함수를 호출하는 프로그램을 작성한다.

```
    public function add()
    {
        $uri_array=$this->uri->uri_to_assoc(3);
        $no = array_key_exists("no",$uri_array) ? $uri_array
...
            $this->load->view("product_add",$data);
            $this->load->view("main_footer");
        }
        else
        {
            $data = array(
                'gubun_no'  => $this->input->post("gubun_no",TRUE),
                'name'      => $this->input->post("name",TRUE),
                'price'     => $this->input->post("price",TRUE),
                'jaego'     => $this->input->post("jaego",TRUE),

            );

            $picname=$this->call_upload();
            if ($picname) $data["pic"]=$picname;
            $result = $this->product_m->insertrow($data);

            redirect("/product/lists" . $text1 . $page);
        }
    }
```

⑤ **Product.php의 edit 함수 수정** : $data배열에서 기존의 pic필드부분을 삭제하고 call_upload함수를 호출하는 프로그램을 작성한다.

```
    public function save($act)
    {
        $uri_array=$this->uri->uri_to_assoc(3);
        $no = array_key_exists("no",$uri_array) ? $uri_array["no"] : "";
```

```
            $data["row"]=$this->product_m->getrow($no);
            $this->load->view("product_edit",$data);
            $this->load->view("main_footer");
        }
        else
        {
            $data = array(
                'gubun_no'  => $this->input->post("gubun_no",TRUE),
                'name'      => $this->input->post("name",TRUE),
                'price'     => $this->input->post("price",TRUE),
                'jaego'     => $this->input->post("jaego",TRUE),

            );

            $picname=$this->call_upload();
            if ($picname) $data["pic"]=$picname;

            $result = $this->product_m->updaterow($data,$no);

            redirect("/product/lists" . $text1 . $page);
        }
    }
```

⑥ **product_add.php 수정** : 이미지를 추가할 수 있도록 수정한다. 그리고 실행하여 사진을 추가해본다.

product_add.php

```

<form name="form1" method="post" action="" enctype="multipart/form-data" class="form-inline">

<table class="table table-bordered table-condensed mymargin5">
  <tr>
    <td width="20%" class="info" style="vertical-align:middle"><font color="red">*</font> 구분명</
    <td width="80%" align="left">
        <select name="gubun_no" class="form-control form-control-sm">
            <option value="">선택하세요.</option>
```

```
  <tr>
    <td width="20%" class="mycolor2" style="vertical-align:middle">재고</td>
    <td width="80%" align="left">
      <div class="form-inline">
        <input type="text" name="jaego" value="" class="form-control form-control-sm">
      </div>
    </td>
  </tr>
  <tr>
    <td width="20%" class="mycolor2" style="vertical-align:middle">사진</td>
    <td width="80%" align="left">
      <div class="form-inline">
        <input type="file" name="pic" value="" class="form-control form-control-sm">
      </div>
    </td>
  </tr>
</table>
```

⑦ **product_view.php 수정** : 제품보기화면에 이미지를 표시하기 위하여 수정한다. 그리고 실행하여 이미지가 표시되는지 확인한다.

```
<tr>
    <td width="20%" class="mycolor2" style="vertical-align:middle">재고</td>
    <td width="80%" align="left">
        <div class="form-inline"><?=$row->jaego; ?></div>
    </td>
</tr>
<tr>
    <td width="20%" class="mycolor2" style="vertical-align:middle">사진</td>
    <td width="80%" align="left">
        <div class="form-inline">
            <b>파일이름</b> : <?=$row->pic; ?> <br>
        </div>
<?
    if ($row->pic)
        echo("<img src='/product_img/$row->pic' width='200' class='img-fluid img-thumbnail'>");
    else
        echo("<img src='' width='200' class='img-fluid img-thumbnail'>");
?>
    </td>
</tr>
</table>

<div align="center">
    <a href="/product/edit<?=$tmp;?>" class="btn btn-sm mycolor1">수정</a>
```

⑧ **product_edit.php 수정** : 이미지를 표시 및 수정할 수 있도록 수정한다.

```
<form name="form1" method="post" action="" enctype="multipart/form-data" class="form-inline">

<table class="table table-bordered table-condensed mymargin5">
    <tr>
        <td width="20%" class="info" style="vertical-align:middle">번호</td>
        <td width="80%" align="left"><?=$row->no ?></td>
    </tr>
    <tr>
        <td width="20%" class="info" style="vertical-align:middle"><font color="red">*</font> 구분명<
        <td width="80%" align="left">
            <select name="gubun_no" class="form-control form-control-sm" >
                <option value="">선택하세요.</option>

    <tr>
        <td width="20%" class="mycolor2" style="vertical-align:middle">재고</td>
        <td width="80%" align="left">
            <div class="form-inline">
                <input type="text" name="name" size="20" maxlength="20" value="<?=$row->jaego; ?>"
                    class="form-control form-control-sm">
            </div>
        </td>
    </tr>
    <tr>
        <td width="20%" class="mycolor2" style="vertical-align:middle">사진</td>
        <td width="80%" align="left">
            <div class="form-inline">
                <b>파일이름</b> : <?=$row->pic; ?>   
                <input type="file" name="pic" value="" size="20" class="form-control form-control-sm" ><br>
            </div>
<?
                if ($row->pic)
                    echo("<img src='/product_img/$row->pic' width='200' class='img-fluid img-thumbnail'>");
                else
                    echo("<img src='' width='200' class='img-fluid img-thumbnail'>");
?>
        </td>
    </tr>
</table>
```

⑨ **실행하기** : 실행하여 결과를 확인한다.

Chapter 08

장부

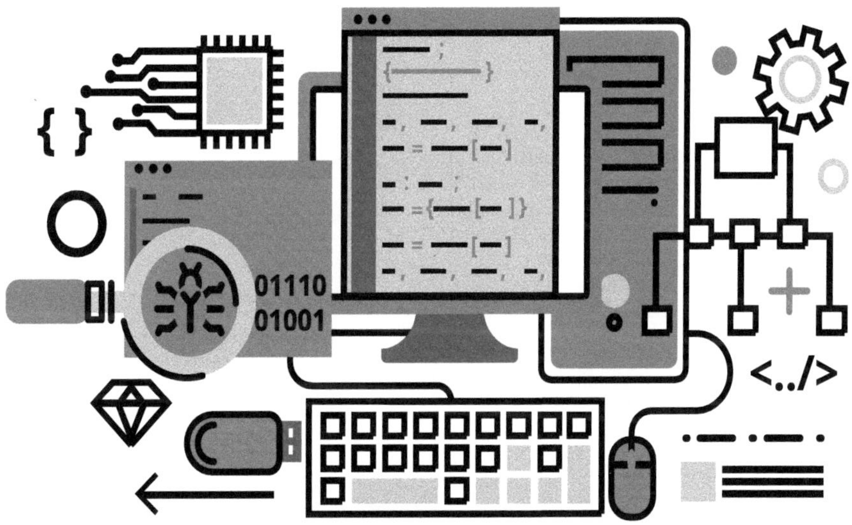

6.1 매입장 만들기

6.1.1 jangbu 테이블 만들기

실습목적

phpmyadmin을 이용하여 매입, 매출 정보를 저장할 수 있는 jangbu 테이블을 만들어라.

실습이론

[1] **jangbu 테이블** : 매입, 매출정보를 나타내는 jangbu 테이블 구조는 아래 표와 같다.

		필드명	자료형	Null	비고
1	번호	no	int	☐	auto_increment, 기본키
2	매입/매출	io	tinyint	☑	매입=0, 매출=1
3	날짜	writeday	date	☑	
4	제품명	product_no	int	☑	
5	단가	price	int	☑	
6	매입수량	numi	int	☑	
7	매출수량	numo	int	☑	
8	금액	prices	int	☑	
9	비고	bigo	varchar(20)	☑	

STEP 01 jangbu 테이블 만들기

① **jangbu 테이블 만들기** : 아래 그림과 같이 "sale"을 선택한다. 그리고 테이블 이름에 "jangbu", 칼럼수에 "9"를 입력한 후, [실행]버튼을 클릭한다. 테이블 구조 입력화면이 나오면, 입력하고 저장한다.

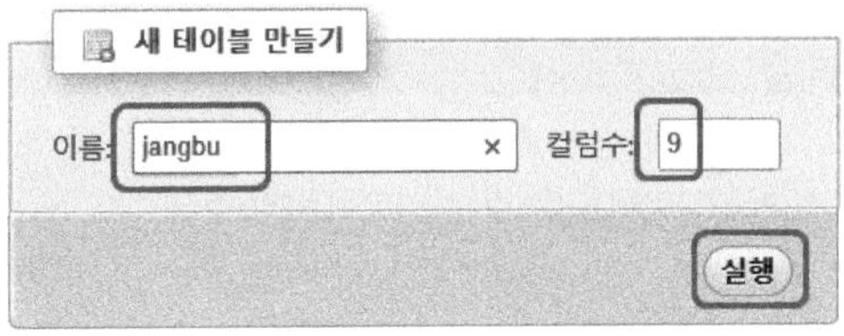

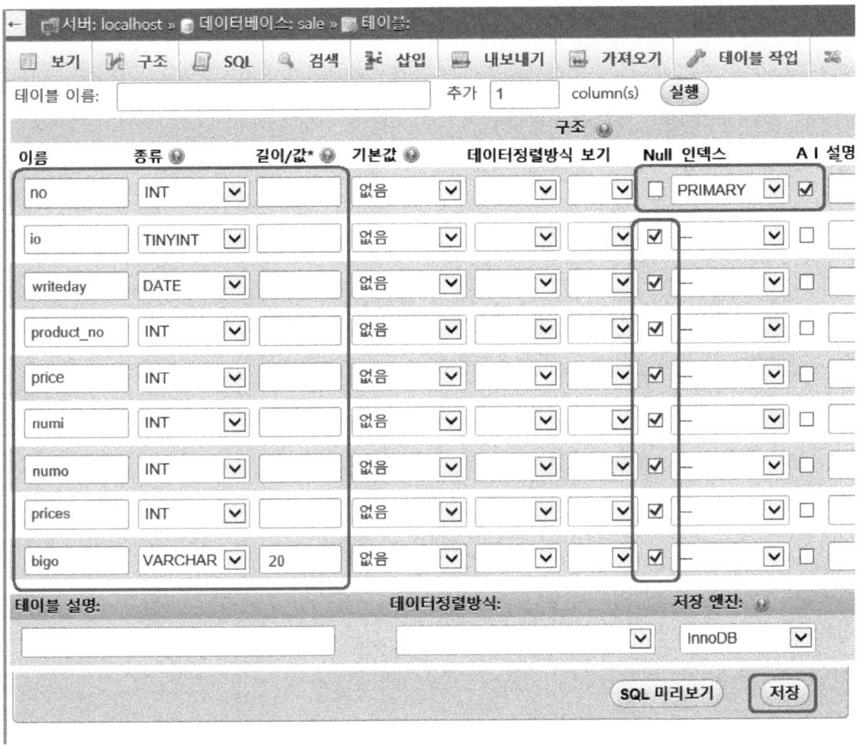

6.1.2 매입장 기본 만들기

매입장에서 제품을 입력할 수 있는 콤보박스와 join on 관계 이용은 나중에 하고, 일단 product테이블에 맞게 기본 작업을 먼저 하겠다. 그리고 이 작업이 끝난 후, 콤보박스와 join on 처리를 하겠다.

실습목적

제품관리 프로그램을 복사하여 다음 그림과 같은 매입관리 프로그램을 만들어라. 제품명 입력은 콤보박스를 이용하며, 제품관리의 구분명 콤보박스를 이용하여 만든다.

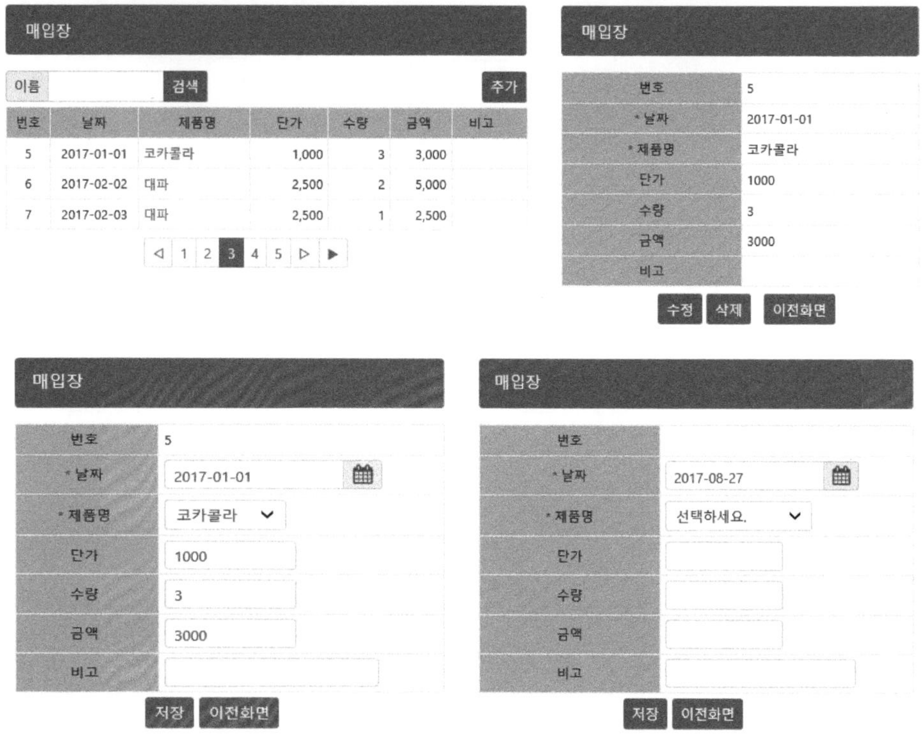

실습이론

1 **제품관리 프로그램 이용하기** : 매입화면들도 제품관리 파일들을 복사하여 만들면 쉽게 만들 수 있다.

2 **프로그램 수정 순서** : 제품관리 파일을 복사하여 작업하는 순서는 다음과 같다.

1) Product.php ➜ Jangbui.php, Product_m.php
   ➜ Jangbui_m.php, product_list.php ➜ jangbui_list.php, product_add.php
   ➜ jangbui_add.php, product_view.php
   ➜ jangbui_view.php, product_edit.php ➜ jangbui_edit.php로 복사한다.
2) 프로그램 내용 중, product글자를 jangbui 글자로 모두 수정한다. 주의할 점은 클래스이름은 반드시 첫 글자가 대문자래야 한다.
3) product 테이블 내용을 jangbui 테이블 내용으로 수정한다.
4) main_header.php에서 매입 메뉴를 클릭한 경우 화면이 나오도록 링크를 수정한다.

3 **날짜검색 수정** : 매입장에서는 이름검색이 아니라 날짜로 검색을 해야 하며, 해당 날짜의 자료만 표시된다. 따라서 text1값이 항상 존재하므로, 프로그램 내용 중 해당부분을 찾아 다음과 같이 if문을 수정해야 한다.

if ($text1=="")
  A 프로그램
else
  B 프로그램
	혹은	if (!$text1)
		  A 프로그램
		else
		  B 프로그램
			➜	B 프로그램

그리고 Jangbui_m.php에서 SQL문의 where조건도 매입장(io=0)의 날짜 검색(writeday='text1')이 되도록 수정해야 한다. getlist함수의 SQL 문은 다음과 같이 수정해야 한다.

```
$sql="select jangbu.*, product.name as product_name
        from jangbu left join product on jangbu.product_no=product.no
        where jangbu.io=0 and jangbu.writeday='$text1'
        order by jangbu.no limit $start,$limit";
```

rowcount함수의 SQL문은 다음과 같이 수정해야한다.

```
$query="select … where name like '%$text1%' order by name";
                    ↓
$query="select … where io=0 and writeday='$text1'";
```

4 **날짜 지역 지정** : PHP에서 오늘 날짜는 date("Y-m-d")를 이용하여 알 수 있다. 그러나 Codeigniter에서는 이 함수를 이용하기 위해서는 먼저 helper("date")를 선언하고, date helper에 등록되어 있는 date_default_timezone_set함수를 이용하여 "아시아/서울(Asia/Seoul)"을 설정해야 사용할 수 있다.

```
$this->load->helper(array("url","date"));          ➜ Helper 선언
date_default_timezone_set("Asia/Seoul");           ➜ 지역설정
$today=date("Y-m-d");                              ➜ 오늘날짜
```

STEP 01 Jangbui.php 만들기

① **Jangbui.php 만들기** : controls 폴더에 있는 Product.php 파일을 읽은 후, Jangbui.php라는 새 이름으로 저장한다. Jangbui.php에서 "Ctrl+H"키를 눌러 바꾸기 창을 연다. 〈찾을 말〉은 "product", 〈바꿀 말〉은 "jangbui"로 입력한 후, [모든 바꿈]버튼을 클릭하여 바꾼다.

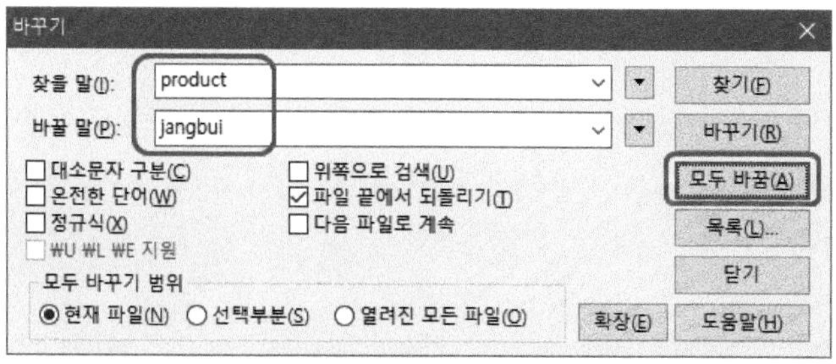

② **클래스이름은 대문자** : 모두 바꾸기를 하면 클래스이름이 소문자로 변경된다. 첫 글자가 대문자가 되게 jangbui에서 Jangbui로 수정한다. 그리고 upload 라이브러리는 더 이상 필요 없으므로 삭제하고, 날짜시간 지역설정을 "Asia/Seoul"로 한다.

```
<?

class Jangbui extends CI_Controller
{

    function __construct()
    {
        parent::__construct();
        $this->load->database();
        $this->load->model("jangbui_m");
        $this->load->helper(array("url","date"));
        $this->load->library('pagination');



        date_default_timezone_set("Asia/Seoul");
    }
```

③ **lists함수 수정** : text1이 없을 때는 오늘 날짜 date("Y-m-d")가 초기값이 되도록 $text1과 $base_url을 아래와 같이 수정한다.

```
public function lists()
{
    $uri_array=$this->uri->uri_to_assoc(3);
    $text1 = array_key_exists("text1",$uri_array) ? urldecode($uri_array["text1"]) : date("Y-m-d") ;

    $base_url="/jangbui/lists/text1/$text1/page";
    $page_segment = substr_count( substr($base_url,0,strpos($base_url,"page")) ,"/")+1;

    $config["per_page"]     = 5;
    $config["total_rows"]   = $this->jangbui_m->rowcount($text1);
    $config["uri_segment"]  = $page_segment;
    $config["base_url"]     = $base_url;
    $this->pagination->initialize($config);

    $data["page"] = $this->uri->segment($page_segment,0);
```

④ **add 함수 수정** : add함수에서 product테이블과 upload에 관련된 내용은 삭제하고, jangbu 필드인 io, writeday, product_no, price, numi, numo, prices, bigo의 내용이 되도록 수정한다. 그리고 매입장이므로, 매출수량인 numo는 0을 지정해야 한다. form_validation은 날짜와 제품명만 지정하였다. 여기서 $this->jangbui_m->getlist_product() 함수는 구분정보 대신에 Jangui_m.php에서 제품정보를 알아오는 함수이다.

```
public function add()
{
    $uri_array=$this->uri->uri_to_assoc(3);
    $text1 = array_key_exists("text1",$uri_array) ? "/text1/" . urldecode($uri_array["text1"]) : "";
    $page = array_key_exists("page",$uri_array) ? "/page/" . urldecode($uri_array["page"]) : 0;

    $this->load->library("form_validation");

    $this->form_validation->set_rules("writeday","날짜","required");
    $this->form_validation->set_rules("product_no","제품명","required");

    if ($this->form_validation->run()==FALSE)
    {
        $data["list"] = $this->jangbui_m->getlist_product();

        $this->load->view('main_header');
        $this->load->view("jangbui_add",$data);
        $this->load->view('main_footer');
    }
    else
    {
        $data = array(
            "io"          => 0,
            "writeday"    => $this->input->post("writeday",TRUE),
            "product_no"  => $this->input->post("product_no",TRUE),
            "price"       => $this->input->post("price",TRUE),
            "numi"        => $this->input->post("numi",TRUE),
            "numo"        => 0,
            "prices"      => $this->input->post("prices",TRUE),
            "bigo"        => $this->input->post("bigo",TRUE)
        );



        $result = $this->jangbui_m->insertrow($data);

        redirect("/jangbui/lists" . $text1 . $page);
    }
}
```

⑤ **edit 함수 수정** : edit함수에서도 product테이블과 upload에 관련된 내용은 삭제하고, jangbu 필드인 io, writeday, product_no, price, numi, numo, prices, bigo의 내용이 되도록 수정한다. 그리고 매입장이므로, 매출수량인 numo는 0을 지정해야 한다. form_validation은 날짜와 제품명만 지정하였다. 여기서 $this->jangbui_m->

getlist_product()함수는 구분정보 대신에 Jangui_m.php에서 제품정보를 알아오는 함수이다.

```
public function edit()
{
    $uri_array=$this->uri->uri_to_assoc(3);
    $no = array_key_exists("no",$uri_array) ? $uri_array["no"] : "";
    $text1 = array_key_exists("text1",$uri_array) ? "/text1/" . urldecode($uri_array["text1"]) : "";
    $page = array_key_exists("page",$uri_array) ? "/page/" . urldecode($uri_array["page"]) : 0;

    $this->load->library("form_validation");

    $this->form_validation->set_rules("writeday","날짜","required");
    $this->form_validation->set_rules("product_no","제품명","required");

    if ($this->form_validation->run()==FALSE)
    {
        $data["list"] = $this->jangbui_m->getlist_product();

        $this->load->view('main_header');
        $data["row"]=$this->jangbui_m->getrow($no);
        $this->load->view("jangbui_row",$data);
        $this->load->view('main_footer');
    }
    else
    {
        $data = array(
            "io"          => 0,
            "writeday"    => $this->input->post("writeday",TRUE),
            "product_no"  => $this->input->post("product_no",TRUE),
            "price"       => $this->input->post("price",TRUE),
            "numi"        => $this->input->post("numi",TRUE),
            "numo"        => 0,
            "prices"      => $this->input->post("prices",TRUE),
            "bigo"        => $this->input->post("bigo",TRUE)
        );

        $result = $this->jangbui_m->updaterow($data,$no);

        redirect("/jangbui/lists" . $text1 . $page);
    }
}
```

⑥ **call_upload함수 삭제** : 업로드함수인 call_uplaod함수는 필요없으므로, 삭제한다.

STEP 02 Jangbui_m.php 만들기

① **Jangbui_m.php 만들기** : models 폴더에 있는 Product_m php 파일을 읽은 후, Jangbui_m.php라는 새 이름으로 저장한다. Jangbui_m.php에서 "Ctrl+H"키를 눌러 바꾸기 창을 연다. 〈찾을 말〉은 "product", 〈바꿀 말〉은 "jangbu"로 입력한 후, [모든 바꿈]버튼을 클릭하여 바꾼다. Jangbui가 아닌 jangbu로 바꾸는 이유는 테이블 이름 jangbu도 변경되기 때문이다.

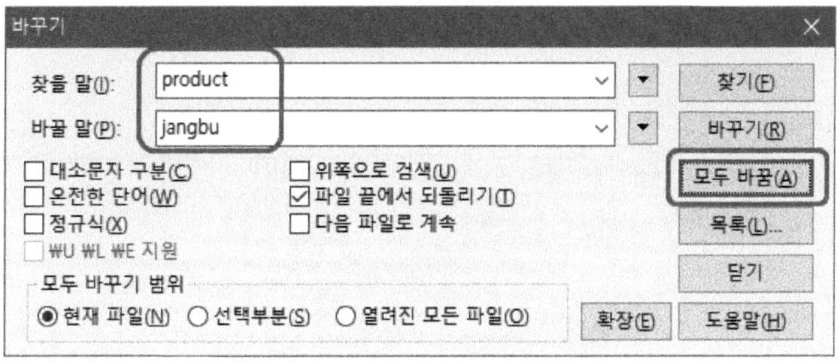

② **클래스이름은 대문자** : 모두 바꾸기를 하면 클래스이름이 소문자로 변경된다. 첫 글자가 대문자가 되게 jangbu에서 Jangbui로 수정한다.

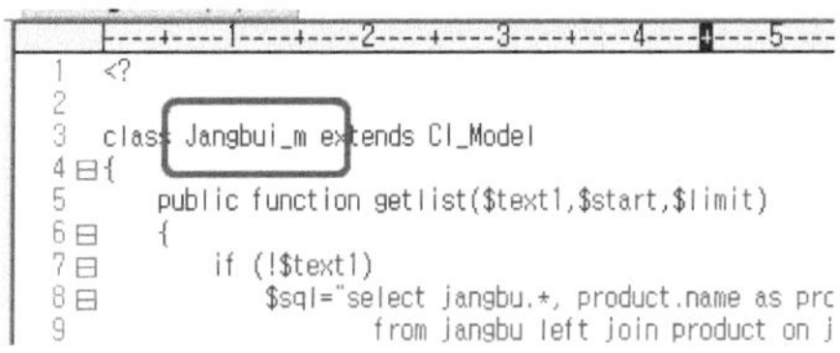

③ **gubun→product로 변경하기** : 이번에는 "Ctrl+H"키를 눌러 바꾸기 창을 연다. 〈찾을 말〉은 "gubun", 〈바꿀 말〉은 "product"로 입력한 후, [모든 바꿈]버튼을 클릭하여 바꾼다.

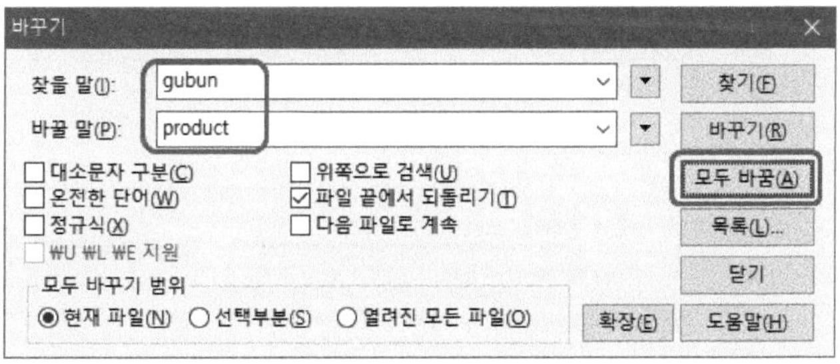

④ **Select문의 where절 수정** : getlist함수와 rowcount함수에서 if문을 삭제한다. 그리고 product와 jangbu 테이블의 join 관계를 이용하여 where절에서 날짜검색이 되도록 수정한다.

```
<?

class Jangbui_m extends CI_Model
{
    public function getlist($text1,$start,$limit)
    {
        $sql="select jangbu.*, product.name as product_name
              from jangbu left join product on jangbu.product_no=product.no
              where jangbu.io=0 and jangbu.writeday='$text1'
              order by jangbu.no limit $start,$limit";
        return $this->db->query($sql)->result();
    }

    public function rowcount($text1)
    {
        $sql="select * from jangbu where io=0 and jangbu.writeday='$text1'";
        return $this->db->query($sql)->num_rows();
    }

```

STEP 03 Jangbui_list 만들기

① **jangbui_list.php 만들기** : views 폴더에 있는 product_list.php 파일을 읽은 후, jangbui_list.php라는 새 이름으로 저장한다. product_list.php에서 "Ctrl+H"키를 눌러 바꾸기 창을 연다. 〈찾을 말〉은 "product", 〈바꿀 말〉은 "jangbui"로 입력한 후, [모든 바꿈]버튼을 클릭하여 바꾼다.

② **jangbui_list.php 수정** : 제품 표시를 제품에서 "매입장"으로 변경하고, find_text함수의 if문을 삭제하여 수정한다. 그리고 검색부분에서 "이름"을 "날짜"로 수정한다.

```
<br>
<div class="alert mycolor1" role="alert">매입장</div>

<script>
    function find_text()
    {
        form1.action="/jangbui/lists/text1/" + form1.text1.value+"/page";
        form1.submit();
    }
</script>

<form name="form1" action="" method="post">

<div class="row">
    <div class="col-3" align="left">
        <div class="input-group input-group-sm">
            <div class="input-group-prepend">
                <span class="input-group-text">날짜</span>
            </div>
            <input type="text" name="text1" value="<?=$text1?>" class="form-control"
                onkeydown="if (event.keyCode == 13){ find_text(); }">
            <span class="input-group-append">
                <button class="btn btn-sm mycolor1" type="button"
                    onClick="javascript:find_text();">검색</button>
            </span>
        </div>
    </div>
```

③ **필드 내용 수정** : jangbu 테이블의 제품명(product_no), 단가(price), 매입수량(numi), 금액(prices), 비고(bigo) 필드 내용이 되도록 수정한다.

```
    <table class="table table-sm table-bordered mymargin5">
        <tr class="mycolor2">
            <td width="5%">번호</td>
            <td width="15%">날짜</td>
            <td width="30%">제품명</td>
            <td width="15%">단가</td>
            <td width="10%">수량</td>
            <td width="15%">금액</td>
            <td width="10%">비고</td>
        </tr>
<?
    foreach ($list as $row)
    {
        $no=$row->no;
?>
        <tr>
            <td><?=$row->no ?></a></td>
            <td><?=$row->writeday ?></a></td>
            <td align="left"><a href="/jangbui/view/no/<?=$no ?><?=$tmp ?>"><?=$row->product_name; ?></a></td>
            <td align="right"><?=number_format($row->price) ?></a></td>
            <td align="right"><?=number_format($row->numi) ?></a></td>
            <td align="right"><?=number_format($row->prices) ?></a></td>
            <td align="left"><?=$row->bigo ?></a></td>
        </tr>
<?
    }
?>
    </table>
```

④ **매입 메뉴 등록하기** : main_header.php를 읽어와 매입 메뉴를 클릭했을 때 매입장 목록화면이 나오도록 〈a〉 tag의 href 를 "/jangbui"로 수정한다.

```
    <nav class="navbar navbar-expand-lg navbar-dark bg-dark">
        <a class="navbar-brand" href="#">판매관리</a>
            <button class="navbar-toggler" type="button" data-toggle="collapse" data-target="#nav
            aria-expanded="false" aria-label="Toggle navigation">
            <span class="navbar-toggler-icon"></span>
            </button>
            <div class="collapse navbar-collapse" id="navbarNavDropdown">
                <ul class="navbar-nav">
                <li class="nav-item"><a class="nav-link" href="/jangbui">매입</a></li>
                <li class="nav-item"><a class="nav-link" href="#">매출</a></li>
                <li class="nav-item dropdown">
                    <a class="nav-link dropdown-toggle" href="#" id="navbarDropdownMenuLink" data
                    aria-expanded="false">기간별</a>
```

⑤ **실행하기** : 실행하여 결과를 확인한다.

매입장

날짜 2018-05-09 검색 추가

번호	날짜	제품명	단가	수량	금액	비고
2	2018-05-09	대파	50	10	500	A사

STEP 04 jangbui_add.php 만들기

① **jangbui_add.php 만들기** : views 폴더에 있는 product_add.php 파일을 읽은 후,

jangbui_add.php라는 새 이름으로 저장한다. jangbui_add.php를 부른 후, "Ctrl+H"키를 눌러 바꾸기 창을 연다. 〈찾을 말〉은 "product", 〈바꿀 말〉은 "jangbui"로 입력한 후, [모든 바꿈]버튼을 클릭하여 바꾼다.

② **gubun→product로 변경하기** : 이번에는 "Ctrl+H"키를 눌러 바꾸기 창을 연다. 〈찾을 말〉은 "gubun", 〈바꿀 말〉은 "product"로 입력한 후, [모든 바꿈]버튼을 클릭하여 바꾼다.

③ **jangbui_add.php 수정** : jangbui 테이블에 맞게 제품명(product_no), 단가(price), 매입수량(numi), 금액(prices], 비고(bigo) 필드 내용이 되도록 수정한다.

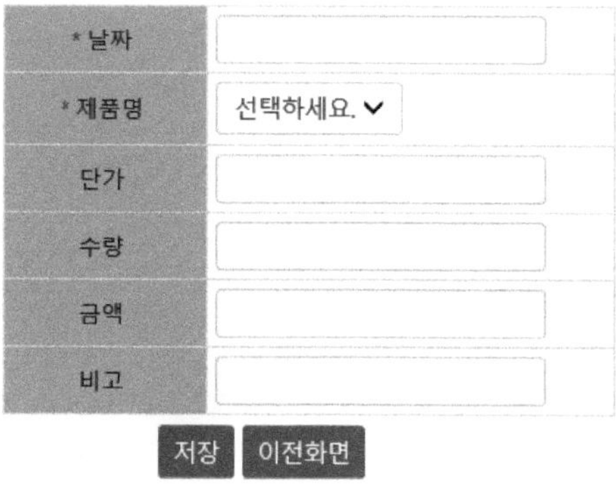


```
<br>
<div class="alert mycolor1" role="alert">제품</div>

<form name="form1" method="post" action="">

<table class="table table-bordered table-sm mymargin5">
    <tr>
        <td width="20%" class="mycolor2" style="vertical-align:middle"><font color="red">*</font> 날짜</td>
        <td width="80%" align="left">
            <div class="form-inline">
                <input type="text" name="writeday" value="<?=set_value("writeday") ?>"
                    class="form-control form-control-sm">
            </div>
            <? if(form_error("writeday")==TRUE) echo form_error("writeday"); ?>
        </td>
    </tr>
    <tr>
        <td width="20%" class="mycolor2" style="vertical-align:middle"><font color="red">*</font> 제품명</td>
        <td width="80%" align="left">
            <div class="form-inline">
                <select name="product_no" class="form-control form-control-sm">
                    <option value="">선택하세요.</option>
<?
    $product_no=set_value("product_no");
    foreach ($list as $row)
    {
        if ($row->no==$product_no)
            echo("<option value='$row->no' selected>$row->name</option>");
        else
            echo("<option value='$row->no'>$row->name</option>");
    }
?>
                </select>
            </div>
            <? if(form_error("product_no")==TRUE) echo form_error("product_no"); ?>
        </td>
    </tr>
```

```
      <tr>
         <td width="20%" class="mycolor2" style="vertical-align:middle">단가</td>
         <td width="80%" align="left">
            <div class="form-inline">
               <input type="text" name="price" value=""  class="form-control form-control-sm">
            </div>
         </td>
      </tr>
      <tr>
         <td width="20%" class="mycolor2" style="vertical-align:middle">수량</td>
         <td width="80%" align="left">
            <div class="form-inline">
               <input type="text" name="numi" value="" class="form-control form-control-sm">
            </div>
         </td>
      </tr>
      <tr>
         <td width="20%" class="mycolor2" style="vertical-align:middle">금액</td>
         <td width="80%" align="left">
            <div class="form-inline">
               <input type="text" name="prices" value="" class="form-control form-control-sm">
            </div>
         </td>
      </tr>
      <tr>
         <td width="20%" class="mycolor2" style="vertical-align:middle">비고</td>
         <td width="80%" align="left">
            <div class="form-inline">
               <input type="text" name="bigo" value="" class="form-control form-control-sm">
            </div>
         </td>
      </tr>
   </table>

   <div align="center">
      <input type="submit" value="저장" class="btn btn-sm mycolor1">
      <input type="button" value="이전화면" class="btn btn-sm mycolor1" onclick="history.back();">
   </div>

   </form>
```

④ **실행하기** : 실행하여 결과를 확인한다.

STEP 05 product_view.php 만들기

① **jangbui_view.php 만들기** : views 폴더에 있는 product_view.php 파일을 읽은 후, jangbui_view.php라는 새 이름으로 저장한다. jangbui_view.php를 부른 후, "Ctrl+H"키를 눌러 바꾸기 창을 연다. 〈찾을 말〉은 "product", 〈바꿀 말〉은 "jangbui"로 입력한 후, [모든 바꿈]버튼을 클릭하여 바꾼다.

② **gubun→product로 변경하기** : 이번에는 "Ctrl+H"키를 눌러 바꾸기 창을 연다. 〈찾을 말〉은 "gubun", 〈바꿀 말〉은 "product"로 입력한 후, [모든 바꿈]버튼을 클릭하여 바꾼다.

③ **jangbui_view.php 수정** : jangbui 테이블에 맞게 번호(no), 제품명(product_no), 단가(price), 매입수량(numi), 금액(prices), 비고(bigo) 필드 내용이 되도록 수정한다.

번호	2
* 날짜	2018-05-09
* 제품명	대파
단가	50
수량	10
금액	500
비고	A사

수정 삭제 이전화면

```
<?
    $no=$row->no;

    $tmp = $text1 ? "/no/$no/text1/$text1/page/$page" : "/no/$no/page/$page";
?>
    <br>
    <div class="alert mycolor1" role="alert">매입장</div>

    <form name="form1" method="post" action="">

    <table class="table table-bordered table-sm mymargin5">
        <tr>
            <td width="20%" class="mycolor2" style="vertical-align:middle">번호</td>
            <td width="80%" align="left"> <div class="form-inline"> <?=$row->no; ?> </div> </td>
        </tr>
        <tr>
            <td width="20%" class="mycolor2" style="vertical-align:middle"> <font color="red">*</font> 날짜</td>
            <td width="80%" align="left">
                <div class="form-inline"> <?=$row->writeday; ?> </div>
            </td>
        </tr>
        <tr>
            <td width="20%" class="mycolor2" style="vertical-align:middle"> <font color="red">*</font> 제품명</td>
            <td width="80%" align="left">
                <div class="form-inline"> <?=$row->product_name; ?> </div>
            </td>
        </tr>
        <tr>
            <td width="20%" class="mycolor2" style="vertical-align:middle">단가</td>
            <td width="80%" align="left">
                <div class="form-inline"> <?=$row->price; ?> </div>
            </td>
        </tr>
        <tr>
            <td width="20%" class="mycolor2" style="vertical-align:middle">수량</td>
            <td width="80%" align="left">
                <div class="form-inline"> <?=$row->numi; ?> </div>
            </td>
        </tr>
        <tr>
            <td width="20%" class="mycolor2" style="vertical-align:middle">금액</td>
            <td width="80%" align="left">
                <div class="form-inline"> <?=$row->prices; ?> </div>
            </td>
        </tr>
        <tr>
            <td width="20%" class="mycolor2" style="vertical-align:middle">비고</td>
            <td width="80%" align="left">
                <div class="form-inline"> <?=$row->bigo; ?> </div>
            </td>
        </tr>
    </table>

    <div align="center">
        <a href="/jangbui/edit<?=$tmp;?>" class="btn btn-sm mycolor1">수정</a>
        <a href="/jangbui/del<?=$tmp;?>" class="btn btn-sm mycolor1"
          onClick="return confirm('삭제할까요 ?');">삭제</a>  
        <input type="button" value="이전화면" class="btn btn-sm mycolor1" onclick="history.back();">
    </div>

    </form>
```

④ **실행하기** : 실행하여 결과를 확인한다.

STEP 06 product_edit.php 만들기

① **jangbui_edit.php 만들기** : views 폴더에 있는 product_edit.php 파일을 읽은 후, jangbui_edit.php라는 새 이름으로 저장한다. jangbui_edit.php를 부른 후, "Ctrl+H" 키를 눌러 바꾸기 창을 연다. 〈찾을 말〉은 "product", 〈바꿀 말〉은 "jangbui"로 입력한 후, [모든 바꿈]버튼을 클릭하여 바꾼다.

② **gubun→product로 변경하기** : 이번에는 "Ctrl+H"키를 눌러 바꾸기 창을 연다. 〈찾을 말〉은 "gubun", 〈바꿀 말〉은 "product"로 입력한 후, [모든 바꿈]버튼을 클릭하여 바꾼다.

③ **jangbui_edit.php 수정** : jangbui 테이블에 맞게 번호(no), 제품명(product_no), 단가(price), 매입수량(numi), 금액(prices], 비고(bigo) 필드 내용이 되도록 수정한다.

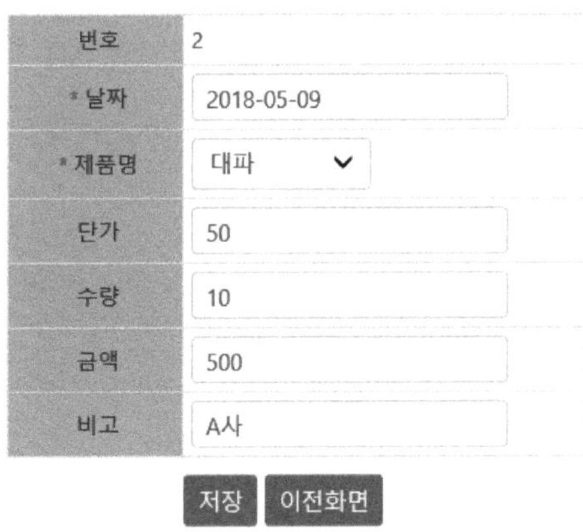

```
<br>
    <div class="alert mycolor1" role="alert">매입장</div>

    <form name="form1" method="post" action="">

    <table class="table table-bordered table-sm mymargin5">
        <tr>
            <td width="20%" class="mycolor2" style="vertical-align:middle">번호</td>
            <td width="80%" align="left"> <div class="form-inline"> <?=$row->no; ?> </div> </td>
        </tr>
        <tr>
            <td width="20%" class="mycolor2" style="vertical-align:middle"> <font color="red">*</font> 날짜</td>
            <td width="80%" align="left">
                <div class="form-inline">
                    <input type="text" name="writeday" size="20" maxlength="20" value="<?=$row->writeday; ?>"
                        class="form-control form-control-sm">
                </div>
                <? if(form_error("writeday")==TRUE) echo form_error("writeday"); ?>
            </td>
        </tr>
        <tr>
            <td width="20%" class="mycolor2" style="vertical-align:middle"> <font color="red">*</font> 제품명</td>
            <td width="80%" align="left">
                <div class="form-inline">
                    <select name="product_no" class="form-control form-control-sm">
                        <option value="">선택하세요.</option>
<?
        foreach ($list as $row1)
        {
            if ($row->product_no==$row1->no)
                echo("<option value='$row1->no' selected>$row1->name</option>");
            else
                echo("<option value='$row1->no'>$row1->name</option>");
        }
?>
                    </select>
                </div>
                <? if(form_error("product_no")==TRUE) echo form_error("product_no"); ?>
            </td>
        </tr>
        <tr>
            <td width="20%" class="mycolor2" style="vertical-align:middle">단가</td>
            <td width="80%" align="left">
                <div class="form-inline">
                    <input type="text" name="price" size="20" maxlength="20" value="<?=$row->price; ?>"
                        class="form-control form-control-sm">
                </div>
                <? if(form_error("price")==TRUE) echo form_error("price"); ?>
            </td>
        </tr>
        <tr>
            <td width="20%" class="mycolor2" style="vertical-align:middle">수량</td>
            <td width="80%" align="left">
                <div class="form-inline">
                    <input type="text" name="numi" size="20" maxlength="20" value="<?=$row->numi; ?>"
                        class="form-control form-control-sm">
                </div>
            </td>
        </tr>
        <tr>
            <td width="20%" class="mycolor2" style="vertical-align:middle">금액</td>
            <td width="80%" align="left">
                <div class="form-inline">
                    <input type="text" name="prices" size="20" maxlength="20" value="<?=$row->prices; ?>"
                        class="form-control form-control-sm">
                </div>
            </td>
        </tr>
        <tr>
            <td width="20%" class="mycolor2" style="vertical-align:middle">비고</td>
            <td width="80%" align="left">
                <div class="form-inline">
                    <input type="text" name="bigo" size="20" maxlength="20" value="<?=$row->bigo; ?>"
                        class="form-control form-control-sm">
                </div>
            </td>
        </tr>
    </table>

    <div align="center">
        <input type="submit" value="저장" class="btn btn-sm mycolor1">
        <input type="button" value="이전화면" class="btn btn-sm mycolor1" onclick="history.back();">
    </div>

    </form>
```

⑤ **실행하기** : 실행하여 결과를 확인한다.

6.1.3 날짜 달력 표시하기

앞에서 만든 매입장에서는 날짜를 입력할 때 키보드를 이용하여 직접 입력한다. 이렇게 날짜를 직접 입력하는 것보다는 아래 그림과 같이 달력 컨트롤에서 마우스로 선택하여 입력하는 것이 더 편리할 것이다. 이 절에서는 달력컨트롤을 사용하는 방법에 대해 알아보겠다.

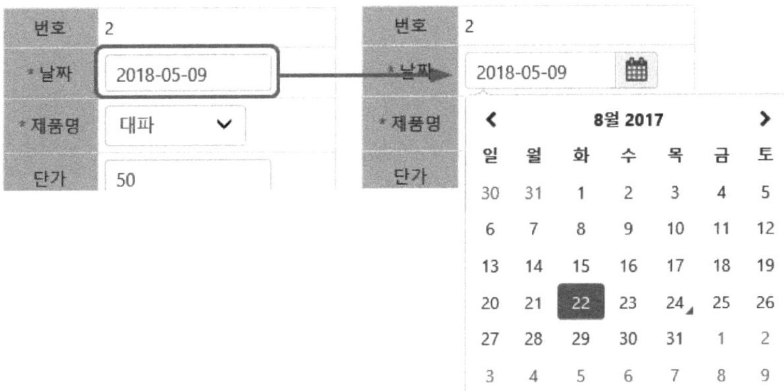

실습목적

datetimepicker 달력컨트롤을 이용하여 매입장의 날짜를 입력할 수 있도록 수정하여라.

실습이론

1 **Bootstrap datetimepicker** : Bootstrap을 이용한 달력컨트롤은 아주 다양한 종류가 있다. 그중 github에서 가장 많이 사용하는 무료 달력컨트롤 중 Eonasdan의 Bootstrap-datetimepicker를 이용하도록 하겠다. 이 라이브러리는 Bootstrap 3을 이용하여 만들어졌기 때문에 Bootstrap 4에서는 아이콘이 표시되지 않고 글꼴과 크기가 달라진다. 따라서 Bootstrap 4에서 사용할 수 있도록 Bootstrap-datetimepicker를 약간 수정하여 사용하도록 하겠다. 사용법은 "http://eonasdan.github.io/Bootstrap-datetimepicker"에 자세히 나와 있으니 참고하길 바라며, 여기서는 매입장을 만들면서 꼭 필요한 내용만 설명하도록 하겠다.

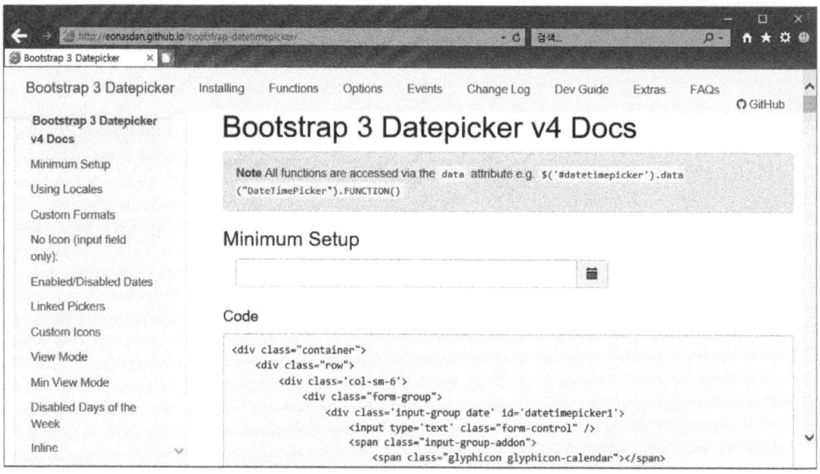

http://eonasdan.github.io/Bootstrap-datetimepicker/

[2] **Font Awesome** : Bootstrap 4로 업그레이드되면서 기존에 사용하던 glyph 아이콘은 더 이상 Bootstrap의 기본 아이콘이 아니다. 따라서 glyph 아이콘을 이용하는 Eonasdan의 Bootstrap-datetimepicker에서 아이콘이 표시되지 않게 된다. 따라서 Bootstrap 4에서는 다른 아이콘을 이용해야 하며, 이 책에서는 fontawesome 이라는 아이콘을 이용하겠다. 아이콘 사용법은 "https://fontawesome.com" 에 자세히 나와 있으니 참고하길 바라며, 여기서는 매입장을 만들면서 꼭 필요한 내용만 설명하도록 하겠다.

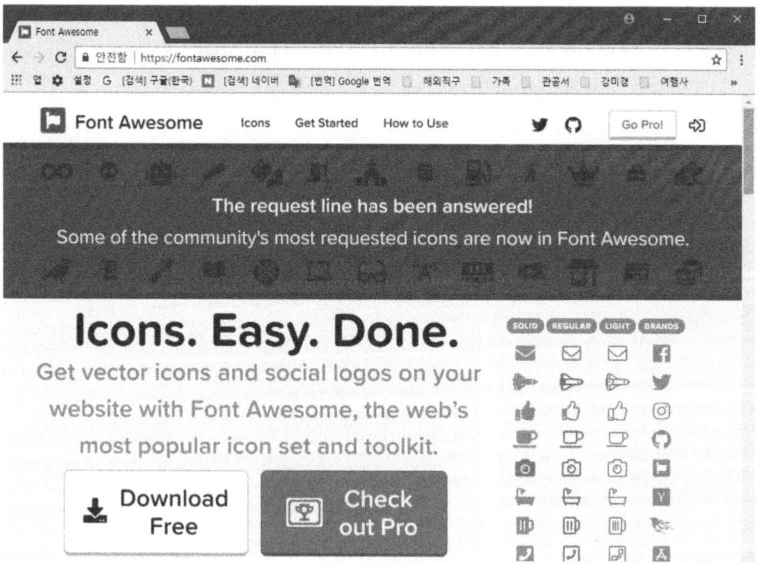

https://fontawesome.com/

원하는 아이콘은 “Icons”를 클릭한 후, 원하는 아이콘 이름을 입력하여 찾을 수 있다. 다음 그림은 calendar로 검색한 결과 화면이다.

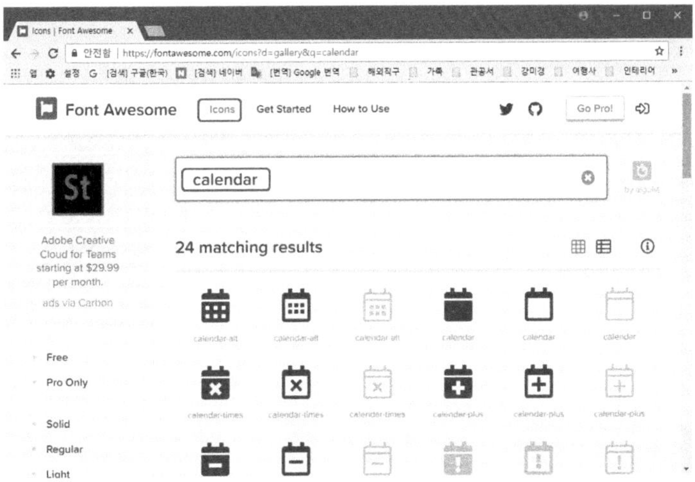

STEP 01 달력관련 파일 설치하기

① **Bootstrap-datetimepicker** : www.github.com에서 bootstrap-datetimepicker로 검색하여 Eonasdan의 Bootstrap-datetimepicker 사이트를 찾는다. 그리고 Bootstrap-datetimepicker-master.zip 파일을 다운받아 압축을 푼다.

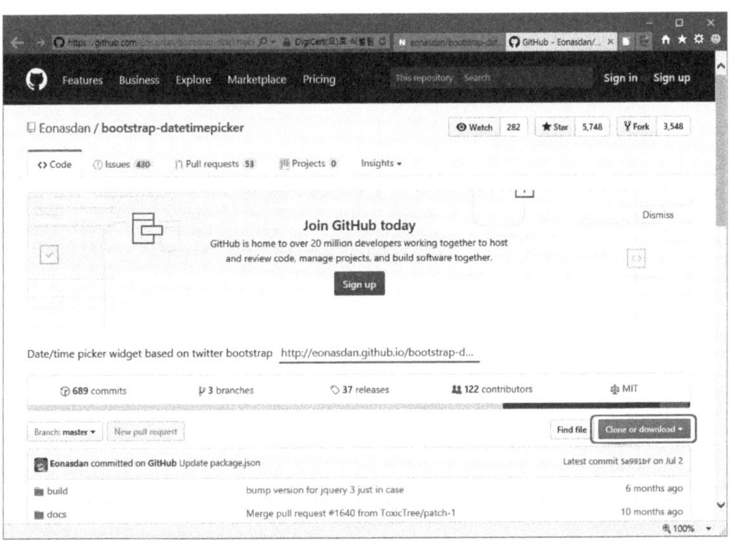

https://github.com/Eonasdan/Bootstrap-datetimepicker

② **datetimepicker파일 복사하기 :** 압축을 푼 Bootstrap-datetimepicker의 build/css, build/js폴더에 있는 파일을 홈페이지 htdocs의 my/css, my/js 폴더에 복사를 한다.

Bootstrap-datetimepicker		htdocs
buid/css 폴더	bootstrap-datetimepicker.css ➜ bootstrap-datetimepicker.min.css ➜ bootstrap-datetimepicker-standalone.css ➜	my/css 폴더
buid/js 폴더	bootstrap-datetimepicker.min.js ➜	my/js 폴더
src/js 폴더	bootstrap-datetimepicker.js ➜	my/js 폴더

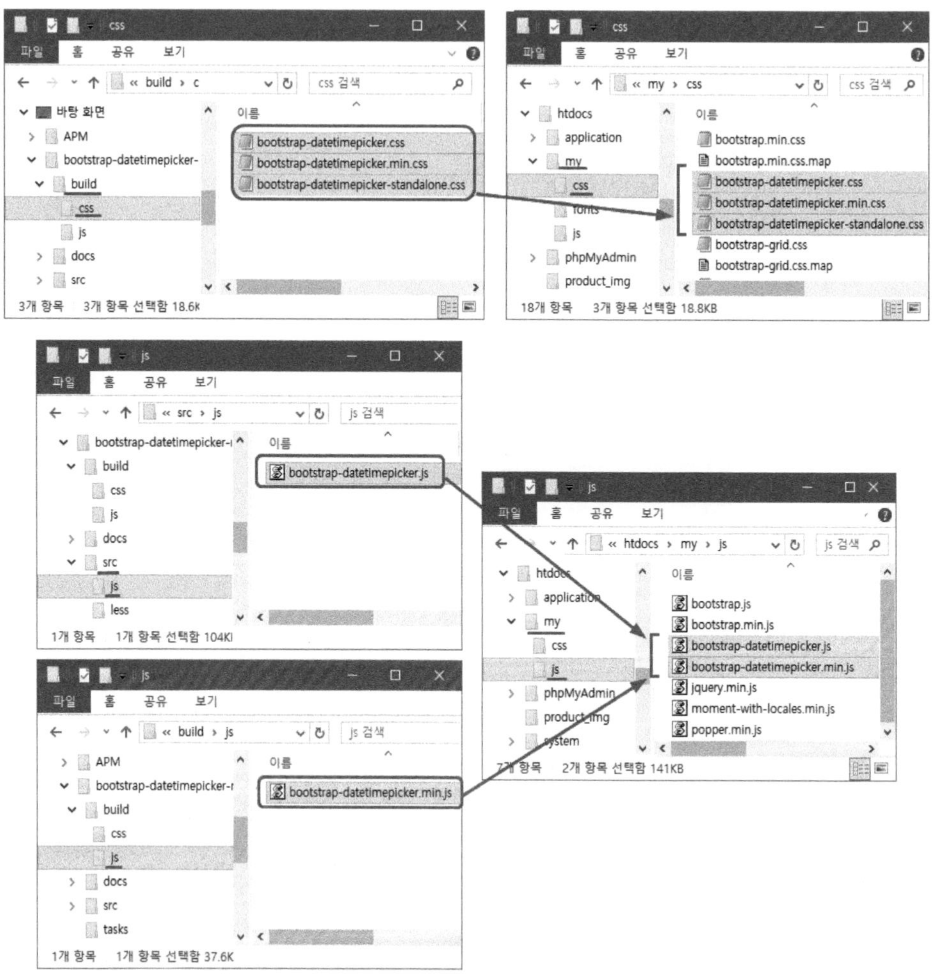

③ **moment 관련 파일 복사 :** www.github.com에서 monent로 검색하여 "moment/moment" 사이트를 찾는다. 그리고 "moment-develop.zip" 파일을 다운받아 압축을 푼다. 압축을 푼 moment-develop의 min폴더에 있는 파일을 홈페이지 htdocs의 my/js 폴더에 복사를 한다.

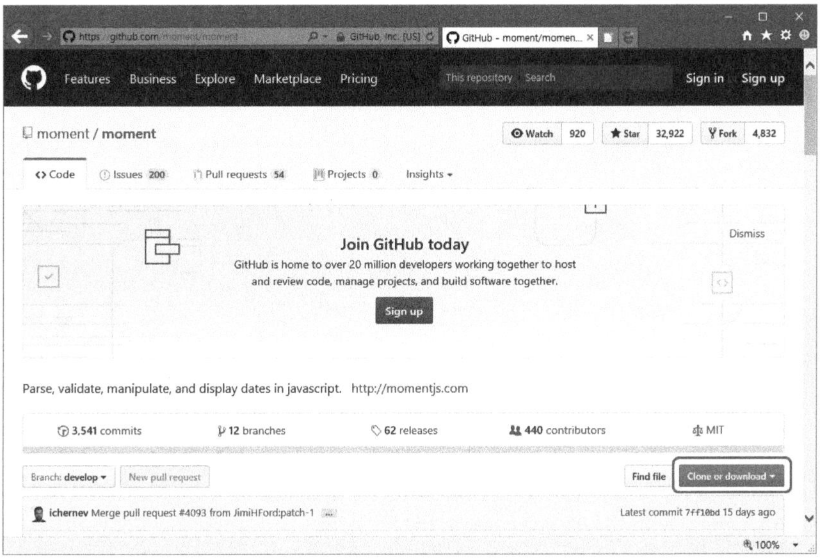

https://github.com/moment/moment

이 파일은 날짜와 시간에 대한 각종 함수와 나라별 월, 요일에 대한 표시 정보를 포함하고 있는 라이브러리 파일이다. 따라서 달력에 한글로 요일을 표시하기 위해서는 필요한 파일이다.

Bootstrap-datetimepicker		htdocs
min 폴더	moment-with-locales.min.js ➜	my/js 폴더

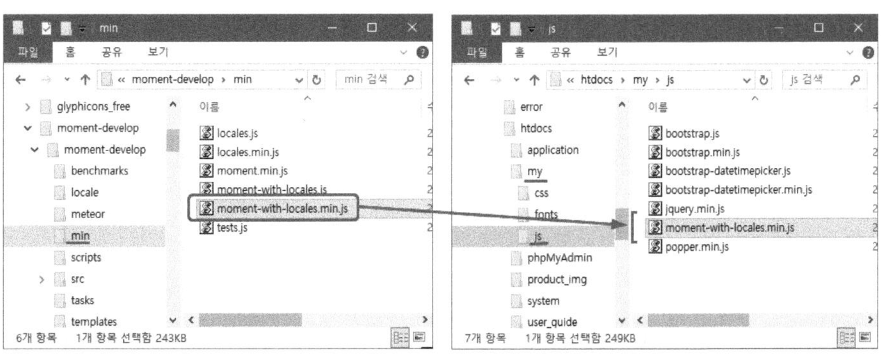

④ **Font Awesome 관련 파일 복사 :** 이 라이브러리는 웹디자인에서 자주 사용하는 아이콘들을 제공하는 파일들이다. www.github.com에서 fontawesome 으로 검색하여 FortAwesome/Font-Awesome 사이트를 찾은 후, Font-Awesome-master.zip 파일을 다운받아 압축을 푼다. 압축을 푼 Font-Awesome-master의 css 폴더에 있는 파일을 홈페이지 htdocs의 my/css 폴더에 복사를 한다. 그리고 webfonts폴더에 있는 모든 파일을 my폴더에 새로 webfonts폴더를 만들어 복사를 한다. 폴더이름을 변경해서는 안된다.

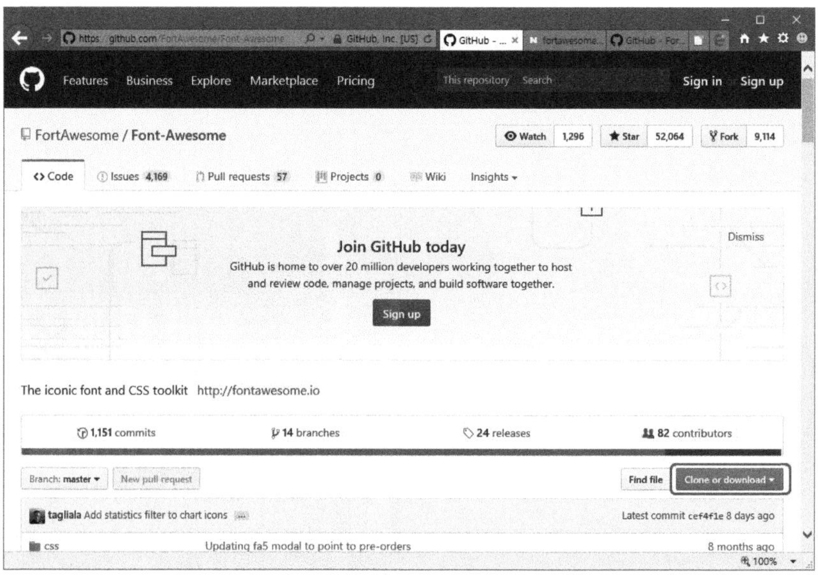

https://github.com/FortAwesome/Font-Awesome

Bootstrap-datetimepicker		htdocs
web-fonts-with-css 폴더	font-awesome-all.css ➜ font-awesome.min-all.css ➜	my/css 폴더
webfonts 폴더	모든 파일 ➜	my/webfonts 폴더

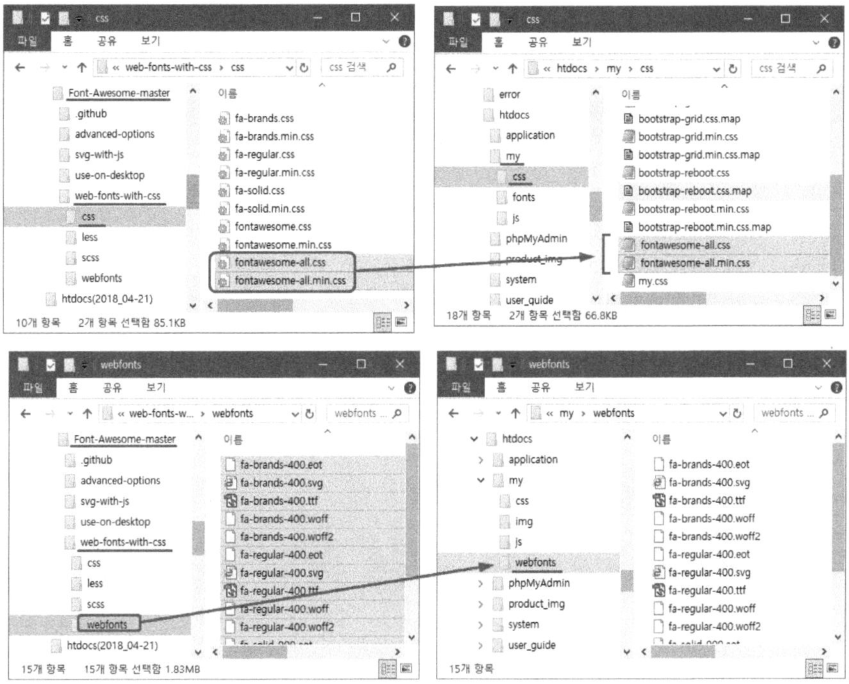

STEP 02 datetimepicker 수정하기

이 과정은 Bootstrap3로 만들어진 datetimepicker를 Bootstrap 4에 표시하면 디자인이 일부 변경된다. 따라서 원래 모양대로 나오려면, 수정할 필요가 있다.

① **bootstrap-datetimepicker.css 수정 1** : /htdocs/my/css폴더에 있는 bootstrap-datetimepicker.css 파일을 열어 다음과 같이 수정한다. Bootstrap4에서 달력컨트롤 박스 모양이 정사각형에 가깝게 나오도록 가로 너비를 "17em"으로 수정한다.

```
/*!
 * Datetimepicker for Bootstrap 3
 * version : 4.17.47
 * https://github.com/Eonasdan/bootstrap-datetimepicker/
 */
.bootstrap-datetimepicker-widget {
  list-style: none;
}
.bootstrap-datetimepicker-widget.dropdown-menu {
  display: block;
  margin: 2px 0;
  padding: 4px;
  width: 17em;
}
@media (min-width: 768px) {
  .bootstrap-datetimepicker-widget.dropdown-menu.timepicker-sbs {
    width: 38em;
  }
```

```
… … …
.Bootstrap-datetimepicker-widget {
  list-style: none;
}
.Bootstrap-datetimepicker-widget.dropdown-menu {
  display: block;
  margin: 2px 0;
  padding: 4px;
  width: 17em;
}
@media (min-width: 768px) {
  .Bootstrap-datetimepicker-widget.dropdown-menu.timepicker-sbs {
    width: 38em;
… … …
```

② **Bootstrap-datetimepicker.css 수정 2** : 달력컨트롤에서 사용되는 글꼴크기를 조정하기 위하여 220줄 정도의 table css에 글꼴크기를 "font-size:14px"로 수정하는 내용을 추가한다. 그리고 대략 226줄에 일 표시 숫자박스의 경계선을 없애기 위하여 "border:0px;"를 추가한다.

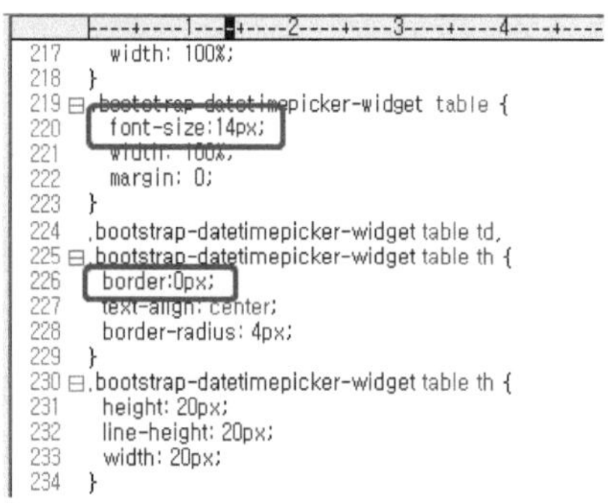


```
… … …
  width: 100%;
}
.Bootstrap-datetimepicker-widget table {
  font-size:14px;
  width: 100%;
  margin: 0;
}
.Bootstrap-datetimepicker-widget table td,
.Bootstrap-datetimepicker-widget table th {
```

```
  border: 0px;
  text-align: center;
  border-radius: 4px;
}
... ... ...
```

③ **Bootstrap-datetimepicker.css 수정 3** : 달력컨트롤에서 년도와 월 표시 글꼴 크기를 조정하기 위하여 268줄 정도에 있는 "table thread tr:first-child th"안에 "font-size:18px"를 추가한다.

```
... ... ...
  clip: rect(0, 0, 0, 0);
  border: 0;
  content: "Next Month";
}
.bootstrap-datetimepicker-widget table thead tr:first-child th {
  font-size:18px;
  cursor: pointer;
}
.bootstrap-datetimepicker-widget table thead tr:first-child th:hover {
  background: #eeeeee;
}
... ... ...
```

④ **bootstrap-datetimepicker.js 수정4** : Bootstrap3에서 사용하던 기본 아이콘이 없어지면서 달력컨트롤에서 아이콘(<, >)들이 표시되지 않게 되었다. 따라서 해당 아이콘이 표시하기 위해서는 /htdocs/my/js 폴더에 있는 Bootstrap-datetimepicker.js 파일을 열어 내용을 수정해야한다.

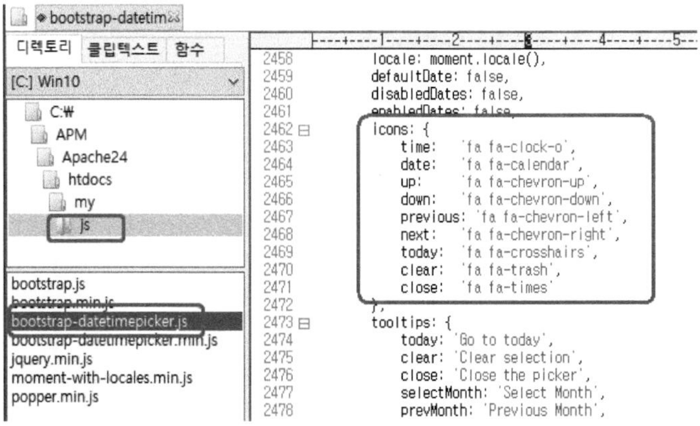

```
... ... ...
defaultDate: false,
disabledDates: false,
enabledDates: false,
icons: {
    time: 'fa fa-clock-o',
    date: 'fa fa-calendar',
    up:   'fa fa-chevron-up',
    down: 'fa fa-chevron-down',
    previous: 'fa fa-chevron-left',
    next: 'fa fa-chevron-right',
    today:'fa fa-crosshairs',
    clear: 'fa fa-trash',
    close:'fa fa-times'
  },
tooltips: {
    today: 'Go to today',
    clear: 'Clear selection',
... ... ...
```

STEP 03 main_header.php 수정하기

① **main_header.php수정** : datetimepicker와 fontawesome아이콘을 사용하기 위해서는 먼저 main_header.php에 해당 css와 js파일을 등록해야 한다.

```
… … …
  <title>판매관리</title>
  <link  href="/my/css/Bootstrap.min.css" rel="stylesheet">
  <script src="/my/js/jquery.min.js"></script>
  <script src="/my/js/popper.min.js"></script>
  <script src="/my/js/Bootstrap.min.js"></script>

  <link  href="/my/css/my.css" rel="stylesheet">

  <script src="/my/js/moment-with-locales.min.js"></script>
  <script src="/my/js/Bootstrap-datetimepicker.js"></script>
  <link  href="/my/css/Bootstrap-datetimepicker.css" rel="stylesheet">

  <link rel="stylesheet" href="/my/css/fontawesome-all.min.css">
</head>
<body>
… … …
```

② **jangbui_list.php수정** : 목록화면에서 달력컨트롤에 관련된 이벤트 프로그램을 jquery를 이용하여 작성한다.

```
<script>
    function find_text()
    {
        form1.action="/jangbui/lists/text1/" + form1.text1.value+"/page";
        form1.submit();
    }

    $(function() {
        $('#text1') .datetimepicker({
            locale: 'ko',
            format: 'YYYY-MM-DD',
            defaultDate: moment()
        });

        $("#text1") .on("dp.change", function (e) {
            find_text();
        });
    });
</script>

<form name="form1" action="" method="post">
```

```
…<div class="alert mycolor1" role="alert">매입장</div>

  <script>
    function find_text()
    {
      form1.action="/jangbui/lists/text1/" + form1.text1.value+"/page";
      form1.submit();
    }

    $(function() {
      $('#text1') .datetimepicker({
        locale: 'ko',
        format: 'YYYY-MM-DD',
        defaultDate: moment()
      });

      $("#text1") .on("dp.change", function (e) {
        find_text();
      });
    });
  </script>

  <form name="form1" action="" method="post">
… … …
```

이 jquery는 id가 "text1"인 달력컨트롤의 사용언어를 한글로, 형식은 "yyyy-mm-dd", 초기값은 오늘 날짜(moment함수)가 되도록 설정한다. 그리고 text1의 change이벤트에 날짜가 변경될 때 find_text() 함수를 호출하도록 작성하였다. 자세한 내용은 http://eonasdan.github.io/Bootstrap-datetimepicker 를 참고하길 바란다.

③ **jangbui_list.php수정** : 다음과 같이 수정한다.

```
<form name="form1" action="" method="post">

<div class="row">
    <div class="col-3">
        <div class="input-group input-group-sm date table-sm" id="text1">
            <span class="input-group-addon">날짜</span>
            <input type="text" name="text1" value="<?=$text1?>" class="form-control"
                onkeydown="if (event.keyCode == 13){ find_text(); }">
            <span class="input-group-addon"><i class="fa fa-calendar fa-lg"></i></span>
        </div>

    </div >
<?
$tmp="/text1/$text1/page/$page";
?>
    <div class="col-9 align-items-right" align="right">
        <a href="/jangbui/add<?=$tmp ?>" class="btn btn-sm mycolor1">추가</a>
    </div>
</div>

</form>
```

```
...
〈form name="form1" action="" method="post"〉

〈div class="row"〉
    <div class="col-3">
      <div class="form-inline">
          <div class="input-group input-group-sm table-sm date" id="text1">
             <div class="input-group-prepend">
                <span class="input-group-text">날짜</span>
             </div>
             <input type="text" name="text1" value="<?=$text1; ?>"
class="form-control" size="9""
                 onkeydown="if (event.keyCode == 13) { find_text(); }">
             <div class="input-group-append">
                <div class="input-group-text">
                   〈div class="input-group-addon"〉〈i class="far fa-calendar-alt
fa-lg"〉〈/i〉〈/div〉
                </div>
             </div>
          </div>
      </div>
   </div>
〈?
   $tmp="/text1/$text1/page/$page";
?〉
... ... ...
```

검색 입력란 text1에 달력컨트롤을 적용하기 위하여 input-group 클래스에 "date", 그리고 id="text1"을 지정한다. 그리고 검색이라는 버튼 대신에 fontaswesome 달력 아이콘이 되도록 다음과 같이 지정한다.

```
<div class="input-group-addon">
    <i class="far fa-calendar-alt fa-lg"></i>
</div>
```

Bootstrap 4에서는 input-group-addon 클래스가 없어졌지만, 이 클래스를 사용하는 이유는 Bootstrap3으로 만들어진 달력컨트롤의 아이콘이 정상적으로 동작하기 위해서 필요하기 때문이다. 만약 지정하지 않으면 마우스 클릭이 되질 않는다.
그리고 아래 그림과 같이 같은 디자인 모양이지만, 스타일에 따라 3가지 fars, far. farl이 있다. 그리고 아이콘의 크기도 fa-xs, fa-sm, fa-lg, fa-2x, fa-3x, … 로 다양한 크기를 지정할 수 있다.

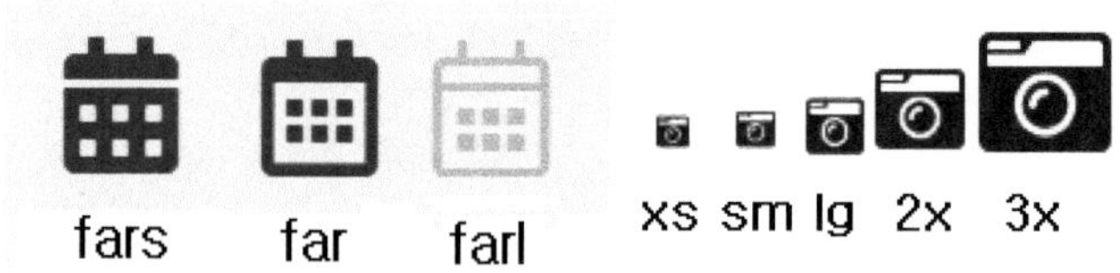


```
<i class="fars fa-calendar-alt fa-lg"></i>
<i class="far fa-calendar-alt fa-lg"></i>
<i class="farl fa-calendar-alt fa-lg"></i>
```

④ **product_add.php 수정** : 날짜 달력컨트롤 writeday의 초기값을 오늘 날짜가 되도록 jquery함수를 추가한다. 그리고 날짜 입력을 달력컨트롤이 되도록 수정한다.

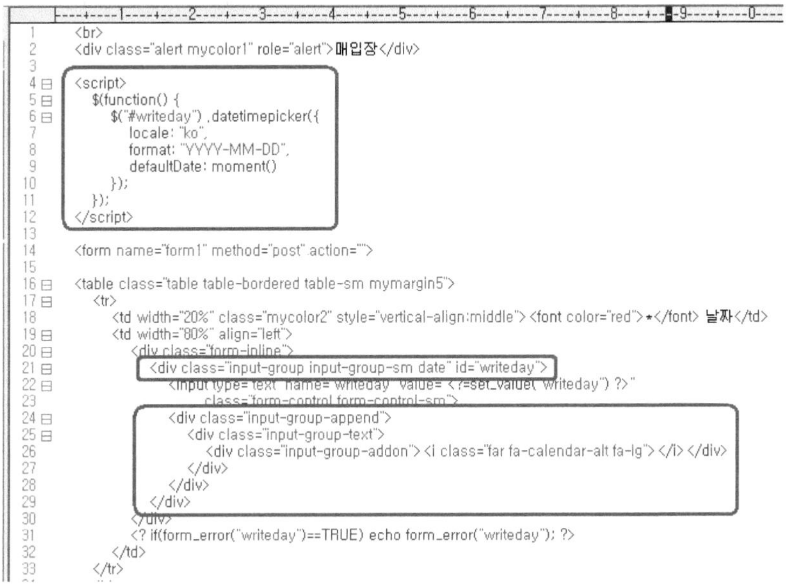

```
... ... ...
<br>
<div class="alert mycolor1" role="alert">매입장</div>

<script>
   $(function() {
      $("#writeday") .datetimepicker({
         locale: "ko",
         format: "YYYY-MM-DD",
         defaultDate: moment()
      });
   });
</script>

<form name="form1" method="post" action="">

<table class="table table-bordered table-sm mymargin5">
   <tr>
      <td width="20%" class="mycolor2" style="vertical-align:middle"><font
color="red">*</font> 날짜</td>
      <td width="80%" align="left">
         <div class="form-inline">
            <div class="input-group input-group-sm date" id="writeday">
               <input type="text" name="writeday" value="<?=set_value("writeday"); ?>"
                     class="form-control form-control-sm">
               <div class="input-group-append">
                  <div class="input-group-text">
```

```
                    <div class="input-group-addon"><i class="far fa-calendar-alt
fa-lg"></i></div>
                  </div>
                </div>
              </div>
            </div>
            <? if(form_error("writeday")==TRUE) echo form_error("writeday"); ?>
          </td>
        </tr>
... ... ...
```

⑤ **product_edit.php 수정** : 날짜 달력컨트롤 writeday의 초기값을 위한 jquery함수를 추가한다. 그리고 날짜 입력을 달력컨트롤이 되도록 수정한다.

```
<br>
    <div class="alert mycolor1" role="alert">매입장</div>

    <script>
      $(function() {
        $("#writeday") .datetimepicker({
          locale: "ko",
          format: "YYYY-MM-DD",
          defaultDate: moment()
        });
      });
    </script>

    <form name="form1" method="post" action="">

    <table class="table table-bordered table-sm mymargin5">
      <tr>
        <td width="20%" class="mycolor2" style="vertical-align:middle">번호</td>
        <td width="80%" align="left"> <div class="form-inline"> <?=$row->no; ?> </div> </td>
      </tr>
      <tr>
        <td width="20%" class="mycolor2" style="vertical-align:middle"> <font color="red">*</font> 날짜</td>
        <td width="80%" align="left">
          <div class="form-inline">
            <div class="input-group input-group-sm date" id="writeday">
              <input type="text" name="writeday" value="<?=$row->writeday; ?>"
                    class="form-control form-control-sm">
              <div class="input-group-append">
                <div class="input-group-text">
                  <div class="input-group-addon"> <i class="far fa-calendar-alt fa-lg"> </i> </div>
                </div>
              </div>
            </div>
          </div>
          <? if(form_error("writeday")==TRUE) echo form_error("writeday"); ?>
        </td>
      </tr>
```

```
... ... ...
<br>
<div class="alert mycolor1" role="alert">매입장</div>

<script>
  $(function() {
```

```
        $("#writeday") .datetimepicker({
            locale: "ko",
            format: "YYYY-MM-DD",
            defaultDate: moment()
        });
    });
</script>

<form name="form1" method="post" action="">

<table class="table table-bordered table-sm mymargin5">
    <tr>
        <td width="20%" class="mycolor2" style="vertical-align:middle"><font
color="red">*</font> 날짜</td>
        <td width="80%" align="left">
            <div class="form-inline">
                <div class="input-group input-group-sm date" id="writeday">
                    <input type="text" name="writeday" value="<?=$row->writeday; ?>"
                            class="form-control form-control-sm">
                    <div class="input-group-append">
                        <div class="input-group-text">
                            <div class="input-group-addon"><i class="far fa-calendar-alt
fa-lg"></i></div>
                        </div>
                    </div>
                </div>
            </div>
            <? if(form_error("writeday")==TRUE) echo form_error("writeday"); ?>
        </td>
    </tr>
...   ...   ...
```

⑥ **실행하기** : 실행하여 결과를 확인한다.

6.1.4 제품 콤보박스 이벤트 프로그램하기

매입장 마지막 작업으로, 그림처럼 제품을 선택할 때 제품의 단가가 자동으로 단가에 입력되고, 금액이 자동으로 계산되는 이벤트 처리를 해보자. 그리고 금액은 자동계산 처리되는 부분이므로 수정금지처리를 하자.

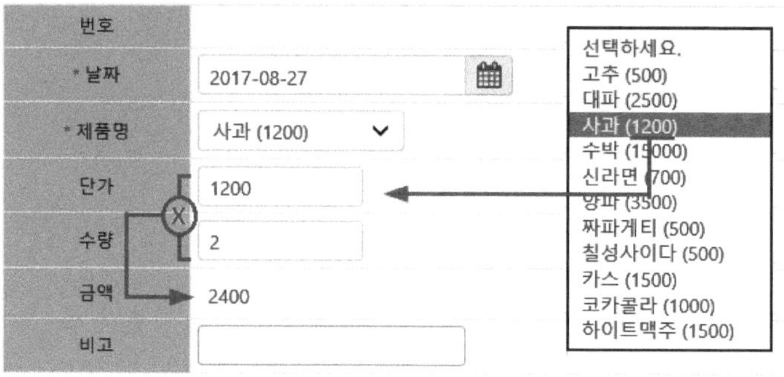

실습목적

제품 선택할 때, 단가 자동입력과 금액을 자동 계산하는 이벤트 프로그램을 작성하여라.

실습이론

1 **제품 콤보박스에 가격 표시** : 그림처럼 콤보박스에 가격을 표시하고, 선택한 경우 제품번호, 가격을 알아내기 위해서는 option value에 제품번호와 제품단가가 같이 저장되어야 한다. 여기서는 구분기호 "^^"를 이용하여 "제품번호^^단가"와 같은 형식으로 저장하였다. 그리고 콤보박스는 제품을 선택하기 위해 임시로 사용하는 컨트롤이므로, sel_product_no라는 이름을 이용했다. 실제로 제품번호 product_no를 위한 입력란은 내부적으로만 사용하기 때문에 hidden으로 처리해야한다.

```
<input type="hidden" name="product_no" value="3">
<select name="sel_product_no"onchange="select_product();">
   <option value="">선택하세요.</option>";
   <option value="1^^500">고추 (500)</option>";
   <option value="2^^2500">대파 (2500)</option>";
   <option value="3^^1200" selected>사과 (1200)</option>";
   ...
</select>
```

"^^"는 두 값을 분리할 구분기호이며, javascript split함수를 이용하면 각 정보를 분리하여 문자열배열(str[])로 저장할 수 있다. 분리된 제품번호(str[0])는 product_no 입력란에, 단가(str[1])는 단가 입력란에 저장되며, 금액계산을 한때 이용할 수 있다.

```
function select_product()
{
   var str;
   str = form1.sel_product_no.value;        → 제품번호^^단가
   if (str=="")                              → 선택하세요 인 경우
   {
      form1.product_no.value = "";
      form1.price.value = "";
      form1.prices.value = "";
   }
   else
   {
      str = str.split("^^");                 → 두 값 분리
      form1.product_no.value = str[0];       → 제품번호
      form1.price.value = str[1];            → 단가
      form1.prices.value=Number(form1.price.value) * Number(form1.numi.value);  →금액
   }
}
```

콤보박스에서 선택한 값이 변경된 경우, 단가와 금액을 계산하기 위해서 sel_product_no의 onChange이벤트에서 sel_product함수를 호출해야 한다. jangbui_add.php에서는 제품선택 콤보박스를 다음과 같이 수정해야 한다.

```
...   ...   ...
<input type="hidden" name="product_no" value="<?=set_value("product_no"); ?>">
<select name="sel_product_no" class="form-control form-control-sm"
   onchange="select_product();">
   <option value="">선택하세요.</option>";

<?
      $product_no=set_value("product_no");
      foreach ($list as $row)
      {
         $t1="$row->no^^$row->price";
         $t2="$row->name($row->price)";
         if ($row->no==$product_no)
            echo("<option value='$t1' selected>$t2</option>");
         else
            echo("<option value='$t1'>$t2</option>");
      }
?>
</select>
...   ...   ...
```

jangbui_edit.php에서는 제품선택 콤보박스를 다음과 같이 수정해야 한다.

```
... ... ...
<input type="hidden" name="product_no" value="<?=$row->product_no; ?>">
<select name="sel_product_no" class="form-control form-control-sm"
   onchange="select_product();">
   <option value="">선택하세요.</option>";

<?
      $product_no=set_value("product_no");
      foreach ($list as $row1)
      {
         $t1="$row-1>no^^$row-1>price";
         $t2="$row1->name($row-1>price)";
         if ($row->product_no==$row1->no)
            echo("<option value='$t1' selected>$t2</option>");
         else
            echo("<option value='$t1'>$t2</option>");
      }
?>
</select>
... ... ...
```

2 **금액 재계산** : 매입수량과 단가가 변경된 경우, 금액은 재계산 처리는 다음과 같이 한다. 먼저 다음과 같은 cal_prices 함수를 선언한다.

```
function cal_prices()
{
   form1.prices.value=Number(form1.price.value) * Number(form1.numi.value);
   form1.bigo.focus();
}
```

그리고 다음과 같이 단가(price), 수량(nmui)의 값이 변경(onChange)될 때 cal_prices 함수를 호출하면 된다. 초기값은 product_add.php인 경우는 빈 값이며, product _edit.php인 경우는 $row ->price, $row-> numi 이다.

〈input type="text" name="price" value="**초기값**" class="form-control form-control-sm"
    onChange="cal_prices();"〉
〈input type="text" name="numi" value="**초기값**" class="form-control form-control-sm"
    onChange="cal_prices();"〉

③ **금액 수정금지 :** 금액은 자동 계산되어 입력되는 부분이므로, 사용자가 수정하지 못하도록 readonly 옵션을 추가하고, 입력란의 박스가 보이지 않도록 박스경계선 두께를 0이 되도록 지정한다. 초기값은 product_add.php인 경우는 빈 값이며, product_edit.php인 경우는 $row -〉 prices 이다.

〈input type="text" name="prices" value="초기값"
class="form-control form-control-sm" **readonly style="border:0"**〉

STEP 01 달력관련 파일 설치하기

① **sel_product_no, cal_prices함수 추가 :** jangbui_add.php와 jangbui_edit.php에 다음과 같은 자바스크립트 sel_product_no 함수와 cal_prices 함수를 양쪽 다 추가한다.

```
                format: 'YYYY-MM-DD',
                defaultDate: moment()
            });
        });

    function select_product()
    {
        var str;
        str = form1.sel_product_no.value;
        if (str=="")
        {
            form1.product_no.value = "";
            form1.price.value = "";
            form1.prices.value = "";
        }
        else
        {
            str = str.split("^^");
            form1.product_no.value = str[0];
            form1.price.value = str[1];
            form1.prices.value=Number(form1.price.value) * Number(form1.numi.value);
        }
    }

    function cal_prices()
    {
        form1.prices.value=Number(form1.price.value) * Number(form1.numi.value);
        form1.bigo.focus();
    }

    </script>
```

② **product_add.php 수정 :** 제품명, 단가 콤보박스 표시, 지동 금액 계산, 금액 수정 금지 처리를 위한 프로그램을 작성한다.

```
    </tr>
    <tr>
        <td width="20%" class="mycolor2" style="vertical-align:middle"><font color="red">*</font> 제품명</td>
        <td width="80%" align="left">
            <div class="form-inline">
                <input type='hidden' name='product_no' value="<?=set_value("product_no"); ?>">
                <select name="sel_product_no" class="form-control form-control-sm"
                        onchange="select_product();">
                    <option value="">선택하세요.</option>
<?
    $product_no=set_value("product_no");
    foreach ($list as $row)
    {
        if ($row->no==$product_no)
            echo("<option value='$row->no^^$row->price' selected>$row->name($row->price)</option>");
        else
            echo("<option value='$row->no^^$row->price'>$row->name($row->price)</option>");
    }
?>
                </select>
            </div>
            <? if(form_error("product_no")==TRUE) echo form_error("product_no"); ?>
        </td>
    </tr>
    <tr>
        <td width="20%" class="mycolor2" style="vertical-align:middle">단가</td>
        <td width="80%" align="left">
            <div class="form-inline">
                <input type="text" name="price" value=""  class="form-control form-control-sm"
                    onChange='cal_prices();'>
            </div>
        </td>
    </tr>
    <tr>
        <td width="20%" class="mycolor2" style="vertical-align:middle">수량</td>
        <td width="80%" align="left">
            <div class="form-inline">
                <input type="text" name="numi" value="" class="form-control form-control-sm"
                    onChange='cal_prices();'>
            </div>
        </td>
    </tr>
    <tr>
        <td width="20%" class="mycolor2" style="vertical-align:middle">금액</td>
        <td width="80%" align="left">
            <div class="form-inline">
                <input type="text" name="prices" value="" class="form-control form-control-sm"
                    readonly style="border:0">
            </div>
        </td>
    </tr>
    <tr>
        <td width="20%" class="mycolor2" style="vertical-align:middle">비고</td>
```

② **product_edit.php 수정 :** 제품명, 단가 콤보박스 표시, 지동 금액 계산, 금액 수정 금지 처리를 위한 프로그램을 작성한다.

```
        </tr>
        <tr>
            <td width="20%" class="mycolor2" style="vertical-align:middle"><font color="red">*</font> 제품명</td>
            <td width="80%" align="left">
                <div class="form-inline">
                    <input type='hidden' name='product_no' value="<?=$row->product_no; ?>">
                    <select name="sel_product_no" class="form-control form-control-sm"
                        onchange="select_product();">
                        <option value="">선택하세요.</option>
<?
        foreach ($list as $row1)
        {
            if ($row->product_no==$row1->no)
                echo("<option value='$row1->no^^$row1->price' selected>$row1->name($row1->price)</option>");
            else
                echo("<option value='$row1->no^^$row1->price'>$row1->name($row1->price)</option>");
        }
?>
                    </select>
                </div>
                <? if(form_error("product_no")==TRUE) echo form_error("product_no"); ?>
            </td>
        </tr>
        <tr>
            <td width="20%" class="mycolor2" style="vertical-align:middle">단가</td>
            <td width="80%" align="left">
                <div class="form-inline">
                    <input type="text" name="price" value="<?=$row->price; ?>"
                        class="form-control form-control-sm" onChange="cal_prices();">
                </div>
                <? if(form_error("price")==TRUE) echo form_error("price"); ?>
            </td>
        </tr>
        <tr>
            <td width="20%" class="mycolor2" style="vertical-align:middle">수량</td>
            <td width="80%" align="left">
                <div class="form-inline">
                    <input type="text" name="numi" value="<?=$row->numi; ?>"
                        class="form-control form-control-sm" onChange="cal_prices();">

                </div>
            </td>
        </tr>
        <tr>
            <td width="20%" class="mycolor2" style="vertical-align:middle">금액</td>
            <td width="80%" align="left">
                <div class="form-inline">
                    <input type="text" name="prices" value="<?=$row->prices; ?>"
                        class="form-control form-control-sm" readonly style="border:0">

                </div>
            </td>
        </tr>
```

③ **실행하기** : 실행하여 결과를 확인한다.

6.2 매출장 만들기

6.2.1 매출장 기본 만들기

매출장은 수량 numi 필드대신에 numo 라는 점만 다르고, 매입장과 동일하다. 따라서 매입장 프로그램을 복사하면 매출장을 쉽게 만들 수 있다.

실습목적

매입장 프로그램을 복사하여 다음 그림과 같은 매출장 프로그램을 만들어라.

실습이론

① **매입장 프로그램 이용하기** : 매입화면들도 제품관리 파일들을 복사하여 만들면 쉽게 만들 수 있다.

② **프로그램 수정 순서** : 제품관리 파일을 복사하여 작업하는 순서는 다음과 같다.

1) Jangbui.php ➜ Jangbuo.php, Jangbui_m.php ➜ Jangbuo_m.php, Jangbui_list.php ➜ jangbui_list.php, jangbui_add.php ➜ jangbuo_add.php, jangbui_view.php ➜ jangbuo_view.php, jangbui_edit.php ➜ jangbuo_edit.php로 복사한다.

2) 프로그램 내용 중, jangbui 글자를 jangbuo 글자로 모두 수정한다. 주의할 점은 클래스이름은 반드시 첫 글자가 대문자래야 한다.
3) jungbui 테이블 내용을 jangbuo 테이블 내용으로 수정한다.
4) main_header.php에서 매입 메뉴를 클릭한 경우 화면이 나오도록 링크를 수정한다.

③ **주요 수정 내용** : 매입장과 매출장의 차이는 io 필드 값이 매입은 0, 매출은 1이다. 그리고 매입수량 필드이름이 numi이고 매출장에서는 numo이다. 따라서 프로그램 내에서 "매입"은 "매출"로, "io=0"은 "io=1"로, "numi"는 "numo"로 수정해주면 된다.

```
$data = array(
        "io"          => 1,
        "writeday"    => $this->input->post("writeday",TRUE),
        "product_no"  => $this->input->post("product_no",TRUE),
        "price"       => $this->input->post("price",TRUE),
        "numi"        => 0,
        "numo"        => $this->input->post("numo",TRUE),
        "prices"      => $this->input->post("prices",TRUE),
        "bigo"        => $this->input->post("bigo",TRUE)
    );
```

STEP 01 Jangbuo.php 만들기

① **Jangbuo.php 만들기** : controls 폴더에 있는 Jangbui.php 파일을 읽은 후, Jangbuo.php라는 새 이름으로 저장한다. Jangbuo.php에서 "Ctrl+H"키를 눌러 바꾸기 창을 연다. 〈찾을 말〉은 "jangbui", 〈바꿀 말〉은 "jangbuo"로 입력한 후, [모든 바꿈]버튼을 클릭하여 바꾼다.

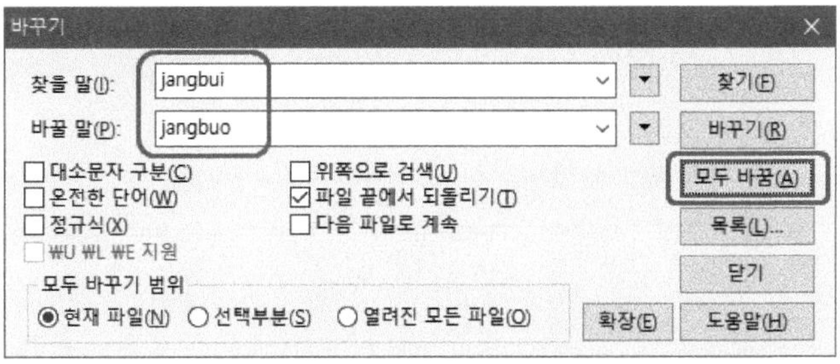

② **클래스이름은 대문자** : 모두 바꾸기를 하면 클래스이름이 소문자로 변경된다. 첫 글자

가 대문자가 되게 jangbuo에서 Jangbuo로 수정한다.

```
<?

class Jangbuo extends CI_Controller
{

    function __construct()
    {
        parent::__construct();
```

③ **add 함수 수정** : io는 1, numi는 0, numo는 $this->input->post("numo",true);가 되도록 수정한다.

```
public function add()
{
    $uri_array=$this->uri->uri_to_assoc(3);
    $text1 = array_key_exists("text1",$uri_array) ? "/text1/" . urldecode($uri_array["text1"]) : "";
    $page = array_key_exists("page",$uri_array) ? "/page/" . urldecode($uri_array["page"]) : 0;

    $this->load->library("form_validation");

    $this->form_validation->set_rules("writeday","날짜","required");
    $this->form_validation->set_rules("product_no","제품명","required");

    if ($this->form_validation->run()==FALSE)
    {
        $data["list"] = $this->jangbuo_m->getlist_product();

        $this->load->view('main_header');
        $this->load->view("jangbuo_add",$data);
        $this->load->view('main_footer');
    }
    else
    {
        $data = array(
            "io"          => 1,
            "writeday"    => $this->input->post("writeday",TRUE),
            "product_no"  => $this->input->post("product_no",TRUE),
            "price"       => $this->input->post("price",TRUE),
            "numi"        => 0,
            "numo"        => $this->input->post("numo",TRUE),
            "prices"      => $this->input->post("prices",TRUE),
            "bigo"        => $this->input->post("bigo",TRUE)
        );

        $result = $this->jangbuo_m->insertrow($data);

        redirect("/jangbuo/lists" . $text1 . $page);
    }
}
```

④ **edit 함수 수정** : io는 1, numi는 0, numo는 $this->input->post("numo",true) 가 되도록 수정한다.

```
public function edit()
{
    $uri_array=$this->uri->uri_to_assoc(3);
    $no = array_key_exists("no",$uri_array) ? $uri_array["no"] : "";
    $text1 = array_key_exists("text1",$uri_array) ? "/text1/" . urldecode($uri_array["text1"]) : "";
    $page = array_key_exists("page",$uri_array) ? "/page/" . urldecode($uri_array["page"]) : 0;

    $this->load->library("form_validation");

    $this->form_validation->set_rules("writeday","날짜","required");
    $this->form_validation->set_rules("product_no","제품명","required");

    if ($this->form_validation->run()==FALSE)
    {
        $data["list"] = $this->jangbuo_m->getlist_product();

        $this->load->view('main_header');
        $data["row"]=$this->jangbuo_m->getrow($no);
        $this->load->view("jangbuo_edit",$data);
        $this->load->view('main_footer');
    }
    else
    {
        $data = array(
            "io"          => 1,
            "writeday"    => $this->input->post("writeday",TRUE),
            "product_no"  => $this->input->post("product_no",TRUE),
            "price"       => $this->input->post("price",TRUE),
            "numi"        => 0,
            "numo"        => $this->input->post("numo",TRUE),
            "prices"      => $this->input->post("prices",TRUE),
            "bigo"        => $this->input->post("bigo",TRUE)
        );

        $result = $this->jangbuo_m->updaterow($data,$no);

        redirect("/jangbuo/lists" . $text1 . $page);
    }
}
```

⑤ **실행하기** : 실행하여 결과를 확인한다.

STEP 02 Jangbuo_m.php 만들기

① **Jangbuo_m.php 만들기** : models 폴더에 있는 Jangbui_m php 파일을 읽은 후, Jangbuo_m.php라는 새 이름으로 저장한다. Jangbuo_m.php에서 "Ctrl+H"키를 눌러 바꾸기 창을 연다. 〈찾을 말〉은 "jangbui", 〈바꿀 말〉은 "jangbuo"로 입력한 후, [모든 바꿈]버튼을 클릭하여 바꾼다.

② **클래스이름은 대문자** : 모두 바꾸기를 하면 클래스이름이 소문자로 변경된다. 첫 글자가 대문자가 되게 jangbuo에서 Jangbuo로 수정한다.

```
<?

class Jangbuo_m extends CI_Model
{
    public function getlist($text1,$start,$limit)
    {
        $sql="select jangbu.*, product.name as produ
                from jangbu left join product on jar
```

③ **io=1 로 수정** : 매출은 io가 1이므로, Select문의 where절에서 io=1 로 수정한다.

```
class Jangbuo_m extends CI_Model
{
    public function getlist($text1,$start,$limit)
    {
        $sql="select jangbu.*, product.name as product_name
                from jangbu left join product on jangbu.product_no=product.no
                where jangbu.io=1 and jangbu.writeday='$text1'
                order by jangbu.no limit $start,$limit";
        return $this->db->query($sql)->result();
    }

    public function rowcount($text1)
    {
        $sql="select * from jangbu where io=1 and jangbu.writeday='$text1'";
        return $this->db->query($sql)->num_rows();
    }
```

STEP 03 jangbuo_list 만들기

① **jangbuo_list.php 만들기** : views 폴더에 있는 jangbui_list.php 파일을 읽은 후, jangbuo_list.php라는 새 이름으로 저장한다. jangbuo_list.php에서 "Ctrl+H"키를 눌러 바꾸기 창을 연다. 〈찾을 말〉은 "jangbui", 〈바꿀 말〉은 "jangbuo"로 입력한 후, [모든 바꿈]버튼을 클릭하여 바꾼다.

② **product_list.php 수정** : 매입장 제목표시를 에서 "매출장"으로 변경한다.

```
<br>
<div class="alert mycolor1" role="alert">매출장</div>

<script>
    function find_text()
    {
        form1.action="/jangbuo/lists/text1/" + form1.text1.va
        form1.submit();
    }
```

③ **numo 수정** : 매입수량 표시인 $row –〉 numi를 매출수량 $row –〉 numo로 수정한다.

```
            <td width="10%">비고</td>
        </tr>
<?
    foreach ($list as $row)
    {
        $no=$row->no;
?>
        <tr>
            <td><?=$row->no ?></a></td>
            <td><?=$row->writeday ?></a></td>
            <td align="left"><a href="/jangbuo/view/no/<?=$no; ?><?=$tmp; ?>"><?=$row->product_name; ?></a></td>
            <td align="right"><?=number_format($row->price); ?></a></td>
            <td align="right"><?=number_format($row->numo); ?></a></td>
            <td align="right"><?=number_format($row->prices); ?></a></td>
            <td align="left"><?=$row->bigo; ?></a></td>
        </tr>
<?
```

④ **매출 메뉴 등록하기** : main_header.php를 읽어와 매출 메뉴를 클릭했을 때 매출장 목록화면이 나오도록 〈a〉 tag의 href 를 "/jangbuo"로 수정한다.

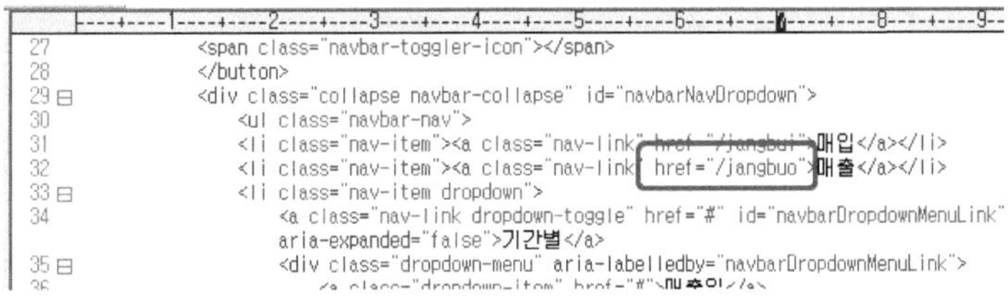

⑤ **실행하기** : 실행하여 결과를 확인한다.

STEP 04 jangbuo_add.php 만들기

① **jangbuo_add.php 만들기** : views 폴더에 있는 jangbui_add.php 파일을 읽은 후, jangbuo_add.php라는 새 이름으로 저장한다. jangbuo_add.php를 부른 후, "Ctrl+H"키를 눌러 바꾸기 창을 연다. 〈찾을 말〉은 "jangbui", 〈바꿀 말〉은 "jangbuo"로 입력한 후, [모든 바꿈]버튼을 클릭하여 바꾼다.

② **numi→numo로 변경하기** : 이번에는 "Ctrl+H"키를 눌러 바꾸기 창을 연다. 〈찾을 말〉은 "numi", 〈바꿀 말〉은 "numo"로 입력한 후, [모든 바꿈]버튼을 클릭하여 바꾼다.

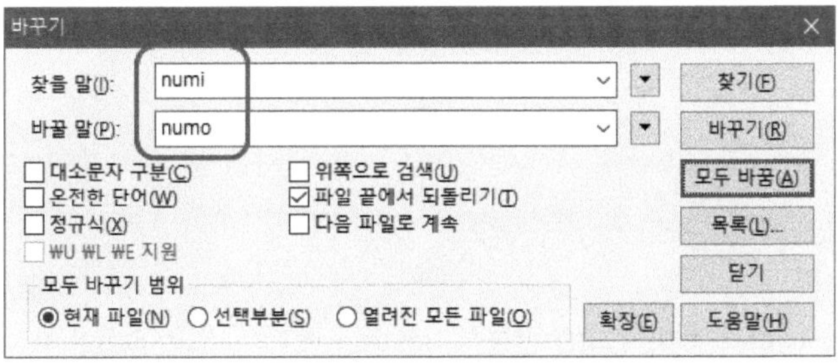

③ **jangbu_add.php 수정** : 매입장 제목표시를 에서 "매출장"으로 변경한다.

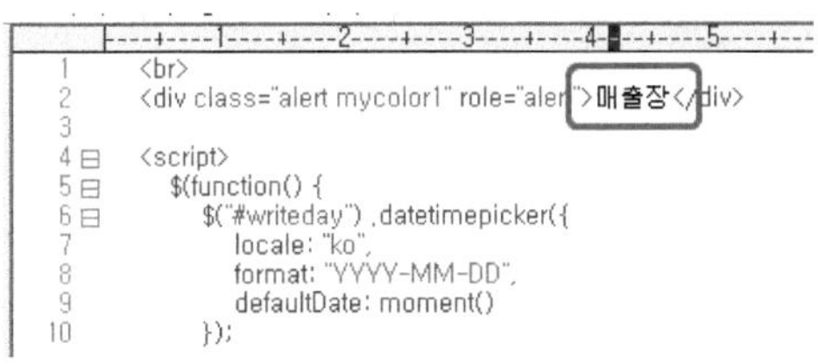

④ **실행하기** : 실행하여 결과를 확인한다.

STEP 05 jangbuo_view.php 만들기

① **jangbuo_view.php 만들기** : views 폴더에 있는 jangbui_view.php 파일을 읽은 후, jangbuo_view.php라는 새 이름으로 저장한다. jangbuo_view.php를 부른 후, "Ctrl+H"키를 눌러 바꾸기 창을 연다. 〈찾을 말〉은 "jangbui", 〈바꿀 말〉은 "jangbuo"로 입력한 후, [모든 바꿈]버튼을 클릭하여 바꾼다.

② **numi→numo로 변경하기** : 이번에는 "Ctrl+H"키를 눌러 바꾸기 창을 연다. 〈찾을 말〉은 "numi", 〈바꿀 말〉은 "numo"로 입력한 후, [모든 바꿈]버튼을 클릭하여 바꾼다.

③ **jangbu_view.php 수정** : 매입장 제목표시를 에서 "매출장"으로 변경한다.

```
<?
    $no=$row->no;

    $tmp = $text1 ? "/no/$no/text1/$text1/page/$page" : "/no/$no/page/$page";
?>
    <br>
    <div class="alert mycolor1" role="alert">매출장</div>

    <form name="form1" method="post" action="">

    <table class="table table-bordered table-sm mymargin5">
        <tr>
```

④ **실행하기** : 실행하여 결과를 확인한다.

STEP 06 jangbuo_edit.php 만들기

① **jangbuo_edit.php 만들기** : views 폴더에 있는 jangbui_edit.php 파일을 읽은 후, jangbuo_edit.php라는 새 이름으로 저장한다. jangbuo_edit.php를 부른 후, "Ctrl+H"키를 눌러 바꾸기 창을 연다. 〈찾을 말〉은 "jangbui", 〈바꿀 말〉은 "jangbuo"로 입력한 후, [모든 바꿈]버튼을 클릭하여 바꾼다.

② **numi→numo로 변경하기** : 이번에는 "Ctrl+H"키를 눌러 바꾸기 창을 연다. 〈찾을 말〉은 "numi", 〈바꿀 말〉은 "numo"로 입력한 후, [모든 바꿈]버튼을 클릭하여 바꾼다.

③ **jangbu_edit.php 수정** : 매입장 제목표시를 에서 “매출장”으로 변경한다.

```
<br>
<div class="alert mycolor1" role="alert">매출장</div>

<script>
  $(function() {
    $("#writeday").datetimepicker({
      locale: "ko",
      format: "YYYY-MM-DD",
      defaultDate: moment()
    });
```

④ **실행하기** : 실행하여 결과를 확인한다.

6.2.2 제품선택창 만들기

앞에서 만든 매입장과 매출장에서 제품선택은 콤보박스를 이용하였다. 보통 콤보박스를 이용하는 경우는 제품의 개수가 적은 경우에는 적합하지만, 많은 경우에는 불편할 수 있다. 따라서 아래 그림과 같이 제품을 검색하는 창을 열어 제품을 검색한 후, 클릭하여 제품을 입력하는 방법으로 변경해보자.

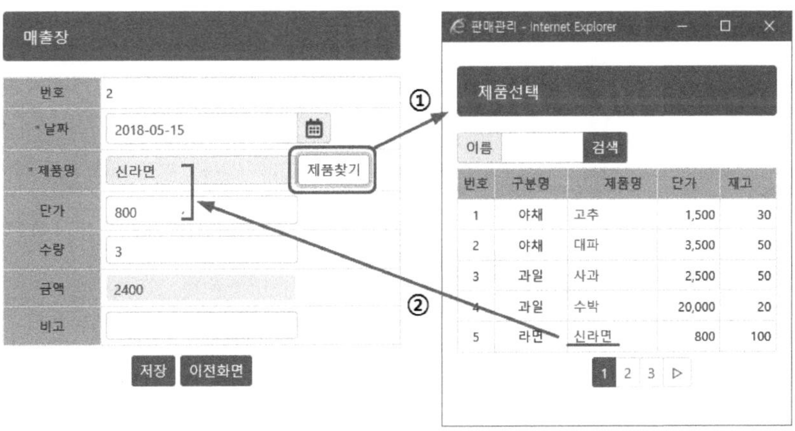

실습목적

매출장의 제품정보를 입력하는 방법은 콤보박스에서 제품검색창으로 입력할 수 있도록 수정하여라.

실습이론

1 **프로그램 수정 순서** : 제품선택 화면들은 제품관리 파일들을 복사하여 만들면 쉽게 만들 수 있다. 제품관리 파일을 복사하여 작업하는 순서는 다음과 같다.

1) Product.php ➜ Findproduct.php, Product_m.php ➜ Findproduct_m.php, product_list.php ➜ findproduct_list.php 로 복사한다.
2) 프로그램 내용 중, product글자를 findproduct 글자로 모두 수정한다. 주의할 점은 클래스이름은 반드시 첫 글자가 대문자래야 한다.
3) 프로그램 내용 중 추가, 삭제, 수정, 업로드에 관련된 내용들을 모두 삭제한다.
4) main_header.php를 이용해 메뉴가 없는 main_header_nomenu.php를 만든다.
5) main_header.php에서 매입 메뉴를 클릭한 경우 화면이 나오도록 링크를 수정한다.

2 **메뉴 없는 main_header_nomonu.php** : 제품검색 화면은 팝업창으로서, 메인화면같이 풀다운 메뉴가 필요 없다. 따라서 풀다운메뉴가 없는 main_header_nomenu.php가 필요하며, Findproduct.php에서 해당 파일이 열리도록 수정해야 한다.

```
...  ...  ...
        $data["text1"]=$text1;
        $data["list"]=$this->findproduct_m->getlist( $text1, $start, $limit );

        $this->load->view("main_header_nomenu");
        $this->load->view("findproduct_list",$data);
        $this->load->view("main_footer");
    }
}

?>
```

3 **제품검색창 열기** : 제품 추가나 수정 화면에서 제품을 선택하는 findproduct.php를 팝업창으로 열기 위해서는 다음과 같은 find_product()함수를 추가해야 한다.

```
function find_product()
{

window.open("/findproduct","","resizable=yes,scrollbars=yes,width=500,height=600")
;
}
```

[4] **jangbuo_add 수정** : 매출장 추가화면에서 제품 콤보박스는 "제품찾기"버튼으로 교체하고, find_product함수를 호출 할 수 있도록 onClick이벤트에 연결시킨다. 그리고 제품명 표시는 추가이므로, 빈 값이 되도록 하고, disabled시켜 수정 못하도록 한다.

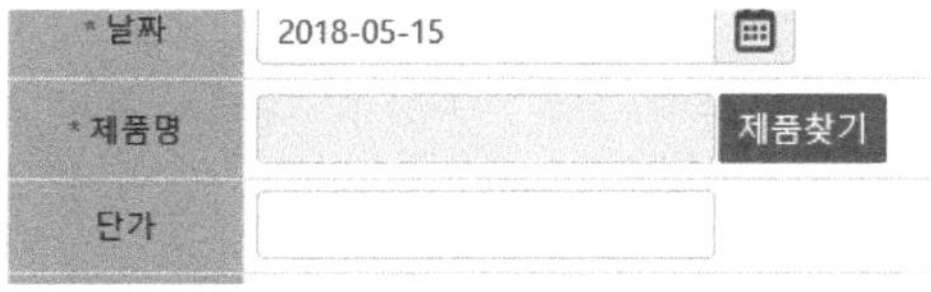


```
… … …
<tr>
  <td width="20%" class="mycolor2" style="vertical-align:middle"><font
color="red">*</font> 제품명</td>
  <td width="80%" align="left">
    <div class="form-inline">
      <input type="hidden" name="product_no" value="<?=set_value("product_no");
?>">
      <input type="text" name="product_name" value="" class="form-control
form-control-sm" disabled>
      <input type="button" value="제품찾기" onClick="find_product();"
class="form-control btn btn-sm mycolor1">
    </div>
    <? if(form_error("product_no")==TRUE) echo form_error("product_no"); ?>
  </td>
</tr>
… … …
```

[5] **jangbuo_edit 수정** : 매출장 수정화면에서도 마찬가지로 "제품찾기"버튼을 추가해야 한다. 그리고 제품명 표시는 $row->product_name을 출력하며, disabled시켜 수정 못하도록 한다.

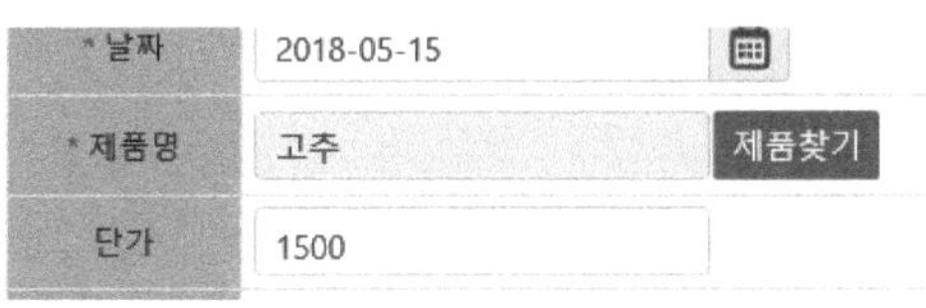

```
… … …
<tr>
  <td width="20%" class="mycolor2" style="vertical-align:middle"><font
color="red">*</font> 제품명</td>
  <td width="80%" align="left">
    <div class="form-inline">
      <input type='hidden' name='product_no' value="<?=$row->product_no; ?>">
      <input type="text" name="product_name" value="<?=$row->product_name;
?>" class="form-control form-control-sm" disabled>
      <input type="button" value="제품찾기" onClick="find_product();"
class="form-control btn btn-sm mycolor1">
    </div>
    <? if(form_error("product_no")==TRUE) echo form_error("product_no"); ?>
  </td>
</tr>
… … …
```

6 **제품선택창에서 선택된 제품 정보 전달하기** : 제품선택창에서 선택한 제품정보가 매출장의 추가화면이나 수정화면의 제품정보란에 표시되려면 다음과 같은 SendProduct 함수를 만들어야 한다. 이 함수는 전달받은 제품의 제품번호(① no), 제품명(② name), 가격(③ price)을 제품선택창을 호출한 대상(opener)의 개체에 전달하도록 작성되었다.

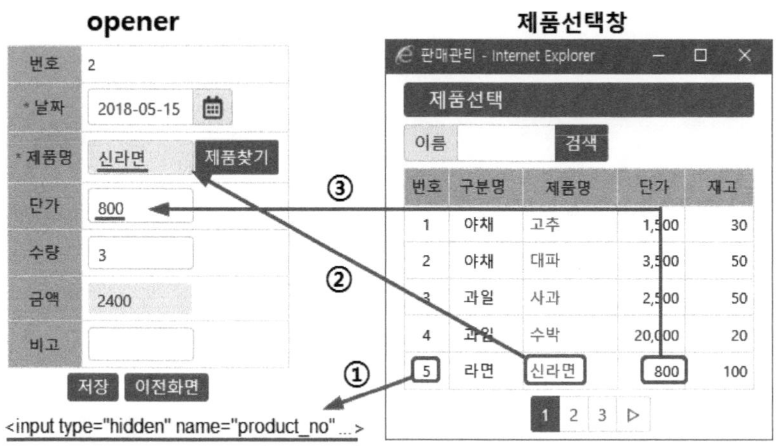

```
function SendProduct(no, name, price)
{
   opener.form1.product_no.value = no;            → ①
   opener.form1.product_name.value = name;        → ②
   opener.form1.price.value = price;              → ③
   opener.form1.prices.value = Number(price) * Number(opener.form1.numo.value);
   self.close();
}
```

이 SendProduct 함수는 추가와 수정 회면에서 제품명을 클릭하는 경우 호출해야 한다. 따라서 앞에서 <a> tag의 href를 다음과 같이 수정해야 한다.

```
… … …
  <?
    foreach ($list as $row)
    {
        $no=$row->no;
  ?>
        <tr>
          <td><?=$no; ?></td>
          <td><?=$row->gubun_name; ?></a></td>
          <td align="left">
             <a href="javascript:SendProduct(<?=$no; ?>,'<?=$row->name; ?>',
<?=$row->price; ?>);"><?=$row->name; ?></a>
          </td>
          <td align="right"><?=number_format($row->price); ?></a></td>
          <td align="right"><?=number_format($row->jaego); ?></a></td>
        </tr>
… … …
```

STEP 01 Findproduct.php 만들기

① **Findproduct.php 만들기** : controls 폴더에 있는 Product.php 파일을 읽은 후, Findproduct.php라는 새 이름으로 저장한다. Findproduct.php에서 "Ctrl+H"키를 눌러 바꾸기 창을 연다. <찾을 말>은 "product", <바꿀 말>은 "findproduct"로 입력한 후, [모든 바꿈]버튼을 클릭하여 바꾼다.

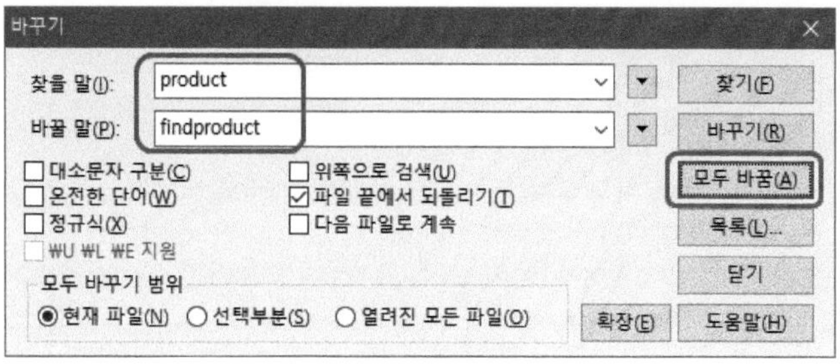

② **클래스이름은 대문자** : 첫 글자가 대문자가 되게 findproduct에서 Findproduct로 수정한다. 그리고 upload 라이브러리는 더 이상 필요 없으므로 삭제한다.

```
<?

class Findproduct extends CI_Controller
{

    function __construct()
    {
        parent::__construct();
        $this->load->database();
        $this->load->model("findproduct_m");
        $this->load->helper(array("url","date"));
        $this->load->library('pagination');

    }
```

③ **view, del, add, edit, call_upload 함수 삭제** : __construct, index, lists함수만 남기고, 나머지 모든 함수를 삭제한다.

```

        $config["per_page"]     = 5;
        $config["total_rows"]   = $this->findproduct_m->rowcount($text1);
        $config["uri_segment"]  = $page_segment;
        $config["base_url"]     = $base_url;
        $this->pagination->initialize($config);

        $data["page"] = $this->uri->segment($page_segment,0);
        $data["pagination"] = $this->pagination->create_links();

        $start=$data["page"];
        $limit=$config["per_page"];

        $data["text1"]=$text1;
        $data["list"]=$this->findproduct_m->getlist($text1,$start,$limit);

        $this->load->view("main_header");
        $this->load->view("findproduct_list",$data);
        $this->load->view("main_footer");
    }



}

?>
```

④ **main_header_nomenu 링크 수정** : ⑤ 과정에서 만들 풀다운메뉴가 없는 main_header _nomenu.php를 연결하기 위하여 "main_header"를 "main_header_nomenu" 로 수정한다.

```
        $limit=$config['per_page'];

        $data["text1"]=$text1;
        $data["list"]=$this->findproduct_m->getlist($text1,$start,$limit);

        $this->load->view("main_header_nomenu");
        $this->load->view("findproduct_list",$data);
        $this->load->view("main_footer");
    }

}

?>
```

⑤ **main_header_nomenu.php 만들기** : views 폴더에 있는 main_header.php 파일을 읽은 후, "main_header_nomenu.php"라는 새 이름으로 저장한다. 그리고 메뉴부분을 모두 삭제한다.

```
<!DOCTYPE html>
<html lang="kr">
<head>
    <meta charset="utf-8">
    <meta name="viewport" content="width=device-width, initial-scale=1, shrink-to-fit=no">
    <title>판매관리</title>
    <link  href="/my/css/bootstrap.min.css" rel="stylesheet">
    <link  href="/my/css/my.css" rel="stylesheet">
    <script src="/my/js/jquery-3.3.1.min.js"></script>
    <script src="/my/js/popper.min.js"></script>
    <script src="/my/js/bootstrap.min.js"></script>

    <script src="/my/js/moment-with-locales.min.js"></script>
    <script src="/my/js/bootstrap-datetimepicker.js"></script>
    <link  href="/my/css/bootstrap-datetimepicker.css" rel="stylesheet">

    <link  href="/my/css/fontawesome-all.min.css" rel="stylesheet">

</head>
<body>

<div class="container">


```

STEP 02 Findproduct_m.php 만들기

① **Findproduct_m.php 만들기** : models 폴더에 있는 Product_m php 파일을 읽은 후, Findproduct_m.php라는 새 이름으로 저장한다.

② **클래스이름은 대문자** : 첫 글자가 대문자가 되게 Product_m 에서 Findproduct_m 으로 수정한다.

③ **deleterow, insertrow, updaterow, getlist_gubun 함수들 삭제** : getlist, rowcount, getrow 함수만 남기고, 나머지 함수들을 모두 삭제한다.

```
<?

class Findproduct_m extends CI_Model
{
    public function getlist($text1,$start,$limit)
    {
        if (!$text1)
            $sql="select product.*, gubun.name as gubun_name
                    from product left join gubun on product.gubun_no=gubun.no
                    order by product.name limit $start,$limit";
        else
            $sql="select product.*, gubun.name as gubun_name
                    from product left join gubun on product.gubun_no=gubun.no
                    where product.name like '%$text1%'
                    order by product.name limit $start,$limit";
        return $this->db->query($sql)->result();
    }

    public function rowcount($text1)
    {
        if (!$text1)
            $sql="select * from product";
        else
            $sql="select * from product where name like '%$text1%'";

        return $this->db->query($sql)->num_rows();
    }

    function getrow($no)
    {
        $sql="select product.*, gubun.name as gubun_name
                from product left join gubun on product.gubun_no=gubun.no
                where product.no=$no";
        return $this->db->query($sql)->row();
    }


}

?>
```

STEP 03 findproduct_list 만들기

① **findproduct_list.php 만들기** : views 폴더에 있는 product_list.php 파일을 읽은 후, findproduct_list.php라는 새 이름으로 저장한다. findproduct_list.php에서 "Ctrl+H"키를 눌러 바꾸기 창을 연다. 〈찾을 말〉은 "product", 〈바꿀 말〉은 "findproduct"로 입력한 후, [모든 바꿈]버튼을 클릭하여 바꾼다.

② **제목표시 수정** : 제품 제목표시를 "제품선택"으로 변경한다.

```
    <br>
    <div class="alert mycolor1" role="alert">제품선택</div>

    <script>
        function find_text()
```

③ **추가버튼 삭제** : 추가버튼과 관련된 부분을 삭제한다. 그리고 Grid를 "col-6"으로 수

정한다.

```
</script>

<form name="form1" action="" method="post">

<div class="row">
    <div class="col-6" align="left">
        <div class="input-group input-group-sm">
            <div class="input-group-prepend">
                <span class="input-group-text ">이름</span>
            </div>
            <input type="text" name="text1" value="<?=$text1?>" class="form-control"
                onkeydown="if (event.keyCode == 13){ find_text(); }">
            <span class="input-group-append">
                <button class="btn btn-sm mycolor1" type="button"
                    onClick="javascript:find_text();">검색</button>
            </span>
        </div>
    </div>


    <div class="col-6" align="right">


    </div>
</div>
</form>

<table class="table table-sm table-bordered mymargin5">
    <tr class="mycolor2">
        <td width="10%">번호</td>
        <td width="20%">구분명</td>
        <td width="30%">제품명</td>
```

④ **이름 〈a〉 tag 수정** : $tmp를 삭제했으므로, 제품이름의 〈a〉 tag의 href를 "#"으로 수정한다.

```
foreach ($list as $row)
{
    $no=$row->no;
?>
    <tr>
        <td><?=$no; ?></td>
        <td><?=$row->gubun_name ?></a></td>
        <td align="left"><a href="#"><?=$row->name; ?></a></td>
        <td align="right"><?=number_format($row->price) ?></a></td>
        <td align="right"><?=number_format($row->jaego) ?></a></td>
    </tr>
```

⑤ **실행하기** : 웹브라우저에 다음 주소를 입력해 결과를 확인한다.

```
http://localhost/findproduct
```

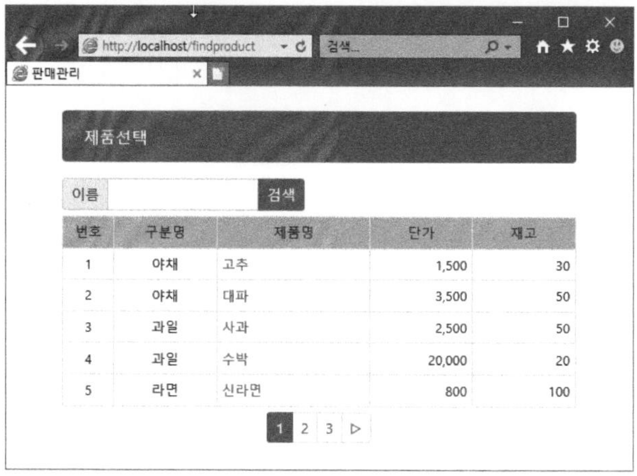

STEP 04 jangbuo_add.php 수정하기

① **find_product 함수 추가** : views 폴더에 있는 jangbuo_add.php를 연다. 그리고 제품검색창을 팝업창으로 여는 find_product함수를 추가한다.

```
}

function cal_prices()
{
    form1.prices.value=Number(form1.price.value) * Number(form1.numo.value);
    form1.bigo.focus();
}

function find_product()
{
    window.open("/findproduct","", "resizable=yes,scrollbars=yes,width=500,height=600");
}

</script>

<form name="form1" method="post" action="">
```

② **제품찾기 버튼 추가** : 제품이름 product_name 이 표시되도록 입력란을 추가하고, [제품찾기]버튼이 표시되도록 프로그램을 작성한다.

```
<tr>
    <td width="20%" class="mycolor2" style="vertical-align:middle"><font color="red">*</font> 제품명</td>
    <td width="80%" align="left">
        <div class="form-inline">
            <input type="hidden" name="product_no" value="<?=set_value("product_no"); ?>">
            <input type="text" name="product_name" value=""
                class="form-control form-control-sm" disabled>
            <input type="button" value="제품찾기" onClick="find_product();"
                class="form-control btn btn-sm mycolor1">
        </div>
        <? if(form_error("product_no")==TRUE) echo form_error("product_no"); ?>
    </td>
</tr>
<tr>
    <td width="20%" class="mycolor2" style="vertical-align:middle">단가</td>
```

③ **실행하기** : 실행하여 결과를 확인한다.

STEP 05 jangbuo_edit.php 수정하기

① **find_product 함수 추가** : views 폴더에 있는 jangbuo_edit.php를 연다. 그리고 제품검색창을 팝업창으로 여는 find_product함수를 추가한다.

```
    }

    function cal_prices()
    {
        form1.prices.value=Number(form1.price.value) * Number(form1.numo.value);
        form1.bigo.focus();
    }

    function find_product()
    {
        window.open("/findproduct","", "resizable=yes,scrollbars=yes,width=500,height=600");
    }

    </script>

    <form name="form1" method="post" action="">
```

② **제품찾기 버튼 추가** : 제품이름 product_name 이 표시되도록 입력란을 추가하고, [제품찾기]버튼이 표시되도록 프로그램을 작성한다.

```
<tr>
    <td width="20%" class="mycolor2" style="vertical-align:middle"><font color="red">*</font> 제품명</td>
    <td width="80%" align="left">
        <div class="form-inline">
            <input type='hidden' name='product_no' value="<?=$row->product_no; ?>">
            <input type="text" name="product_name" value="<?=$row->product_name; ?>"
                class="form-control form-control-sm" disabled>
            <input type="button" value="제품찾기" onClick="find_product();"
                class="form-control btn btn-sm mycolor1">
        </div>
        <? if(form_error("product_no")==TRUE) echo form_error("product_no"); ?>
    </td>
</tr>
<tr>
    <td width="20%" class="mycolor2" style="vertical-align:middle">단가</td>
```

③ **실행하기** : 실행하여 결과를 확인한다.

STEP 06 findproduct_list_.php 수정하기

① **SendProduct함수 추가** : views 폴더에 있는 findproduct_list.php 파일을 읽은 후, 제품이름을 클릭했을 때 매출장 장부에 값을 전달하고 금액을 재계산하는 SendProduct함수를 작성한다.

```
<script>
    function find_text()
    {
        if (!form1.text1.value)
            form1.action="/findproduct/lists/page";
        else
            form1.action="/findproduct/lists/text1/" + form1.text1.value+"/page";
        form1.submit();
    }

    function SendProduct(no,name,price)
    {
        opener.form1.product_no.value = no;
        opener.form1.product_name.value = name;
        opener.form1.price.value = price;
        opener.form1.prices.value=Number(price) * Number(opener.form1.numo.value);
        self.close();
    }
</script>

<form name="form1" action="" method="post">
```

② **SendProduct함수 호출** : 제품이름을 클릭했을 때 제품번호, 이름, 단가를 전달하는 SendProduct함수를 호출하도록 〈a〉 tag의 href를 수정한다.

```
<?
    foreach ($list as $row)
    {
        $no=$row->no;
?>
        <tr>
            <td><?=$no; ?></td>
            <td><?=$row->gubun_name ?></a></td>
            <td align="left">
                <a href="javascript:SendProduct(<?=$row->no?>,'<?=$row->name ?>',<?=$row->price ?>);">
                    <?=$row->name; ?>
                </a>
            </td>
            <td align="right"><?=number_format($row->price) ?></a></td>
            <td align="right"><?=number_format($row->jaego) ?></a></td>
        </tr>
<?
    }
?>
```

③ **실행하기** : 실행하여 결과를 확인한다.

Chapter 07

기간별 작업

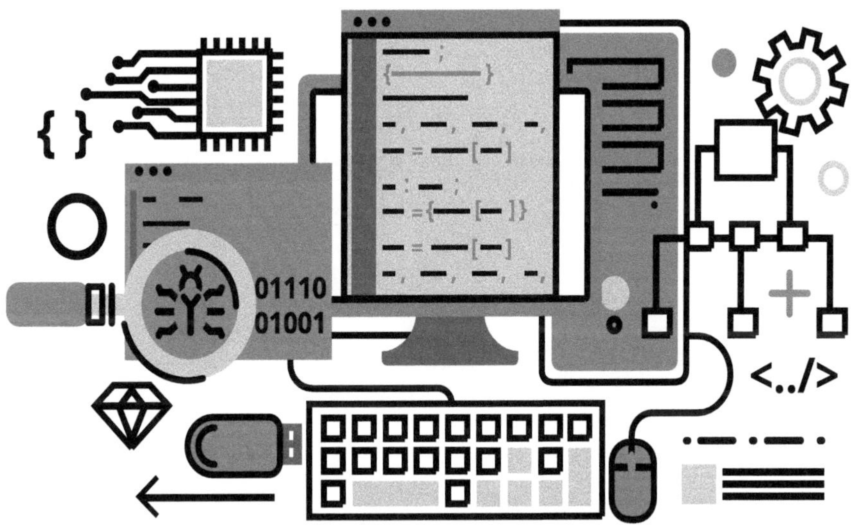

7.1 기간조회 만들기

7.1.1 기간조회 기본화면 만들기

이번에 만들 화면은 아래 그림과 같이 시작날짜, 종료날짜, 그리고 제품명을 이용하여 복합 검색할 수 있는 화면을 만들어 보자. 특히 제품명은 콤보박스를 이용해 전체를 조회할 수 있고, 특정 제품을 검색할 수 있도록 만들겠다.

실습목적

먼저 앞에서 만든 매출장 프로그램을 복사하여 다음 그림과 같은 기간조회 기본 모양의 프로그램을 만들어 보자.

실습이론

1 **매출장 프로그램 이용하기** : 이번부터 만들 화면들은 대부분 기존의 자료를 조회하거나 응용하는 화면이므로, 추가, 수정, 삭제 기능은 필요하지 않으며 목록 화면만 있으면 된다. 따라서 기간조회 파일은 Gigan.php, Gigan_m.php, gigan_list.php 파일만 있으면 된다. 작업 순서는 다음과 같다.

1) Jangbuo.php ➜ Gigan.php, Jangbuo_m.php ➜ Gigan_m.php, jangbuo_list.php ➜ gigan_list.php로 복사한다.
2) 프로그램 내용 중, jangbuo 글자를 gigan 글자로 모두 수정한다. 주의할 점은 클래스이름은 반드시 첫 글자가 대문자래야 한다.
3) jungbu 테이블 내용 중 numi와 numo가 동시에 표시되도록 수정한다.
4) main_header.php에서 기간조회 메뉴를 클릭한 경우 화면이 나오도록 링크를 수정한다.

2 **추가, 수정, 삭제 부분 삭제하기** : 기간조회화면은 단순히 조회만하면 되므로, 매출프로그램에서 불필요한 추가, 저장, 삭제에 해당하는 view, del, add, edit, insertrow, deleterow, updaterow, getrow함수들을 삭제한다.

3 **io=1 삭제** : 기간조회화면은 매입수량, 매출수량이 모두 표시되어야 하므로, select문의 where절에서 io=1 내용을 삭제해야 한다.

4 **0인 경우 빈칸출력** : 수량이 0인 경우는 매입, 매출수량이 동시에 표시되므로 0을 표시하지 않는 것이 더 보기가 좋다. 이 처리는 다음과 같이 처리하면 된다.

```
$numi = $row->numi ? number_format($row->numi) : "";
$numo = $row->numo ? number_format($row->numo) : "";
```

5 **수량 배경색** : 매입수량, 매출수량의 배경색을 연한 노란색이 되도록 〈td bg="lightyellow"〉를 지정한다.

```
<td align="right" bgcolor="lightyellow"><?=$numi; ?></td>
<td align="right" bgcolor="lightyellow"><?=$numo; ?></td>
```

STEP 01 Gigan.php 만들기

① **Gigan.php 만들기** : controls 폴더에 있는 Jangbuo.php 파일을 읽은 후, Gigan.php라는 새 이름으로 저장한다. Jangbuo.php에서 "Ctrl+H"키를 눌러 바꾸기 창을 연다. 〈찾을 말〉은 "jangbuo", 〈바꿀 말〉은 "gigan"으로 입력한 후, [모든 바꿈] 버튼을 클릭하여 바꾼다.

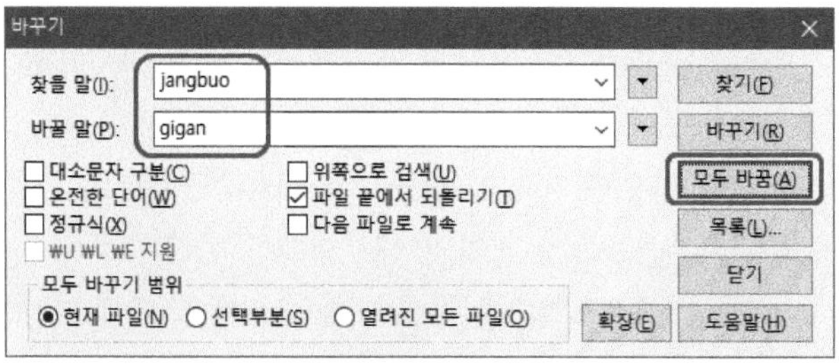

② **클래스이름은 대문자** : 첫 글자가 대문자가 되게 gigan에서 Gigan으로 수정한다.

```
<?

class Gigan extends CI_Controller
{

    function __construct()
    {
        parent::__construct();
        $this->load->database();
        $this->load->model("gigan_m");
        $this->load->helper(array("url","date"));
        $this->load->library('pagination');
```

③ **view, del, add, edit, save 함수들 삭제** : __construct, index, lists 함수만 남기고 나머지 함수들을 모두 삭제한다.

```

    public function lists()
    {
        $uri_array=$this->uri->uri_to_assoc(3);
        $text1 = array_key_exists("text1",$uri_array) ? urldecode($uri_array["text1"]) : date("Y-m-d");

        $page_segment = 6;
        $base_url="/gigan/lists/text1/$text1/page";

        $config["per_page"]    = 5;
        $config["total_rows"]  = $this->gigan_m->rowcount($text1);
        $config["uri_segment"] = $page_segment;
        $config["base_url"]    = $base_url;
        $this->pagination->initialize($config);

        $data["page"] = $this->uri->segment($page_segment,0);
        $data["pagination"] = $this->pagination->create_links();

        $start=$data["page"];
        $limit=$config["per_page"];

        $data["text1"]=$text1;
        $data["list"]=$this->gigan_m->getlist($text1,$start,$limit);

        $this->load->view("main_header");
        $this->load->view("gigan_list",$data);
        $this->load->view("main_footer");
    }


}
?>
```

STEP 02 Gigan_m.php 만들기

① **Gigan_m.php 만들기** : models 폴더에 있는 Jangbuo_m.php 파일을 읽은 후, Gigan_m.php라는 새 이름으로 저장한다. 클래스이름 첫 글자가 대문자가 되게 Jangbuo_m 에서 Gigan_m 으로 수정한다.

② **getrow, deleterow, insertrow, updaterow 함수 삭제** : getlist, rowcount, getlist_product를 제외한 나머지 함수들은 모두 삭제한다.

③ **io=1 삭제** : 매입, 매출 정보가 모두 나오게 getlist함수에서 select 문의 where 절에 있는 "jangbu.io=1 and"를 삭제한다.

```
<?

class Gigan_m extends CI_Model
{
    public function getlist($text1,$start,$limit)
    {
        $sql="select jangbu.*, product.name as product_name
                from jangbu left join product on jangbu.product_no=product.no
                where jangbu.writeday='$text1'
                order by jangbu.no limit $start,$limit";
        return $this->db->query($sql)->result();
    }

    public function rowcount($text1)
    {
        $sql="select * from jangbu where writeday='$text1'";
        return $this->db->query($sql)->num_rows();
    }

    function getlist_product()
    {
        $sql="select * from product order by name";
        return $this->db->query($sql)->result();
    }

}

?>
```

STEP 03 gigan_list.php 만들기

① **gigan_list.php 만들기** : views 폴더에 있는 gigan_list.php 파일을 읽은 후, gigan_list.php라는 새 이름으로 저장한다. gigan_list.php에서 "Ctrl+H"키를 눌러 바꾸기 창을 연다. 〈찾을 말〉은 "jangbuo", 〈바꿀 말〉은 "gigan"으로 입력한 후, [모든 바꿈]버튼을 클릭하여 바꾼다.

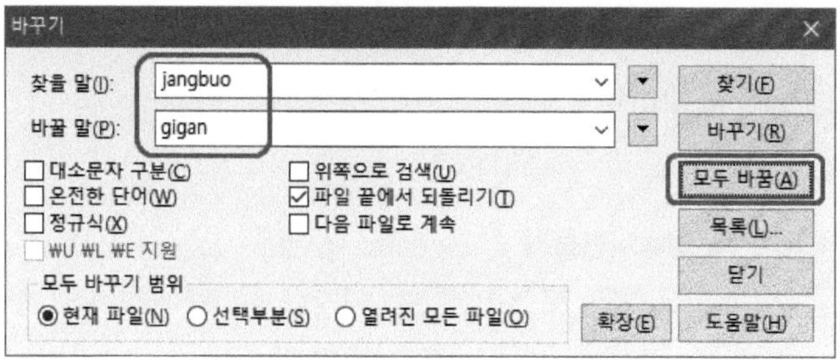

② **제목표시 변경** : 제목표시를 매출장에서 "기간별 매출입 현황"으로 수정한다.

```
<br>
<div class="alert mycolor1" role="alert">기간별 매출입현황</div>

<script>
    function find_text()
    {
```

③ **추가 버튼 삭제** : 기간조회는 단순히 조회만 하는 화면이므로, 추가버튼과 $tmp 부분을 삭제한다.

```
<form name="form1" action="" method="post">

<div class="row">
  <div class="col-3">
    <div class="form-inline">
      <div class="input-group input-group-sm table-sm date" id="text1">
        <div class="input-group-prepend">
          <span class="input-group-text">날짜</span>
        </div>
        <input type="text" name="text1" value="<?=$text1; ?>" class="form-control" size="9"
          onkeydown="if (event.keyCode == 13) { find_text(); }">
        <div class="input-group-append">
          <div class="input-group-text">
            <div class="input-group-addon"><i class="far fa-calendar-alt fa-lg"></i></div>
          </div>
        </div>
      </div>
    </div>
  </div>


  <div class="col-9 align-items-right" align="right">


  </div>
</div>

</form>
```

④ **테이블 수정** : 번호 필드부분은 필요 없으므로 삭제한다. 그리고 매입수량(numi)과 매출수량(numo)이 표시되도록 수정하고, 각 칼럼의 너비를 조정한다. 그리고 매입수량과 매출수량 값이 없는 경우에는 빈칸이 출력되도록 수정한다.

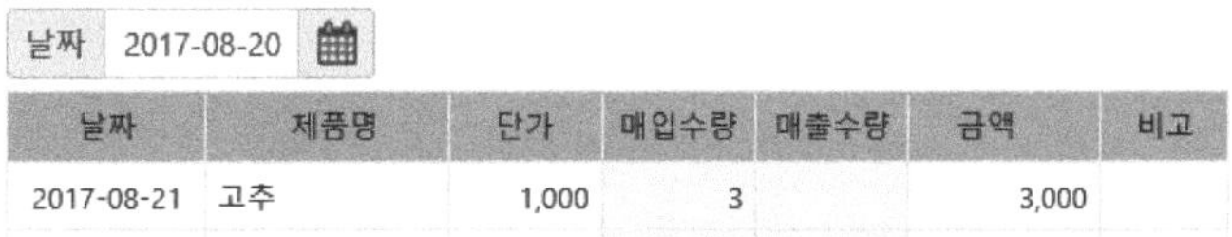

날짜	제품명	단가	매입수량	매출수량	금액	비고
2017-08-21	고추	1,000	3		3,000	

```
<table class="table table-sm table-bordered mymargin5">
    <tr class="mycolor2">

        <td width="15%">날짜</td>
        <td width="25%">제품명</td>
        <td width="10%">단가</td>
        <td width="10%">매입수량</td>
        <td width="10%">매출수량</td>
        <td width="15%">금액</td>
        <td width="15%">비고</td>
    </tr>
<?
foreach ($list as $row)
{
    $no=$row->no;
    $numi=$row->numi ? number_format($row->numi) : "";
    $numo=$row->numo ? number_format($row->numo) : "";
?>
    <tr>

        <td><?=$row->writeday ?></td>
        <td align="left"><?=$row->product_name; ?></td>
        <td align="right"><?=number_format($row->price); ?></td>
        <td align="right" bgcolor="lightyellow"><?=$numi; ?></td>
        <td align="right" bgcolor="lightyellow"><?=$numo; ?></td>
        <td align="right"><?=number_format($row->prices); ?></td>
        <td align="left"><?=$row->bigo; ?></td>
    </tr>
<?
}
?>
</table>
```

⑤ **실행하기** : 실행하여 결과를 확인한다.

7.1.2 기간 및 제품선택 조건지정하기

매입, 매출장인 경우에는 검색조건이 당일 날짜였지만, 일반적으로 기간으로 조회하는 경우가 많다. 따라서 기간내의 모든 제품이나 특정 제품만을 조회할 수 있도록 만들어 보자.

실습목적

아래 그림과 같이 조건검색을 기간과 제품명으로 할 수 있도록 수정하여라..

실습이론

1 **기간지정과 제품선택** : 위 그림처럼 기간(text1, text2)과 제품이름(text3)을 이용하여 검색하기 위해서는 Gigan.php의 list함수에서 text1 프로그램을 참고하여 text2, text3 프로그램을 더 추가해야 한다.

```
    … … …
    $text1 = array_key_exists("text1",$uri_array) ? urldecode($uri_array["text1"]) :
date("Y-m-d",strtotime("-1 month"));
    $text2 = array_key_exists("text2",$uri_array) ? urldecode($uri_array["text2"]) :
date("Y-m-d");
    $text3 = array_key_exists("text3",$uri_array) ? urldecode($uri_array["text3"]) : "0";

    $base_url="/gigan/lists/text1/$text1/text2/$text2/text3/$text3/page";
    … … …
    $config["total_rows"]  = $this->gigan_m->rowcount($text1,$text2,$text3);
    … … …
    $data["text1"]=$text1;
    $data["text2"]=$text2;
    $data["text3"]=$text3;
    $data["list"]=$this->gigan_m->getlist($text1,$text2,$text3,$start,$limit);
    … … …
```

여기서 각 변수의 초기값으로, text1은 오늘부터 1달 전 날짜, text2는 오늘 날짜가 지정되도록 하였으며, text3은 "전체"가 선택되도록 0으로 지정한다. 1달 전 날짜는 strtotime함수를 이용하여 구할 수 있다.

```
 오 늘  날 짜 : date("Y-m-d")
 1 달 전 날짜 : date("Y-m-d", strtotime("-1 month") )
```

2 **함수 인수와 select 문 수정** : Gigan_m.php에서도 getlist와 rowcount함수에서 함수 인수와 select문의 where절을 text1, text2, text3에 맞게 수정해야 한다. 기간조건은 text1부터 text2 사이가 되도록 between 연산자를 이용하면 된다. 제품이 전체($text3=="0")인 경우는 기간만 지정하면 되며, 특정제품인 경우는 아래 프로그램처럼 제품에 관한 조건(jangbu.product_no=$text3)을 지정하도록 조건을 지정하면 된다.

```
public function getlist( $text1,$text2,$text3,$start,$limit )
{

   if ($text3=="0")    // 제품이 전체인 경우
      $sql="select jangbu.*, product.name as product_name …
              where jangbu.writeday between'$text1' and '$text2'
              order by … ";
   else
      $sql="select jangbu.*, product.name as product_name …
              where jangbu.writeday between'$text1' and '$text2' and
                 jangbu.product_no=$text3
             order by … ";
…  …  …
```

rowcount함수에서도 함수 인수와 select문의 where절을 text1, text2, text3에 맞게 수정해야 한다.

```
public function rowcount( $text1,$text2,$text3 )
{
   if ($text3=="0")
      $sql="select * from jangbu where writeday between'$text1' and '$text2'";
   else
      $sql="select * from jangbu where writeday between'$text1' and '$text2'
             and product_no=$text3";
   return $this->db->query($sql)->num_rows();
}
```

3 **find_text 함수 수정** : gigan_list.php에서도 text2, text3의 값이 전달되도록 수정한다.

```
function find_text()
{
   form1.action="/gigan/lists/text1/" + form1.text1.value+"/text2/" + form1.text2.value
                + "/text3/" + form1.text3.value +  "/page";
   form1.submit();
}
```

4 **달력컨트롤 수정** : 달력컨트롤을 이용하여 시작날짜(text1)와 종료날짜(text2)를 지정

하기 위해서는 먼저 text2에 대한 jquery 프로그램을 추가해야 하며,

```
$(function() {
   $("#text1") .datetimepicker({
      locale: "ko",
      format: "YYYY-MM-DD"
   });
   $("#text2") .datetimepicker({
      locale: "ko",
      format: "YYYY-MM-DD"
   });

   $("#text1") .on("dp.change", function (e) {find_text(); });
   $("#text2") .on("dp.change", function (e) { find_text(); });
  });
}
```

왼쪽 정렬로 달력 디자인이 되기 위해서는 다음과 같이 작성해야 한다.

```
<div class="row">
   <div class="col-12" align="left">
      <div class="form-inline">

         <div class="input-group input-group-sm table-sm date" id="text1">
            <div class="input-group-prepend">
               <span class="input-group-text">날짜</span>
            </div>
            <input type="text" name="text1" value="<?=$text1; ?>" class="form-control"
size="9""
               onkeydown="if (event.keyCode == 13) { find_text(); }">
            <div class="input-group-append">
               <div class="input-group-text">
                  <div class="input-group-addon"><i class="far fa-calendar-alt
fa-lg"></i></div>
               </div>
            </div>
         </div>
          - 
         <div class="input-group input-group-sm table-sm date" id="text2">
            <input type="text" name="text2" value="<?=$text2; ?>"
class="form-control" size="9""
               onkeydown="if (event.keyCode == 13) { find_text(); }">
            <div class="input-group-append">
```

```
                <div class="input-group-text">
                    <div class="input-group-addon"><i class="far fa-calendar-alt
fa-lg"></i></div>
                </div>
            </div>
        </div>
        [제품선택 콤보박스 프로그램]
    </div>
  </div>
</div>
```

5 **제품선택 콤보박스** : 제품선택 콤보박스를 만들기 위해서는 먼저 Gigan.php에서 제품정보를 알아오는 getlist_product함수를 호출하도록 작성해야 한다.

```
... ... ...
$data["text1"]=$text1;
$data["text2"]=$text2;
$data["text3"]=$text3;
$data["list_product"] = $this->gigan_m->getlist_product();
$data["list"]=$this->gigan_m->getlist($text1,$text2,$text3,$start,$limit);
... ... ...
```

그리고 gigna_list.php에서 콤보박스 text3은 다음과 같이 작성할 수 있다. 단 콤보박스의 첫 번째 옵션 값은 값이 0인 "전체"가 되도록 작성해야 한다.

```
      
    <div class="input-group input-group-sm">
        <div class="input-group-prepend">
            <span class="input-group-text">제품명</span>
        </div>
        <div class="input-group-append">
            <select name="text3" class="form-control form-control-sm"
                    onchange="javascript:find_text();">
                <option value="0">전체</option>
<?
   foreach ($list_product as $row)
```

```
	{
		if ($row->no==$text3)
			echo("<option value='$row->no' selected>$row->name</option>");
		else
			echo("<option value='$row->no'>$row->name</option>");
	}
?>
			</select>
		</div>
```

STEP 01 text2, text3 추가하기

① **text2, text3 추가** : controls 폴더에 있는 Gigan.php의 lists 함수에 기간조건인 $text1, $text2, 그리고 제품검색어 $text3에 관련된 부분을 수정한다.

```
public function lists()
{
	$uri_array=$this->uri->uri_to_assoc(3);
	$text1 = array_key_exists("text1",$uri_array) ? urldecode($uri_array["text1"]) : date("Y-m-d",strtotime("-1 month"));
	$text2 = array_key_exists("text2",$uri_array) ? urldecode($uri_array["text2"]) : date("Y-m-d");
	$text3 = array_key_exists("text3",$uri_array) ? urldecode($uri_array["text3"]) : "0";

	$base_url="/jangbuio/lists/text1/$text1/text2/$text2/text3/$text3/page";
	$page_segment = substr_count( substr($base_url,0,strpos($base_url, "page")) ,"/")+1;

	$config["per_page"]    = 5;
	$config["total_rows"]  = $this->jangbuio_m->rowcount($text1,$text2,$text3);
	$config["uri_segment"] = $page_segment;
	$config["base_url"]    = $base_url;
	$this->pagination->initialize($config);

	$data["page"] = $this->uri->segment($page_segment,0);
	$data["pagination"] = $this->pagination->create_links();

	$start=$data["page"];
	$limit=$config["per_page"];

	$data["text1"]=$text1;
	$data["text2"]=$text2;
	$data["text3"]=$text3;
	$data["list_product"] = $this->jangbuio_m->getlist_product();
	$data["list"]=$this->jangbuio_m->getlist($text1,$text2,$text3,$start,$limit);

	$this->load->view("main_header");
	$this->load->view("jangbuio_list",$data);
	$this->load->view("main_footer");
}
}
```

② **select SQL 조건지정** : models폴더의 Jangbuio.php의 getlist, rowcount 함수의 SQL문을 $text1, $text2, $text3을 적용할 수 있도록 수정한다. 여기서 제품명 조건인 $text3이 "0"인 경우는 "전체" 제품을 의미한다.

```
public function getlist($text1,$text2,$text3,$start,$limit)
{
    if ($text3=="0")
        $sql="select jangbu.*, product.name as product_name
                from jangbu left join product on jangbu.product_no=product.no
                where jangbu.writeday between'$text1' and '$text2'
                order by jangbu.no limit $start,$limit";
    else
        $sql="select jangbu.*, product.name as product_name
                from jangbu left join product on jangbu.product_no=product.no
                where jangbu.writeday between'$text1' and '$text2' and jangbu.product_no=$text3
                order by jangbu.no limit $start,$limit";
    return $this->db->query($sql)->result();
}

public function rowcount($text1,$text2,$text3)
{
  if ($text3=="0")
      $sql="select * from jangbu where jangbu.writeday between'$text1' and '$text2'";
  else
      $sql="select * from jangbu where jangbu.writeday between'$text1' and '$text2' and jangbu.product_no=$text3";
  return $this->db->query($sql)->num_rows();
}
```

③ **text2과 text3 적용** : views폴더의 gigan_list.php에서 text2, text3 조건을 사용할 수 있도록 수정한다.

```
<script>
    function find_text()
    {
        form1.action="/jangbuio/lists/text1/" + form1.text1.value+"/text2/" + form1.text2.value +
              "/text3/" + form1.text3.value +  "/page";
        form1.submit();
    }

    $(function() {
        $("#text1") .datetimepicker({
            locale: "ko",
            format: "YYYY-MM-DD"
        });
        $("#text2") .datetimepicker({
            locale: "ko",
            format: "YYYY-MM-DD"
        });

        $("#text1") .on("dp.change", function (e) { find_text(); });
        $("#text2") .on("dp.change", function (e) { find_text(); });
    });
</script>
```

④ **달력 text1, 달력 text2, 콤보박스 text3 수정** : 기간 달력컨트롤과 제품선택 콤보박스가 표시되도록 수정한다.

```
<form name="form1" method="post" action="">

<div class="row">
    <div class="col-12" align="left">
        <div class="form-inline">

            <div class="input-group input-group-sm table-sm date" id="text1">
                <div class="input-group-prepend">
                    <span class="input-group-text">날짜</span>
                </div>
                <input type="text" name="text1" value="<?=$text1; ?>" class="form-control" size="9"
                    onkeydown="if (event.keyCode == 13) { find_text(); }">
                <div class="input-group-append">
                    <div class="input-group-text">
                        <div class="input-group-addon"><i class="far fa-calendar-alt fa-lg"></i></div>
                    </div>
                </div>
            </div>
             - 
            <div class="input-group input-group-sm table-sm date" id="text2">
                <input type="text" name="text2" value="<?=$text2; ?>" class="form-control" size="9"
                    onkeydown="if (event.keyCode == 13) { find_text(); }">
                <div class="input-group-append">
                    <div class="input-group-text">
                        <div class="input-group-addon"><i class="far fa-calendar-alt fa-lg"></i></div>
                    </div>
                </div>
            </div>
              
            <div class="input-group input-group-sm">
                <div class="input-group-prepend">
                    <span class="input-group-text">제품명</span>
                </div>
                <div class="input-group-append">
                    <select name="text3" class="form-control form-control-sm"
                        onchange="javascript:find_text();">
                        <option value="0">전체</option>
                <?
                    foreach ($list_product as $row)
                    {
                        if ($row->no==$text3)
                            echo("<option value='$row->no' selected>$row->name</option>");
                        else
                            echo("<option value='$row->no'>$row->name</option>");
                    }
                ?>
                    </select>
                </div>
            </div>

        </div>
    </div>
</div>

</form>
```

Chapter 08

통계 작업

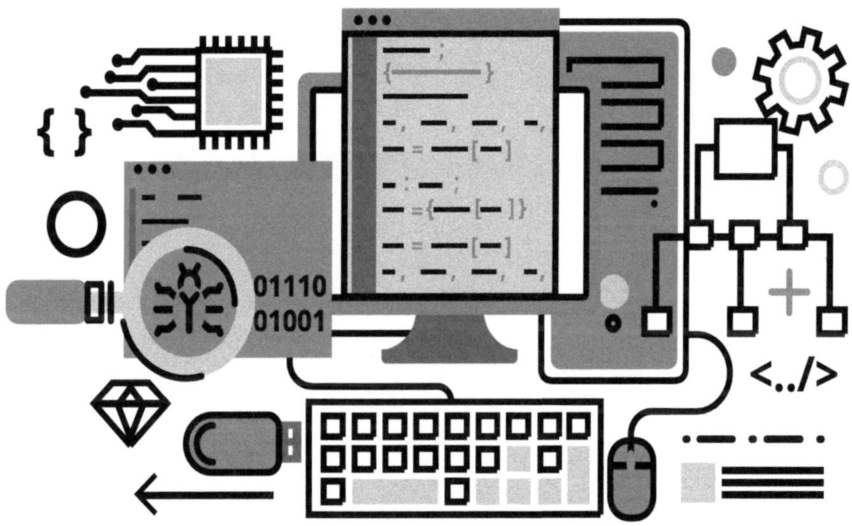

8.1 BEST제품현황

판매관리 프로그램에 꼭 필요한 화면은 아니지만, 미래의 판매관리를 위하여 다양한 판매정보에 관한 통계정보가 필요하다. 이번 장에서는 베스트순위, 크로스탭, 차트 등 필요한 통계정보를 얻는 방법에 대해 알아보겠다.

실습목적

첫 번째로 만들 통계화면은 기간 내에 가장 많이 판매가 된 제품 순위를 알아보는 프로그램을 만들어보겠다.

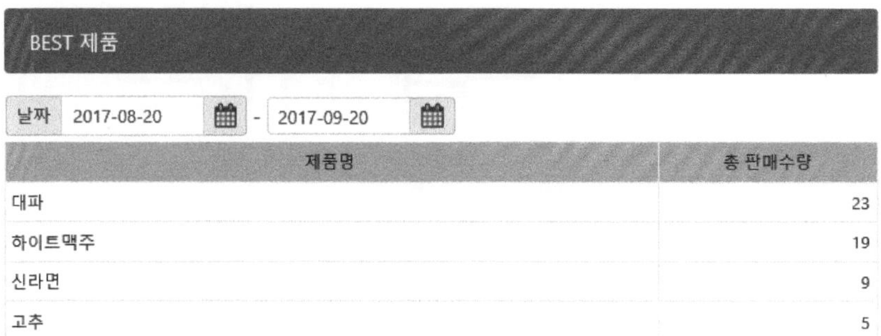

실습이론

1 **매입장 프로그램 이용하기** : BEST제품 화면은 비슷한 구조의 기간조회 파일들을 복사하여 만들면 쉽게 만들 수 있다.

2 **프로그램 수정 순서** : 제품관리 파일을 복사하여 작업하는 순서는 다음과 같다.

1) Gigan.php ➜ Best.php, Gigan_m.php ➜ Best_m.php, gigan_list.php ➜ best_list.php 복사한다.
2) 프로그램 내용 중, gigan 글자를 best 글자로 모두 수정한다. 주의할 점은 클래스 이름은 반드시 첫 글자가 대문자래야 한다.
3) Best 제품의 정보를 얻을 수 있도록 수정한다.
4) main_header.php에서 BEST 메뉴를 클릭한 경우 화면이 나오도록 링크를 수정한다.

③ **Group By** : BEST 제품을 알기 위해서는 매출장(io=1)에서 기간내에 제품별로 판매한 회수를 세어서 가장 많이 판매한 자료부터 내림차순으로 정렬하면 된다. 이와 같이 제품별로 어떤 정보를 얻기 위해서는 SQL문에서 Group을 이용하여 처리해야 하며, getlist함수에서 SQL문은 다음과 같이 쓸 수 있다.

```
select product.name as product_name, count(jangbu.numo) as cnumo
    from jangbu left join product on jangbu.product_no=product.no
    where io=1 and jangbu.writeday between '$text1' and '$text2'
    group by product.name
    order by cnumo desc limit $start,$limit;
```

위의 SQL문에서 cnumo 는 count()함수를 이용하여 판매회수를 의미하는 계산형칼럼(computed column)이며, as문을 이용하여 이름을 cnumo로 지정하였다. 그리고 group by절을 이용하여 제품별이 되도록 product.name을 지정하였다.
rowcount 함수에서 SQL문은 정렬과 limit가 필요 없으므로 다음과 같이 쓸 수 있다.

```
select product.name as product_name, count(jangbu.numo) as cnumo
    from jangbu left join product on jangbu.product_no=product.no
    where io=1 and jangbu.writeday between '$text1' and '$text2'
    group by product.name
    order by cnumo desc;
```

STEP 01 Best.php 만들기

① **Best.php 만들기** : controls 폴더에 있는 Gigan.php 파일을 읽은 후, Best.php라는 새 이름으로 저장한다. Best.php에서 "Ctrl+H"키를 눌러 바꾸기 창을 연다. 〈찾을 말〉은 "gigan", 〈바꿀 말〉은 "best"로 입력한 후, [모든 바꿈]버튼을 클릭하여 바꾼다.

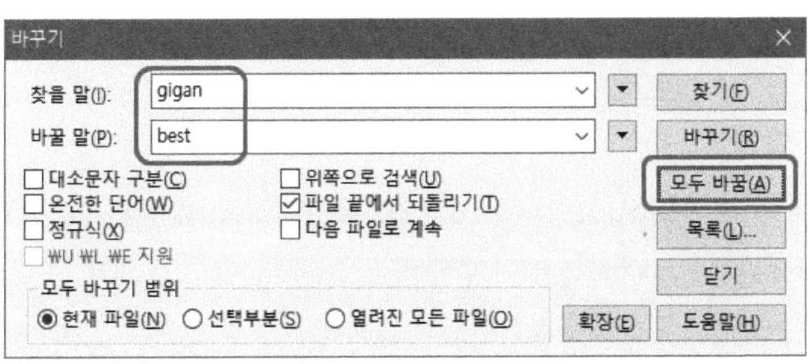

② **클래스이름은 대문자** : 첫 글자가 대문자가 되게 best 에서 Best 로 수정한다.

```
<?

class Best extends CI_Controller
{

    function __construct()
    {
        parent::__construct();
        $this->load->database();
        $this->load->model("best_m");
```

③ **text3 관련내용** : BEST화면에서는 시작 날짜(text1)와 종료날짜(text2)만 있으면 되므로, lists함수에서 text3에 관련된 내용은 모두 삭제한다.

```
public function lists()
{
  $uri_array=$this->uri->uri_to_assoc(3);
  $text1 = array_key_exists("text1",$uri_array) ? urldecode($uri_array["text1"]) : date("Y-m-d",strtotime("-1 month"));
  $text2 = array_key_exists("text2",$uri_array) ? urldecode($uri_array["text2"]) : date("Y-m-d");


  $base_url="/best/lists/text1/$text1/text2/$text2/page";
  $page_segment = substr_count( substr($base_url,0,strpos($base_url,"page")) ,"/")+1;

  $config["per_page"]    = 5;
  $config["total_rows"]  = $this->best_m->rowcount($text1,$text2);
  $config["uri_segment"] = $page_segment;
  $config["base_url"]    = $base_url;
  $this->pagination->initialize($config);

  $data["page"] = $this->uri->segment($page_segment,0);
  $data["pagination"] = $this->pagination->create_links();

  $start=$data["page"];
  $limit=$config["per_page"];

  $data["text1"]=$text1;
  $data["text2"]=$text2;


  $data["list"]=$this->best_m->getlist($text1,$text2,$start,$limit);

  $this->load->view("main_header");
  $this->load->view("best_list",$data);
  $this->load->view("main_footer");
}
```

STEP 02 Best_m.php 만들기

① **Best_m.php 만들기** : models 폴더에 있는 Gigan_m.php 파일을 읽은 후, Best_m.php라는 새 이름으로 저장한다. 첫 글자가 대문자가 되게 best_m에서 Best_m으로 수정한다.

② **getlist_product함수와 text3내용 삭제** : getlist_product함수와 text3 관련 내용을 삭제한다. 그리고 getlist함수와 rowcount함수의 SQL문을 Best제품정보를 구할 수 있는 SQL문으로 수정한다.

```
<?

class Best_m extends CI_Model
{
    public function getlist($text1,$text2,$start,$limit)
    {
        $sql="select product.name as product_name, count(jangbu.numo) as cnumo
              from jangbu left join product on jangbu.product_no=product.no
              where jangbu.writeday between '$text1' and '$text2'
              group by product.name
              order by cnumo desc limit $start,$limit";
        return $this->db->query($sql)->result();
    }

    public function rowcount($text1,$text2)
    {
        $sql="select product.name as product_name, count(jangbu.numo) as cnumo
              from jangbu left join product on jangbu.product_no=product.no
              where jangbu.writeday between '$text1' and '$text2'
              group by product.name";
        return $this->db->query($sql)->num_rows();
    }

}

?>
```

STEP 03 best_list.php 만들기

① **best_list.php 만들기** : views 폴더에 있는 gigan_list.php 파일을 읽은 후, best_list.php라는 새 이름으로 저장한다. 제목표시를 기간조회에서 "BEST 제품"으로 수정한다.

```
    <br>
    <div class="alert mycolor1" role="alert">BEST 제품</div>

    <script>
        function find_text()
        {
            form1.action="/jaego/lists/text1/" + form1.text1.value+"/te
            form1.submit();
```

② **text3 관련 내용 삭제** : 내용 중 제품검색 콤보박스와 text3에 관련된 내용은 모두 삭제를 한다.

```
<script>
    function find_text()
    {
        form1.action="/gigan/lists/text1/" + form1.text1.value+"/text2/" + form1.text2.value+"/page";
        form1.submit();
    }

    $(function() {
        $("#text1") .datetimepicker({
            locale: "ko",
            format: "YYYY-MM-DD",
```

```
            <div class="input-group input-group-sm table-sm date" id="text1">
                <div class="input-group-prepend">
                    <span class="input-group-text">날짜</span>
                </div>
                <input type="text" name="text1" value="<?=$text1; ?>" class="form-control" size="9"
                    onkeydown="if (event.keyCode == 13) { find_text(); }">
                <div class="input-group-append">
                    <div class="input-group-text">
                        <div class="input-group-addon"><i class="far fa-calendar-alt fa-lg"></i></div>
                    </div>
                </div>
            </div>
             - 
            <div class="input-group input-group-sm table-sm date" id="text2">
                <input type="text" name="text2" value="<?=$text2; ?>" class="form-control" size="9"
                    onkeydown="if (event.keyCode == 13) { find_text(); }">
                <div class="input-group-append">
                    <div class="input-group-text">
                        <div class="input-group-addon"><i class="far fa-calendar-alt fa-lg"></i></div>
                    </div>
                </div>
            </div>


        </div>
    </div>
</div>

</form>
```

③ **제품명, 총 판매수량** : 테이블의 내용을 제품명($row->product_name), 총 판매수량($row->cnumo)이 표시되도록 수정한다.

```

    <table class="table table-sm table-bordered mymargin5">
        <tr class="mycolor2">
            <td width="50%">제품명</td>
            <td width="50%">총 판매수량</td>
        </tr>
<?
    foreach ($list as $row)
    {
?>
        <tr>
            <td align="left"><?=$row->product_name; ?></td>
            <td align="right"><?=number_format($row->cnumo); ?></a></td>
        </tr>
<?
    }
?>
    </table>
```

④ **BEST 메뉴 등록하기** : main_header.php를 읽어와 BEST제품 메뉴를 클릭했을 때 기간별 BEST제품 화면이 나오도록 <a> tag의 href 를 "/best"로 수정한다.

```
    </li>
    <li class="nav-item dropdown">
        <a class="nav-link dropdown-toggle" href="#" id="navbarDropdownMenuLink"
        <div class="dropdown-menu" aria-labelledby="navbarDropdownMenuLink">
            <a class="dropdown-item" href="/best">BEST제품</a>
            <a class="dropdown-item" href="#">월별제품별현황</a>
            <a class="dropdown-item" href="#">종류별 분포도</a>
        </div>
    </li>
```

⑤ **실행하기** : 실행하여 결과를 확인한다.

8.2 월별제품별 매출현황

분기별 경영실적이나 월별 판매실적을 나타내는 화면을 보면 가로축과 세로축을 기준으로 정보를 표시하는 크로스탭(Cross table) 표를 자주 보게 된다. 이번에 만들 화면이 크로스탭 화면으로서, 월별 제품별 판매실적을 아래 그림과 같이 나타내는 화면을 만들어 보도록 하겠다.

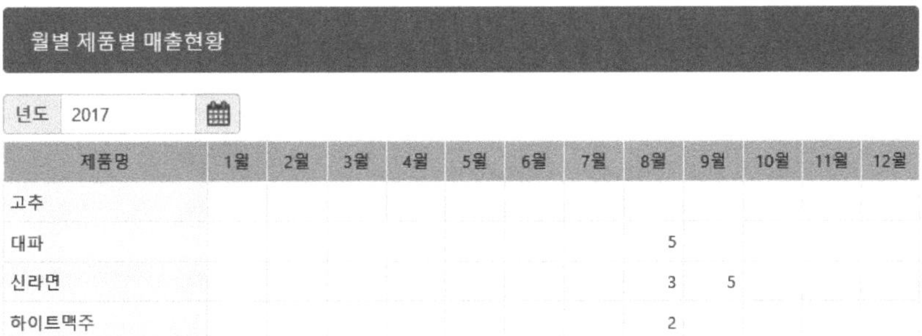

제품명	1월	2월	3월	4월	5월	6월	7월	8월	9월	10월	11월	12월
고추												
대파								5				
신라면								3	5			
하이트맥주								2				

실습목적

특정 년도의 판매실적을 월별 제품별로 표시하는 Crosstab 화면을 만들어라.

실습이론

1 **달력컨트롤의 년 검색** : 달력컨트롤에서 "년-월-일"형식이 아니라 "년도"만 표시되도록 하려면, crosstab_list.php에서 format과 viewMode 옵션을 지정해야 한다. 그리고 Cross.php에서 올해가 표시되도록 날짜 초기값을 date("Y")로 지정해야 한다.

```
$text1 = array_key_exists("text1",$uri_array) ? urldecode($uri_array["text1"]) : date("Y");
```

```
$("#text1") .datetimepicker({
      locale: "ko",
      format: "YYYY",
      viewMode: "years",
      defaultDate: moment()
  });
```

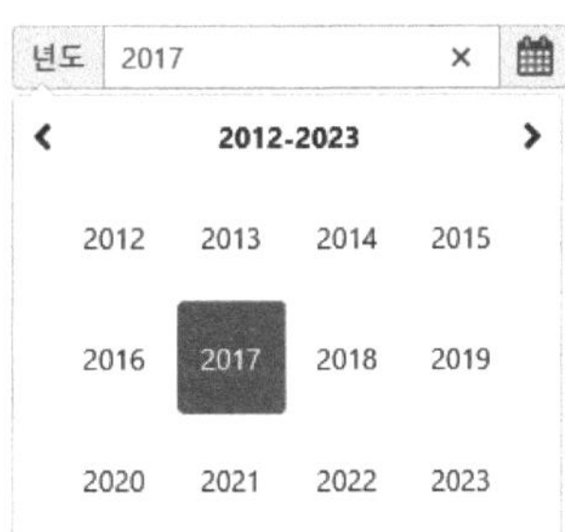

2 **Crosstab** : Crosstab은 가로축과 세로축 필드를 기준으로 개수나, 총계, 평균, 편차 등 다양한 통계 자료를 추출할 때 사용하는 출력방식이다.

	가로축 필드
세로축 필드	계산할 필드와 내용 (합계, 평균, 개수, … 등)

아래 그림과 같이 각 제품 종류에 대한 판매회수를 월별단위로 표시하는 통계 자료를 추출하는 경우 적합한 방식이다.

	1월	2월	…	12월	합계
A 제품	123	21	…	20	3420
B 제품	23	544	…	45	23445
C 제품	456	233	…	342	5342
…			…		

MySQL에는 crosstab과 같은 정보를 구하는 SQL문은 따로 없지만, select문을 이용하면 필요한 정보를 구할 수 있다. 우리가 원하는 정보는 해당년도(text1)의 제품별 매출수량 합계이므로, group by절과 sum(numo)함수를 이용하여 다음과 같은 select 문으로 구할 수 있다.

```
$sql="select product.name as product_name,
        sum(jangbu.numo) as s1                    → 매출수량합계 -> s1
     from jangbu left join product on jangbu.product_no=product.no
     where year(jangbu.writeday)=$text1           → 해당년도
     group by jangbu.product_no                   → 제품별
     order by product.name limit $start,$limit";
```

만약 1월의 매출수량 합계를 구하길 원한다면 sum(jangbu.numo) as s1 대신에 다음과 같이 if()함수를 이용하여 날짜가 1월인 경우만 합을 구하도록 작성하면 된다.

```
sum( if( month( jangbu.writeday )=1, jangbu.numo, 0 ) ) as s1
```

따라서 1월부터 12월까지를 매출수량 합을 구할 수 있는 SQL문은 다음과 같이 쓸 수 있다.

```
$sql="select product.name as product_name,
          sum( if(month(jangbu.writeday)=1, jangbu.numo,0) ) as s1,
          sum( if(month(jangbu.writeday)=2, jangbu.numo,0) ) as s2,
          sum( if(month(jangbu.writeday)=3, jangbu.numo,0) ) as s3,
          sum( if(month(jangbu.writeday)=4, jangbu.numo,0) ) as s4,
          sum( if(month(jangbu.writeday)=5, jangbu.numo,0) ) as s5,
          sum( if(month(jangbu.writeday)=6, jangbu.numo,0) ) as s6,
          sum( if(month(jangbu.writeday)=7, jangbu.numo,0) ) as s7,
          sum( if(month(jangbu.writeday)=8, jangbu.numo,0) ) as s8,
          sum( if(month(jangbu.writeday)=9, jangbu.numo,0) ) as s9,
          sum( if(month(jangbu.writeday)=10, jangbu.numo,0) ) as s10,
          sum( if(month(jangbu.writeday)=11, jangbu.numo,0) ) as s11,
          sum( if(month(jangbu.writeday)=12, jangbu.numo,0) ) as s12
       from jangbu left join product on jangbu.product_no=product.no
       where year(jangbu.writeday)=$text1
       group by jangbu.product_no
       order by product.name limit $start,$limit";
```

3 **rowcount함수의 select문** : 제품별 레코드개수는 다음과 같이 jangbu 테이블에서 제품으로 그룹지어 해당년도의 레코드 개수를 구하면 되므로, 다음과 같이 간략하게 select문을 이용하면 된다.

```
$sql="select product_no from jangbu
          where year(writeday)=$text1    group by product_no";
```

4 **Crosstab 화면 출력** : 출력할 칼럼의 머리제목은 제품명, 1월, 2월, … , 12월이므로, 다음과 같이 작성하면 된다. 여기서도 출력 값이 0인 경우는 빈 문자열을 출력하도록 ? 조건연산자를 사용하였다.

```
〈table class="table table-sm table-bordered mymargin5"〉
    〈tr class="mycolor2"〉
      〈td width="40%"〉제품명〈/td〉
      〈td width="5%"〉1월〈/td〉
      … … …
      〈td width="5%"〉12월〈/td〉
    〈/tr〉
〈?
foreach ($list as $row)
{
?〉
  〈tr〉
    〈td align="left" bgcolor="lightyellow"〉〈?=$row->product_name; ?〉〈/td〉
    〈td align="right"〉〈?=$row->s1==0 ? "" : number_format($row->s1); ?〉〈/td〉
     … … …
    〈td align="right"〉〈?=$row->s12==0 ? "" : number_format($row->s12); ?〉〈/td〉
  〈/tr〉
〈?
}
?〉
〈/table〉
```

STEP 01 Crosstab.php 만들기

① **Crosstab.php 만들기** : controls 폴더에 있는 Best.php 파일을 읽은 후, Crosstab .php라는 새 이름으로 저장한다. Crosstab.php에서 "Ctrl+H"키를 눌러 바꾸기 창을 연다. 〈찾을 말〉은 "best", 〈바꿀 말〉은 "crosstab"로 입력한 후, [모든 바꿈]버튼을 클릭하여 바꾼다.

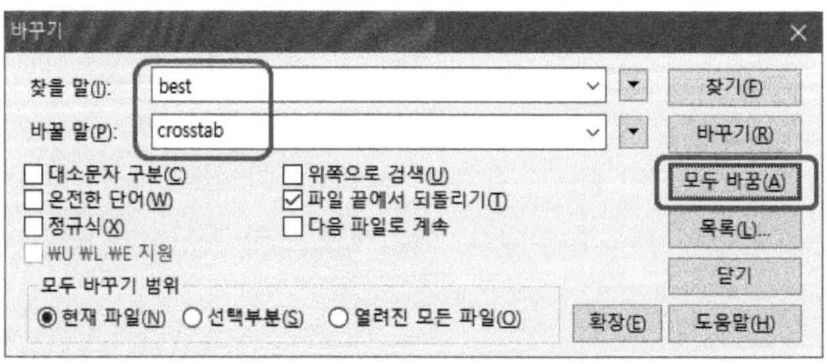

② **클래스이름은 대문자** : 첫 글자가 대문자가 되게 Crosstab 으로 수정한다.

```
<?

class Crosstab extends CI_Controller
{

    function __construct()
    {
        parent::__construct();
        $this->load->database();
        $this->load->model("crosstab_m");
        $this->load->helper(array("url","date"));
        $this->load->library('pagination');

        date_default_timezone_set('Asia/Seoul');
    }
```

③ **lists 수정** : lists함수에서 년도별 검색을 위해 $text1의 초기값을 date("Y")로 수정한다. 그리고 $text2는 필요 없으므로, 관련된 부분을 모두 삭제한다.

```
    public function lists()
    {
        $uri_array=$this->uri->uri_to_assoc(3);
        $text1 = array_key_exists("text1",$uri_array) ? urldecode($uri_array["text1"]) : date("Y");


        $base_url="/crosstab/lists/text1/$text1/page";
        $page_segment = substr_count( substr($base_url,0,strpos($base_url,"page")) ,"/")+1;

        $config["per_page"]     = 5;
        $config["total_rows"]   = $this->crosstab_m->rowcount($text1);
        $config["uri_segment"] = $page_segment;
        $config["base_url"]     = $base_url;
        $this->pagination->initialize($config);

        $data["page"] = $this->uri->segment($page_segment,0);
        $data["pagination"] = $this->pagination->create_links();

        $start=$data["page"];
        $limit=$config["per_page"];

        $data["text1"]=$text1;

        $data["list"]=$this->crosstab_m->getlist($text1,$start,$limit);

        $this->load->view("main_header");
        $this->load->view("crosstab_list",$data);
        $this->load->view("main_footer");
    }
}

?>
```

STEP 02 Crosstab_m.php 만들기

① **Crosstab_m.php 만들기** : models 폴더에 있는 Best_m.php 파일을 읽은 후, Crosstab_m.php라는 새 이름으로 저장한다. 클래스이름 첫 글자가 대문자가 되게 Crosstab 으로 수정한다.

② **Select SQL 수정** : 함수의 인수에서 text2를 삭제하고, crosstab 테이블정보를 얻을 수 있는 Select 문으로 수정한다.

```
class Crosstab_m extends CI_Model
{
    public function getlist($text1,$start,$limit)
    {
        $sql="select product.name as product_name,
                sum(if(month(jangbu.writeday)=1,jangbu.numo,0)) as s1,
                sum(if(month(jangbu.writeday)=2,jangbu.numo,0)) as s2,
                sum(if(month(jangbu.writeday)=3,jangbu.numo,0)) as s3,
                sum(if(month(jangbu.writeday)=4,jangbu.numo,0)) as s4,
                sum(if(month(jangbu.writeday)=5,jangbu.numo,0)) as s5,
                sum(if(month(jangbu.writeday)=6,jangbu.numo,0)) as s6,
                sum(if(month(jangbu.writeday)=7,jangbu.numo,0)) as s7,
                sum(if(month(jangbu.writeday)=8,jangbu.numo,0)) as s8,
                sum(if(month(jangbu.writeday)=9,jangbu.numo,0)) as s9,
                sum(if(month(jangbu.writeday)=10,jangbu.numo,0)) as s10,
                sum(if(month(jangbu.writeday)=11,jangbu.numo,0)) as s11,
                sum(if(month(jangbu.writeday)=12,jangbu.numo,0)) as s12
                from jangbu left join product on jangbu.product_no=product.no
                where year(jangbu.writeday)=$text1
                group by jangbu.product_no
                order by product.name limit $start,$limit";
        return $this->db->query($sql)->result();
    }

    public function rowcount($text1)
    {
        $sql="select product_no from jangbu
                where year(writeday)=$text1 group by product_no";
        return $this->db->query($sql)->num_rows();
    }
}
```

STEP 03 crosstab_list.php 만들기

① **제목표시 변경** : views 폴더에 있는 best_list.php 파일을 읽은 후, crosstab_list.php 라는 새 이름으로 저장한다. 그리고 제목표시를 "Best 제품"에서 "월별 제품별 매출현황"으로 수정한다.

```
<br>
<div class="alert mycolor1" role="alert">월별 제품별 매출현황</div>

<script>
    function find_text()
```

② **Script 수정** : text2에 관련된 내용을 모두 삭제하고, 달력컨트롤에 년도가 나오도록 수정한다.

```
<script>
  function find_text()
  {
    form1.action="/gigan/lists/text1/" + form1.text1.value+"/page";
    form1.submit();
  }

  $(function() {
    $("#text1").datetimepicker({
      locale: "ko",
      format: "YYYY",
      viewmode: "years",
      defaultDate: moment()
    });



    $("#text1") .on("dp.change", function (e) { find_text(); });



  });
</script>

<form name="form1" action="" method="post">

<div class="row">
  <div class="col-12" align="left">
    <div class="form-inline">

      <div class="input-group input-group-sm table-sm date" id="text1">
        <div class="input-group-prepend">
          <span class="input-group-text">년도</span>
        </div>
        <input type="text" name="text1" value="<?=$text1; ?>" class="form-control" size="9""
          onkeydown="if (event.keyCode == 13) { find_text(); }">
        <div class="input-group-append">
          <div class="input-group-text">
            <div class="input-group-addon"> <i class="far fa-calendar-alt fa-lg"> </i> </div>
          </div>
        </div>
      </div>



    </div>
  </div>
</div>

</form>
```

③ **테이블 수정** : 테이블의 가로축이 제품이름,1월,…12월의 자료가 출력되도록 표의 머리말과 내용을 수정한다. 이때 출력 값이 0인 경우는 빈칸으로 출력되도록 ? 조건연산자를 이용하여 작성한다.

```
  <table class="table table-sm table-bordered mymargin5">
    <tr class="mycolor2">
      <td width="40%">제품명</td>
      <td width="5%">1월</td>
      <td width="5%">2월</td>
      <td width="5%">3월</td>
      <td width="5%">4월</td>
      <td width="5%">5월</td>
      <td width="5%">6월</td>
      <td width="5%">7월</td>
      <td width="5%">8월</td>
      <td width="5%">9월</td>
      <td width="5%">10월</td>
      <td width="5%">11월</td>
      <td width="5%">12월</td>
    </tr>
<?
  foreach ($list as $row)
  {
?>
    <tr>
      <td align="left" bgcolor="lightyellow"> <?=$row->product_name; ?> </td>
      <td align="right"> <?=$row->s1==0 ? "" : number_format($row->s1); ?> </td>
      <td align="right"> <?=$row->s2==0 ? "" : number_format($row->s2); ?> </td>
      <td align="right"> <?=$row->s3==0 ? "" : number_format($row->s3); ?> </td>
      <td align="right"> <?=$row->s4==0 ? "" : number_format($row->s4); ?> </td>
      <td align="right"> <?=$row->s5==0 ? "" : number_format($row->s5); ?> </td>
      <td align="right"> <?=$row->s6==0 ? "" : number_format($row->s6); ?> </td>
      <td align="right"> <?=$row->s7==0 ? "" : number_format($row->s7); ?> </td>
      <td align="right"> <?=$row->s8==0 ? "" : number_format($row->s8); ?> </td>
      <td align="right"> <?=$row->s9==0 ? "" : number_format($row->s9); ?> </td>
      <td align="right"> <?=$row->s10==0 ? "" : number_format($row->s10); ?> </td>
      <td align="right"> <?=$row->s11==0 ? "" : number_format($row->s11); ?> </td>
      <td align="right"> <?=$row->s12==0 ? "" : number_format($row->s12); ?> </td>
    </tr>
<?
  }
?>
  </table>
```

④ **메뉴 등록하기** : main_header.php를 읽어와 월별 제품별 매출현황 화면이 나오도록 〈a〉 tag의 href 를 "/crosstab"으로 수정한다.

```
</li>
<li class="nav-item dropdown">
    <a class="nav-link dropdown-toggle" href="#" id="navbarDropdownMenuLink" data-tog
    <div class="dropdown-menu" aria-labelledby="navbarDropdownMenuLink">
        <a class="dropdown-item" href="/best">BEST제품</a>
        <a class="dropdown-item" href="/crosstab">월별제품별현황</a>
        <a class="dropdown-item" href="#">종류별 분포도</a>
    </div>
</li>
```

⑤ **실행하기** : 실행하여 결과를 확인한다.

8.3 구분별 분포도

통계화면에서 자주 보는 화면이 아마 그래프일 것이다. 숫자보다는 그림으로 정보를 전달하므로, 현황파악이 편하기 때문이다. 이 절에서는 그래프를 그리는 방법에 대해 알아보자.

실습목적

다음 그림과 같이 구분별 판매현황을 Donut 모양의 그래프로 나타내는 프로그램을 만들어라.

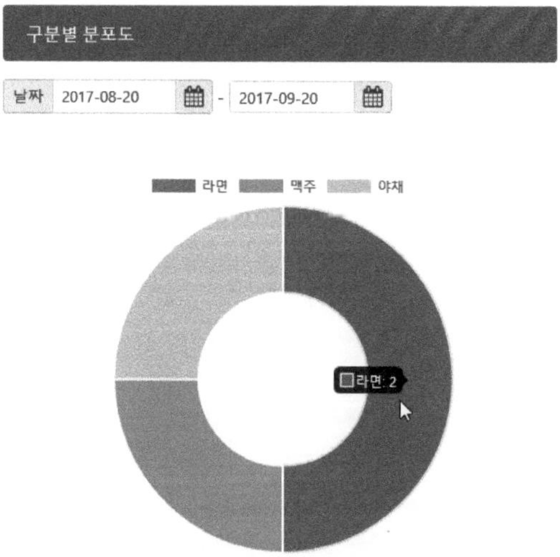

실습이론

1 **Chart.js 설치 :** www.github.com에서 chart.js 로 검색하면 chartjs/Chart.js 라는 사이트를 찾을 수 있다. 이 사이트에서 그림과 같이 chart.js.zip 파일을 다운 받아 사용해야 한다. 압축을 풀어 chart.min.js 와 sample폴더에 있는 utils.js 파일을 c:₩APM₩Apache24₩htdocs₩my₩js 폴더에 복사를 한다.

chart.js 폴더		c:₩APM₩Apache24₩htdocs₩my₩js 폴더
chart.min.js sample/utils.js	➜	js 파일 복사

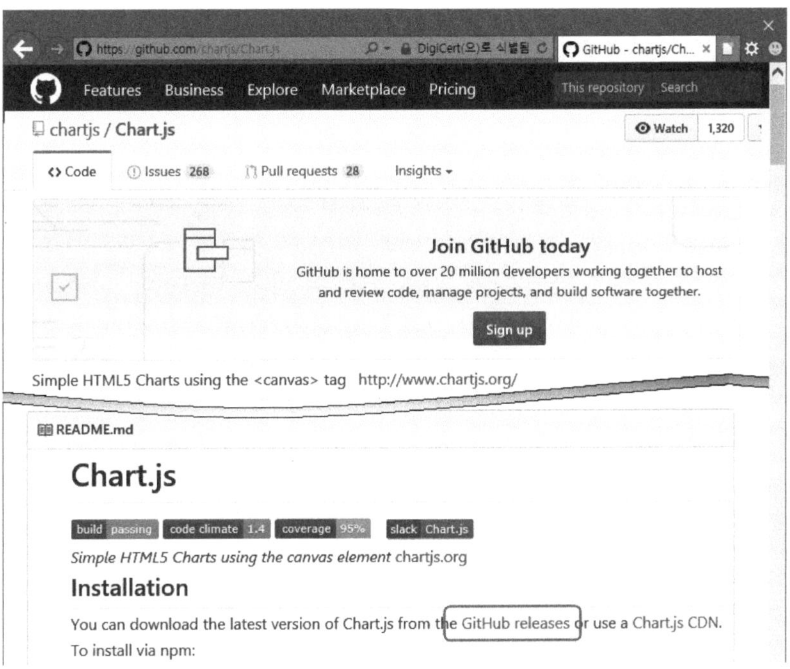

https://github.com/charjs/chart.js

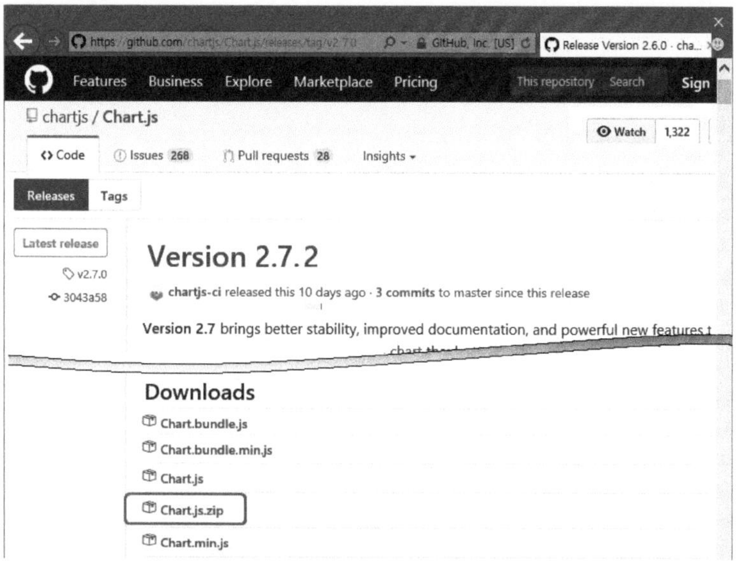

https://github.com/chartjs/Chart.js/releases/tag/v2.7.2

[2] **page 관련 부분 삭제** : 차트화면에서는 페이지 처리가 필요 없다. 따라서 best 화면 프로그램에서 page 관련부분을 삭제한다.

[3] **Select 문** : 가장 기본이 되는 그래프는 막대그래프이다. 막대그래프는 가로축 정보와 세로축 값을 이용하여 그래프를 그리는 것으로서, 2개의 값만 있으면 된다. 따라서 구분별 판매현황을 그리기위해서는 구분명인 가로축과 판매건수인 세로축 값이 필요하다. 그러므로 select문에서 구분명으로 그룹을 지정(group by gubun.name)하여 판매건수(count(numo) as cnumo)를 구해야 한다. 이 경우, 구분명은 gubun 테이블에 있고, 판매건수는 jangbu 테이블의 판매한 레코드 개수이므로, 아래 그림과 같이 gubun, product, jangbu 테이블이 모두 필요하다. 따라서 3개의 테이블을 join시켜야 한다.

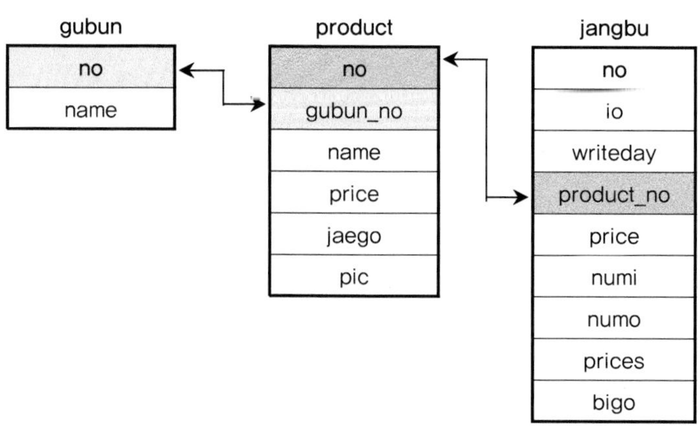

그리고 구분의 종류가 너무 많은 경우, 그래프에 모두 표시할 수 없을 수 있다. 따라서 판매실적이 좋은 상위 14개의 구분만(order by cnumo desc) 표시하도록 limit 14를 이용하여 작성하였다. 이 모든 내용의 자료를 추출하는 select문은 다음과 같다.

```
$sql="select gubun.name as gubun_name, count(jangbu.numo) as cnumo
        from (gubun right join product on gubun.no=product.gubun_no)
          right join jangbu on product.no=jangbu.product_no
        where io=1 and jangbu.writeday between '$text1' and '$text2'
        group by gubun.name
        order by cnumo desc limit 14";
```

4 **Donut chart** : 차트 관련 소스는 다운받은 char.js.zip을 압축 풀면 sample/charts 폴더 밑에 있는 donuts.html 파일을 읽어 아래 표시된 부분을 복사하여 수정하면 된다. 만약 막대, 선과 같은 다른 그래프를 이용하려면, 해당 폴더안에 있는 다른 예제 소스를 참고하길 바란다.

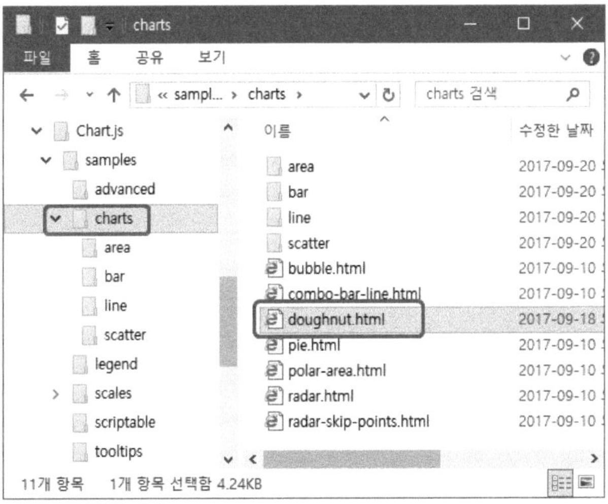

그림의 첫 번째 부분은 chart.min.js과 chart에 필요한 정보를 갖는 util.js을 포함시키는 부분으로서, 경로명은 my/js폴더로 수정해야 한다. 그리고 〈canvas〉 Tag를 위한 스타일을 정의하는 부분이다.

```
<script src="/my/js/chart.min.js"></script>
<script src="/my/js/utils.js"></script>
<style>
    canvas {
        -moz-user-select: none;
        -webkit-user-select: none;
        -ms-user-select: none;
    }
</style>
```

그림의 두 번째 부분은 canvas를 정의하는 부분으로, style에서 그래프의 크기를 지정하였다.

```
<div id="canvas-holder" style="width:60%">
    <canvas id="chart-area"></canvas>
</div>
```

그림의 3 번째 부분은 donuts 그래프에 대한 범례, 데이터, 라벨, 색상 등을 정의하는 실질적인 부분이다. 정의하기 위해서는 먼저 그래프에 필요한 데이터와 자료가 필요하며, 각 부분의 내용은 다음과 같다.

```
datasets: [{
    data: [ 값1, 값2, … ],                    → 값: 매출건수
    backgroundColor: [ 색1, 색2, … ],         → 각 영역 배경색
    label: "dataset 1",                       → dataset 이름
}],
labels: [ "라벨1", "라벨2", … ]               → 범례: 구분이름
… … …
```

따라서 labels 에 구분이름들(예: "음료","맥주","과일",…)을 표시하고, data에 차트에 필요한 값(예: 34, 12, 6, …)을 표시하면 된다.

```
<?
  $str_label = "";
  $str_data = "";
  foreach ($list as $row)
  {
     $str_label .= "'$row->gubun_name', " ;      → "'음료', '맥주', '과일', ... "
     $str_data  .= $row->cnumo . ',' ;           → "62, 25 ,6, ... "
  }
?>
```

이러기 위해서는 위와 같은 프로그램을 이용하여 구분이름들을 나열한 문자열($str_label)과 값을 나열한 문자열($str_data)를 구해 다음과 같이 삽입해야 한다. 그리고 title은 굳이 표시할 필요가 없으므로, display를 false로 지정하였다.

```
<script>

var config = {
      type: "doughnut",
      datasets: [ {
           data: [ <?=$str_data; ?> ],           → 예: [ 34, 12, 6… ]
           backgroundColor: [                    → 각 영역 배경색
                window.chartColors.red,
                window.chartColors.orange,
```

```
                    window.chartColors.yellow,
                    window.chartColors.green,
                    window.chartColors.blue,
                    window.chartColors.gray,
                    window.chartColors.purple,
                    "rgba(255, 99, 132, 0.7)",
                    "rgba(255, 159, 64, 0.7)",
                    "rgba(255, 205, 86, 0.7)",
                    "rgba(75, 192, 192, 0.7)",
                    "rgba(153, 102, 255, 0.7)",
                    "rgba(201, 203, 207, 0.7)",
                    "rgba(54, 162, 235, 0.7)"
                ],
                label: "Dataset 1",                  → dataset 이름
            } ],
            labels: [ <?=$str_label; ?> ]            → 예: [ "음료", "맥주", "과일", … ]
        },
        options: {
            responsive: true,                        → 응답형 on/off
            legend: {                                → 범례 표시위치
                position: "top",
            },
            title: {                                 → 제목과 표시여부
                display: false,
                text: '구분별 분포도'
            },
            animation: {                             → 애니메이션 옵션
                animateScale: true,
                animateRotate: true
            }
        }
};

window.onload = function() {
    var ctx = document.getElementById("chart-area").getContext("2d");
    window.myDoughnut = new Chart(ctx, config);
};
</script>
```

배경색은 utils.js 에 정의되어있는 7가지색을 그대로 사용하지만, 색상표시에 7가지 색으로는 부족하다. 따라서 기존의 색에 투명도 alpha값을 조정하여 7가지 색을 더 추가하였다. 이 처리는 rgba(red, green, blue, alpha) 함수를 이용하여 alpha값이 0.7인 7가지 색을 더 추가하였으며, 사용한 기본색의 rgb값은 util.js에 등록된 기본 색상 값이다. 색이 더 필요하다면 alpha 값을 조정하여 더 만들거나 다른 색을 지정하면 된다.

STEP 01 chart.js 설치

① **chart.js 설치** : 다운 받은 chart.js.zip 파일을 압축 푼다. 그리고 chart.js와 chart.min.js 파일, 그리고 samples 폴더에 있는 utils.js 파일을 복사하여 c:₩APM₩Apache24₩htdocs₩my₩js 폴더에 복사를 한다.

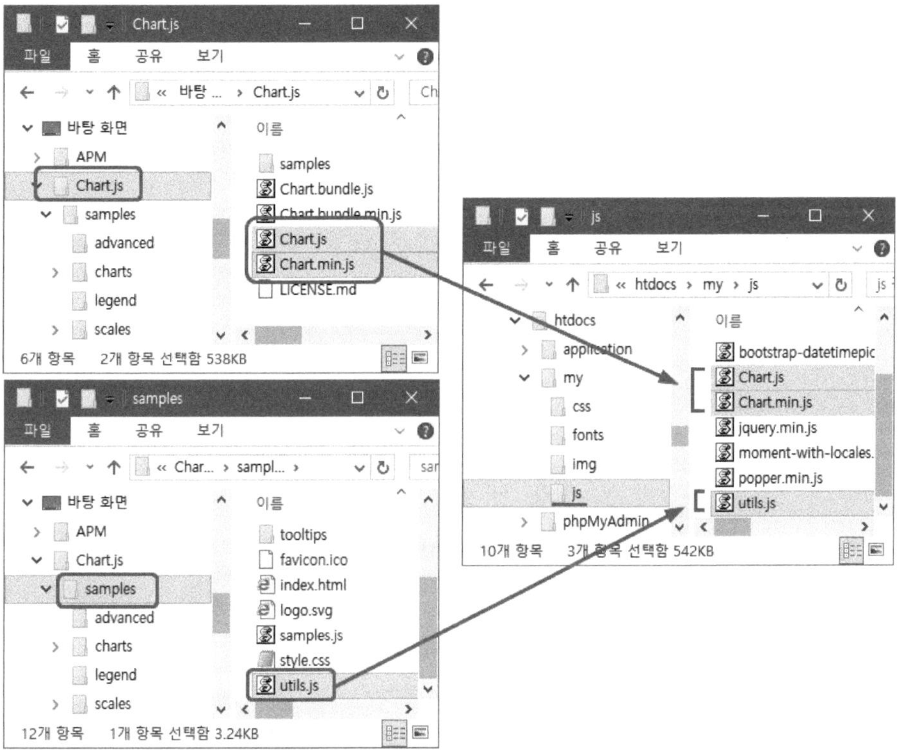

STEP 02 Graph.php 만들기

① **Graph.php 만들기** : controls 폴더에 있는 Best.php 파일을 읽은 후, Graph.php 라는 새 이름으로 저장한다. “Ctrl+H”키를 눌러 바꾸기 창을 연다. 〈찾을 말〉은 “best”, 〈바꿀 말〉은 “graph”로 입력한 후, [모든 바꿈]버튼을 클릭하여 바꾼다.

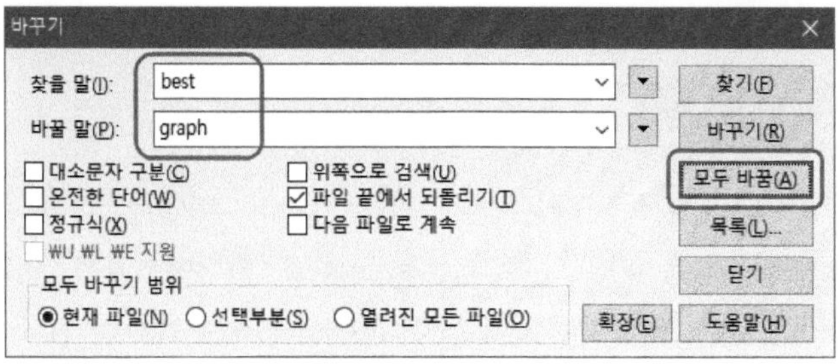

② **클래스이름은 대문자** : 첫 글자가 대문자가 되게 Graph로 수정한다. 그리고 pagination 라이브러리를 선언하는 부분을 삭제한다.

```
<?

class Graph extends CI_Controller
{

    function __construct()
    {
        parent::__construct();
        $this->load->database();
        $this->load->model("graph_m");
        $this->load->helper(array("url","date"));


        date_default_timezone_set('Asia/Seoul');
    }
```

③ **lists 수정** : lists함수에서 page에 관련된 부분을 모두 삭제한다. 그리고 레코드개수 rowcount 를 알아내는 프로그램 1줄을 삽입한다.

```
public function lists()
{
  $uri_array=$this->uri->uri_to_assoc(3);
  $text1 = array_key_exists("text1",$uri_array) ? urldecode($uri_array["text1"]) : date("Y-m-d",strtotime("-1 month"));
  $text2 = array_key_exists("text2",$uri_array) ? urldecode($uri_array["text2"]) : date("Y-m-d");



  $data["rowcount"]  = $this->graph_m->rowcount($text1,$text2);
  $data["text1"]=$text1;
  $data["text2"]=$text2;
  $data["list"]=$this->graph_m->getlist($text1,$text2);

  $this->load->view("main_header");
  $this->load->view("graph_list",$data);
  $this->load->view("main_footer");
}
```

STEP 03 Graph_m.php 만들기

① **Graph_m.php 만들기** : models 폴더에 있는 Best_m.php 파일을 읽어 Graph_m.php 라는 새 이름으로 저장한다. 클래스이름 첫 글자가 대문자가 되게 Graph 로 수정한다.

② **Select SQL 수정** : 함수 인수에서 $start, $limit를 삭제하고, Select SQL문을 수정한다.

```
<?

class Graph_m extends CI_Model
{
    public function getlist($text1,$text2)
    {
        $sql="select gubun.name as gubun_name, count(jangbu.numo) as cnumo
                from (gubun right join product on gubun.no=product.gubun_no)
                    right join jangbu on product.no=jangbu.product_no
                where jangbu.writeday between '$text1' and '$text2'
                group by gubun.name
                order by cnumo desc limit 10";
        return $this->db->query($sql)->result();
    }

    public function rowcount($text1,$text2)
    {
        $sql="select gubun.name as gubun_name, count(jangbu.numo) as cnumo
                from (gubun right join product on gubun.no=product.gubun_no)
                    right join jangbu on product.no=jangbu.product_no
                where jangbu.writeday between '$text1' and '$text2'
                group by gubun.name limit 10";
        return $this->db->query($sql)->num_rows();
    }
}

?>
```

STEP 04 graph_list.php 만들기

① **제목표시 변경** : views 폴더에 있는 best_list.php 파일을 읽어 graph_list.php라는 새 이름으로 저장한다. 그리고 제목표시를 "구분별 분포도"로 수정한다. 그리고 find_text 함수에서 page 관련 부분을 삭제한다.

```
<br>
<div class="alert mycolor1" role="alert">구분별 분포도 </div>

<script>
    function find_text()
    {
        form1.action="/jaego/lists/text1/" + form1.text1.value+"/text2/" + form1.text2.value;
        form1.submit();
    }
```

② **그래프 데이터 계산** : $str_label, $str_data를 구하는 프로그램을 작성한다.

```
    </form>

<?
    $str_label="";
    $str_data ="";
    foreach ($list as $row)
    {
        $str_label .= "'$row->gubun_name',";
        $str_data  .= $row->cnumo . ',';
    }
?>
```

③ **graph.js와 canvas 선언 :** chart.js와 util.js 를 선언하고 〈canvas〉 스타일과 tag 를 지정한다.

```
?>
    <script src="/my/js/chart.js"></script>
    <script src="/my/js/utils.js"></script>

    <br><br>

    <style>
        canvas {
            -moz-user-select: none;
            -webkit-user-select: none;
            -ms-user-select: none;
        }
    </style>

    <div id="canvas-holder" style="width:60%">
      <canvas id="chart-area"></canvas>
    </div>
```

④ **Donut 그래프 정의 :** Donuts 그래프에 대한 프로그램을 작성한다.

```
      <canvas id="chart-area"></canvas>
    </div>

<script>

    var config = {
        type: "doughnut",
        data: {
            datasets: [{
                data: [ <?=$str_data; ?> ],
                backgroundColor: [
                    window.chartColors.red,
                    window.chartColors.orange,
                    window.chartColors.yellow,
                    window.chartColors.green,
                    window.chartColors.blue,
                    window.chartColors.gray,
                    window.chartColors.purple,
                    "rgba(255, 99, 132, 0.7)",
                    "rgba(255, 159, 64, 0.7)",
                    "rgba(255, 205, 86, 0.7)",
                    "rgba(75, 192, 192, 0.7)",
                    "rgba(153, 102, 255, 0.7)",
                    "rgba(201, 203, 207, 0.7)",
                    "rgba(54, 162, 235, 0.7)",
                ],
                label: "Dataset 1"
            }],
            labels: [ <?=$str_label; ?> ]
        },
        options: {
            responsive: true,
            legend: {
                position: "top",
            },
            title: {
                display: false,
                text: "구분별 분포도"
            },
            animation: {
                animateScale: true,
                animateRotate: true
            }
        }
    };

    window.onload = function() {
        var ctx = document.getElementById("chart-area").getContext("2d");
        window.myDoughnut = new Chart(ctx, config);
    };

</script>
```

⑤ **메뉴 등록하기** : main_header.php를 읽어와 구분별 분포도 화면이 나오도록 〈a〉 tag의 href 를 "/graph"로 수정한다.

```
    </li>
    <li class="nav-item dropdown">
        <a class="nav-link dropdown-toggle" href="#" id="navbarDropdownMenuLink" data-
        <div class="dropdown-menu" aria-labelledby="navbarDropdownMenuLink">
            <a class="dropdown-item" href="/best">BEST제품</a>
            <a class="dropdown-item" href="/crosstab">월별제품별현황</a>
            <a class="dropdown-item" href="/graph">구분별 분포도</a>
        </div>
    </li>
    <li class="nav-item dropdown">
```

⑥ **실행하기** : 실행하여 결과를 확인한다.

Chapter 03

인증 및 재고계산

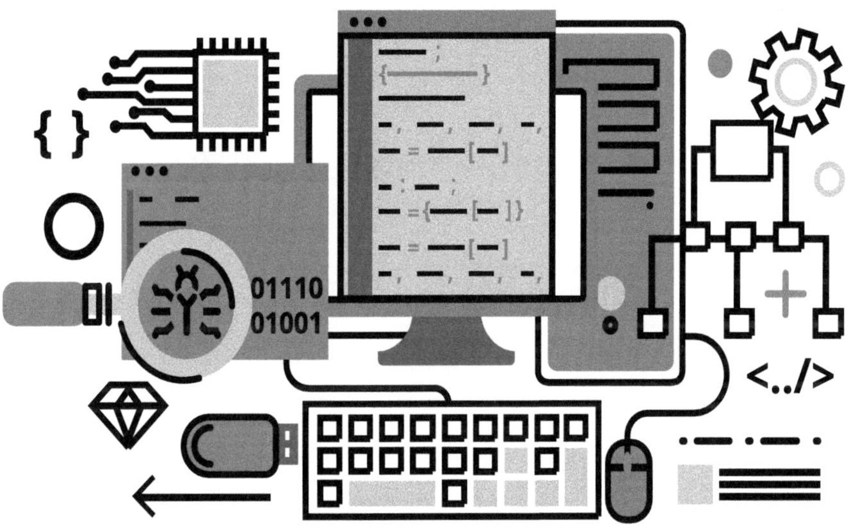

9.1 사용자 인증

대부분의 관리 프로그램들은 아무나 프로그램을 사용하지 못하게 하기 위하여, 아래 그림과 같은 로그인 창에서 사용자 ID와 암호를 입력하여 사용자 인증을 하는 처리를 한다. 지금까지 만든 화면 중 사용자 메뉴는 사용자 암호와 같은 정보가 있으므로, 관리자만 사용할 필요가 있다. 따라서 여기서는 관리자로 로그인을 한 경우에만 사용자메뉴가 표시되고 일반사용자는 나타나지 않게 만들어 보겠다.

로그인 창

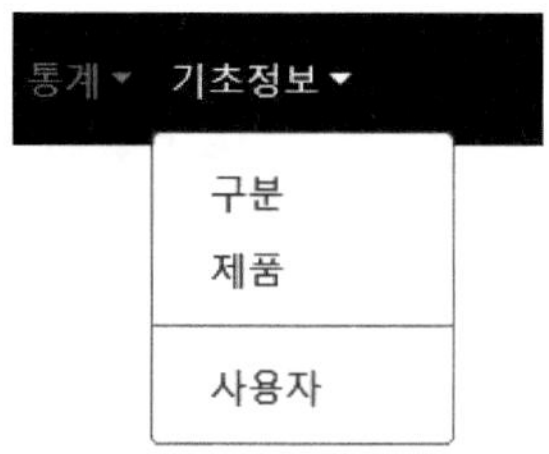

관리자 로그인한 경우

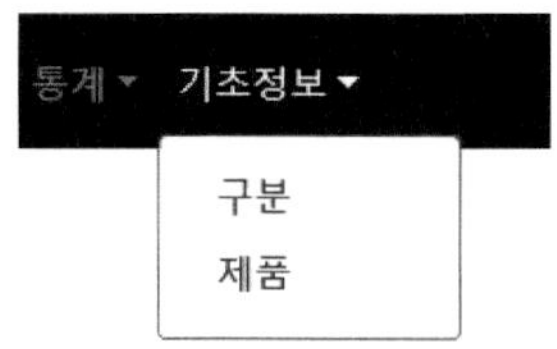

안한 경우

9.1.1 로그인 만들기

실습목적

메뉴의 로그인을 클릭한 경우, Bootstrap의 modal상태의 로그인창이 나타나 사용자 인증처리를 session을 이용하여 할 수 있도록 만들어라.

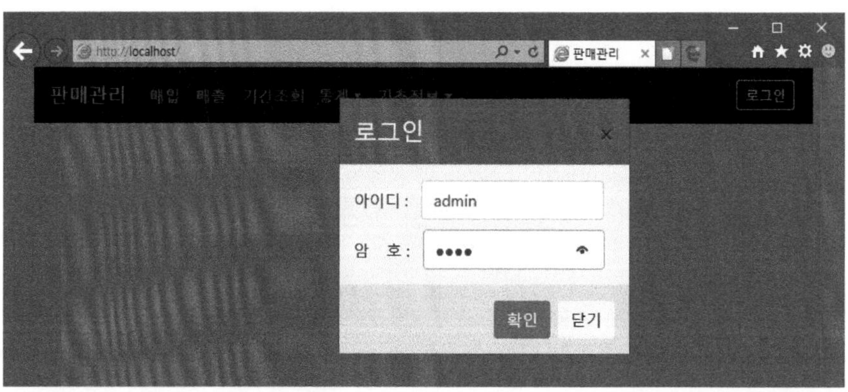

실습이론

1 **session 라이브러리** : 직원이 로그인을 했는지를 알기위해서는 로그인을 했다는 정보를 저장하고, 언제든지 이 정보를 알 수 있어야 한다. 이와 같이 로그인 정보를 전역변수 처리하려면 cookie나 session을 이용해야 한다. 여기서는 보안상 cookie보다는 session이 더 안전하므로, session을 이용하도록 하겠다. session을 사용하기 위해서는 config 폴더의 config.php 파일에서 환경설정을 먼저 해야 한다.

```
$config['sess_driver'] = 'files';                  → 세션정보 저장방식 : 파일 or 테이블
$config['sess_cookie_name'] = 'ci_session';
$config['sess_expiration'] = 0;                    → 세션자동 종료시간 : 초단위
$config['sess_save_path'] = '/session';            → 세션 파일 저장할 폴더
$config['sess_match_ip'] = FALSE;
$config['sess_time_to_update'] = 300;
$config['sess_regenerate_destroy'] = FALSE;
```

1) **sess_driver** : session값을 저장하는 방식을 file 혹은 table중 하나를 지정할 수 있는데, 여기서는 file방식을 이용하겠다.
2) **sess_expiration** : session값이 지속할 초 단위 시간을 지정한다. 3600을 지정하면, 1시간 후에 자동으로 삭제가 된다. 0을 지정하면, 웹브라우저를 종료할 때 자동으로 같이 삭제된다.
3) **sess_save_path** : session을 파일로 지정하였을 때, session값이 저장되는 폴더 위치가 된다. 윈도우인 경우는 "c:₩session"에 폴더가 자동 생성되어 저장된다. linux인 경우는 phpinfo()함수를 실행하여 환경변수 값들을 보면, session이 저장되는 폴더이름을 알 수 있다.

session을 사용하는 방법은 pagination 라이브러리를 호출했던 것처럼 __construct 함수에서 다음과 같이 session 라이브러리를 호출하여 사용할 수 있으나,

```
$this->load->library('session');
```

session은 여러 파일에서 사용하므로, 일일이 해당 부분에서 선언하는 것보다 config 폴더의 autoload.php에서 선언을 하면 처음에 자동으로 load되므로 더 편리하다.

database나 pagination 라이브러리 같은 경우도 해당 파일에서 선언하는 것보다 config.php의 autoload에서 선언해 사용하는 것이 더 편리하다.

```
$autoload['libraries'] = array("session");
```

session에 값을 저장하기 위해서는 다음과 같이 set_userdata함수를 이용하면 된다.

```
1 개의 변수 : $this->session->set_userdata("변수명", "값");

여러 개 변수 : $data = array( "변수명1"=>"값1", "변수명2"=>"값2",  …  );
              $this->session->set_userdata( $data );
```

session값을 삭제하려면 다음과 같이 unset_userdata함수를 이용하면 된다.

```
1 개의 변수 : $this->session->unset_userdata("변수명");

여러 개 변수 : $data = array( "변수명1", "변수명2",  …  );
              $this->session->unset_userdata( $newdata );
```

2 **Bootstrap의 Modal** : Bootstrap을 이용한 modal 상태의 팝업창은 Component ➜ Modal 클래스를 이용하면 손쉽게 만들 수 있다.

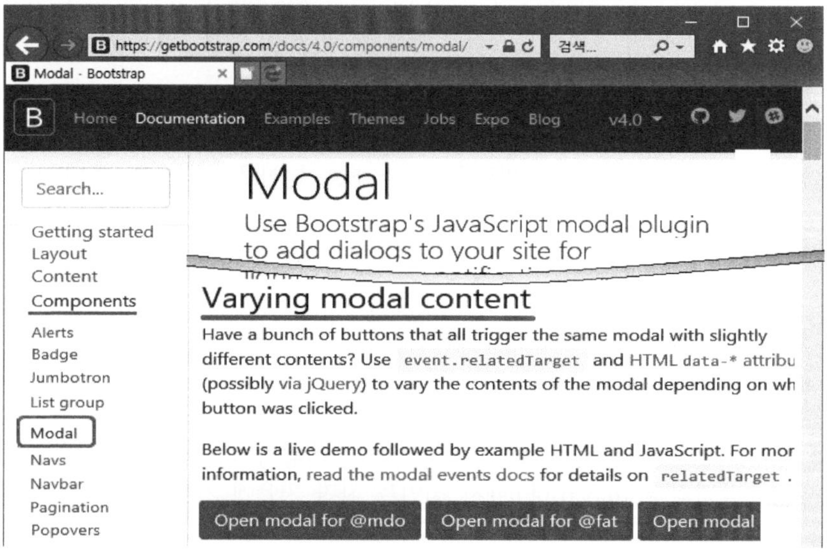

Bootstrap사이트에서 소스를 복사하여 아래와 같이 수정하여 사용하면 된다. <form> tag의 action은 앞으로 만들 Login.php의 check함수를 호출한다. check함수는 관리자인지를 확인하는 함수이다.

```
<div class="modal fade" id="exampleModal" tabindex="-1" role="dialog"
aria-labelledby="exampleModalLabel" aria-hidden="true">
  <div class="modal-dialog modal-sm" role="document">
    <div class="modal-content">
      <div class="modal-header mycolor1">
        <h4 class="modal-title" id="exampleModalLabel">로그인</h4>
        <button type="button" class="close" data-dismiss="modal"
aria-label="Close"><span aria-hidden="true">&times;</span></button>
      </div>
      <div class="modal-body bg-light" style="text-align:center">
        <form name="form_login" method="post" action="/login/check">
          <div class="form-inline">
            아이디 :   
            <input type="text" name="uid" size="15" value="" class="form-control
form-control-sm">
          </div>
          <div style="height:10px"></div>
          <div class="form-inline">
            암    호 :   
            <input type="password" name="pwd" size="15" value=""
class="form-control form-control-sm">
          </div>
        </form>
      </div>
      <div class="modal-footer alert-secondary" style="text-align:center">
        <button type="button" class="btn btn-sm btn-secondary"
onclick="javascript:form_login.submit();">확인</button>
        <button type="button" class="btn btn-sm btn-light"
data-dismiss="modal">닫기</button>
      </div>
    </div>
  </div>
</div>
```

그리고 이 로그인창을 호출하기 위해서는 메뉴에 로그인 버튼은 다음과 같이 추가해야 한다.

```
<a href='#exampleModal' data-toggle='modal' class='btn btn-sm
btn-outline-secondary btn-dark'>로그인</a>
```

③ **check함수** : check 함수는 login_m->getrow를 이용하여 입력한 아이디($uid)와 암호($pwd)를 갖는 직원정보 $row 를 가지고 온다. 따라서 $row 값이 있으면, 해당 직원의 아이디($row->uid)와 등급($row->rank) 정보를 세션으로 저장한다.

```
public function check()
{
   $uid=$this->input->post("uid",TRUE);          → 입력한 아이디와 암호
   $pwd=$this->input->post("pwd",TRUE);

   $row=$this->login_m->getrow($uid,$pwd);  → 입력한 아이디, 암호조사
   if ($row)                                  → 있는 경우
   {
      $data=array(
         "uid" =>$row->uid,
         "rank"=>$row->rank
      );
      $this->session->set_userdata($data);     → 세션으로 저장
   }

   $this->load->view("main_header");
   $this->load->view("main_footer");
}
```

④ **getrow함수** : Login_m.php의 getrow함수는 입력한 아이디와 암호를 갖는 직원 정보를 얻기 위해서 다음과 같이 작성하면 된다.

```
function getrow( $uid, $pwd )
{
      $sql="select * from member where uid='$uid' and pwd='$pwd'";
      return $this->db->query($sql)->row();
}
```

STEP 01 session 환경설정하기

① **session 라이브러리 선언** : config 폴더에 있는 autoload.php 파일을 읽어 다음과 같이 session 라이브러리를 자동으로 읽어 들이도록 수정한다.

```
$autoload['libraries'] = array("session");
```

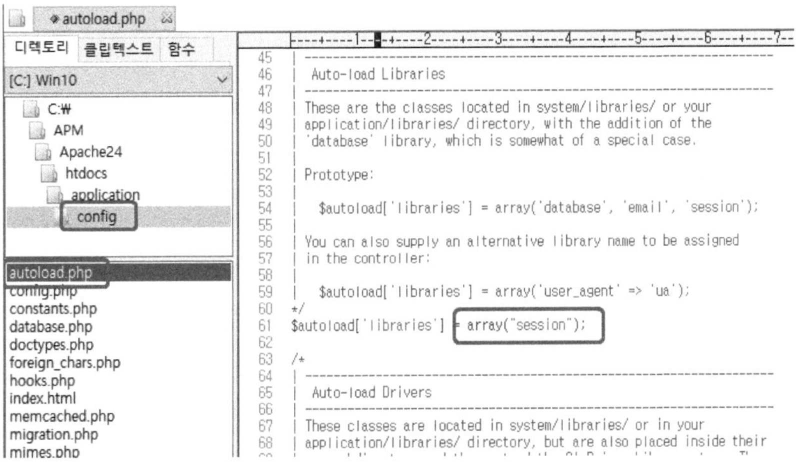

② **session 환경설정** : config 폴더에 있는 config.php 파일을 읽어 다음과 같이 session 자동 종료시간을 "0", 저장할 폴더를 "/session"으로 지정한다.

```
$config['sess_driver'] = 'files';
$config['sess_cookie_name'] = 'ci_session';
$config['sess_expiration'] = 0;
$config['sess_save_path'] = '/session';
$config['sess_match_ip'] = FALSE;
$config['sess_time_to_update'] = 300;
$config['sess_regenerate_destroy'] = FALSE;
```

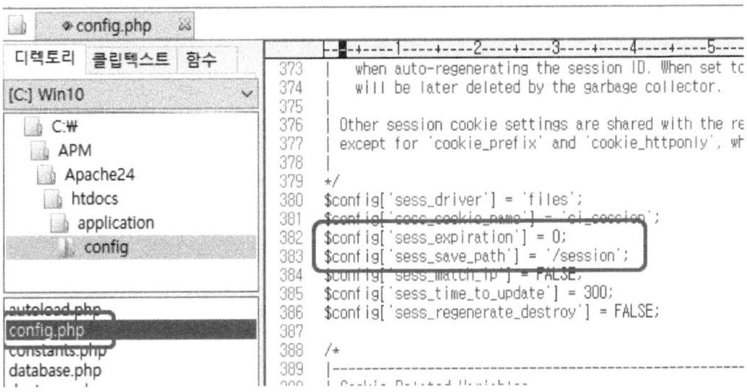

STEP 02 Login.php 만들기

① **Login.php 만들기** : controls 폴더에 있는 Graph.php 파일을 읽어 Login.php 라는 새 이름으로 저장한다. "Ctrl+H"키를 눌러 〈찾을 말〉은 "graph", 〈바꿀 말〉은 "login"으로 입력한 후, [모든 바꿈]버튼을 클릭하여 바꾼다.

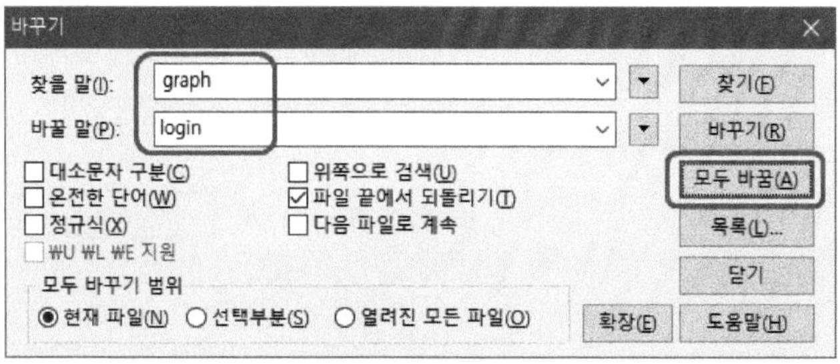

② **클래스이름은 대문자** : 첫 글자가 대문자가 되게 Login으로 수정한다.

```
<?

class Login extends CI_Controller
{
    function __construct()
    {
        parent::__construct();
        $this->load->database();
        $this->load->model("login_m");
        $this->load->helper(array("url","date"));

        
    }
```

③ **check 함수** : index함수안에 있는 프로그램과 list함수를 삭제한다. 그리고 check함수를 작성한다.

```
    public function index()
    {
        
    }

    public function check()
    {
        $uid=$this->input->post("uid",TRUE);
        $pwd=$this->input->post("pwd",TRUE);

        $row=$this->login_m->getrow($uid,$pwd);
        if ($row)
        {
            $data=array(
                "uid" =>$row->uid,
                "rank"=>$row->rank
            );
            $this->session->set_userdata($data);
        }

        $this->load->view("main_header");
        $this->load->view("main_footer");
    }
```

STEP 03 Login_m.php 만들기

① **Login_m.php 만들기** : models 폴더에 있는 Graph_m.php 파일을 읽어 Login_m.php라는 새 이름으로 저장한다. 클래스이름 첫 글자가 대문자가 되게 Login으로 수정한다. 그리고 기존의 함수를 모두 삭제하고, 다음과 같은 getrow함수를 작성한다.

```
<?

class Login_m extends CI_Model
{
    function getrow($uid,$pwd)
    {
        $sql="select * from member where uid='$uid' and pwd='$pwd'";
        return $this->db->query($sql)->row();
    }
}

?>
```

STEP 04 main_header.php 수정하기

① **main_header.php 수정** : views 폴더에 있는 main_header.php 파일을 읽어 프로그램 끝에 modal용 로그인창 프로그램을 추가한다.

```
            <li class="nav-item"><a class="nav-link" href="/picture">사진</a></li>
        </ul>
    </div>
    <a href="#exampleModal" data-toggle="modal" class="btn btn-sm btn-secondary">로그인</a>
</nav>

<!-- Modal Login -->
<div class="modal fade" id="exampleModal" tabindex="-1" role="dialog" aria-labelledby="exampleModalLabel" aria-hidden="true">
<div class="modal-dialog modal-sm" role="document">
    <div class="modal-content">
        <div class="modal-header mycolor1">
            <h4 class="modal-title" id="exampleModalLabel">로그인</h4>
            <button type="button" class="close" data-dismiss="modal" aria-label="Close"><span
            aria-hidden="true">&times;</span></button>
        </div>
        <div class="modal-body bg-light" style="text-align:center">
            <form name="form_login" method="post" action="/login/check">
                <div class="form-inline">
                    아이디 :   
                    <input type="text" name="uid" size="15" value="" class="form-control form-control-sm">
                </div>
                <div style="height:10px"></div>
                <div class="form-inline">
                    암    호 :   
                    <input type="password" name="pwd" size="15" value="" class="form-control form-control-sm">
                </div>
            </form>
        </div>
        <div class="modal-footer alert-secondary" style="text-align:center">
          <button type="button" class="btn btn-sm btn-secondary" onclick="javascript:form_login.submit();">확인</button>
          <button type="button" class="btn btn-sm btn-light" data-dismiss="modal">닫기</button>
        </div>
    </div>
</div>
</div>
```

② **실행하기** : 실행하여 결과를 확인한다.

9.1.2 로그아웃 만들기

실습목적

직원이 정상적으로 로그인한 경우에는 그림처럼 “로그인”버튼을 “로그아웃”으로 변경한다. 그리고 로그아웃 버튼을 클릭한 경우, 로그아웃 할 수 있는 프로그램을 작성하여라.

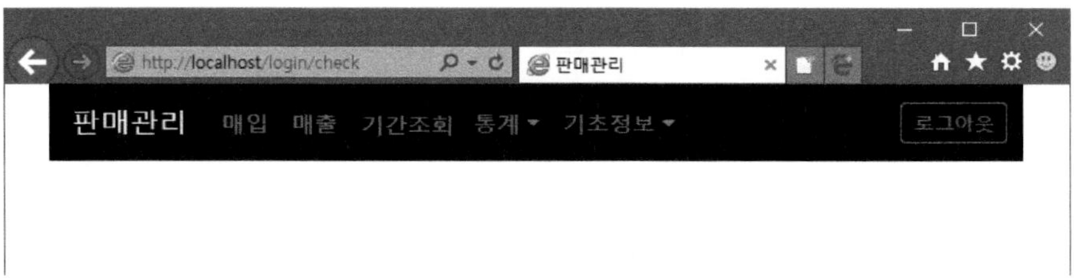

실습이론

1 **logout 처리** : 로그아웃인 경우에는 로그인할 때 세션에 저장한 uid와 rank 정보를 session에서 삭제하면 된다.

```
public function logout()
{
      $data = array('uid','rank');
      $this->session->unset_userdata($data);

      $this->load->view("main_header");
      $this->load->view("main_footer");
}
```

2 **로그아웃 메뉴 표시** : session에 $uid 변수 값이 있는가에 따라 로그인 혹은 로그아웃이 표시되도록 프로그램을 작성한다.

```
                </div>
              </li>
          </ul>
<?
   if (!$this->session->userdata("uid"))
      echo("<a href='#exampleModal' data-toggle='modal' class='btn btn-sm
btn-outline-secondary btn-dark'>로그인</a>");
```

```
    else
       echo("<a href='/login/logout' class='btn btn-sm btn-outline-secondary
btn-dark'>로그아웃</a>");
?>
    </nav>

    <!-- Modal Login -->
    <div class="modal fade" id="exampleModal" tabindex="-1" role="dialog"
aria-labelledby="myModalLabel" aria-hidden="true">
        <div class="modal-dialog modal-sm" role="document">
            <div class="modal-content">
```

STEP 01 logout 만들기

① **logout 함수** : controls폴더의 Login.php에 다음과 같은 logout 함수를 추가한다.

```
        $this->load->view("main_header");
        $this->load->view("main_footer");
    }

    public function logout()
    {
        $data = array('uid','rank');
        $this->session->unset_userdata($data);

        $this->load->view("main_header");
        $this->load->view("main_footer");
    }
}

?>
```

② **main_header.php 수정** : views 폴더에 있는 main_header.php 파일을 읽어 다음과 같이 수정한다.

```
                    <a class="dropdown-item" href="/product">제품</a>
                    <div class="dropdown-divider"></div>
                    <a class="dropdown-item" href="/member">사용자</a>
                </div>
            </li>
        </ul>
<?
    if (!$this->session->userdata('uid'))
      echo("<a href='#exampleModal' data-toggle='modal' class='btn btn-sm btn-outline-secondary btn-dark'>로그인</a>");
    else
      echo("<a href='/login/logout' class='btn btn-sm btn-outline-secondary btn-dark'>로그아웃</a>");
?>
        </div>
    </nav>

    <!-- Modal Login -->
    <div class="modal fade" id="exampleModal" tabindex="-1" role="dialog" aria-labelledby="exampleModalLabel" aria-hidden
    <div class="modal-dialog modal-sm" role="document">
```

③ **실행하기** : 실행하여 결과를 확인한다.

9.1.3 관리자모드 만들기

실습목적

로그인을 한 사람이 관리자인 경우에는 아래 그림과 같이 메뉴에서 “구분선”과 “사용자” 메뉴가 표시되고, 아닌 경우에는 보이지 않도록 프로그램을 작성하여라.

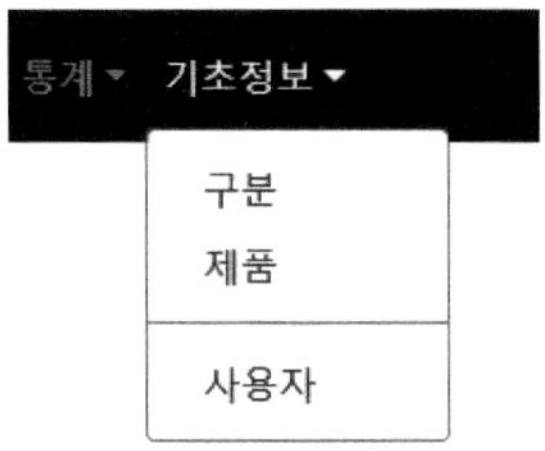

관리자메뉴

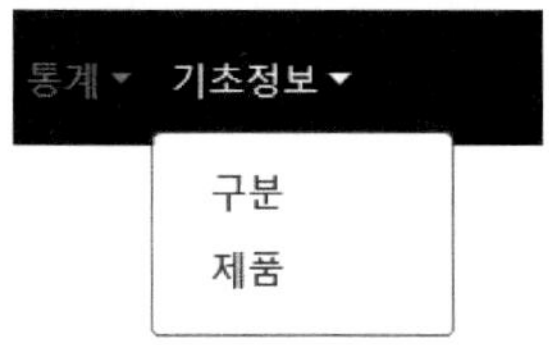

직원메뉴

실습이론

1 **사용자 메뉴** : 사용자 메뉴는 관리자인 경우에만 표시하기 위해서는 다음과 같이 session에 저장된 rank값이 1인 경우에만 표시하도록 프로그램을 작성하면 된다.

```
... ... ...
        <div class="dropdown-menu" aria-labelledby="navbarDropdownMenuLink">
          <a class="dropdown-item" href="/gubun">구분</a>
          <a class="dropdown-item" href="/product">제품</a>
<?
    if ($this->session->userdata("rank")==1)
        echo("<div class='dropdown-divider'></div>
              <a class='dropdown-item' href='/member'>사용자</a>");
?>
        </div>
    </li>
</ul>
... ... ...
```

2 **member 보안** : 웹브라우저에서 URL을 직접 입력하여 들어오는 경우를 방지하기 위하여 Member.php의 index함수에 다음과 같이 session정보 rank가 관리자가 아닌 경우에는 처음화면으로 가도록 redirect시킨다.

```
...   ...   ...
      $this->load->library("pagination");
   }

   public function index()
   {
      if ($this->session->userdata("rank")!=1) redirect("/");

      $this->lists();
   }
...   ...   ...
```

STEP 01 관리자 모드 만들기

① **main_header.php 수정** : views 폴더에 있는 main_header.php 파일을 읽어 다음과 같이 수정한다.

```
                    <a class="dropdown-item" href="/gubun">구분</a>
                    <a class="dropdown-item" href="/product">제품</a>
<?
    if ($this->session->userdata('rank')==1)
       echo("          <div class='dropdown-divider'></div>
                    <a class='dropdown-item' href='/member'>사용자</a>");
?>
                  </div>
               </li>
            </ul>
<?
    if (!$this->session->userdata('uid'))
       echo("<a href='#exampleModal' data-toggle='modal' class='btn btn-sm btn-ou
```

② **member.php 수정** : controls 폴더에 있는 member.php 파일을 읽어 다음과 같이 수정한다.

```
        $this->load->helper(array("url","date"));
        $this->load->library('pagination');
    }

    public function index()
    {
        if ($this->session->userdata('rank')!=1) redirect("/");

        $this->lists();
    }

    public function lists()
    {
        $uri_array=$this->uri->uri_to_assoc(3);
        $text1 = array_key_exists("text1",$uri_array) ? urldecode($uri_ar
```

③ **실행하기** : 실행하여 결과를 확인한다.

9.2 재고계산

실습목적

아래 그림과 같이 제품화면에 재고계산 버튼을 추가하여, 클릭한 경우 모든 제품의 재고를 계산하는 프로그램을 작성하여라.

실습이론

1 **수동 재고계산** : 판매관리에서 가장 중요한 내용 중 하나는 제품의 재고현황을 파악하는 일이다. 재고 계산을 하는 방법은 여러 방법이 있겠지만, 다음과 같은 방법을 생각할 수 있다.

1) **실시간 방법** : 상품을 구매할 때마다 주는 마일리지 개념처럼 매출입이 발생하는 순간마다 해당 제품의 재고량을 가감하는 방법
2) **수동 방법** : 재고를 계산할 수 있는 프로그램을 만들어 필요할 때마다 실행하여 재고 파악을 하는 방법

첫 번째 방법은 실시간으로 재고파악이 가능하므로, 좋은 방법이지만, 매출입 정보의 추가, 수정, 삭제하는 모든 경우에 대해 프로그램을 해야 하므로 다소 복잡하다. 반면에 두 번째 방법은 몇 개의 SQL문을 이용하면 쉽게 구현이 가능하다. 여기서는 두 번

째 방법을 이용하도록 하겠다.

먼저 그림을 이용하여 재고를 계산하는 과정에 대해 알아보자. 다음과 같은 장부테이블이 있다고 하자.

장부 테이블

…	제품_번호	단가	매입수량	매출수량	…
	1	1,000	10		
	2	1,500	5		
	1	9,000		3	
	2	1,300		2	
	1	1,000		5	
	4	1,200	1		
	1	1,000		1	

temp 테이블

제품별	sum (매입수량)	–	sum (매출수량)	재고량
1	10	–	9	1
2	5	–	2	3
3	0	–	0	0
4	1	–	0	1

이 경우 제품번호 1, 2 , 3, 4의 재고를 알기 위해서는 오른쪽 표와 같이 각 제품별 매입합계와 매출합계를 먼저 구한 다음, "매입합계 - 매출합계"를 하면 구할 수 있다. 이 계산은 group by와 sum함수를 이용한 select문을 이용하면 쉽게 구할 수 있으며, 중간계산 값을 저장할 목적의 임시 테이블인 temp테이블에 저장한다. 이 처리는 insert … select … 문을 이용하면 간단히 구현할 수 있다. 이렇게 구한 temp테이블의 재고량은 다시 제품테이블의 재고 칼럼에 저장하면 된다. 여기서 temp테이블을 이용하는 이유는 얻어진 결과를 제품 테이블에 바로 저장할 수 없기 때문에 임시로 temp테이블에 보관하기 위해서다.

1) **drop table문을 이용한 temp 테이블 삭제** : temp 테이블은 이전에 계산된 재고량 정보를 가지고 있으므로, 새로 계산하기 위하여 테이블을 삭제한다.

```
DROP TABLE 테이블;     혹은     DROP TABLE IF EXISTS 테이블;

drop table if exists temp;
```

2) **create table문을 이용한 temp 테이블 생성** : 제품테이블의 재고량 칼럼은 제품의 재고량을 표시하는 용도로 만든 칼럼이다. 그러나 장부테이블에서 재고량을 계산하여 이 칼럼에 바로 저장하는 처리가 어렵다. 따라서 일단 계산된 재고량을 임시로 저장할 temp테이블이 필요하며, 아래와 같은 구조의 임시 테이블 temp를 생성한다.

temp 테이블 구조

필드이름	자료형	Null	Default	기타
no	int	No		, auto_increment
product_no	int			
jaego	int		0	

```
CREATE TABLE 테이블 (
   필드이름 자료형(길이) NOT NULL DEFAULT 초기값 AUTO_INCREMENT,
   ...
   PRIMARY (필드)
);

create table temp (
  no          int   not null   auto_increment,
  product_no int,
  jaego       int   default 0,
  primary key(no)
);
```

3) **insert … select … 문을 이용한 재고계산** : 각 제품별 재고량을 계산하는 SQL문은 select문에서 group by와 sum함수를 이용하면 다음과 같이 쉽게 구할 수 있다.

```
select product_no, sum(numi)–sum(numo) as jaego
from jangbu
group by product_no;
```

이렇게 구한 값을 temp테이블에 저장하기 위해서는 아래와 같이 서브쿼리(sub query)를 갖는 insert … select …문을 이용해야 한다. 이때 insert의 필드 개수와 자료형은 select에서의 필드개수와 자료형은 같아야 한다.

```
INSERT INTO 테이블 (필드1,필드2, …) SELECT 필드1,필드2, … FROM … ;

insert into temp (product_no, jaego)
   select product_no, sum(numi)-sum(numo) as jaego from jangbu
      group by product_no;
```

4) update문을 이용한 재고량 수정 : temp테이블의 재고량 정보를 제품테이블의 재고량 칼럼에 저장하기 위해서는 update문을 이용해야 한다.

temp 테이블

product_no	jaego
1	1
2	3
3	0
4	1

product 테이블

no	name	…	jaego
1	대파		1
2	양파		3
3	콜라		0
4	맥주		1

관계 Update

SQL문을 작성할 때 주의할 점은 temp 테이블의 product_no와 product 테이블의 no가 같은 자료를 찾아 재고량을 기록해야 한다는 점이다. 이 처리는 두 테이블이 제품번호를 기준으로 관계를 맺었기 때문에 아래와 같이 update문에서 관계형만 표시하면 쉽게 해결할 수 있다. MySQL의 update문에서 관계형 설정은 다음과 같으며, 재고계산의 경우는 다음과 같이 쓸 수 있다.

```
UPDATE A테이블 INNER JOIN B테이블 ON A.컬럼 = B.컬럼
   SET A.컬럼 = B.컬럼, … WHERE 조건문;

update product inner join temp on product.no=temp.product_no
   set product.jaego=temp.jaego;
```

지금까지의 내용을 정리하면 다음과 같은 cal_jaego 함수를 만들 수 있으며, 이 함수는 Product_m.php에 작성해야 한다.

```
function cal_jaego()
{
  $sql="drop table if exists temp;";
  $this->db->query($sql);                → temp테이블 있으면 삭제

  $sql="create table temp (
          no int not null auto_increment,
          product_no int,
          jaego int default 0,
          primary key(no) );";
  $this->db->query($sql);                → temp 테이블 생성

  $sql="update product set jaego=0;";
  $this->db->query($sql);                → jaego필드값 0으로 초기화

  $sql="insert into temp (product_no, jaego)
          select product_no, sum(numi)-sum(numo) from jangbu
          group by product_no;";
  $this->db->query($sql);                → jaego 계산

  $sql="update product inner join temp on product.no=temp.product_no
          set product.jaego=temp.jaego;";
  $this->db->query($sql);                → jaego값 product테이블에 복사
}
```

[2] **재고계산 버튼 추가** : product_list.php에서 재고계산 버튼을 추가한다.

```
<a href="/product/jaego<?=$tmp; ?>" class="btn btn-sm mycolor1">재고계산 </a>
```

[3] **jaego 함수** : Product.php에 재고계산 버튼을 클릭한 경우 호출되는 jaego 함수를 다음과 같이 작성한다.

```
public function jaego()
{
  $uri_array=$this->uri->uri_to_assoc(3);
  $text1=array_key_exists("text1",$uri_array) ? "/text1/" . urldecode($uri_array["text1"]) : "" ;
  $page=array_key_exists("page",$uri_array) ? "/page/" . urldecode($uri_array["page"]) : 0 ;

    $data["text1"]=$text1;
```

```
    $data["page"]=$page;
    $this->product_m->cal_jaego();

    redirect("/product/lists" . $text1 . $page);
}
```

STEP 01 재고계산 하기

① **재고계산 버튼 추가** : views 폴더에 있는 product_list.php 를 읽어 추가 버튼 옆에 재고계산 버튼을 추가한다.

```
                    onClick="javascript:find_text();">검색</button>
                </span>
            </div>
        </div>
<?
    $tmp = $text1 ? "/text1/$text1/page/$page" : "/page/$page";
?>
        <div class="col-9" align="right">
            <a href="/product/add<?=$tmp; ?>" class="btn btn-sm mycolor1">추가</a>
            <a href="/product/jaego<?=$tmp; ?>" class="btn btn-sm mycolor1">재고계산</a>
        </div>
    </div>
    </form>
```

② **jaego 함수 추가** : controls 폴더에 있는 Product.php 를 읽어 다음과 같이 jaego함수를 추가한다.

```
    public function jaego()
    {
        $uri_array=$this->uri->uri_to_assoc(3);
        $text1 = array_key_exists("text1",$uri_array) ? "/text1/" . urldecode($uri_array["text1"]): "" ;
        $page = array_key_exists("page",$uri_array) ? "/page/" . urldecode($uri_array["page"]): 0 ;

        $data["text1"]=$text1;
        $data["page"]=$page;
        $this->product_m->cal_jaego();

        redirect("/product/lists" . $text1 . $page);
    }

}

?>
```

③ **cal_jaego 함수 추가** : models 폴더에 있는 Product_m.php 를 읽어 cal_jaego함수를 추가한다.

```
    function cal_jaego()
    {
        $sql="drop table if exists temp;";
        $this->db->query($sql);

        $sql="create table temp (
                no int not null auto_increment,
                product_no int,
                jaego int default 0,
                primary key(no) );";
        $this->db->query($sql);

        $sql="update product set jaego=0;";
        $this->db->query($sql);

        $sql="insert into temp (product_no, jaego)
                select product_no, sum(numi)-sum(numo)
                from jangbu
                group by product_no;";
        $this->db->query($sql);

        $sql="update product inner join temp on product.no=temp.product_no
                set product.jaego=temp.jaego;";
        $this->db->query($sql);
    }
}

?>
```

④ **실행** : 실행하여 결과를 확인한다.

Chapter 10

Tips

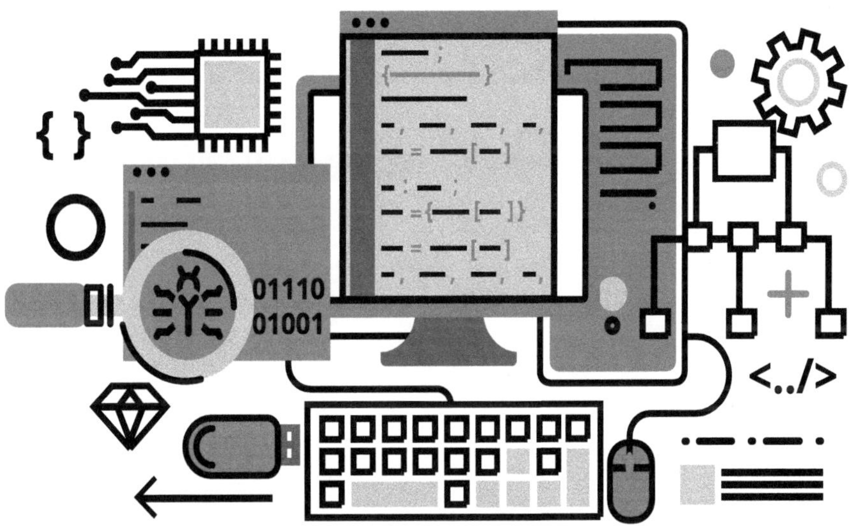

10.1 엑셀파일 저장하기

회사에서 업무를 하다보면 많은 사람들이 엑셀프로그램들을 이용한다. 따라서 서버에 있는 데이터를 엑셀 파일로 저장할 필요가 생긴다. 이절에서는 원하는 기간의 매출입 자료를 엑셀 파일로 저장하는 방법에 대해 알아보겠다.

실습목적

다음 그림과 같이 기간별 매출입 현황에서 EXCEL버튼을 클릭하면 검색된 내용을 엑셀 파일로 저장하는 프로그램을 만들어라.

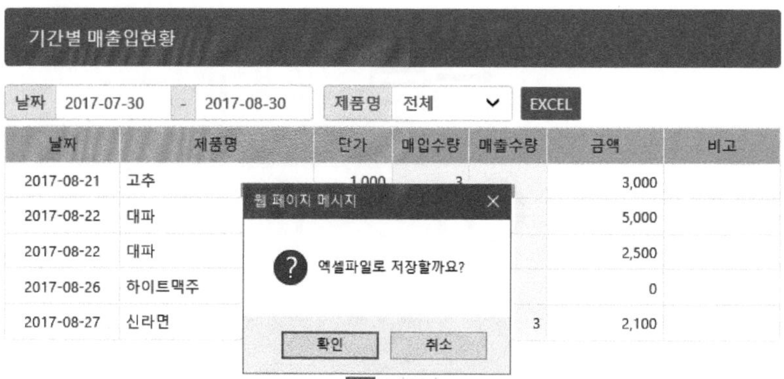

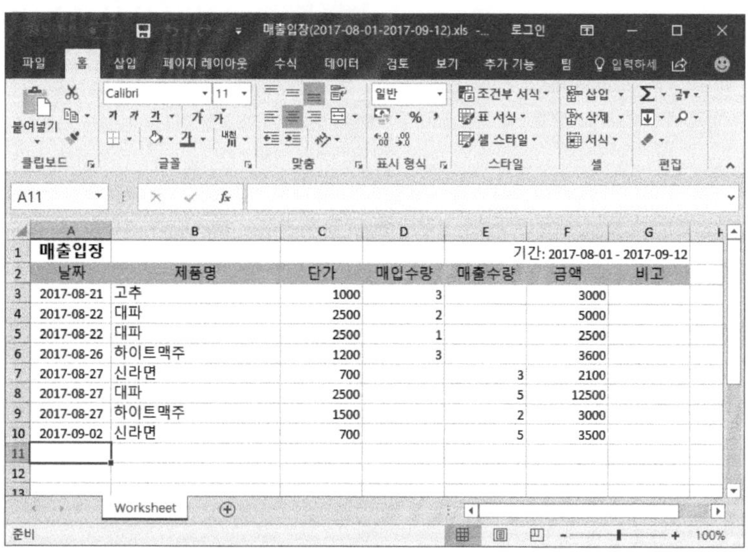

실습이론

[1] **phpSpreadsheet** : 가장 많이 알려져 있는 php용 Excel 라이브러리는 PHPExcel 이지만, PHP버전이 7.2이상인 경우는 동작하지 않는다. 따라서 PHPExcel에서 명칭이 변경된 다음 버전 PhpSpreadsheet를 이용하도록 하겠다. gitHub에서 제공하는 PhpSpreadsheet 프로그램은 보통 composer를 이용하여 설치를 한다. composer를 이용하지 않고 간단히 설치하려면 php-download.com에서 제공하는 PhpSpreadsheet 파일을 이용하는게 편리하다. php-download.com에서 PhpSpreadsheet로 검색하면, 그림과 같이 phpoffice/phpSreadsheet 화면에서 phpoffice_phpspreadsheet_1.8.2.0_require.zip 파일을 다운 받을 수 있다. 압축을 풀고, vendor 폴더 이름을 PhpSpreadsheet로 변경한 후, 폴더안의 모든 파일들을 c:₩APM₩Apache24₩htdocs₩applicatrion₩libraries 폴더에 모두 복사를 하면 설치가 끝난다.

PhpSpreadsheet 폴더		c:₩APM₩Apache24₩htdocs₩application₩libraries
폴더와 모든 파일	➜	모두 복사

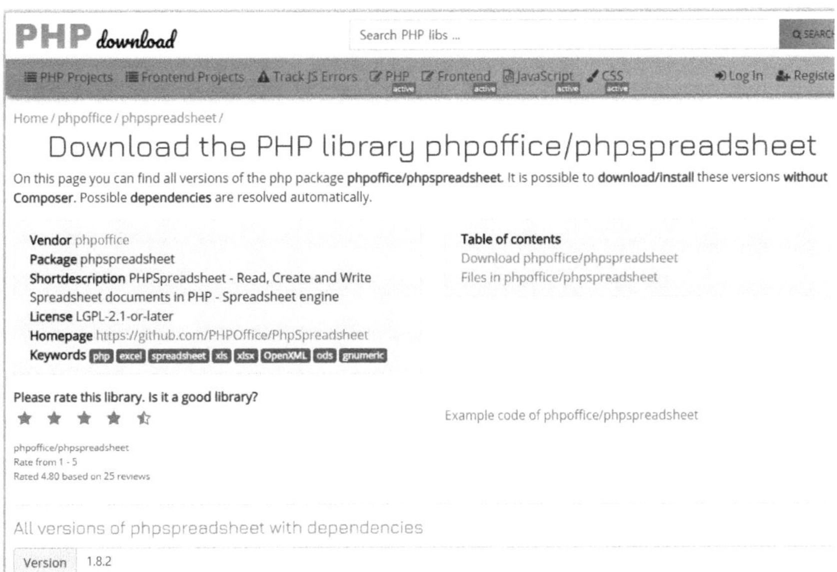

https://php-download.com/package/phpoffice/phpspreadsheet

프로그램에서는 PhpSpreadsheet를 이용할 controller 프로그램 첫 줄에 라이브러리 관련 선언과 경로를 아래와 같이 작성하면 된다.

```
use PhpOffice/PhpSpreadsheet/IOFactory;
use PhpOffice/PhpSpreadsheet/Spreadsheet;
require_once __DIR__ . "/../libraries/PhpSpreadsheet/autoload.php";
```

그리고 phpSpreadsheet 라이브러리에 대한 사용법은 phpoffice_phpspreadsheet_1.8.2.0_require₩vendor₩phpoffice₩phpspreadsheet₩samples 폴더에 있는 예제 프로그램을 참고하길 바란다. 그리고 excel관련 프로그램을 입력할 때, 아래 그림과 같이 Basic 폴더의 "01_simple_download_xlsx.php" 를 이용하면 쉽게 입력할 수 있다.

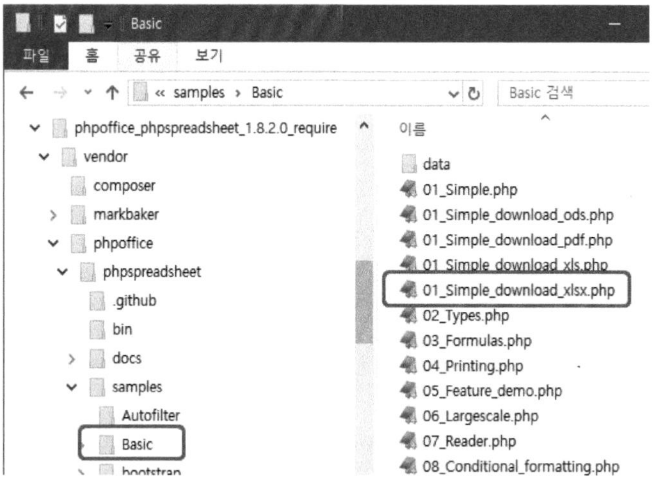

2 **make_excel함수와 EXCEL 버튼** : 엑셀파일로 저장하는 Gigan.php의 excel함수를 호출하기 위해서는 EXCEL버튼과 이를 호출하는 make_excel함수를 만들어야 한다. make_excel함수는 find_text함수를 복사하여 만들면 쉽게 만들 수 있다.

```
function make_excel()
{
   form1.action="/gigan/excel/text1/" + form1.text1.value+"/text2/" +
form1.text2.value +
                   "/text3/" + form1.text3.value +  "/page";
   form1.submit();
}
```

그리고 제품선택 콤보박스 옆에 방금 만든 make_excel함수를 호출하는 EXCEL버튼을 만든다.

```
  
<input type="button" value="EXCEL" class="form-control btn btn-sm mycolor1"
     onClick="if (confirm('엑셀파일로 저장할까요?')) make_excel();">
```

[3] **getlist_all 함수** : 검색된 모든 자료를 엑셀로 저장하기 위해서는 기존의 getlist 함수에서 limit절을 없앤 getlist_all 함수를 작성해야 한다.

```
public function getlist_all( $text1,$text2,$text3 )
{
  if ($text3=="0")  // 전체인 경우
    $sql="select jangbu.*, product.name as product_name
      from jangbu left join product on jangbu.product_no=product.no
      where jangbu.writeday between'$text1' and '$text2'
      order by jangbu.no";
  else
    $sql="select jangbu.*, product.name as product_name
      from jangbu left join product on jangbu.product_no=product.no
      where jangbu.writeday between'$text1' and '$text2' and jangbu.product_no=$text3
      order by jangbu.no";
  return $this->db->query($sql)->result();
}
```

[4] **검색정보, 자료읽기** : Gigan.php에 작성할 excel함수는 먼저 검색정보 $text1, $text2, $text3, $page를 구한다. 그리고 전체레코드 개수($rowcount)와 앞에서 작성한 Gigan_m.php의 getlist_all함수를 호출하여 전체 자료($list)를 구해야 한다.

```
public function excel()
{ $uri_array=$this->uri->uri_to_assoc(3);        → 검색 조건 구하기
  $text1 = array_key_exists("text1",$uri_array) ? urldecode($uri_array["text1"]) :
           date("Y-m-d",strtotime("-1 month"));
  $text2 = array_key_exists("text2",$uri_array) ? urldecode($uri_array["text2"]) :
           date("Y-m-d");
  $text3 = array_key_exists("text3",$uri_array) ? urldecode($uri_array["text3"]) : "0";
  $page = array_key_exists("page",$uri_array) ? "/page/" . urldecode($uri_array["page"]) : 0 ;

  $count = $this->gigan_m->rowcount($text1,$text2,$text3);      → 레코드 개수
  $list = $this->gigan_m->getlist_all($text1,$text2,$text3);     → 모든 자료 얻기
...  ...  ...
```

5 **엑셀 스타일 지정** : 자료를 엑셀파일로 출력하기 위해서는 먼저 엑셀 클래스 변수($sheet)를 선언해야 한다. 그리고 이 변수를 통해 각 칼럼의 너비, 정렬, 배경색, 글꼴, 값 등을 지정할 수 있다.

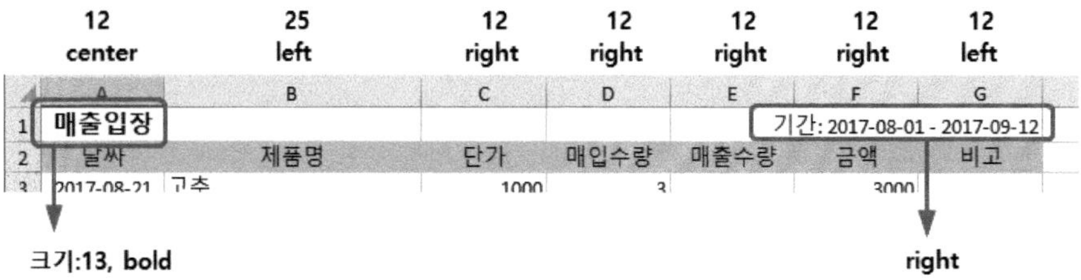


```
… … …
$sheet = new Spreadsheet();      // 엑셀 클래스 변수 선언

// 각 칼럼 (너비, 정렬)
$sheet->getActiveSheet()->getColumnDimension("A")->setWidth(12);
$sheet->getActiveSheet()->getColumnDimension("B")->setWidth(25);
$sheet->getActiveSheet()->getColumnDimension("C")->setWidth(12);
$sheet->getActiveSheet()->getColumnDimension("D")->setWidth(12);
$sheet->getActiveSheet()->getColumnDimension("E")->setWidth(12);
$sheet->getActiveSheet()->getColumnDimension("F")->setWidth(12);
$sheet->getActiveSheet()->getColumnDimension("G")->setWidth(12);
$sheet->getActiveSheet()->getStyle("A")->getAlignment()->setHorizontal("center");
$sheet->getActiveSheet()->getStyle("B")->getAlignment()->setHorizontal("left");
$sheet->getActiveSheet()->getStyle("C:F")->getAlignment()->setHorizontal("right");
$sheet->getActiveSheet()->getStyle("G")->getAlignment()->setHorizontal("left");

// 제목 (글자 크기, 굵게)
$sheet->setActiveSheetIndex(0)->setCellValue("A1", "매출입장");
$sheet->getActiveSheet()->getStyle('A1')->getFont()->setSize(13);
$sheet->getActiveSheet()->getStyle('A1')->getFont()->setBold(true);
// 기간 (정렬)
$sheet->setActiveSheetIndex(0)->setCellValue("G1", "기간: " . $text1 . " - " . $text2);
$sheet->getActiveSheet()->getStyle("G1")->getAlignment()->setHorizontal("right");
… … …
```

6 **헤더와 자료 출력** : 아래 그림과 같이 2번째 행에는 헤더로 밝은 회색 배경에 가운데 정렬, 3번째 행부터 자료를 출력하려면 다음 프로그램처럼 작성하면 된다.

	A	B	C	D	E	F	G
1	**매출입장**					기간: 2017-08-01 - 2017-09-12	
2	날짜	제품명	단가	매입수량	매출수량	금액	비고
3	2017-08-21	고추	1000	3		3000	
4	2017-08-22	대파	2500	2		5000	
5	2017-08-22	대파	2500	1		2500	
6	2017-08-26	하이트맥주	1200	3		3600	
7	2017-08-27	신라면	700		3	2100	

```
// 2행 : 헤더 가운데 정렬
$sheet->getActiveSheet()->getStyle("A2:G2")->getAlignment()->setHorizontal("center");
// 헤더 배경색(밝은 회색)
$sheet->getActiveSheet()->getStyle("A2:G2")->getFill()
      ->setFillType(/PhpOffice/PhpSpreadsheet/Style₩Fill::FILL_SOLID)
      ->getStartColor()->setARGB('FFCCCCCC');

// 헤더 글자 출력
$sheet->setActiveSheetIndex(0)
      ->setCellValue("A2", "날짜")
      ->setCellValue("B2", "제품명")
      ->setCellValue("C2", "단가")
      ->setCellValue("D2", "매입수량")
      ->setCellValue("E2", "매출수량")
      ->setCellValue("F2", "금액")
      ->setCellValue("G2", "비고");

$i=3;
foreach ( $list as $row )    → 3행부터 자료 출력
{
   $sheet->setActiveSheetIndex(0)
      ->setCellValue("A$i",$row ->writeday)
      ->setCellValue("B$i",$row ->product_name)
      ->setCellValue("C$i",$row ->price ? $row->price : "")
      ->setCellValue("D$i",$row ->numi ? $row->numi : "")
      ->setCellValue("E$i",$row ->numo ? $row->numo : "")
      ->setCellValue("F$i",$row ->prices ? $row->prices : "")
      ->setCellValue("G$i",$row ->bigo);
   $i++;
}
```

7 **xlsx 파일 출력** : 지금까지 출력한 내용을 xlsx 파일로 출력하려면 다음 프로그램같이 작성하면 된다. 저장할 파일이름은 "매출입장(2017-08-01_2017-09-27).xls"과 같이 검색한 기간이 들어가도록 지정하였다. 그리고 이대로 저장하면 파일이름이 깨져서 저장되므로, 파일이름의 인코딩방식을 iconv함수를 이용하여 euc-kr로 변환해야 한다.

xlsx형식으로 저장하기 위하여 "Xlsx"로 지정하였으며 만약 "xls"로 저장하고 싶으면, "Xls"로 지정하고 파일이름을 xls로 지정하면 된다.

```
    $sheet->setActiveSheetIndex(0);

    $fname="매출입장($text1_$text2).xlsx";              → 파일이름 생성
    $fname=iconv("UTF-8","EUC-KR",$fname);              → UTF8->EUC-KR로 변환
    header("Content-Type: application/vnd.ms-excel");
    header("Content-Disposition: attachment;filename=$fname");
    header("Cache-Control: max-age=0");
    header("Cache-Control: max-age=1");

    $writer = IOFactory::createWriter($sheet, "Xlsx");
    $writer->save("php://output");                      → xlsx형식으로 파일 출력
}
```

STEP 01 gigan_list.php 수정

① **PhpSpreadsheet 설치** : phpoffice_phpspreadsheet_1.8.2.0_require.zip을 압축 풀고, vendor 폴더 이름을 PhpSpreadsheet로 변경한다. 그리고 그림처럼 폴더안의 모든 파일들을 c:₩APM₩Apache24₩htdocs₩applicatrion₩libraries 폴더로 복사한다.

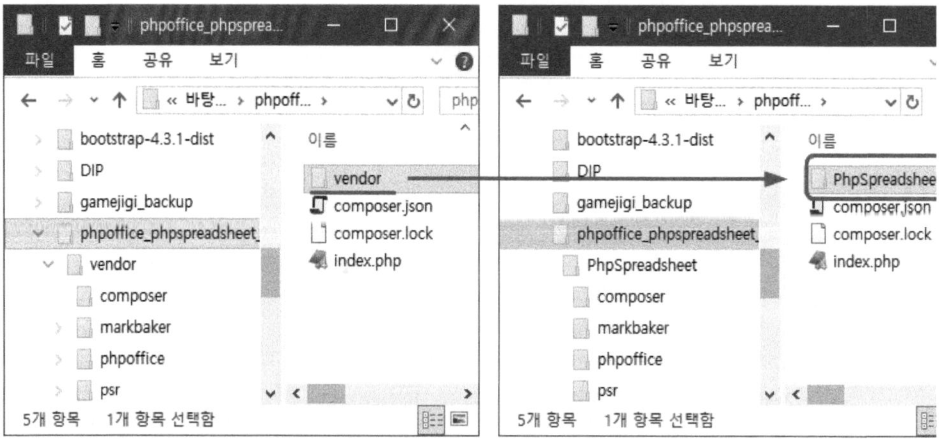

vendor폴더 이름을 PhpSpreadsheet로 변경

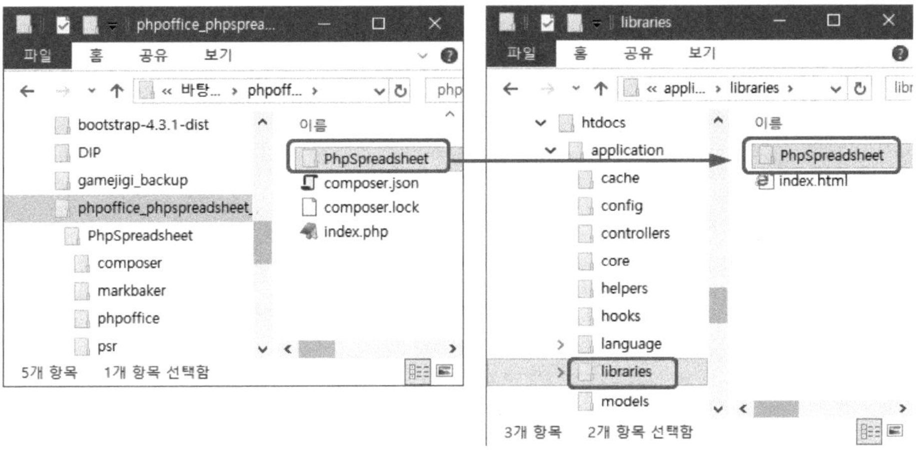

PhpSpreadsheet폴더를 c:₩APM₩Apache24₩htdocs₩applicatrion₩libraries로 복사

② **make_excel 함수 추가** : views폴더에 있는 gigan_list.php에 javascript make_excel함수를 추가한다.

```
function find_text()
{
    form1.action="/gigan/lists/text1/" + form1.text1.value+"/text2/" + form1.text2.value +
        "/text3/" + form1.text3.value + "/page";
    form1.submit();
}

function make_excel()
{
    form1.action="/gigan/excel/text1/" + form1.text1.value+"/text2/" + form1.text2.value +
        "/text3/" + form1.text3.value + "/page";
    form1.submit();
}

$(function() {
    $("#text1").datetimepicker({
```

③ **excel 버튼 추가** : make_excel함수를 호출하는 EXCEL 버튼을 제품명을 선택하는 콤보박스 text3 옆에 추가한다.

```
              
            <div class="input-group input-group-sm">
                <span class="input-group-addon">제품명</span>
                <select name="text3" class="form-control input-group-sm"
                    onchange="javascript:find_text();">
                    <option value="0">전체</option>
<?
    foreach ($list_product as $row)
    {
        if ($row->no==$text3)
            echo("<option value='$row->no' selected>$row->name</option>");
        else
            echo("<option value='$row->no'>$row->name</option>");
    }
?>
                </select>
            </div>
              <input type="button" value="EXCEL" class="form-control btn btn-sm mycolor1"
                onClick="if (confirm('엑셀파일로 저장할까요?')) make_excel();">

        </div>
    </div>
</div>
```

STEP 02 Gigan_m.php 수정

① **getlist_all 함수** : Gigan_m.php에 조건을 만족하는 모든 자료를 추출하는 getlist_all 함수를 추가한다.

```
    function getlist_product()
    {
        $sql="select * from product order by name";
        return $this->db->query($sql)->result();
    }

    public function getlist_all($text1,$text2,$text3)
    {
        if ($text3=="0")
            $sql="select jangbu.*, product.name as product_name
                    from jangbu left join product on jangbu.product_no=product.no
                    where jangbu.writeday between'$text1' and '$text2'
                    order by jangbu.no";
        else
            $sql="select jangbu.*, product.name as product_name
                    from jangbu left join product on jangbu.product_no=product.no
                    where jangbu.writeday between'$text1' and '$text2' and jangbu.product_no=$text3
                    order by jangbu.no";
        return $this->db->query($sql)->result();
    }

}

?>
```

STEP 03 Gigan.php 수정

① **PhpSpreadsheet 라이브러리 등록** : controls 폴더에 있는 Gigan.php 파일을 읽은 후, PhpSpreadsheet 라이브러리를 등록한다.

```
<?

use PhpOffice₩PhpSpreadsheet₩IOFactory;
use PhpOffice₩PhpSpreadsheet₩Spreadsheet;
require_once __DIR__ . '/../libraries/PhpSpreadsheet/autoload.php';

class Gigan extends CI_Controller
{

```

② **excel 함수 1** : excel 함수를 선언하고 URI관련부분과 출력할 자료와 레코드개수를 알아내는 프로그램을 작성한다.

```
public function excel()
{
  $uri_array=$this->uri->uri_to_assoc(3);
  $text1 = array_key_exists("text1",$uri_array) ? urldecode($uri_array["text1"]) : date("Y-m-d",strtotime("-1 month"));
  $text2 = array_key_exists("text2",$uri_array) ? urldecode($uri_array["text2"]) : date("Y-m-d");
  $text3 = array_key_exists("text3",$uri_array) ? urldecode($uri_array["text3"]) : "0";
  $page = array_key_exists("page",$uri_array) ? "/page/" . urldecode($uri_array["page"]): 0 ;

  $count = $this->gigan_m->rowcount($text1,$text2,$text3);
  $list = $this->gigan_m->getlist_all($text1,$text2,$text3);
```

③ **excel 함수 2** : 엑셀 클래스를 선언하고, 칼럼 너비, 정렬방식, 제목, 헤더배경색 등을 정의하는 프로그램을 작성한다.

```
        $sheet = new Spreadsheet();

        // 각 열의 너비, 정렬
        $sheet->getActiveSheet()->getColumnDimension("A")->setWidth(12);
        $sheet->getActiveSheet()->getColumnDimension("B")->setWidth(25);
        $sheet->getActiveSheet()->getColumnDimension("C")->setWidth(12);
        $sheet->getActiveSheet()->getColumnDimension("D")->setWidth(12);
        $sheet->getActiveSheet()->getColumnDimension("E")->setWidth(12);
        $sheet->getActiveSheet()->getColumnDimension("F")->setWidth(12);
        $sheet->getActiveSheet()->getColumnDimension("G")->setWidth(12);

        $sheet->getActiveSheet()->getStyle("A")->getAlignment()->setHorizontal("center");
        $sheet->getActiveSheet()->getStyle("B")->getAlignment()->setHorizontal("left");
        $sheet->getActiveSheet()->getStyle("C:F")->getAlignment()->setHorizontal("right");
        $sheet->getActiveSheet()->getStyle("G")->getAlignment()->setHorizontal("left");

        // 제목 (글자크기, 굵게)
        $sheet->setActiveSheetIndex(0)->setCellValue("A1", "매출입장");
        $sheet->getActiveSheet()->getStyle("A1")->getFont()->setSize(13);
        $sheet->getActiveSheet()->getStyle("A1")->getFont()->setBold(true);

        // 기간 (정렬)
        $sheet->setActiveSheetIndex(0)->setCellValue("G1", "기간: $text1 - $text2");
        $sheet->getActiveSheet()->getStyle("G1")->getAlignment()->setHorizontal("right");
```

④ **excel 함수3** : 테이블의 헤더를 정의하고 장부내용을 출력하는 프로그램을 작성한다.

```
        // 헤더 정렬, 배경색
        $sheet->getActiveSheet()->getStyle("A2:G2")->getAlignment()->setHorizontal("center");
        $sheet->getActiveSheet()->getStyle("A2:G2")->getFill()
          ->setFillType(₩PhpOffice₩PhpSpreadsheet₩Style₩Fill::FILL_SOLID)
          ->getStartColor()->setARGB("FFCCCCCC");

        $sheet->setActiveSheetIndex(0)
            ->setCellValue("A2", "날짜")
            ->setCellValue("B2", "제품명")
            ->setCellValue("C2", "단가")
            ->setCellValue("D2", "매입수량")
            ->setCellValue("E2", "매출수량")
            ->setCellValue("F2", "금액")
            ->setCellValue("G2", "비고");

        $i=3;
        foreach ( $list as $row )
        {
          $sheet->setActiveSheetIndex(0)
            ->setCellValue("A$i",$row->writeday)
            ->setCellValue("B$i",$row->product_name)
            ->setCellValue("C$i",$row->price ? $row->price : "")
            ->setCellValue("D$i",$row->numi ? $row->numi : "")
            ->setCellValue("E$i",$row->numo ? $row->numo : "")
            ->setCellValue("F$i",$row->prices ? $row->prices : "")
            ->setCellValue("G$i",$row->bigo);
          $i++;
        }
```

⑤ **excel 함수4** : 지금까지의 내용을 엑셀파일로 출력하는 프로그램을 작성한다.

```
        $sheet->setActiveSheetIndex(0);

        $fname="매출입장($text1-$text2).xlsx";
        $fname=iconv("UTF-8","EUC-KR",$fname);
        header("Content-Type: application/vnd.ms-excel");
        header("Content-Disposition: attachment;filename=$fname");
        header("Cache-Control: max-age=0");
        header("Cache-Control: max-age=1");

        $writer = IOFactory::createWriter($sheet, "Xlsx");
        $writer->save("php://output");
    }
```

⑥ **실행하기** : 실행하여 결과를 확인한다.

10.2 Slide 이미지 만들기

실습목적

아래 그림과 같이 Bootstrap의 Carousel을 이용하여 메뉴 하단에 여러 개의 메인 이미지가 차례로 이동하는 슬라이드 이미지 프로그램을 만들어라.

실습이론

1 **Bootstrap의 Carousel** : Bootstrap 홈페이지의 Component ➜ Carousel을 클릭하면, 아래 그림과 같이 슬라이드이미지 예제가 나와 있다. 해당 소스를 복사하여 프로그램을 작성하면 된다.

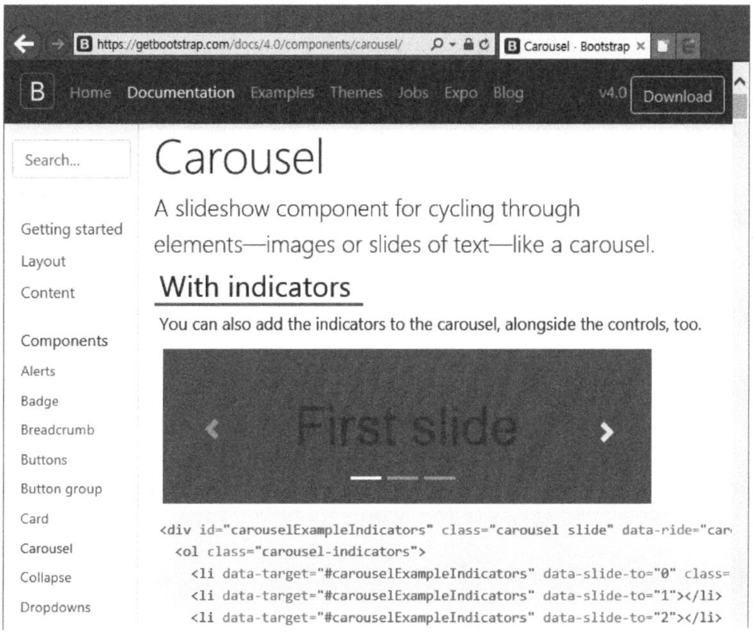

먼저 그림파일들을 폴더에 원하는 개수만큼 준비한다. 그리고 그림개수만큼 차례로 〈div class="carousel-item"〉…〈/div〉를 복사하여 등록해주면 된다. 이때 경로명은 그림이 저장된 폴더여야 한다. 여기서는 /my/img 폴더에 main1.jpg, main2.jpg, main3.jpg 그림을 이용하도록 하겠다. 독자들도 같은 크기의 원하는 이미지를 준비해 사용해보길 바란다. 그리고 data-interval은 그림이 변경되는 시간으로서, 5000은 5초를 의미하며, height="150"은 이미지의 세로길이를 조정한 것이다.

```
<div id="#carouselExampleIndicators" class="carousel slide" data-ride="carousel"
data-interval="5000">
  <ol class="carousel-indicators">
    <li data-target="#carouselExampleIndicators" data-slide-to="0"
class="active"></li>
    <li data-target="#carouselExampleIndicators" data-slide-to="1"></li>
    <li data-target="#carouselExampleIndicators" data-slide-to="2"></li>
  </ol>
  <div class="carousel-inner">
    <div class="carousel-item active">
      <img class="d-block w-100" src="/my/img/main1.jpg" height="150">
    </div>
    <div class="carousel-item">
      <img class="d-block w-100" src="/my/img/main2.jpg" height="150">
    </div>
```

```
        <div class="carousel-item">
          <img class="d-block w-100" src="/my/img/main3.jpg" height="150">
        </div>
        ...  ...  ...
    </div>
    <a class="carousel-control-prev" href="#carouselExampleControls" role="button"
data-slide="prev">
        <span class="carousel-control-prev-icon" aria-hidden="true"></span>
        <span class="sr-only">Previous</span>
    </a>
    <a class="carousel-control-next" href="#carouselExampleControls" role="button"
data-slide="next">
        <span class="carousel-control-next-icon" aria-hidden="true"></span>
        <span class="sr-only">Next</span>
    </a>
</div>
```

STEP 01 슬라이드 이미지 만들기

① **메인 이미지 복사** : my폴더 밑에 img라는 폴더를 새로 만들고 준비된 메인이미지들을 복사한다. 여기서는 main1.jpg, main2.jpg, main3.jpg 이름의 그림을 이용하였으며, 독자는 다른 이미지를 사용해도 무방하지만 이미지 크기는 모두 같은 것이 좋다.

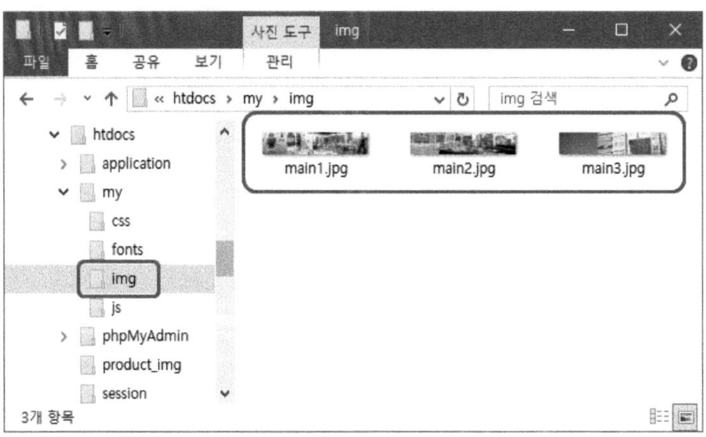

② **main_header.php 수정** : views 폴더에 있는 main_header.php를 읽어 프로그램 맨 끝에 carousel 프로그램을 작성한다.

```
            <button type="button" class="btn btn-secondary" onclick="javascript:form_login.submit();
            <button type="button" class="btn btn-light" data-dismiss="modal">닫기</button>
          </div>
        </div>
      </div>
    </div>
```

```
<div id="carouselExampleIndicators" class="carousel slide" data-ride="carousel" data-interval="5000">
  <ol class="carousel-indicators">
    <li data-target="#carouselExampleIndicators" data-slide-to="0" class="active"></li>
    <li data-target="#carouselExampleIndicators" data-slide-to="1"></li>
    <li data-target="#carouselExampleIndicators" data-slide-to="2"></li>
  </ol>
  <div class="carousel-inner">
    <div class="carousel-item active">
      <img class="d-block w-100" src="/my/img/main1.jpg" height="150" alt="First slide">
    </div>
    <div class="carousel-item">
      <img class="d-block w-100" src="/my/img/main2.jpg" height="150" alt="Second slide">
    </div>
    <div class="carousel-item">
      <img class="d-block w-100" src="/my/img/main3.jpg" height="150"  alt="Third slide">
    </div>
  </div>
  <a class="carousel-control-prev" href="#carouselExampleControls" role="button" data-slide="prev">
    <span class="carousel-control-prev-icon" aria-hidden="true"></span>
    <span class="sr-only">Previous</span>
  </a>
  <a class="carousel-control-next" href="#carouselExampleControls" role="button" data-slide="next">
    <span class="carousel-control-next-icon" aria-hidden="true"></span>
    <span class="sr-only">Next</span>
  </a>
</div>
```

③ **실행하기** : 실행하여 결과를 확인한다.

10.3 사진 만들기

10.3.1 사진 만들기

판매관리에 꼭 필요한 화면은 아니지만, 쇼핑몰의 제품사진이나 앨범의 사진처럼 이미지를 진열해야하는 경우가 많이 있다. 따라서 제품에 등록한 제품 사진들을 진열하는 화면을 만들어 보자.

실습목적

다음 그림처럼 제품 사진들을 2차원 구조로 표시하는 프로그램을 만들어라.

실습이론

1 **Findproduct 프로그램 이용** : 만들 사진 진열 프로그램과 가장 유사한 프로그램은 제품을 검색하는 Findproduct 이므로, 이 프로그램을 복사하여 만들도록 하겠다. 그리고 사진진열 프로그램에서는 풀다운메뉴가 필요하므로, Picture.php의 list 함수에서 다음과 같이 "main_header_nomenu"를 "main_header"로 수정해야 한다.

```
public function lists()
  {
    $uri_array=$this->uri->uri_to_assoc(3);
    ...
    $this->load->view("main_header");            // _nomenu 삭제
    $this->load->view("picture_list",$data);
    $this->load->view("main_footer");
  }
```

2 **my.css 에 사진표시를 위한 css 추가** : 아래 그림과 같이 제품사진과 제품이름을 표시하는 박스를 그리기 위해서는 3개의 style이 필요하며, 이 style은 my폴더의 my.css에 정의한다.

1) **mythumb_box** : 회색 테두리를 갖는 바깥 상자.
2) **mythumb_image** : 세로길이를 150 pixel로 고정시키고, 너비길이는 세로에 비례

하도록 "max-width:100%"로 지정.

3) thumb_text : 하단에 사진 이름을 표시하는 style

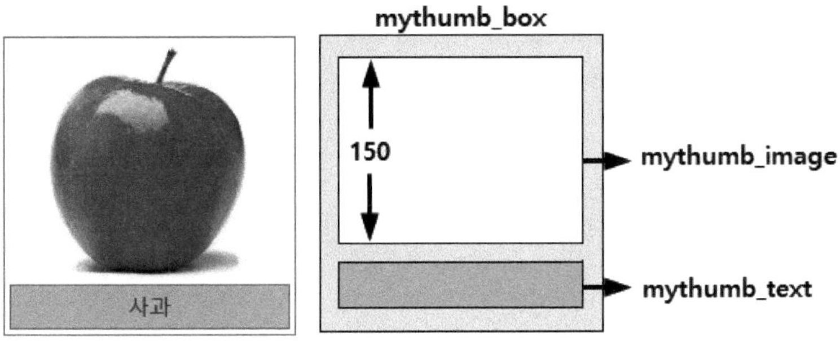


```
.mythumb_box {
        font-size : 14px;
        text-align:center;
        border: 1px solid lightgray;
        padding:3px;
        margin:5px 0px 5px 0px;
}
.mythumb_image {
        height: 150px;
        max-width: 100%;
        margin-bottom:3px
}
.mythumb_text {
        border: 1px solid lightgray;
        background-color:lightsteelblue;
        padding:3px;
}
```

3 **2차원구조의 사진 표시** : 사진들을 2차원구조로 표시하는 것은 Bootstrap의 grid system을 이용하면 아주 간단하게 처리할 수 있다. 다음과 같이 <div class="row"> 안에 <div class="col-3">을 삽입하여 사진을 출력하면 된다. grid system에서 1 row에 col은 12이다. 따라서 "col-3"을 사용하는 경우, 가로로 최대 4개의 이미지가 표시된다. 만약 가로로 6개의 사진을 표시하고 싶으면, col-2로 지정하면 된다.

```
    <div class="row">
<?
    foreach ($list as $row)
```

```
    {
        $iname=$row–〉pic ? $row–〉pic : "";
        $pname=$row–〉name;
?〉
        〈div class="col-3"〉
            〈div class="mythumb_box""〉
                〈img src="/product_img/thumb/〈?=$iname ?〉" class="mythumb_image"〉
                〈div class="mythumb_text"〉〈?=$pname ?〉〈/div〉
            〈/div〉
        〈/div〉
〈?
    }
?〉
    〈/div〉
```

STEP 01 Picture.php 만들기

① **Picture.php 만들기** : controls 폴더에 있는 Findproduct.php 파일을 읽어 Picture.php 라는 새 이름으로 저장한다. "Ctrl+H"키를 눌러 〈찾을 말〉은 "findproduct", 〈바꿀 말〉은 "picture"로 입력한 후, [모든 바꿈]버튼을 클릭하여 바꾼다.

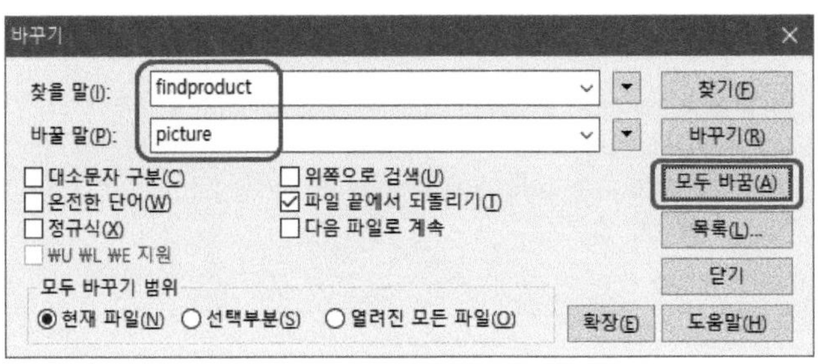

② **클래스이름은 대문자** : 첫 글자가 대문자가 되게 Picure로 수정한다.

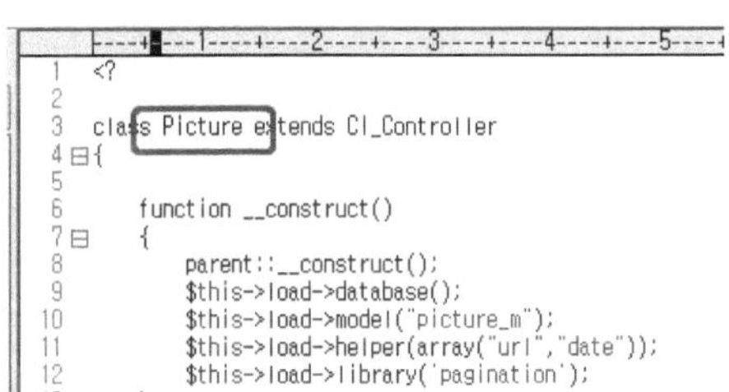

③ **lists 수정** : 풀다운 메인메뉴가 표시되도록 lists함수에서 "main_header_nomenu"를 "main_header"로 수정한다.

```
        $data["text1"]=$text1;
        $data["list"]=$this->picture_m->getlist($text1,$start,$limit);

        $this->load->view("main_header");
        $this->load->view("picture_list",$data);
        $this->load->view("main_footer");
    }
}

?>
```

STEP 02 Picure_m.php 만들기

① **Picture_m.php 만들기** : models 폴더에 있는 Findproduct_m.php 파일을 읽어 Picture_m.php라는 새 이름으로 저장한다. 클래스이름 첫 글자가 대문자가 되게 Picture 로 수정한다. 그리고 getrow함수는 필요 없으므로 삭제한다.

```
<?

class Picture_m extends CI_Model
{
    public function getlist($text1,$start,$limit)
    {
        if (!$text1)
            $sql="select * from product order by name limit $start,$limit";
        else
            $sql="select * from product where name like '%$text1%' order by name limit $start,$limit";
        return $this->db->query($sql)->result();
    }

    public function rowcount($text1)
    {
        if (!$text1)
            $sql="select * from product";
        else
            $sql="select * from product where name like '%$text1%'";
        return $this->db->query($sql)->num_rows();
    }


}

?>
```

STEP 03 picture_list.php 만들기

① **my.css에 css 추가** : 제품사진 표시를 위한 css를 /my/css폴더의 my.css파일을 열어 mythumb_box, mythumb_image, mythumb_text 를 추가한다.

```
.mythumb_box {
    font-size : 14px;
    text-align:center;
    border: 1px solid lightgray;
    padding:3px;
    margin:5px 0px 5px 0px;
}
.mythumb_image {
    height: 150px;
    max-width: 100%;
    margin-bottom:3px
}
.mythumb_text {
    border: 1px solid lightgray;
    background-color:lightsteelblue;
    padding:3px;
}
```

② **제목표시 변경** : views 폴더에 있는 findproduct_list.php 파일을 읽어 picture_list.php 라는 새 이름으로 저장한다. 그리고 제목표시를 "제품 사진"으로 수정한다. 그리고 SendProduct함수는 더 이상 필요 없으므로, 삭제한다.

```
<br>
<div class="alert mycolor1" role="alert">제품 사진</div>

<script>
    function find_text()
    {
```

③ **제품사진 표시** : 제품사진들을 2차원 구조로 출력하는 프로그램을 작성한다.

```
    <div class="row">
<?
    foreach ($list as $row)
    {
        $iname=$row->pic ? $row->pic : "";
        $pname=$row->name;
?>
        <div class="col-3">
            <div  class="mythumb_box"">
                <img src="/product_img/<?=$iname ?>" class="mythumb_image">
                <div class="mythumb_text"><?=$pname?></div>
            </div>
        </div>
<?
    }
?>
    </div>
```

④ **메뉴 등록하기** : main_header.php를 읽어와 사진 화면이 나오도록 〈a〉 tag의 href를 "/picture"로 수정한다.

```
                    <a class="dropdown-item" href="/gubun">구분</a>
                    <a class="dropdown-item" href="/product">제품</a>
                    <div class="dropdown-divider"></div>
                    <a class="dropdown-item" href="/member">사용자</a>
                </div>
            </li>
            <li class="nav-item"><a class="nav-link" href="/picture">사진</a></li>
            <li class="nav-item"><a class="nav-link" href="#">로그인</a></li>
        </ul>
    </div>
</nav>
```

⑤ **실행하기** : 실행하여 결과를 확인한다.

10.3.2 확대사진 만들기

실습목적

아래 그림처럼 사진을 클릭하는 경우, 팝업창에서 큰이미지로 볼 수 있는 프로그램을 만들어라

실습목적

1 **my.css에 mythumb_bigimage 추가** : 큰 이미지를 출력하기 위하여 my.css파일에 세로길이가 550 pixel인 mythumb_bigimage를 추가해야 한다.

```
.mythumb_bigimage {
    height: 550px;
    max-width: 100%;
    margin-bottom:3px
}
```

2 **zoomimage 함수** : Picture.php의 zoom 함수를 호출하여 제품의 큰 사진을 표시할 팝업창을 표시하는 함수이다. iname은 그림파일이름이며, pname은 제품명이고, 팝업창의 크기는 800x600이다.

```
function zoomimage( iname, pname )
{
   w=window.open("/picture/zoom/iname/"+iname+"/pname/"+pname ,
      "imageview","resizable=yes,scrollbars=yes,status=no,width=800,height=600");
   w.focus();
}
```

2 **제품사진의 <a> tag** : thumb이미지를 클릭하는 경우 앞서 만든 zoomimage함수를 호출하기 위하여, 제품사진에 <a> tag를 삽입해야 한다. 이때 zoomimage인수로 그림파일이름과 제품이름을 전달해야 한다.

```
<div class="col-3">
   <div   class="mythumb_box"">
      <a href="javascript:zoomimage('<?=$iname ?>','<?=$pname?>');">
         <img src="/product_img/thumb/<?=$iname ?>" class="mythumb_image">
      </a>
      <div class="mythumb_text"><?=$pname?></div>
   </div>
</div>
```

3 **zoom 함수** : Picture.php의 zoom 함수는 전달된 사진파일이름($iname)과 제품명($pname)을 알아내어 views폴더의 picture_zoom.php에 전달한다. 이때 팝업창은 풀다운 메뉴가 없는 화면이어야 하므로 "main_header_nomenu.php"를 호출해야 한다.

```
public function zoom()
{
   $uri_array=$this->uri->uri_to_assoc(3);
   $iname = array_key_exists("iname",$uri_array) ? urldecode($uri_array["iname"]) : "" ;
   $pname = array_key_exists("pname",$uri_array) ? urldecode($uri_array["pname"]) : "" ;

   $data["iname"]=$iname;          → 제품사진 파일이름
   $data["pname"]=$pname;          → 제품명

   $this->load->view("main_header_nomenu");
   $this->load->view("picture_zoom",$data);
   $this->load->view("main_footer");
}
```

4 **picture_zoom.php 함수** : 새로 만든 picture_zoom.php는 단순히 그림만 크게 표시하면 되므로, 2의 프로그램에서 mythumb_image대신에 mythumb_bigimage로 수정하고, 그림을 클릭하는 경우 창이 닫히도록 <a> tag에서 window.close()로 변경해야 한다.

```
<div class="container">

  <div class="mythumb_box">
    <a href="javascript:window.close();">
      <img src="/product_img/<?=$iname ?>" class="mythumb_bigimage">
    </a>
    <div class="mythumb_text"><b><?=$pname ?></b></div>
  </div>

</div>
```

STEP 01 picture_list.php 수정하기

① **zoomimage 함수 만들기** : views 폴더에 있는 picture_list.php 파일을 읽어 제품사진을 크게 보는 팝업창을 호출하는 zoomimage 함수를 작성한다.

```
<script>
    function find_text()
    {
        if (!form1.text1.value)
            form1.action="/picture/lists/page";
        else
            form1.action="/picture/lists/text1/" + form1.text1.value+"/page";
        form1.submit();
    }

    function zoomimage(iname,pname)
    {
        w=window.open("/picture/zoom/iname/"+iname+'/pname/'+pname,
            "imageview","resizable=yes,scrollbars=yes,status=no,width=800,height=600");
        w.focus();
    }
</script>
```

② **<a> tag 수정** : 사진을 클릭하는 경우 zoomimage 함수가 호출되도록 <a> tag를 작성한다.

```
<?
    foreach ($list as $row)
    {
        $iname=$row->pic ? $row->pic : "";
        $pname=$row->name;
?>
            <div class="col-3">
                <div class="mythumb_box"">
                    <a href="javascript:zoomimage('<?=$iname ?>','<?=$pname?>');">
                        <img src="/product_img/<?=$iname ?>" class="mythumb_image">
                    </a>
                    <div class="mythumb_text"><?=$pname?></div>
                </div>
            </div>
<?
    }
?>
```

STEP 02 Picture.php 수정하기

① **zoom 함수 추가** : controls폴더에 있는 Picture.php 파일을 읽어 picture_zoom.php를 호출하는 zoom함수를 작성한다.

```
        $this->load->view("picture_list",$data);
        $this->load->view("main_footer");
    }

    public function zoom()
    {
        $uri_array=$this->uri->uri_to_assoc(3);
        $data["iname"] = array_key_exists("iname",$uri_array) ? urldecode($uri_array["iname"]) : "";
        $data["pname"] = array_key_exists("pname",$uri_array) ? urldecode($uri_array["pname"]) : "";

        $this->load->view("main_header_nomenu");
        $this->load->view("picture_zoom",$data);
        $this->load->view("main_footer");
    }
}

?>
```

STEP 03 picture_zoom.php 새로 만들기

① **picture_zoom.php 만들기** : views폴더에 picture_zoom.php를 새로 만들고, 큰이미지를 출력하는 프로그램을 작성한다.

```

<div class="container">

    <div class="mythumb_box">
        <a href="javascript:window.close();">
            <img src="/product_img/<?=$iname ?>" class="mythumb_bigimage">
        </a>
        <div class="mythumb_text"><b><?=$pname?></b></div>
    </div>

</div>

```

② **실행하기** : 실행하여 결과를 확인한다.

10.3.4 Thumbnail image 만들기

해상도가 높은 사진들을 출력하다보면 파일 크기 때문에 많은 사진을 표시하는데 오래 걸릴 수 있다. 만약 축소된 작은 이미지(thumbnail image)가 있다면, 매우 빠르게 표시를 할 수 있을 것이다. 그러나 사진이 많은 경우, 화면출력 속도개선을 위해 이런 작은 이미지를 일일이 만드는 일도 쉬운 일은 아니다. 그래서 이번에 소개할 내용은 제품사진을 업로드할 때 제품사진의 작은 이미지를 자동 생성하여 이 작은 이미지를 이용하여 출력하는 방법에 대해 소개하겠다.

실습목적

제품사진을 업로드할 때, Codeigniter의 image_lib 라이브러리를 이용하여 thumbnail 이미지를 자동 생성하고 이 이미지로 사진 목록을 표시하도록 프로그램을 수정하여라.

실습이론

1 **php.ini 수정** : php에서 그래픽 라이브러리를 이용하려면, c:₩APM₩PHP7 폴더의 php.ini 파일에서 extension=gd2 앞에 있는 세미콜론(;)을 제거한 후, Apache를 재기동해야 한다.

```
;extension=bz2
;extension=curl
;extension=fileinfo
extension=gd2
;extension=gettext
;extension=gmp
```

2 **thumbnail 이미지 저장 폴더** : thumbnail 이미지는 제품사진이 저장되는 product_img 아래에 thumb라는 폴더에 저장하겠다.

```
원 본        사진 폴더 : c:₩APM₩Apache24₩htdocs₩product_img
thumbnail 사진 폴더 : c:₩APM₩Apache24₩htdocs₩product_img₩thumb
```

3 **image_lib 라이브러리** : Codeigniter에는 그림에 관한 작업을 쉽게 프로그램 할 수 있도록 image_lib라는 라이브러리를 제공하고 있다. 이 라이브러리에 대한 자세한 사용법은 다음 사이트를 참고하길 바란다.

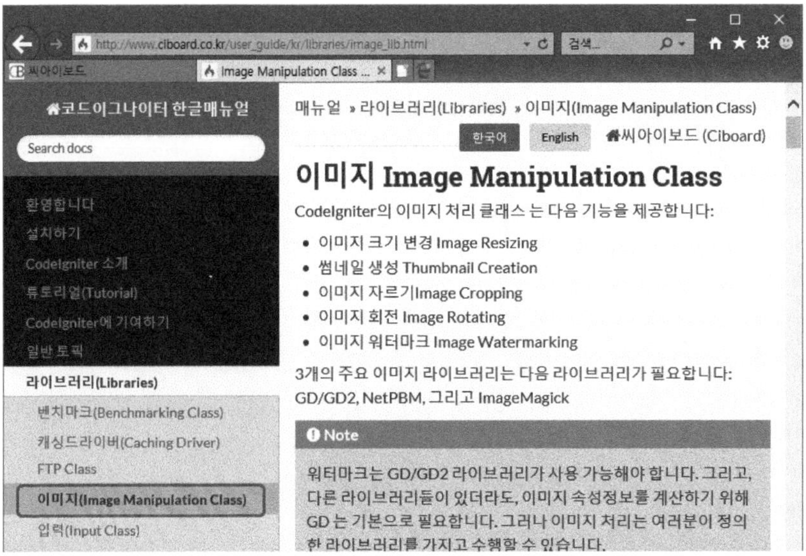

http://www.ciboard.co.kr/user_guide/kr/libraries/image_lib.html

Codeigniter의 다른 라이브러리와 마찬가지로 Product.php의 __construct함수에서 다음과 같이 "image_lib"를 선언해야 한다.

```
function __construct()
{
	parent::__construct();
	$this->load->database();
	$this->load->model("product_m");
	$this->load->helper(array("url","date"));
	$this->load->library('pagination');
	$this->load->library('upload');
	$this->load->library('image_lib');
}
```

4 **thumbnail 이미지 만들기** : thumnail이미지는 제품사진을 업로드하는 순간, 만들어야 한다. 따라서 다음과 같이 Product.php의 call_upload함수를 수정해야 한다.

```
public function call_upload()
{
  $config["upload_path"] = "./product_img";
  $config["allowed_types"] = "gif|jpg|png";
  $config["overwrite"] = TRUE;
  $config["max_size"] = 10000000;        → 이미지 최대 파일 크기
  $config["max_width"] = 10000;          → 이미지 최대 가로길이
  $config["max_height"] = 10000;         → 이미지 최대 세로길이
  $this->upload->initialize($config);

  if (!$this->upload->do_upload("pic"))
    $picname="";
  else
  {
    $picname=$this->upload->data("file_name");

    // 썸네일 환경 설정
    $config["image_library"] = "gd2";                → gd2 라이브러리 이용 선언
    $config["source_image"] = "./product_img/" . $picname;   → 원본 사진이름
    $config["thumb_marker"] = "";
    $config["new_image"] = "./product_img/thumb";            → thumb 저장 폴더
    $config["create_thumb"] = TRUE;
    $config["maintain_ratio"] = TRUE;            → 가로세로 비율 유지
    $config["width"] = 200;                      → thumb 사진 가로길이
    $config["height"] = 150;                     → thumb 사진 세로길이
    $this->image_lib->initialize($config);       → 설정 적용

    $this->image_lib->resize();                  → thumb 사진 생성
  }

  return $picname;
}
```

max_size, max_width, max_height는 변환이 가능한 원본 사진의 최대 파일크기, 가로길이, 세로길이를 말한다. 여기서는 아주 큰 사진도 가능하게 파일크기와 길이를 크게 주었다. source_image는 원본사진이 저장되는 폴더와 파일이름이며, new_image는 thumbnail 이미지가 저장되는 폴더다. 그리고 만들어지는 thumbnail 이미지크기는 $config["width"]와 $config["height"]에서 지정할 수 있으며. 여기서는 200x150 크기로 변환하였다. 그리고 maintain_ratio를 true로 지정하였으므로, 200x150에 딱 맞게 조정되는 것이 아니라 원본그림의 실제 가로세로길이의의 비율에 맞게 변환된다.

4 **사진 경로 변경** : views폴더의 picture_list.php에서 thumnail 이미지가 있는 폴더를 "product_img₩thumb"으로 수정해야 한다.

```
<div class="col-3">
  <div  class="mythumb_box"">
    <a href="javascript:zoomimage('<?=$iname ?>','<?=$pname?>');">
      <img src="/product_img/thumb/<?=$iname ?>" class="mythumb_image">
    </a>
    <div class="mythumb_text"><?=$pname ?></div>
  </div>
</div>
```

STEP 01 php 환경설정하기

① **php.ini 수정** : c:₩APM₩PHP7폴더에 있는 php.ini에서 다음과 같이 이미지 라이브러리 gd2를 사용할 수 있도록 수정한다.

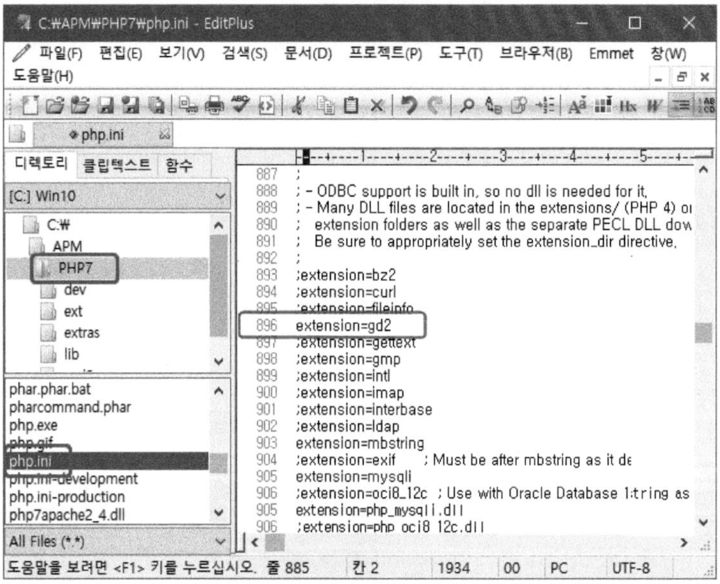

② **아파치 재시작** : 명령프롬프트를 관리자모드로 실행하여 다음과 같이 Apache 를 재실행한다.

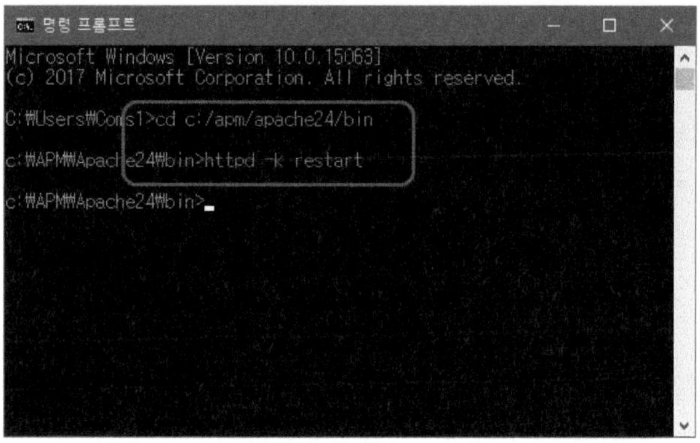

③ **thumb 폴더 만들기** : Thumbnail 파일을 저장할 폴더를 c:₩APM₩Apache24₩htdocs₩product_img 폴더 밑에 “thumb” 폴더를 새로 만든다.

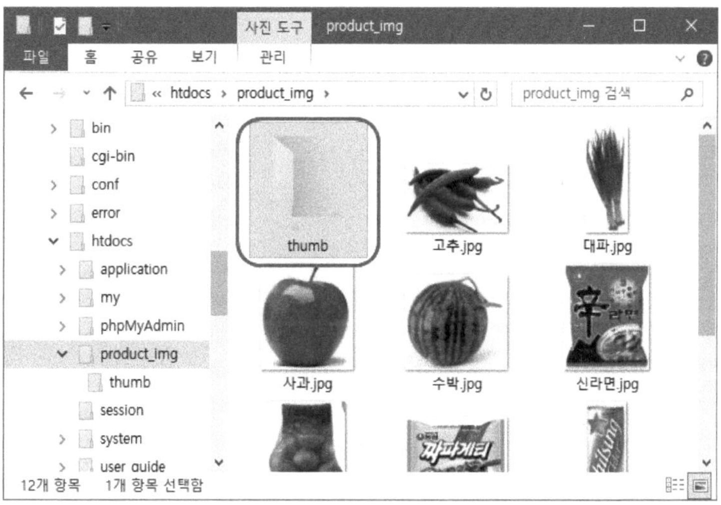

STEP 02 Product.php 수정하기

① **image_lib 라이브러리 선언** : controls폴더에 있는 Product.php 파일을 읽어 construct함수에 image_lib 라이브러리를 사용할 수 있도록 선언한다.

```
<?

class Product extends CI_Controller
{

    function __construct()
    {
        parent::__construct();
        $this->load->database();
        $this->load->model("product_m");
        $this->load->helper(array("url","date"));
        $this->load->library('pagination');
        $this->load->library('upload');
        $this->load->library('image_lib');
    }
```

② **call_upload함수 수정** : call_upload함수를 thumbnail이미지를 만들 수 있도록 수정한다.

```
    public function call_upload()
    {
        $config['upload_path']      = './product_img';
        $config['allowed_types']    = 'gif|jpg|png';
        $config['overwrite']        = TRUE;
        $config['max_size']             = 10000000;
        $config['max_width']            = 10000;
        $config['max_height']           = 10000;
        $this->upload->initialize($config);

        if (!$this->upload->do_upload('pic'))
            $picname="";
        else
        {
            $picname=$this->upload->data("file_name");

            $config['image_library'] = 'gd2';
            $config['source_image'] = './product_img/' . $picname;
            $config['thumb_marker'] = '';
            $config['new_image'] = './product_img/thumb';
            $config['create_thumb'] = TRUE;
            $config['maintain_ratio'] = TRUE;
            $config['width']      = 200;
            $config['height']    = 150;

            $this->image_lib->initialize($config);

            $this->image_lib->resize();
        }

        return $picname;
    }
```

③ **Picuure_list.php 수정** : views폴더의 picture_list.php에서 이미지 경로를 "/product_img"에서 "/product_img/thumb"로 수정한다.

```
    foreach ($list as $row)
    {
        $iname=$row->pic ? $row->pic : "";
        $pname=$row->name;
?>
        <div class="col-3">
            <div  class="mythumb_box"">
                <a href="javascript:zoomimage('<?=$iname ?>','<?=$pname?>');">
                    <img src="/product_img/thumb/<?=$iname ?>" class="mythumb_image">
                </a>
                <div class="mythumb_text"><?=$pname?></div>
            </div>
        </div>
<?
    }
?>
```

④ **실행하기** : 실행하여 결과를 확인한다.

10.4 Ajax구분 만들기

10.4.1 Ajax 기본 만들기

Ajax를 구현하기 전에 먼저 Ajax를 적용하기 위한 디자인으로 수정해보자. 추가 버튼을 클릭한 경우 추가화면으로 전환하는 것이 아니라, 아래 그림과 같이 추가할 입력란 디자인이 화면 화단에 나타나도록 디자인을 수정하겠다.

실습목적

구분관리 화면을 복사하여 Ajax와 Bootstrap의 collapse를 적용한 Ajax구분 화면을 새로 만들어라.

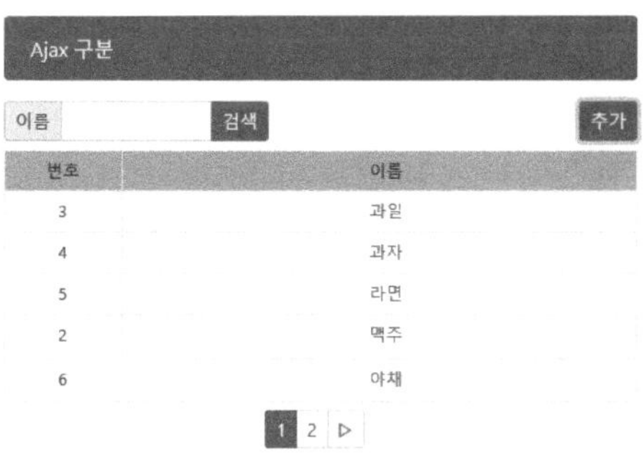

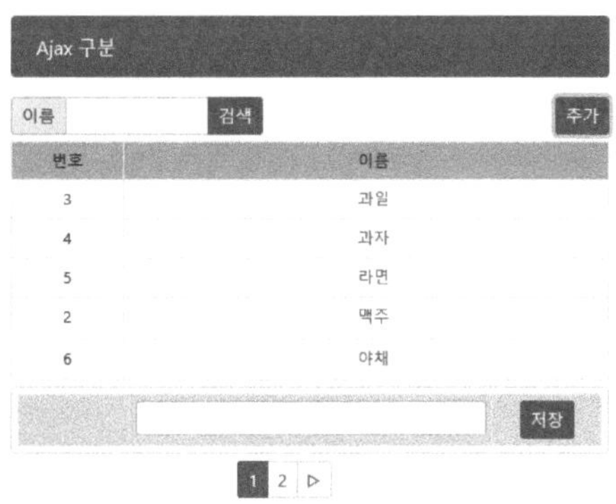

추가 버튼을 클릭한 경우

실습이론

1. **Bootstrap의 collapse** : Bootstrap의 collapse는 화면의 공간 활용을 위해 내용을 숨겨두었다가 필요할 때 감추어진 정보를 표시하는 기능을 말한다. 이 기능은 아래 왼쪽 그림과 같은 목록화면에서 추가버튼을 클릭하는 순간 오른쪽 그림과 같이 자료 입력부가 나타나게 하는 경우 이용할 수 있다.

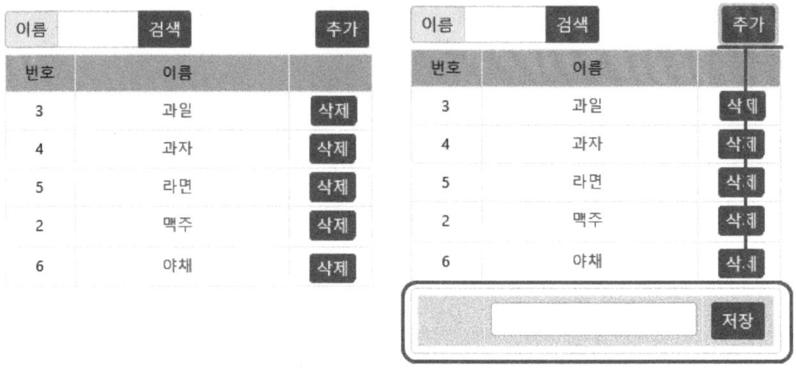

클릭한 경우 표시

collapse에 대한 자세한 내용은 Bootstrap 사이트의 component ➜ collapse ➜ Example 을 참고하길 바란다.

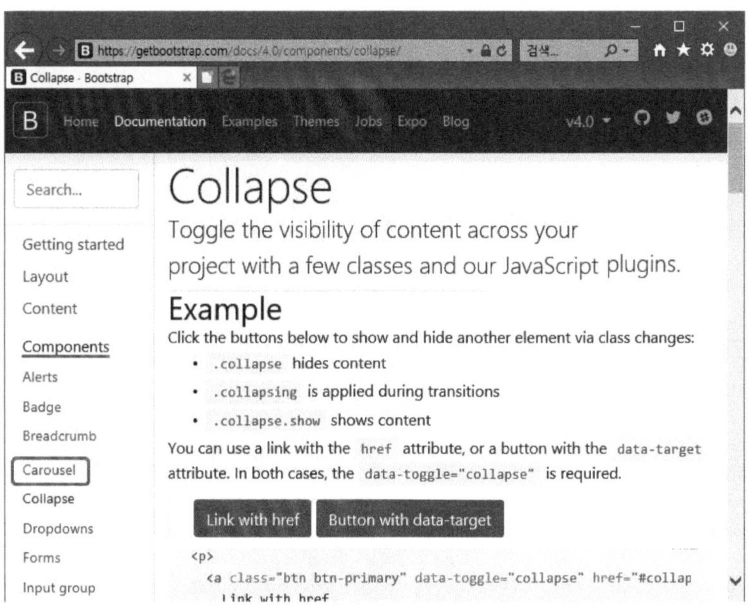

2 **추가버튼** : Ajax구분 화면에서 collapse기능을 적용하기 위해서는 추가버튼을 다음과 같이 수정해야 한다.

```
<a href="#collapseExample" class="btn btn-sm mycolor1" data-toggle="collapse"
aria-expanded="false" aria-controls="collapseExample">추가</a>
```

3 **테이블에 삭제 칼럼 추가** : 구분 목록 테이블에 삭제 칼럼을 위해 헤더와 삭제 버튼을 추가해야 한다.

```
<table class="table table-sm table-bordered mymargin5">
        <tr class="mycolor2">
            <td width="10%">번호</td>
            <td width="80%">구분명</td>
            <td width="10%">삭제</td>
        </tr>
<?
    foreach ($list as $row)
    {
        $no=$row->no;
?>
            <tr>
                <td><?=$no ?></td>
                <td><a href="/ajax/view/no/<?=$no ?><?=$tmp ?>"><?=$row->name; ?></a></td>
                <td>
                    <a href="#" class="btn btn-sm mycolor1"
                        onClick="javascript:confirm('삭제할까요?');">삭제</a>
                </td>
            </tr>
<?
    }
?>
</table>
```

4 **구분명 입력란 추가** : 구분 목록 table 이 끝나는 다음에 다음과 같이 collaspe를 위한 자료추가의 디자인을 추가한다. 여기서 <form> tag 이름은 검색부에서 form1을 사용했으므로, 다른 이름인 form2로 지정해야 한다. id="name" 은 입력한 값을 추가할 때, 값을 알아내기 위한 태그로 사용한다.

```
<div class="collapse mymargin5" id="collapseExample">
    <div class="card card-body" style="padding:0px 5px 0px 5px;">

    <table class="table table-sm table-bordered alert-primary mymargin5">
        <form name="form2">
        <tr>
            <td width="10%"></td>
            <td width="80%">
                <input type="text" name="name" value="" id="name"
```

```
                class="form-control form-control-sm" >
          </td>
          <td width="10%" style="vertical-align:middle">
            <a href="#" class="btn btn-sm btn-primary">저장</a>
          </td>
        </tr>
        </form>
      </table>

    </div>
  </div>
```

STEP 01 Ajax.php 만들기

① **Ajax.php 만들기** : controls 폴더에 있는 Gubun.php 파일을 읽어 Ajax.php 라는 새 이름으로 저장한다. "Ctrl+H"키를 눌러 〈찾을 말〉은 "gubun", 〈바꿀 말〉은 "ajax"로 입력한 후, [모든 바꿈]버튼을 클릭하여 바꾼다. 첫 글자가 대문자가 되게 Ajax로 수정한다.

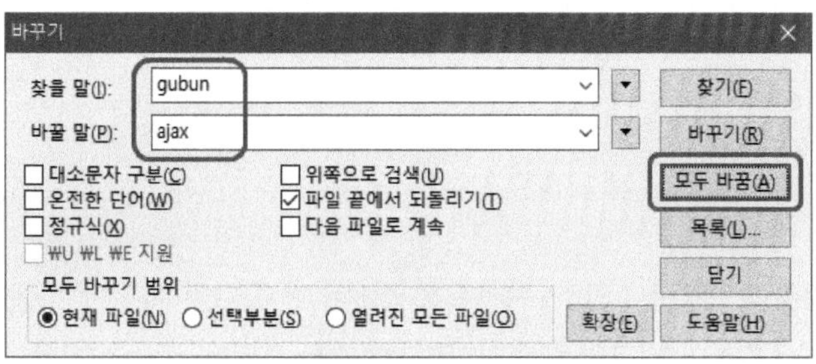

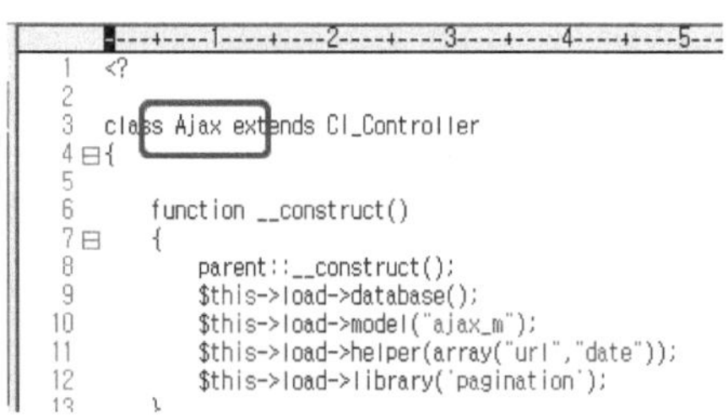

② **Ajax_m.php 만들기** : models 폴더에 있는 Gubun_m.php 파일을 읽어 Ajax_m.php 라는 새 이름으로 저장한다. 클래스이름 첫 글자가 대문자가 되게 Ajax_m 으로 수정한다. 그리고 저장한다.

```
<?

class Ajax_m extends CI_Model
{
    public function getlist($text1,$start,$limit)
    {
        if (!$text1)
            $sql="select * from ajax order by name li
        else
            $sql="select * from ajax where name like
```

③ **ajax_list.php 만들기** : views 폴더에 있는 gubun_list.php 파일을 읽어 ajax_list.php라는 새 이름으로 저장한다. "Ctrl+H"키를 눌러 〈찾을 말〉은 "gubun", 〈바꿀 말〉은 "ajax"로 입력한 후, [모든 바꿈]버튼을 클릭하여 바꾼다. 그리고 제목표시에 "Ajax 구분"이라고 수정한다.

```
<br>
<div class="alert mycolor1" role="alert">Ajax 구분</div>

<script>
 function find_text()
 {
```

④ **collapse 추가** : 추가버튼에 collapse를 위한 내용으로 수정한다.

```
        <div class="col-9" align="right">
          <a href="#collapseExample" class="btn btn-sm mycolor1"
              data-toggle="collapse" aria-expanded="false" aria-controls="collapseExample">추가</a>
        </div>
    </div>
    </form>
```

⑤ **테이블 삭제 칼럼 추가** : 목록 테이블에 삭제버튼을 위한 칼럼을 추가한다.

```
    <table class="table table-sm table-bordered mymargin5">
        <tr class="mycolor2">
          <td width="10%">번호</td>
          <td width="80%">구분명</td>
          <td width="10%">삭제</td>
        </tr>
<?
    foreach ($list as $row)
    {
        $no=$row->no;
?>
        <tr>
            <td><?=$no ?></td>
            <td><a href="/ajax/view/no/<?=$no ?><?=$tmp ?>"><?=$row->name; ?></a></td>
            <td>
                <a href="#" class="btn btn-sm mycolor1"
                    onClick="javascript:confirm('삭제할까요?');">삭제</a>
            </td>
        </tr>
<?
    }
?>
    </table>
```

⑥ **collapse 디자인 추가** : 자료추가를 위한 collapse를 위한 내용을 추가한다.

```
?>
    </table>

    <div class="collapse mymargin5" id="collapseExample">
        <div class="card card-body" style="padding:0px 5px 0px 5px;">
            <table class="table table-sm table-bordered mymargin5 alert-primary">
                <form name="form2">
                <tr>
                    <td width="10%"></td>
                    <td width="80%">
                        <input type="text" name="name" value="" class="form-control form-control-sm">
                    </td>
                    <td width="10%" style="vertical-align:middle">
                        <a href="#" class="btn btn-sm btn-primary">저장</a>
                    </td>
                </tr>
                </form>
            </table>
        </div>
    </div>

    <?=$pagination ?>
```

⑦ **ajax_edit.php 만들기** : Ajax화면인 경우 추가, 삭제를 목록화면에서 모두 처리하므로, 보기화면은 필요가 없게 된다. 따라서 수정화면만 만들면 된다. views 폴더에 있는 gubun_edit.php 파일을 읽어 ajax_edit.php라는 새 이름으로 저장한다. "Ctrl+H"키를 눌러 〈찾을 말〉은 "gubun", 〈바꿀 말〉은 "ajax"로 입력한 후, [모든 바꿈]버튼을 클릭하여 바꾼다. 그리고 제목표시에 "Ajax 구분"이라고 수정한다.

```
<br>
<div class="alert mycolor1" role="alert">Ajax 구분</div>

<form name="form1" method="post" action="">

<table class="table table-bordered table-sm mymargin5">
    <tr>
        <td width="20%" class="mycolor2" style="vertical-align:middle">번호</td>
        <td width="80%" align="left"> <?=$row->no ?> </td>
    </tr>
    <tr>
        <td width="20%" class="mycolor2" style="vertical-align:middle"> <font color="red">*</font> 구분명</td>
        <td width="80%" align="left">
            <div class="form-inline">
            <input type="text" name="name" size="20" maxlength="20" value="<?=$row->name ?>"
                class="form-control form-control-sm">
```

⑧ **실행** : 실행하여 결과를 확인한다.

10.4.2 Ajax 추가

실습목적

Ajax를 이용하여 자료를 추가하는 프로그램을 만들어라.

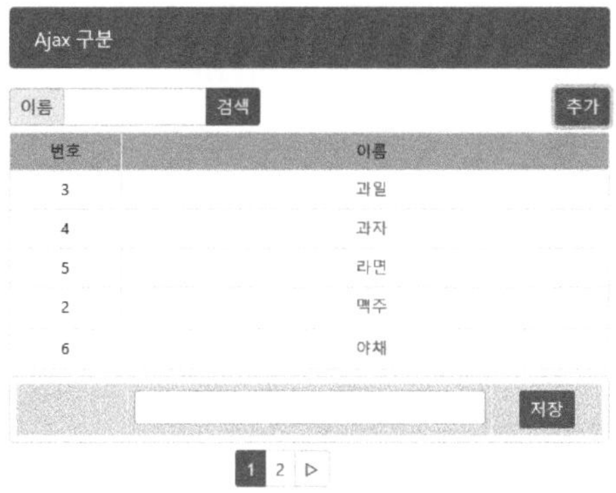

실습이론

1 **Ajax** : Ajax(Asynchronous Javascript And XML)는 비동기식 자바스크립트 XML로서, 별도의 프로그램을 설치하거나 웹페이지를 다시 로딩하지 않고도 메뉴 등 화면상의 객체를 자유롭게 추가, 수정, 삭제 및 이동할 수 있도록 해주는 기술이다. 예를 들어 A문서의 목록화면에서 자료를 삭제하려면, B문서의 delete SQL문을 실행하여 자료를 삭제한 후, 삭제된 내용을 목록화면에 표시하기 위하여 A문서의 목록화면을 다시 실행해야 한다.

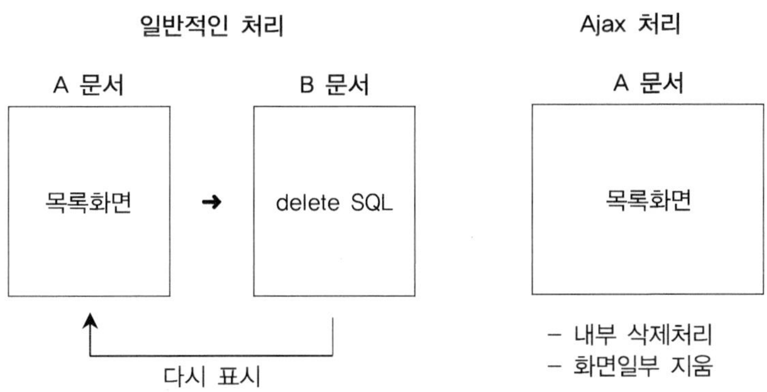

그러나 Ajax를 이용하면 웹브라우저와 웹서버 간에 내부적인 처리가 가능하여 다시 화면을 실행하지 않고도 화면의 내용 일부를 삭제하거나 변경할 수 있다. 따라서 delete SQL문을 내부적으로 실행한 후, 화면에서 삭제할 자료만 지우면 A문서를 다시 실행할 필요가 없게 된다.

2 **jquery ajax함수** : 서버와 클라이언트가 내부적으로 자료처리를 하려면, Javascript

가 Ajax를 사용할 때 사용하는 XMLHttpRequest 객체를 직접 만들어 사용해야한다. 그러나 jquery의 ajax함수를 이용하면, 아주 쉽게 구현할 수 있다. ajax함수의 주요 기본 구조는 다음과 같다.

```
$.ajax({
   url: "문서",                                   → 실행할 문서
   type: "POST or GET",                           → 값 전송방식
   data: { 변수명1:값1, 변수명2:값2, … },          → 전송할 값들
   dataType: "text or html or xml or jason
…",                                               → return 결과값의 데이터형식
   complete:                                      → 처리 완료후,
      function(xhr, textStatus) {                 → 처리 후, return값
         var str = xhr.responseText;              → 결과 출력
         str 출력
   }
});
```

ajax함수의 사용법은 data로 정의된 값들을 url의 문서로 전달하여 내부적으로 처리한 후, 그 결과값을 dataType형식으로 complete에서 돌려받을 수 있다. 따라서 돌려받은 xhr.responseText를 현재의 문서에 출력함으로서 화면전환 없이 데이터처리를 할 수 있다.

3 **ajax 처리를 위한 id 지정** : 저장버튼을 클릭했을 때 jquery ajax_add함수를 호출하기 위하여 id="ajax_add"를 저장버튼 <a> tag에 추가해야 한다. jquery내부에서 입력한 값을 알기위하여 name입력란에도 id="name"을 추가한다. 그리고 자료를 추가한 후, 그 내용을 목록에 표시하기 위하여 테이블에도 id="table_list"를 추가해야한다.

```
<table class="table table-sm table-bordered mymargin5" id="table_list">
   <tr class="mycolor2">
      <td width="10%">번호</td>
      <td width="80%">구분명</td>
      <td width="10%">삭제</td>
   </tr>
… … …
            <form name="form2">
            <tr>
               <td width="10%"></td>
```

```
                <td width="80%">
                    <input type="text" name="name" value="" class="form-control
form-control-sm" id="name">
                </td>
                <td width="10%" style="vertical-align:middle">
                    <a href="#" id="ajax_add" class="btn btn-sm btn-primary">저장</a>
                </td>
            </tr>
            </form>
        </table>
    </div>
</div>
```

4 **ajax_insert 함수** : Ajax.php에 작성할 이 함수는 입력한 구분명을 저장하고, 방금 저장한 자료의 기본키 no 필드 값을 insert_id()함수를 이용하여 알아낸다. 알아낸 no 값은 echo로 출력하여 ajax_list.php의 ajax함수로 return시킨다.

```
public function ajax_insert()
{
    $name=$this->input->post("name",TRUE);   → 입력한 name값 구함.
    $data = array(
        "name"    => $name
    );
    $this->ajax_m->insertrow($data);          → 테이블에 자료 추가.

    $no=$this->db->insert_id();               → 방금 추가된 no값 구함.
    if ($no) echo $no;                        → no 출력해 ajax로 return.
}
```

5 **ajax_add 함수** : 저장버튼을 클릭한 경우 jquery ajax_add함수를 호출한다. 이 함수에서는 ajax함수에 등록된 Ajax.php의 ajax_insert함수를 호출하여 저장된 자료의 no 값을 알아낸다. 그리고 no, name을 "<tr><td>…</td></tr>" html tag로 표현한 후, append 함수를 이용하여 table_list에 추가시킨다. 이 과정을 거치면 화면전환 없이 자료를 데이터베이스에 저장하고 추가된 내용을 화면에 표시할 수 있게 된다.

```
$(function() {
    $("#ajax_add").click( function() {        → 저장버튼 클릭시 호출.
        var name=$("#name").val();            → name입력란에 입력한 값.
```

```
        $.ajax({                                    → ajax 함수 호출.
            url: "/ajax/ajax_insert",               → Ajax.php의 ajax_insert 함수 호출.
            type: "POST",
            data:{
                "name":name
            },
            dataType: "html",
            complete: function(xhr, textStatus) {
                var no = xhr.responseText;          → ajax_insert에서 return된 no값

                $("#table_list").append(            → 테이블(table_list)에 추가
                    "<tr>"+
                    "  <td>"+no+"</td>"+
                    "  <td><a href='/ajax/view/no/"+no+"<?=$tmp; ?>'>"+name+ "</a></td>" +
                    "  <td><a href='#' class='btn btn-sm mycolor1' onClick='javascript:
confirm(\'삭제할까요 ?\');'>삭제</a></td>"+
                    "</tr>");

                $("#name").val('');                 → name 입력란 초기화
            }
        });
    });
});
```

6 **$tmp 변수 위치조정** : 저방금 설명한 jquery 프로그램에 $tmp변수를 사용하고 있다. 따라서 jquery 함수 뒤에 있는 $tmp변수의 위치를 앞으로 이동시켜야 한다.

```
    <br>
    <div class="alert mycolor1" role="alert">Ajax 구분</div>

<?
    $tmp = $text1 ? "/text1/$text1/page/$page" : "/page/$page";
?>

    <script>
        function find_text()
        {
            if (!form1.text1.value)
                form1.action="/gubun/lists/page";
            else
                form1.action="/gubun/lists/text1/" + form1.text1.value+"/page";
... ... ...
```

STEP 01 Ajax 추가로 수정하기

① **ajax_insert 함수 추가** : controls폴더의 Ajax.php에 ajax_insert함수를 추가한다.

```
    public function index()
    {
        $this->lists();
    }

    public function ajax_insert()
    {
        $name=$this->input->post("name",TRUE);
        $data = array(
            "name"      => $name
        );
        $this->ajax_m->insertrow($data);

        $no=$this->db->insert_id();
        if ($no) echo $no;
    }

    public function lists()
    {
```

② **ajax처리를 위한 id 추가** : views폴더의 ajax_list.php에 ajax처리를 위해 id="table_list", id="name", id="ajax_add"를 추가한다.

```
    <table class="table table-sm table-bordered mymargin5" id="table_list">
        <tr class="mycolor2">
            <td width="10%">번호</td>
            <td width="80%">이름</td>
            <td width="10%">삭제</td>
        </tr>
<?
    foreach ($list as $row)
    {
        $no=$row->no;
......
?>
  </table>

  <div class="collapse mymargin5" id="collapseExample">
      <div class="card card-body" style="padding:0px 5px 0px 5px;">
          <table class="table table-sm table-bordered mymargin5 alert-primary">
              <form name="form2">
              <tr>
                  <td width="10%"></td>
                  <td width="80%">
                      <input type="text" name="name" value="" class="form-control form-control-sm" id="name">
                  </td>
                  <td width="10%" style="vertical-align:middle">
                      <a href="#" id="ajax_add" class="btn btn-sm btn-primary">저장</a>
                  </td>
              </tr>
              </form>
          </table>
      </div>
  </div>
```

③ **ajax_add 함수 추가** : views폴더의 ajax_list.php에 jquery함수인 ajax_add 를 추가한다.

```
<script>
    function find_text()
    {
        if (!form1.text1.value)
            form1.action="/ajax/lists/page";
        else
            form1.action="/ajax/lists/text1/" + form1.text1.value+"/page";
        form1.submit();
    }

    $(function() {
        $("#ajax_add").click( function() {
            var name=$("#name").val();
            $.ajax({
                url: "/ajax/ajax_insert",
                type: "POST",
                data:{
                    "name":name
                },
                dataType: "html",
                complete: function(xhr, textStatus) {
                    var no = xhr.responseText;

                    $("#table_list").append(
                        "<tr>"+
                        "   <td>"+no+"</td>"+
                        "   <td><a href='/ajax/view/no/"+no+"<?=$tmp ?>'>"+name+ "</a></td>" +
                        "   <td><a href='#' class='btn btn-sm mycolor1' " +
                        "          onClick='javascript: confirm(₩"삭제할까요 ?₩");'>삭제</a></td>"+
                        "</tr>");
                    $("#name").val("");
                }
            });
        });
    });
</script>

<form name="form1" action="" method="post">
```

④ **$tmp 위치조정** : $tmp 변수 관련 프로그램의 위치를 조정한다.

```
<br>
<div class="alert mycolor1" role="alert">Ajax 구분</div>

<?
    $tmp = $text1 ? "/text1/$text1/page/$page" : "/page/$page";
?>

<script>
    function find_text()
    {
        if (!form1.text1.value)
            form1.action="/gubun/lists/page";
        else
            form1.action="/gubun/lists/text1/" + form1.text1.value+"/page";
        form1.submit();
    }
```

⑤ **실행** : 실행하여 결과를 확인한다.

10.4.3 Ajax 삭제

실습목적

ajax로 삭제처리를 할 수 있도록 프로그램을 만들어라.

실습이론

1 **ajax 처리를 위한 id 지정** : 삭제버튼의 클릭했을 때 jquery ajax_del 함수를 호출하기 위하여 〈a〉 tag 버튼의 class에 "ajax_del"과 삭제할 no번호를 rowno에 저장한다. 그리고 해당 table에서 삭제할 〈tr〉 위치를 알려주기 위하여 id="rowno〈?=$no;?〉"를 삽입한다. ajax_del은 jquery 함수에서 실행할 이름으로 사용한다.

```
<table class="table table-sm table-bordered mymargin5" id="table_list">
  <tr class="mycolor2">
    <td width="10%">번호</td>
    <td width="80%">이름</td>
    <td width="10%">삭제</td>
  </tr>
<?
  foreach ($list as $row)
  {
    $no=$row->no;
?>
  <tr id="rowno<?=$no; ?>">        → 삭제를 위해 각 tr에 id 표시
    <td><?=$no ?></td>
    <td><a href="/ajax/view/no/<?=$no; ?><?=$tmp; ?>"><?=$row->name; ?></a></td>
    <td>
      <a href="#" rowno="<?=$no; ?>" class="ajax_del btn btn-sm mycolor1"
        onClick="javascript:confirm('삭제할까요?');">삭제</a>
    </td>
  </tr>
<?
  }
?>
</table>
```

2 **ajax_delete 함수** : Ajax.php에 작성할 이 함수는 no번째 자료를 삭제하고, 삭제한 no를 출력하여 ajax함수에 돌려준다.

```
public function ajax_delete()
{
   $no = $this->input->post("no", TRUE);          → 삭제할 no.
   $result=$this->ajax_m->deleterow($no);         → 자료 삭제

   if ($result) echo $no;                         → no 출력해 ajax로 return.
}
```

3 **삭제 처리** : 다음 프로그램의 의미는 <table id="table_list">…</table>내에 있는 삭제 버튼(<a class="ajax_del">…</a>)을 클릭하면 function안에 있는 .ajax 함수를 실행하라는 의미이다.

```
$("#table_list").on("click",".ajax_del",function() {   → table_list에 있는 ajax_del을 클릭
     $.ajax({
          ...
      });
});
```

따라서 ajax함수에서 attr(rowno)를 통해 no값을 알아내어 Ajax.php의 ajax_delete 함수를 호출하여 no번째 자료를 삭제한다. 그리고 저장한 후에는 테이블에서 객체를 삭제하는 remove메서드를 이용하여 no번째 "<tr>…</tr>" 을 화면에서 삭제한다.

```
$("#table_list").on("click",".ajax_del",function() { → table_list에 있는 ajax_del을 클릭
   $.ajax({
      url: "/ajax/ajax_delete",                      → Ajax.php의 ajax_delete 호출
      type: "POST",
      data: {
         "no":$(this).attr("rowno")                  → 삭제버튼에서 no값 읽기
      },
      dataType: "text",
      complete: function(xhr, textStatus) {
       var no=xhr.responseText;                      → ajax_delete에서 return된 no값
         $("#rowno"+no).remove();                    → 화면에서 no번째 <tr>…</tr> 삭제
      }
   });
});
```

[4] **ajax_add 함수 수정** : 삭제버튼의 html이 변경되었으므로, ajax_add의 내용도 수정해야 한다. attr("rowno")를 통해 no값을 알 수 있게 삭제버튼의 〈a〉 tag에 rowno="번호"를 추가해야 한다. 그리고 remove 메서드를 이용하여 "rowno"+번호가 있는 해당 〈tr〉…〈tr〉을 삭제하기 위하여 〈tr id="rowno번호"〉과 같은 형식이 되도록 수정한다.

```
$(function() {
  $("#ajax_add").click( function() {
    var name=$("#name").val();
    $.ajax({
      url: "/ajax/ajax_insert",
      type: "POST",
      data:{
        "name":name
      },
      dataType: "html",
      complete: function(xhr, textStatus) {
        var no = xhr.responseText;
        $("#table_list").append(
          "<tr id='rowno"+no+"'>"+
          "  <td>"+no+"</td>"+
          "  <td><a href='/ajax/view/no/"+no+"<?=$tmp; ?>'>"+name+ "</a></td>" +
        "  <td><a href='#' rowno='"+no+"' class='ajax_del btn btn-sm mycolor1'
onClick='javascript:confirm(₩"삭제할까요 ?₩");'>삭제</a></td>"+
          "</tr>");
        $("#name").val('');
      }
    });
  });
});
```

STEP 01 Ajax 삭제 만들기

① **ajax_delete 함수 추가** : controls폴더의 Ajax.php를 열어 다음 과 같은 ajax_delete 함수를 추가한다.

```
    public function ajax_insert()
    {
        $name=$this->input->post("name",TRUE);
        $data = array(
            "name"      => $name
        );
        $this->ajax_m->insertrow($data);

        $no=$this->db->insert_id();
        if ($no) echo $no;
    }

    public function ajax_delete()
    {
        $no = $this->input->post("no", TRUE);
        $result=$this->ajax_m->deleterow($no);

        if ($result) echo $no;
    }

    public function lists()
    {
```

② **ajax 삭제를 위한 id와 rowno 지정** : views 폴더의 ajax_list.php에서 ajax를 이용한 삭제처리를 위하여 테이블의 〈tr〉과 삭제버튼에 삭제할 레코드 번호와 ajax_del를 지정하는 내용을 추가한다.

```
<?
    foreach ($list as $row)
    {
        $no=$row->no;
?>
        <tr id="rowno<?=$no; ?>">
            <td><?=$no ?></td>
            <td><a href="/ajax/view/no/<?=$no ?><?=$tmp ?>"><?=$row->name; ?></a></td>
            <td>
                <a href="#" rowno="<?=$no; ?>" class="ajax_del btn btn-sm mycolor1"
                    onClick="javascript:confirm('삭제할까요?');">삭제</a>
            </td>
        </tr>
<?
    }
?>
    </table>
```

③ **ajax_add 수정** : 삭제처리로 인해 변경된 테이블의 〈tr〉내용을 적용하기 위하여 ajax_add함수의 내용을 수정한다.

```
        $(function(){
            $("#ajax_add").click(function() {
                var name = $("#name").val();
                $.ajax({
                    url: "/ajax/ajax_insert",
                    type: "POST",
                    data:{
                        "name":name
                    },
                    dataType: "html",
                    complete: function(xhr, textStatus) {
                        var no = xhr.responseText;
                        $("#table_list").append(
                        "<tr id='rowno"+no+"'>"+
                        "    <td>"+no+"</td>" +
                        "    <td><a href='/ajax/view/<?=$tmp ?>/no/"+no+"'>"+name+"</a></td>" +
                        "    <td><a href='#' rowno='"+no+"' class='ajax_del btn btn-sm mycolor1'
                        onClick='javascript:confirm(₩"삭제할까요 ?₩");'>삭제</a></td>"+
                        "</tr>");
                        $("#name").val('');
                    }
                });
            });
```

④ **ajax_del 추가** : jquery를 이용하여 삭제를 위한 ajax_del 기능을 추가한다.

```
                    "</tr>");
                    $("#name").val('');
                }
            });
        });

        $("#table_list").on("click",".ajax_del",function(){
            $.ajax({
                url: "/ajax/ajax_delete",
                type: "POST",
                data:{
                    "no":$(this).attr("rowno")
                },
                dataType: "text",
                complete:function(xhr, textStatus){
                    var no = xhr.responseText;
                    $('#rowno'+no).remove();
                }
            });
        });
    });

</script>

<form name="form1" action="" method="post">
```

⑤ **실행** : 실행하여 결과를 확인한다.

찾아보기

〈Codeigniter와 Bootstrap을 이용한 PHP 프레임워크 실무 따라하기〉데이터 파일은 blog.naver.com/yht415에서 다운받을 수 있습니다.

Code Igniter와 Bootstrap을 이용한
PHP 프레임워크 실무 따라하기

2018년 8월 30일 1판 발행
2020년 8월 25일 2판 수정본 발행

저　　자 • 윤형태 · 강미경
발 행 자 • 이영애
발 행 처 • 공감북스
주　　소 • 02011 서울시 중랑구 중랑천로 256
전　　화 • 02-971-9683
팩　　스 • 02-972-9683
등　　록 • 제 25100-2015-18호
등 록 일 • 2015년 7월 15일
e-mail • sympathybook@naver.com

ISBN 979-11-86898-39-3 (93550)
정　가 28,000원